国家科学技术学术著作出版基金资助出版

UUV 水下自主回收技术

潘　光　杜晓旭　著

科学出版社

北　京

内 容 简 介

本书针对UUV水下自主回收技术的流体动力特性、操纵性、运动控制等问题进行了系统、深入的研究，分别基于CFD技术和势流理论，建立了UUV回收过程中流场和附加质量计算数学模型，分析了流体动力特性；针对UUV回收过程运动特性，基于刚体动力学理论建立了空间运动数学模型，仿真分析了回收过程UUV运动和操纵性；结合UUV回收过程的导引方式，给出了回收路径规划；探讨了UUV自主回收控制方法，给出了基于声学定位系统和光学系统的水下回收控制模型，分析了各种路径跟踪方法在回收过程中的应用；建立了波浪扰动力数学模型，针对复杂海洋环境下波浪对UUV回收过程的影响展开研究；设计了UUV水下回收流体动力测试装置，并阐述了实验原理和实验方法。

本书可为高等院校和科研院所开展UUV水下自主回收技术研究提供参考，也可用于船舶与海洋工程、兵器科学与技术等相关专业的研究生教学。

图书在版编目(CIP)数据

UUV水下自主回收技术 / 潘光，杜晓旭著. —北京：科学出版社，2021.6

ISBN 978-7-03-067373-2

Ⅰ. ①U… Ⅱ. ①潘… ②杜… Ⅲ. ①可潜器-回收技术
Ⅳ. ①U674. 941

中国版本图书馆CIP数据核字(2020)第253820号

责任编辑：陈 婕 / 责任校对：杨聪敏
责任印制：赵 博 / 封面设计：陈 敬

科学出版社 出版
北京东黄城根北街16号
邮政编码：100717
http://www.sciencep.com
三河市春园印刷有限公司印刷
科学出版社发行 各地新华书店经销
*
2021年6月第 一 版 开本：720×1000 1/16
2025年1月第二次印刷 印张：20 1/4 插页：2
字数：400 000

定价：160.00 元

（如有印装质量问题，我社负责调换）

前　言

海洋是我国经济可持续发展的重要战略空间，也是国家安全的重要屏障。随着我国国力的不断增强，海洋的战略和利用空间急需进一步拓展，国家的海洋发展战略需要不断被加强。党的十八大报告中首次提出“建设海洋强国”，之后，我国大力实行海洋发展战略，推动“一带一路”区域协调性发展建设，实施共建“一带一路”倡议、设立丝路基金，积极推进南海岛礁建设，并有效地遂行海上维权、亚丁湾护航、人道主义救援等重大任务。

目前，虽然我国的海洋开发与保护能力已有提高，但与世界海洋强国相比，无论是海洋资源开发、海洋环境治理，还是海洋军事活动，仍有着不小的差距，需要补齐一些“短板”。因此，我国急需加强在海洋的行动能力建设。随着海洋资源开发和海防形势的变化，海洋的可利用区域不断扩大，并不断向远海、深海延伸，由于深海作业的危险性以及特殊作业要求，科技工作者开始致力于无人水下航行器(UUV)技术的研究和应用。目前已有很多不同种类的 UUV 应用到军事海洋技术、海洋科学考察技术、海底勘探、管路检修、海底打捞、油田勘探等多个工作领域。

通常，UUV 需要自带能源在水下工作，其工作时间和航行距离都有限制，这就需要对 UUV 进行回收以补充能量、读取信息和维护保障。随着 UUV 应用领域的不断拓展，相应的 UUV 回收技术也由水面回收方式不断向水下自主回收方式发展。UUV 水下自主回收技术在民用领域可为 UUV 连续自主工作提供支持，在军用领域可为水下航行器隐蔽作业提供可能，更是未来构建“深海空间站”不可或缺的支撑技术。

目前，UUV 水下自主回收技术已成为备受关注的研究热点。作者结合团队多年科研实践经验与研究成果，对 UUV 水下自主回收技术的基础理论和工程经验进行总结，梳理相关理论和方法，并按 8 章内容编撰成书。其中，第 1 章分析 UUV 水下回收的意义，比较全面地介绍国内外 UUV 水下回收技术的分类、研究现状和发展趋势；第 2 章基于计算流体动力学(computational fluid dynamics，CFD)技术建立 UUV 回收过程的流场计算数学模型，分析潜艇扰流对 UUV 流体动力的影响和 UUV 在极限流域运动的流体动力特性；第 3 章基于势流理论建立 UUV 附加质量的计算模型，分析平壁面和圆柱壁面对 UUV 附加质量的影响；第 4 章基于刚体动力学理论，建立 UUV 回收过程空间运动数学模型，仿真分析回收过程 UUV 运动和操纵性；第 5 章分析水下航行器回收过程的导引方式，给出回收路径规划；

第 6 章建立基于声学定位系统和光学系统的 UUV 自主回收过程控制模型，分析各种路径跟踪方法在回收过程中的应用；第 7 章建立波浪力计算模型，研究复杂海洋环境下波浪对 UUV 回收过程的影响；第 8 章给出 UUV 水下回收流体动力测试装置的设计方法、实验原理和实验方法。

潘光教授撰写了第 1、2、3 章，杜晓旭副教授撰写了第 4、5、7、8 章，高剑教授撰写了第 6 章。本书的出版得到了国家科学技术学术著作出版基金的资助；西北工业大学杨智栋、李新亮、黄明明、王培、何裕智等研究生参与了本书部分章节的仿真和研究工作，马云龙、宋亚妮、柯久久、郑泽齐、陈晓、魏然峰等研究生参与了部分文字输入和整理工作，在此一并表示感谢。

由于作者水平有限以及研究工作的局限性，书中难免存在不足之处，恳请广大读者批评指正。

目　录

第1章 绪 论

1.1 UUV水下回收的意义

地球表面约有71%的面积被海洋占据，广袤的海洋中蕴藏了极其丰富的生物资源、矿产资源及各种形式的能源，同时，海洋作为国家的蓝色国土，是国家重要的“门户”，是与其他国家联系的重要途径，海洋安全是国家安全的重要组成部分，因此，探索研究海洋未知领域、开发利用海洋资源、维护领海权益等需求促进了水下航行器(underwater vehicle，UV)的迅速发展。海洋探测与开发技术的迅速发展对水下作业的任务、领域等提出了极高的要求，考虑到复杂且不可预知的海洋环境、潜航员人身安全、特殊水下作业任务及经济性等问题，自20世纪50年代至今，无人水下航行器(unmanned underwater vehicle，UUV)在科研、商业、军事等领域占据了不可取代的地位。在科研方面，UUV可以完成对海洋水文资料的搜集、海底地貌的绘制、海床矿脉的探测、海洋生态环境的监控等；在商业方面，UUV经常用于海底管道及光缆的铺设和检查工作等；在军事方面，UUV已被多国用于海洋军事侦察、反水雷探测和反潜作战等。UUV自诞生以来就受到世界各发达国家的高度重视，尤其是20世纪90年代后，UUV的技术得到了飞速发展。目前，美国、英国、德国、法国、加拿大、俄罗斯、丹麦、瑞典、挪威、意大利、乌克兰、日本、韩国、澳大利亚等已将较多的机构和人力投入到UUV的研究和开发中，制造了上百种UUV。

虽然UUV具备隐蔽性强、机动能力高及经济性好等突出的优点，但是其执行任务的能力通常只能依靠自带能源，因此其工作时间及作业范围不可避免地受到能源的限制，这就需要对UUV及时地实施回收，进行能源补充、读取收集到的数据、检修维护、输入新的任务等，为UUV再次布放作业做好准备。此外，UUV自身昂贵的造价及珍贵的数据信息也对UUV回收的必要性和可靠性提出了高要求。

目前，UUV的回收方式按回收平台的类别主要分为水下回收和水面回收。水下回收又分为水下基站回收和水下潜器回收。水面舰船回收是多数UUV采用的水面回收方式，但受海面风浪影响较大。随着UUV回收应用领域的不断拓展，相应的UUV回收技术也由水面回收方式不断向水下自主回收方式发展。UUV水下自主回收技术在民用领域可为UUV连续自主工作提供支持，在军用领域可为水下航行器隐蔽作业提供可能，更是未来构建“深海空间站”不可或缺的支撑技术。因此，UUV 水下自主回收技术的研究对建设海洋强国、捍卫国家主权和实现可持续性发展的伟大目标具有重要意义。

1.2　UUV 回收的分类及国内外研究现状与进展

在 UUV 完成任务后，通常会对其实施回收操作。UUV 回收方式主要有水面舰船回收、水下基站回收和水下潜器回收。

1.2.1　水面舰船回收

用于 UUV 回收的水面舰船在船尾或船侧多搭载有对应 UUV 的回收设备，这些设备通常包括 A 形架、坞式滑道、悬臂起吊机、网具等(图 1-1～图 1-4)。水面舰船回收方法应用广泛，适用于各级别 UUV 和载人水下航行器(manned UV，MUV)，但该方法易受海面风浪的影响。考虑到回收作业人员及 UV 安全等因素，该方法在海况恶劣的条件下难以实施。

图 1-1　采用 A 形架回收

图 1-2　采用坞式滑道回收

图 1-3　悬臂起吊机回收

图 1-4　采用网具回收

1.2.2 水下基站回收

水下基站通常固定或锚系在海底，可作为海洋环境观测网的一个节点，为入站的 UUV 提供能源补给和数据交互，是一种完全自主的对接回收方式，对 UUV 导航及操纵性等有较高的要求。水下基站回收系统中有代表性的为 REMUS 100 对接系统、蒙特利湾水族馆研究所(Monterey Bay Aquarium Research Institute，MBARI)的对接系统等。

REMUS 100 是伍兹霍尔海洋研究所(Woods Hole Oceanographic Institute，WHOI)设计的小型、低成本 AUV，其特征直径为 19cm，可用于沿海监测、湍流研究、海洋环境采样、水文地理研究及执行军事任务等。1998 年，WHOI 分别选取 Woods Hole、LEO-15 Observatory 及 Gulfport 对第一代系统(图 1-5)进行了试验，其中在 Gulfport 实施的 33 次试验任务中成功了 30 次，成功率达到 91%。

2005 年，WHOI 对 REMUS 100 对接系统进行了升级，升级后的 AUV 增加了惯性导航系统(inertial navigation system)、数字超短基线(digital ultral-short baseline，DUSBL)传感器等，同时对基站也进行了修改，增加了可弹出式声学探测天线、线性可变差动变压器(linear variable differential transformer，LVDT)以及一组用于数据传输、充电和下载任务的插针式执行机构等。2005 年末至 2006 年初，WHOI 对新型对接系统(图 1-6)进行了试验，得到 29 次任务中成功 17 次的结果，且每次成功对接回收过程中，基站上的 LVTD 传感器和各执行机构均工作正常，数据交互和充电均 100%实现。

图 1-5 第一代 REMUS 100 对接系统

图 1-6 升级后的 REMUS 100 对接系统

与 REMUS 100 对接系统不同，MBARI 的对接系统不是以小口径 AUV 为回收对象，而是针对长 358cm、重 640kg、特征直径 54cm 的 Dorado/Bluefin AUV (图 1-7)进行回收。如图 1-8 所示，该系统在海试前在 1.4×10^{6}L 海水池中进行了试验，试验中通过一个 2.5cm 的天线达到了 10Mb/s 的数据传输速度，在充电测试中 1kW 的传输效率高达 88%。

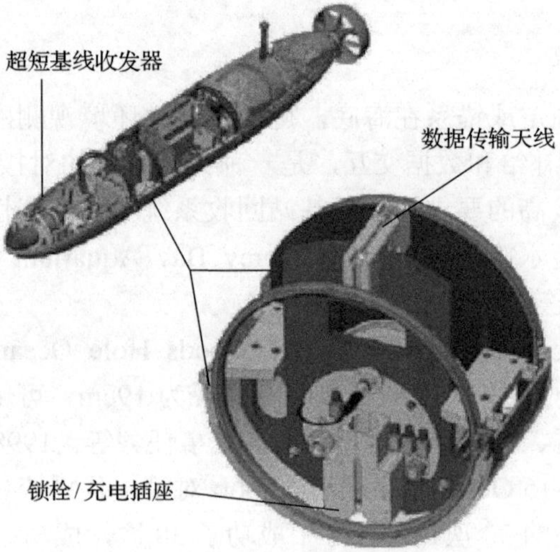

图 1-7 Dorado/Bluefin AUV

图 1-8 MBARI 的水下对接系统海水池试验

除此之外，还有采用坐落式对接回收的日本川崎重工的 Marine-bird 系统、佛罗里达大西洋大学(Florida Atlantic University)设计的以 UUV 腹部杆件为对接目标的对接系统，以及采用 V 形装置捕捉杆或缆索的 Odyssey Ⅱ AUV 对接回收系统等。

1.2.3 水下潜器回收

水下潜器回收多选用潜艇作为回收平台。用潜艇回收 UUV 的方式主要为以潜艇的鱼雷发射管或导弹发射管作为通道回收 UUV，或采用潜艇外搭载回收设备回收 UUV。水下潜器回收方式不仅有良好的隐蔽性，而且可拓展潜艇作战能力，是目前各国军事领域研究的热点。

目前，以鱼雷发射管为通道回收 UUV 的方法可分为：利用单鱼雷发射管水下回收 UUV，如近期水雷侦察系统(near term mine reconnaissance system，NMRS)的回收系统；利用双鱼雷发射管水下回收 UUV，如美国海军远期水雷侦察系统(long term mine reconnaissance system，LMRS)的水下回收系统；借助遥控潜水器(remotely operated vehicle，ROV)等设备辅助回收 UUV，如 SeaOwl SUBROV。

单鱼雷发射管水下回收 UUV，是以单个潜艇鱼雷发射管为 UUV 回收通道，并通过一套专用设备对 UUV 实施回收。该设备主要由绞盘、液压泵体、拖缆浮标、多个同心套管等组成，其中浮标置于内管中，通过拖缆与绞盘连接，具体如图 1-9 所示。回收 UUV 时，将该设备连接到鱼雷发射管后部，液压泵体与绞盘配合工作将同心套管沿鱼雷发射管伸出艇外，随后拖缆浮标自航出管向 UUV 靠近，浮标头部的“凸起”装置用于和 UUV 尾端对接，浮标与 UUV 对接完成后由液压泵体和绞盘配合工作将二者拖入艇内，并将 UUV 留在鱼雷发射管中，最后回收设备复位完成回收。此外，该设备内管与中层套管间设有紧急丢弃装置，出现突发状况时(如浮标或 UUV 卡管等)，该装置可将内管和浮标与回收设备解脱，采用丢弃浮标及内管的方式终止回收。

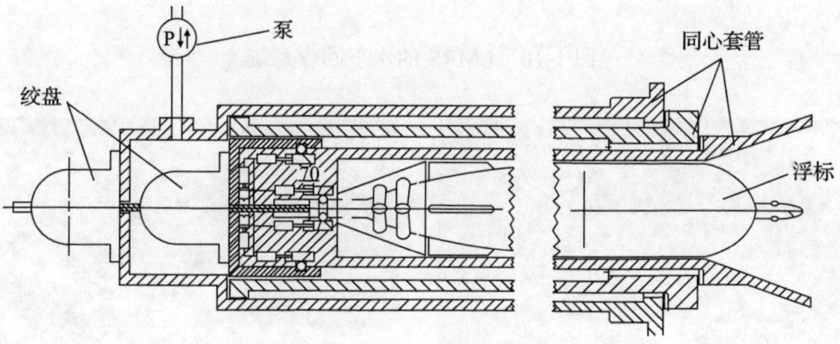

图 1-9 单管回收方式

双鱼雷发射管水下回收 UUV，即通过潜艇的两个鱼雷发射管水下回收 UUV，一个管用于布置回收设备，另一个管用于接收容纳 UUV。LMRS 采用该回收方式，如图 1-10 所示，该回收设备主要包括长 18.3m 且重约 2t 的可伸缩机械臂、寻的装置和对接加紧装置等。回收 UUV 时，机械回收设备由上方鱼雷发射管伸出展开，UUV 自主导引向机械臂对接装置，对接完成后回收设备夹紧 UUV，并将其送入下方鱼雷发射管预定位置，随后回收设备复位完成回收。

此外，还有利用 ROV 辅助潜艇回收 UUV。如图 1-11 所示，SeaOwl SUBROV 可在艇内人员的操控下将 UUV 用缆索锁紧并驮带，将其送入潜艇鱼雷发射管。

潜艇垂直发射管回收方式是指利用潜艇的垂直导弹发射管进行 UUV 回收的一种方式。潜艇的垂直发射管的空间比常规鱼雷发射管的空间要富裕很多，这为大口径及非回转体型 UUV 的回收提供了可能，具体回收过程如图 1-12 所示。

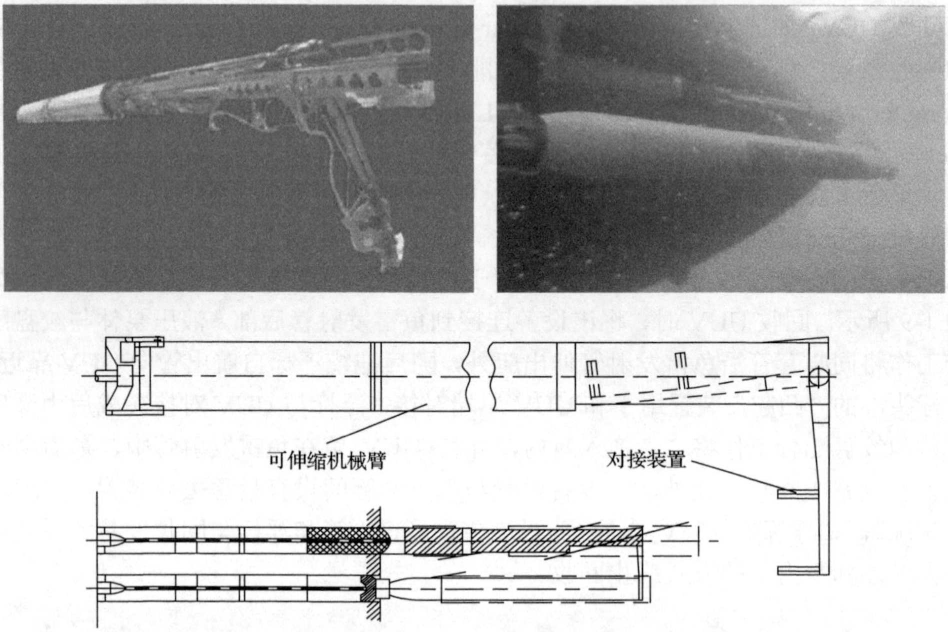

图 1-10　LMRS 的水下回收系统

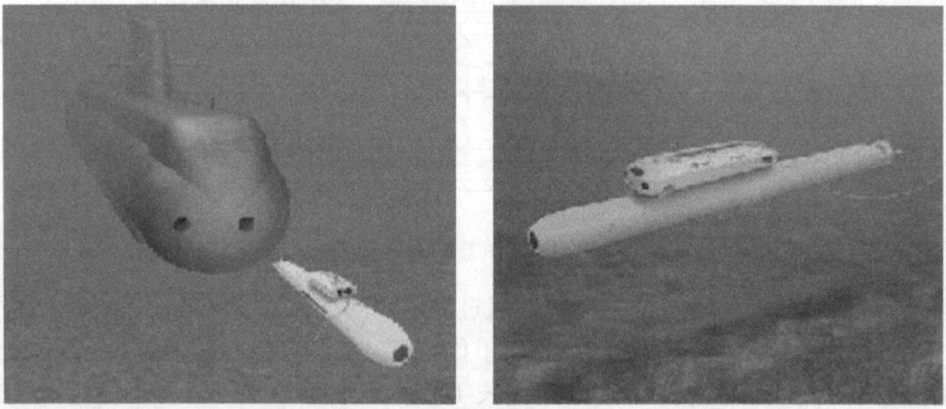

图 1-11　SeaOwl SUBROV 回收 UUV

图 1-12　基于潜艇垂直发射管的 UUV 回收方式

艇外回收 UUV 是指通过潜艇搭载外部设备来回收 UUV。该方案仍处于概念研究阶段，具有代表性的有潜艇搭载回收库回收 UUV 及 MANTA UUV 保形回收方式。

UUV 回收库回收方式，是指在潜艇外布设可拆卸的模块化回收装置，该装置的搭载需要对潜艇进行一定修改。该方法目前处于概念研究阶段，由于需要修改潜艇，难度较大。UUV 回收库有轨道式 UUV 回收库和伞状捕捉 UUV 回收库，分别如图 1-13 和图 1-14 所示。这种回收方法主要依靠 UUV 自主航行到 UUV 回收轨道或伞状 UUV 辅助捕捉机构内，并由导轨或伞状辅助机构带进 UUV 回收库里。

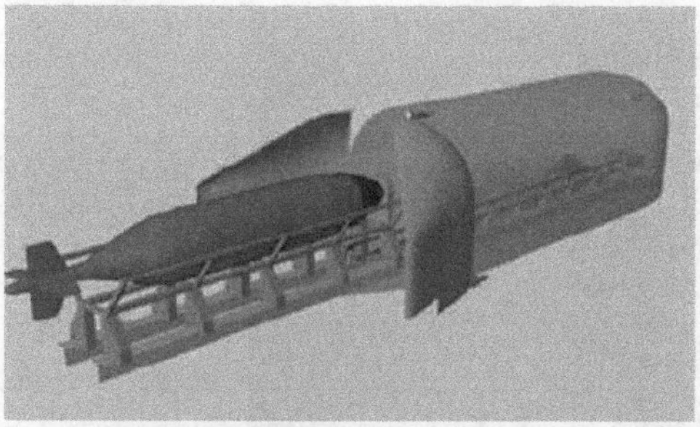

图 1-13 轨道式 UUV 回收库

图 1-14 伞状捕捉 UUV 回收库

无人水下航行器 MANTA 拟采用“保形”艇外回收方式，在潜艇上建立无人潜器的“系留区”，该“系留区”在潜艇壳体的凹陷处为“浅口槽”形式，装载 MANTA 后，其线型结构可以与母艇的外廓形状融为一体，实现保形，如图 1-15 所示。潜艇上部署 MANTA 采用背负式配置，将 MANTA 测试用潜器“驮”在潜艇背上。在潜艇的艏部，可以同时放置四艘 MANTA。MANTA 从该系留位置以垂直起降的方式释放和回收。

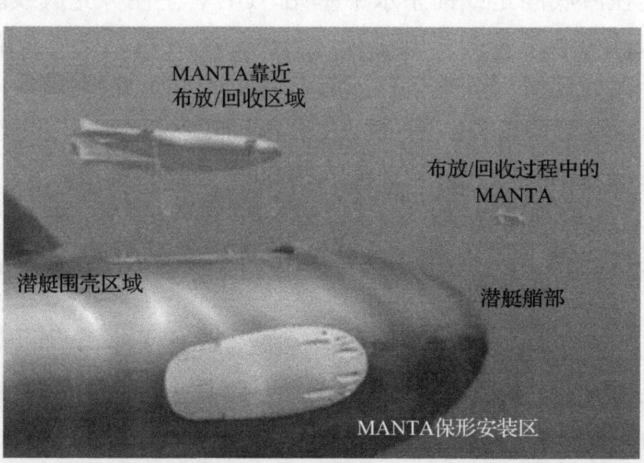

图 1-15 MANTA 在潜艇上的位置示意图

国内，哈尔滨工程大学提出一种关于扁平型 UUV 自主回收的方法：通过在水下平台上设置一处平面对接位置，控制扁平型 UUV 接近对接位置上部，然后落坐在平台上，完成对接的同时实现 UUV 回收。日本川崎重工 Marine-bird UUV 和水下平台的对接采用“飞机降落于基地”的原理，UUV 在水声导引下对准水中平台缓慢下降，通过 UUV 腹下的两只捕捉臂对接平台上的 V 形捕捉装置，然后进行姿态调整并着落在对接平台上，最后通过 UUV 和对接平台上的锁定机构实现最终定位。Marine-bird UUV 水下回收系统(图 1-16)可为 UUV 提供能源和实现数据交换，并于 2003 年成功地完成第一次海试。

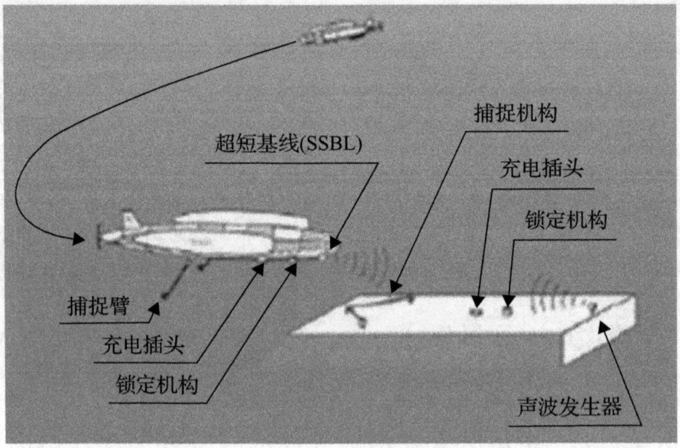

图 1-16 Marine-bird UUV 水下回收系统

综上可知，水面舰船回收方法应用最广，适用于各级别 UV，但易受海面风浪影响，在海况恶劣条件下难以对 UUV 实施回收，且对海员人身安全构成威胁；水下基站回收是在海底固定或锚系水下基站，UUV 在任务完成或能源不足时，自主航行靠近基站并与水下基站完成对接，对接后实现数据交互及能源补给等，该回收方式适用于在设定海域长期多次执行任务的 UUV；水下潜器多为潜艇，通过鱼雷发射管、导弹发射管或外部搭载回收设备等回收 UUV，该回收方式有良好的隐蔽性并可拓展潜艇的作战能力，具有良好的军事应用价值。

1.3 UUV 水下自主回收技术的发展趋势

2004 年 9 月，美国海军公开的 UUV 技术发展总体规划(The Navy Unmanned Undersea Vehicle Master Plan)中明确将 UUV 回收技术与发射技术并列一起归入研究计划，随后每年的规划都涉及 UUV 回收技术的研究方向。从相关资料可知，美国海军正在探索可由潜艇发射回收的、用于探测和灭雷的 UUV，该装置可在大型舰队到达预定海域之前先行作业，作为潜艇制式反水雷装备的一部分可以单艘艇的形式独立作业，因此美国海军倾向于利用潜艇作为 UUV 回收装置实施水下自主回收作业。LMRS 发射回收 UUV 试验的成功就是美国海军在该探索领域取得的成绩。

UUV 的水下自主回收方式是由其自身用途和工作环境决定的，传统的回收方法已很难满足新的应用要求，UUV 水下自主回收技术正是这一发展方向的科学产物，如潜艇驮带回收和鱼雷发射管回收等水下回收方式，其含义是摆脱传统的第三方辅助装置(如吊车、中继器、回收专用的母船等)，利用潜艇独立完成发射与回收作业。

这种自主回收方式为 UUV 用途的拓展注入了活力，随之给力学、控制、导航等各个科学领域带来了新的关键技术问题，已经引起各国研究工作者的重视，相应产生了一些新的思路，如弱化复杂海洋环境影响、提高隐蔽性的深水回收，通过在潜艇上安装机械手臂来辅助定位完成回收，通过在 UUV 上安装辅助推进器提高其操纵性能以完成回收等。可以预见，UUV 水下回收技术将朝着自主化、智能化、自动化、隐蔽化的高科技方向发展，并在回收过程中尽可能摆脱一切外部条件的限制。

随着潜艇回收 UUV 技术研究与应用的不断深入，必然对 UUV 水下自主回收技术提出更高的要求。要研究潜艇回收 UUV 技术的发展趋势，必须首先了解三个方面的问题。第一，在 UUV 逐渐靠近潜艇的过程中，由于潜艇自身体积远大于 UUV 体积，这就势必会导致潜艇艇身的绕流对 UUV 流体动力参数造成不可忽略的影响，如何准确地掌握潜艇绕流对 UUV 流体动力参数的影响？同时，当 UUV 进入潜艇回收管时，其流场特性发生巨大变化，如何准确掌握 UUV 由外部非极限流域到回收管内极限流域转变过程中的自身流体动力变化规律？如何考量海流和海面波浪对 UUV 流体动力的影响？第二，如何在复杂条件下对 UUV 进行操纵和控制，使其有效地完成微速移动、零速悬停等运动？第三，如何使 UUV 的导航定位能够精确引导 UUV 安全回收，尤其是回收 UUV 的近距离导航？

本书主要结合近年对流体干扰计算技术、操纵性能及控制技术和水下精确对接导航定位技术的研究成果，对以上的疑问进行解答并尽可能地揭示该领域的发展动向与前景，推动 UUV 水下回收技术的进一步发展。

1.3.1 流体干扰计算技术

UUV 在水下回收过程中与回收平台做非定常相对运动，会受到回收平台的干扰作用，由于 UUV 与回收平台的几何尺寸存在差异，干扰力对 UUV 的影响较大，并且干扰力的大小与 UUV 运动流场边界的形状、自身的运动姿态、相对于回收平台的方位和距离都密切相关。另外，考虑到复杂海洋环境的影响，UUV 运动的流场中一般存在波浪、海流，其对 UUV 运动的干扰都是呈非线性的。Landweber

基于势流理论对两个水下运动物体之间的干扰力进行了大量计算研究，应用了边界元法、奇点分布法和拉格朗日(Lagrange)法等经典理论，并在附加质量的计算中修正了泰勒(Taylor)公式。Jagadeesh 通过拖曳水池试验研究了回转体 AUV 深水中不同雷诺数下的垂直面水动力性能，并采用 FLUENT 软件进行了相应的数值计算工作。杨智栋基于面元法对 UUV 受发射平台运动流场的干扰力及附加质量进行了计算。哈尔滨工程大学等针对扁平型 UUV 近壁面的受力干扰进行了相关试验研究，取得了一定成绩。对于波浪、海流干扰的处理一般归入 UUV 操纵与控制予以解决。西北工业大学对 UUV 回收过程中靠近潜艇运动的双体干扰问题进行了初步的研究，建立了 UUV 回收潜艇运动影响的干扰力计算模型。

1.3.2 操纵性能及控制技术

鱼雷型 UUV 在回收过程中需要在水下完成微速移动、零速悬停等运动，此时 UUV 的鳍舵功能失效，靠动力定位系统(即多个槽道推进器)控制，其攻角会在–180°～180°范围内变化，大攻角下绕细长体的流动是一种十分复杂的分离流动，至今尚未建立起从纯理论上解决这一运动问题的方法，主要是依靠试验和以试验为基础的半经验理论，常规的针对 UUV 的数学模型一般只适用于 UUV 小攻角状态的运动。例如，20 世纪 70 年代，美国海军舰船发展中心(NSRDC)发布了潜艇运动仿真标准方程；张伟针对 UUV 运动的稳定性和操纵性，建立了 UUV 空间运动方程组，并得出独立的纵向运动和侧向运动方程组；张斌建立了 UUV 大攻角状态下微速运动仿真的六自由度运动数学模型，对 UUV 在微速运动下的操纵性进行了仿真研究。

通常在处理波浪、海流干扰时将两者分开，分别建立相应的波浪和海流数学模型，并加入 UUV 自由度空间运动方程，计算其对 UUV 运动性能的影响，由于波浪影响较大，其相关处理方法的研究较多，如计算 1 阶波浪力 2D 切片理论和 Frank 源分布法、计算 2 阶平均波浪力的 Newman 细长体方法和 3D 修正处理方法等，还有一种方法是避免波浪影响的 UUV 回收方法。

UUV 本身运动数学模型有高度非线性、时变、强耦合特点，且其流体动力学参数存在不确定性，在回收过程中受到回收平台扰动流场的非线性干扰和复杂海洋环境的随机非线性扰动影响，可采用变结构控制理论对UUV 的动力定位系统的控制器进行设计。除此之外，还有几种典型的控制理论，如模糊控制理论、基于混杂系统的控制理论、分层递阶控制理论和评价函数理论等。

1.3.3 水下精确对接导航定位问题

常见的 UUV 导航定位方法有水声导航、惯性导航、卫星导航、电磁导航、光学导航、视觉导航和组合式导航等。其中，水声导航、惯性导航和卫星导航的定位精度不高，只适用于远程导航定位。而在 UUV 回收过程中最关键的是近距离导航定位，必须要具有很高的定位精度，否则无法保证成功完成回收作业。

目前近距离导航定位可采用电磁导航、光学导航、视觉导航和组合式导航等方式。这些方式因所用传感器不同而具有各自的特点，其相同点是导航距离一般小于 30m，导航精度都能达到厘米级。它们的不同点是，电磁导航传感器容易受到 UUV 本身的外磁场干扰(可能同时存在回收平台的外磁场干扰)，必须避免在变磁场区域实施回收作业；光学导航传感器会受到海水背景光、混浊度、折射、反射等客观因素的影响，需要采取一定的措施(比如过滤掉背景光)并在较为清澈的海水区域实施回收作业；视觉导航传感器对目标分辨率要求较高，同时会限制 UUV 的航速。由于单一的传感器都会受到一定限制，在实际工程中，往往采取两种或多种导航方式相结合的方法提高导航定位的精度，减弱回收条件的限制。例如，REMUS 回收 UUV 的近距离导航采用声学传感器和光学传感器组合的方法，LMRS 回收 UUV 的近距离导航采用声学传感器和机械臂辅助定位的方法。

参 考 文 献

陈强，张林根. 2010. 美国军用 UUV 现状及发展趋势分析[J]. 舰船科学技术, 32(7): 129-134.

程丽. 2006. 双体流体动力干扰的研究[D]. 哈尔滨：哈尔滨工程大学.

杜晓旭，潘光，宋保维，等. 2007. 远程 AUV 微速操纵性仿真研究[J]. 系统仿真学报, 19(3): 470-473.

杜晓旭，宋保维，潘光. 2011. AUV 水下回收过程中的操纵性仿真研究[J]. 船舶力学, 15(8): 837-843.

杜晓旭，张正栋. 2017. 自主水下航行器回收过程中螺旋桨推力特性分析[J]. 兵工学报, 38(6): 1154-1160.

何裕智. 2010. 带缆回收条件下 UUV 操纵性研究[D]. 西安：西北工业大学.

黄明明. 2009. UUV 回收过程中的非线性水动力研究[D]. 西安：西北工业大学.

李天森. 2007. 鱼雷操纵性[M]. 2 版. 北京：国防工业出版社.

宋保维，杜晓旭，胡海豹，等. 2007. 近水面悬停远航程 AUV 受波浪的影响[J]. 西北工业大学学报, 25(4): 482-486.

王婷，宋保维. 2006. 水下航行器多推进器动力定位控制[J]. 兵工学报, 27(5): 845-850.

严卫生，高剑，宋保维，等. 2003. 水下航行器导航与控制实时仿真系统[J]. 西北工业大学学报, 21(4): 423-427.

燕奎臣，吴利红. 2007. AUV 水下对接关键技术研究[J]. 机器人, 29(3): 267-273.

杨爱明. 1996. 潜艇带速发射 AUV 时的水动力环境对 AUV 发射轨迹的影响[D]. 西安：西北工业大学.

杨智栋. 2015. UUV 水下回收非线性流体动力干扰及导引过程操纵性研究[D]. 西安: 西北工业大学.

张斌, 宋保维, 朱信尧, 等. 2014. 水下驻留无人水下航行器驻留过程建模与仿真[J]. 兵工学报, 35(4): 572-576.

张伟, 徐达, 王南南, 等. 2013. 基于对线控位策略的 UUV 回收运动控制研究[J]. 船舶工程, (5): 64-67.

钟宏伟, 李国良, 宋林桦, 等. 2018. 国外大型无人水下航行器发展综述[J]. 水下无人系统学报, (4): 273-282.

Chapuis D, Deltheil C, Leandri D. 2002. Determination and influence of the main parameters for the launch and recovery of an unmanned underwater vehicle from a submarine[C]. Proceedings of Symposium on Autonomous Underwater Vehicle Technology.

Department of the Defense. 2011. Unmanned Systems Integrated Roadmap 2011-2036[R]. Washington DC: U.S. Department of the Defense.

Department of the Defense. 2013. Unmanned Systems Integrated Roadmap 2013-2038[R]. Washington DC: U.S. Department of the Defense.

Department of the Defense. 2017. Unmanned Systems Integrated Roadmap 2017-2042[R]. Washington DC: U.S. Department of the Defense.

Department of the Navy. 2000. The Navy Unmanned Undersea Vehicle Master Plan[R]. Washington DC: U.S. Department of the Navy.

Department of the Navy. 2004. The Navy Unmanned Undersea Vehicle Master Plan[R]. Washington DC: U.S. Department of the Navy.

Du X X, Song B W, Hu H B, et al. 2007. Simulation of the movement of long-distance AUV[J]. Defence Technology, 3(2): 129-133.

Du X X, Song B W, Meng R, et al. 2008. Effect of wave to low speed maneuvers of torpedo-like long-distance AUV[J]. Journal of System Simulation, 20(8): 1945-1949.

Du X X, Wang H, Hao C Z, et al. 2014. Analysis of hydrodynamic characteristics of unmanned underwater vehicle moving close to the sea bottom[J]. Defence Technology, 10(1): 76-81.

Du X X, Wang H, Li X L. 2015. Hydrodynamics and motion simulation of autonomous underwater vehicle self-propelled launching[C]. The 34th International Conference on Ocean, Offshore and Arctic Engineering.

Du X X, Zhang Z D, Cui H. 2017. Thrust performance of propeller during underwater recovery process of AUV[C]. IEEE Oceans Conference.

Jagadeesh P, Murali K, Idichandy V G. 2009. Experimental investigation of hydrodynamic force coefficients over AUV hull form[J]. Ocean Engineering, 2009, 36(1): 113-118.

Kajiwara J. 2009. A survey of missions for unmanned undersea vehicles[J]. Rand Corporation, 32(5): 106-110.

Landweber L, Chwang A T. 1989. Generalization of Taylor's added-mass formula for two bodies[J]. Journal of Ship Research, 33(1): 1-9.

Landweber L, Chwang A T, Guo Z. 1991. Interaction between two bodies translating in an inviscid fluid[J]. Journal of Ship Research, 35(1): 1-8.

Nicholson J W, Healey A J. 2008. The present state of autonomous underwater vehicle(AUV) applications and technologies[J]. Marine Technology Society Journal, 42(1): 44-51.

Sharp K, Cronin D, Small D, et al. 2002. A cocoon-based shipboard launch and recovery system for large autonomous underwater vehicles[C]. IEEE Oceans Conference.

Stokey R, Allen B, Austin T, et al. 2001. Enabling technologies for REMUS docking: An integral component of an autonomous ocean-sampling network[J]. IEEE Journal of Oceanic Engineering, 26(4): 487-497.

第2章　基于CFD技术的UUV回收过程流体动力计算

UUV 水下回收靠近对接装置是从无限流域到极限流域的运动过程，UUV 和对接装置的流场相互干扰，从而使UUV的流体动力呈非线性，增大了UUV水下回收难度。本章主要研究UUV回收过程流体动力特性，建立计算UUV回收过程流体动力的CFD计算数学模型，并给出潜艇扰流对UUV流体动力干扰和UUV在极限流域运动的流体动力计算实例，以说明该方法的有效性。

2.1　CFD理论模型

从本质上讲，CFD模型是在流体动力学控制方程的基础上建立起来的。控制方程即物理守恒定律的数学表达式，其遵循的物理定律如下：①流体质量守恒；②牛顿第二定律；③热力学第一定理。

19世纪上半叶，法国人 Navier 和英国人 Stokes 各自独立推导出黏性流动的动量方程，该方程被称为 Navier-Stokes 方程，简称 N-S 方程。现代 CFD 中通常也将上述守恒定律主导的控制方程统称为 N-S 方程，其通用形式可描述如下：

$$\frac{\partial(\rho\phi)}{\partial t}+\operatorname{div}(\rho\phi\boldsymbol{u})=\operatorname{div}(\boldsymbol{\Gamma}\operatorname{grad}\phi)+S_{\phi} \tag{2-1}$$

式中，ϕ代表通用变量；$\boldsymbol{\Gamma}$为广义扩散系数；S_{ϕ}为广义源项。式(2-1)中从左到右依次为：瞬态项(transient term)、对流项(convective term)、扩散项(diffusive term)和源项(source term)。基于N-S方程演化而来的湍流数值模拟方法主要有三种：直接数值模拟(direct numerical simulation，DNS)、大涡模拟(large eddy simulation，LES)、雷诺平均纳维-斯托克斯(Reynolds average Navier-Stokes，RANS)模拟。

在 DNS 方法中，对 N-S 方程直接求解，可以描述细微的湍流耗散尺度(Kolmogorov scale)结构。LES方法中引入空间滤波的思想，通过滤波运算将涡分为大尺度结构和小尺度结构，对大尺度结构采取直接求解的方法，而对小尺度结构则采用半经验模型(也称亚格子模型)进行模拟。为形象描述这两种方法的计算成本，特举例说明。假设对要求解的最小尺度涡单位长度需要布置n个点，若采用 DNS 方法，考虑到湍流中最大涡和最小涡尺度之比与$Re^{3/4}$成比例，则计算网

格数至少需要 $n^3 \cdot Re^{9/4}$，若再计及求解 N-S 方程所需时间步长和最小湍流时间尺度之比与 $Re^{3/4}$ 成比例，最终可知采用 DNS 方法求解成本近似与 Re^3 成正比，因此目前 DNS 方法只适用于求解低 Re 问题；若采用 LES 方法，所需网格量近似为 $n^3 \cdot Re^{3/2}$，考虑到计算时间等因素，LES 方法求解成本近似与 $Re^{9/4}$ 成正比，虽然 LES 对比 DNS 在计算成本上要经济很多，但就当前计算机水平来说，它用于高 Re 复杂流场求解的成本依然很高，除此之外，对于涉及边界及边界层影响的问题时，通常需结合 RANS 方法来处理近壁面问题。

RANS 方法与 DNS 方法和 LES 方法不同，对计算成本要求相对较低，正因如此，RANS 方法在 CFD 领域中发展成熟，也是当前工程计算中普遍采用的方法。对大多数流体动力计算问题，很多湍流问题并不需要求解湍流细节，获取湍流所引起的平均流场变化更具有实际意义，而 RANS 方法正是基于雷诺平均理论求解 N-S 方程的方法，可以高效经济地处理高 Re 水动力问题，适用于本书的研究。

2.1.1　RANS 控制方程

RANS 方法将流动变量 $A(t)$ 分解为时均值 $\overline{A}$ 和时均值为 0 的脉动值 $A'(t)$，其中，上标"–"代表对时间的平均值，"′"代表脉动，令 Δt 趋近于无穷，可得其数学描述如下：

$$\begin{cases} \overline{A} = \dfrac{1}{\Delta t}\displaystyle\int_0^{\Delta t} A(t)\mathrm{d}t \\ \overline{A'} = \dfrac{1}{\Delta t}\displaystyle\int_0^{\Delta t} A'(t)\mathrm{d}t \equiv 0 \end{cases} \tag{2-2}$$

基于此，对湍流运动中涉及的速度 $\boldsymbol{u}$ 和压力 p 用时均值与脉动值之和替代，可得

$$\begin{cases} \boldsymbol{u} = \overline{\boldsymbol{u}} + \boldsymbol{u}' \\ p = \overline{p} + p' \end{cases} \tag{2-3}$$

将式(2-3)代入式(2-1)中，可得湍流运动的连续方程和动量方程，方便起见，除脉动值的时均值外，下式去掉表示时均值的上划线，采用张量记法可表述如下：

(1) 连续方程为

$$\frac{\partial \rho}{\partial t} + \frac{\partial}{\partial x_i}(\rho u_i) = 0 \tag{2-4}$$

(2)动量方程为

$$\frac{\partial}{\partial t}(\rho u_i)+\frac{\partial}{\partial x_j}(\rho u_i u_j)=-\frac{\partial p}{\partial x_i}+\frac{\partial}{\partial x_j}\left(\mu\frac{\partial u_i}{\partial x_j}-\rho\overline{u_i'u_j'}\right)+S_i \tag{2-5}$$

式(2-5)中的 $\rho\overline{u_i'u_j'}$ 为雷诺应力。因为控制方程中多出了雷诺应力项，致使式(2-4)和式(2-5)构成的方程组不封闭，所以需引入附加湍流模型才能使方程组封闭。

2.1.2　湍流模型

根据对雷诺应力作出的假定或处理方式不同，目前常用的湍流模型可分为两大类：雷诺应力模型和涡黏模型。雷诺应力模型是直接构建表示雷诺应力的方程用于求解，目前在工程计算中不如涡黏模型应用广泛；在涡黏模型中，不直接处理雷诺应力项，而是引入湍流黏度 μ_t，把雷诺应力表示成 μ_t 的函数，然后将计算的关键转化为确定 μ_t。因为涡黏模型发展较成熟，在 CFD 中应用广泛，所以选取该模型用于湍流模拟。

首先引入 Boussinesq 提出的雷诺应力正比平均应变张量的假设，具体数学描述如下：

$$\rho\overline{u_i'u_j'}=\mu_t\left(\frac{\partial\overline{u}_i}{\partial x_j}+\frac{\partial\overline{u}_j}{\partial x_i}\right)-\frac{2}{3}\rho k\delta_{ij} \tag{2-6}$$

式中，δ_{ij} 为克罗内克符号(当 $i=j$ 时，$\delta_{ij}=1$；当 $i\neq j$ 时，$\delta_{ij}=0$)；k 为湍动能，表达式如下：

$$k=\frac{\overline{u_i'u_i'}}{2}=\frac{1}{2}(\overline{u'u'}+\overline{v'v'}+\overline{w'w'}) \tag{2-7}$$

引入 Boussinesq 假说后，求解湍流流动的关键转为如何确定湍流黏度 μ_t。通常所谓的湍流模型，就是把 μ_t 与湍流时均参数联系起来的方程。依据确定 μ_t 所需微分方程数目的多少，涡黏模型可分为零方程模型、一方程模型和二方程模型。

目前两方程模型在水动力工程计算中应用最为广泛，最基本二方程模型是标准 k-ε 模型，该模型由关于湍动能 k 的方程和关于湍动耗散率 ε 的方程组成。湍动耗散率 ε 即湍流中单位质量流体脉动动能的耗散率，其数学描述如下：

$$\varepsilon=\frac{\mu}{\rho}\overline{\left(\frac{\partial u_i'}{\partial x_k}\right)\left(\frac{\partial u_i'}{\partial x_k}\right)} \tag{2-8}$$

湍动黏度 μ_t 可表示成 k 和 ε 的函数，即

$$\mu_t = \rho C_\mu \frac{k^2}{\varepsilon} \tag{2-9}$$

式中，C_μ 为经验常数。

当流动为不可压，且不考虑自定义源项时，标准 k - ε 模型可写成如下形式：

$$\begin{cases} \dfrac{\partial(\rho k)}{\partial t} + \dfrac{\partial(\rho k u_i)}{\partial x_i} = \dfrac{\partial}{\partial x_j}\left[\left(\mu + \dfrac{\mu_t}{\sigma_k}\right)\dfrac{\partial k}{\partial x_j}\right] + G_k - \rho\varepsilon \\ \dfrac{\partial(\rho \varepsilon)}{\partial t} + \dfrac{\partial(\rho \varepsilon u_i)}{\partial x_i} = \dfrac{\partial}{\partial x_j}\left[\left(\mu + \dfrac{\mu_t}{\sigma_\varepsilon}\right)\dfrac{\partial \varepsilon}{\partial x_j}\right] + \dfrac{C_{1\varepsilon}\varepsilon}{k} G_k - C_{2\varepsilon}\rho\dfrac{\varepsilon^2}{k} \end{cases} \tag{2-10}$$

其中，

$$\begin{cases} G_k = \mu_t \left(\dfrac{\partial u_i}{\partial x_j} + \dfrac{\partial u_j}{\partial x_i}\right)\dfrac{\partial u_i}{\partial x_j} \\ C_{1\varepsilon} = 1.44,\ C_{2\varepsilon} = 1.92,\ C_\mu = 0.09,\ \sigma_k = 1.0,\ \sigma_\varepsilon = 1.3 \end{cases}$$

除标准 k - ε 模型外，由其变化而来的常用模型还有 RNG k - ε 模型和可实现 (Realizable) k - ε 模型。RNG k - ε 模型数学描述如下：

$$\begin{cases} \dfrac{\partial(\rho k)}{\partial t} + \dfrac{\partial(\rho k u_i)}{\partial x_i} = \dfrac{\partial}{\partial x_j}\left(\alpha_k \mu_{\text{eff}} \dfrac{\partial k}{\partial x_j}\right) + G_k - \rho\varepsilon \\ \dfrac{\partial(\rho \varepsilon)}{\partial t} + \dfrac{\partial(\rho \varepsilon u_i)}{\partial x_i} = \dfrac{\partial}{\partial x_j}\left(\alpha_\varepsilon \mu_{\text{eff}} \dfrac{\partial \varepsilon}{\partial x_j}\right) + \dfrac{C_{1\varepsilon}^* \varepsilon}{k} G_k - C_{2\varepsilon}\rho\dfrac{\varepsilon^2}{k} \end{cases} \tag{2-11}$$

其中，

$$\begin{cases} \mu_{\text{eff}} = \mu + \mu_t \\ C_{1\varepsilon}^* = C_{1\varepsilon} - \dfrac{\eta(1-\eta/\eta_0)}{1+\beta\eta^3},\ \eta = \dfrac{Ek}{\varepsilon} \\ E = \left(2E_{ij}E_{ij}\right)^{1/2},\ E_{ij} = \dfrac{1}{2}\left(\dfrac{\partial u_i}{\partial x_j} + \dfrac{\partial u_j}{\partial x_i}\right) \\ C_\mu = 0.0845,\ \alpha_k = \alpha_\varepsilon = 1.39,\ C_{1\varepsilon} = 1.42,\ C_{2\varepsilon} = 1.68,\ \eta_0 = 4.377,\ \beta = 0.012 \end{cases}$$

与标准 k - ε 模型相比，RNG k - ε 模型的最大特点在于，在 ε 方程产生项的系数 $C_{1\varepsilon}$ 中引入了主流的时均应变率 E_{ij}，这样在 RNG k - ε 模型中的 $C_{1\varepsilon}$ 不仅与流动情况有关，而且在同一问题中是空间坐标的函数。可实现 k - ε 模型数学描述如下：

$$
\begin{cases}
\dfrac{\partial(\rho k)}{\partial t}+\dfrac{\partial(\rho k u_i)}{\partial x_i}=\dfrac{\partial}{\partial x_j}\left[\left(\mu+\dfrac{\mu_t}{\sigma_k}\right)\dfrac{\partial k}{\partial x_j}\right]+G_k-\rho\varepsilon \\
\dfrac{\partial(\rho \varepsilon)}{\partial t}+\dfrac{\partial(\rho \varepsilon u_i)}{\partial x_i}=\dfrac{\partial}{\partial x_j}\left[\left(\mu+\dfrac{\mu_t}{\sigma_\varepsilon}\right)\dfrac{\partial \varepsilon}{\partial x_j}\right]+\rho C_1 E\varepsilon-\rho C_2\dfrac{\varepsilon^2}{k+\sqrt{\nu\varepsilon}}
\end{cases}
\tag{2-12}
$$

其中，

$$
\begin{cases}
C_1=\max\left(0.43,\dfrac{\eta}{\eta+5}\right) \\
\sigma_k=1.0,\ \sigma_\varepsilon=1.2,\ C_2=1.9
\end{cases}
$$

与标准 k-ε 模型和 RNG k-ε 模型不同，可实现 k-ε 模型中 C_μ 取值不是常数，具体公式如下：

$$
C_\mu=\frac{1}{A_0+A_s U^* k/\varepsilon}
\tag{2-13}
$$

其中，

$$
\begin{cases}
A_0=4.0,\ A_s=\sqrt{6}\cos\phi,\ \phi=\dfrac{1}{3}\arccos\left[\dfrac{\sqrt{6}E_{ij}E_{jk}E_{kj}}{(E_{ij}E_{ij})^{3/2}}\right] \\
U^*=\sqrt{E_{ij}E_{ij}+\tilde{\Omega}_{ij}\tilde{\Omega}_{ij}} \\
\tilde{\Omega}_{ij}=\Omega_{ij}-2\varepsilon_{ijk}\omega_k,\ \Omega_{ij}=\bar{\Omega}_{ij}-\varepsilon_{ijk}\omega_k \\
\sigma_k=1.0,\ \sigma_\varepsilon=1.2,\ C_2=1.9
\end{cases}
$$

上述公式中，$\bar{\Omega}_{ij}$ 是从角速度为 ω_k 的参考系中观察到的时均转动速率，显然对无旋的流场，U^* 计算式根号中的第二项为 0，这一项是专门用以表示旋转的影响，是该模型的特点之一。

2.1.3　壁面函数

大量试验表明，对于有固体壁面充分发展的湍流流动，沿壁面法线的不同距离上，可将流动划分为壁面区（或称内区、近壁区）和核心区（或称外区）。对核心区的流动，认为是完全湍流区，可应用湍流模型进行求解。对近壁区，流体运动受壁面流动条件的影响比较明显，壁面区又可分为三个子层：黏性底层（viscous sublayer）、过渡层（buffer layer）、对数律层（log-law region）。

对于近壁面附近的流动，Re 较低，流体运动受壁面流动条件的影响比较明显，可采用壁面函数(wall functions)来处理近壁面流动。壁面函数实际是一组半经验的公式，用于将壁面上的物理量与湍流核心区内待求的未知量直接联系起来。其基本思想是：对于湍流核心区的流动使用 k-ε 模型求解，而在壁面区不进行求解，直接使用半经验公式将壁面上的物理量与湍流核心区内的求解变量联系起来。为了便于用数学描述近壁区的流动规律，现引入两个无量纲参数 u^+和 y^+，分别表示速度和距离，具体定义如下：

$$u^+ = \frac{u}{u_\tau} \tag{2-14}$$

$$y^+ = \frac{\Delta y \rho u_\tau}{\mu} = \frac{\Delta y}{\nu}\sqrt{\frac{\tau_w}{\rho}} \tag{2-15}$$

式中，u 为流体的时均速度；u_τ 为壁面摩擦速度，$u_\tau = (\tau_w / \rho)^{0.5}$；$\tau_w$ 为壁面切应力；Δy 为到壁面的距离。对于采用壁面函数处理近壁区流动的问题，不同参考文献对于壁面区的拟合处理有所不同，以 y^+=11.63 为分界值，即以此作为黏性底层与对数律层的分界点(忽略过渡层)，如图 2-1 所示。

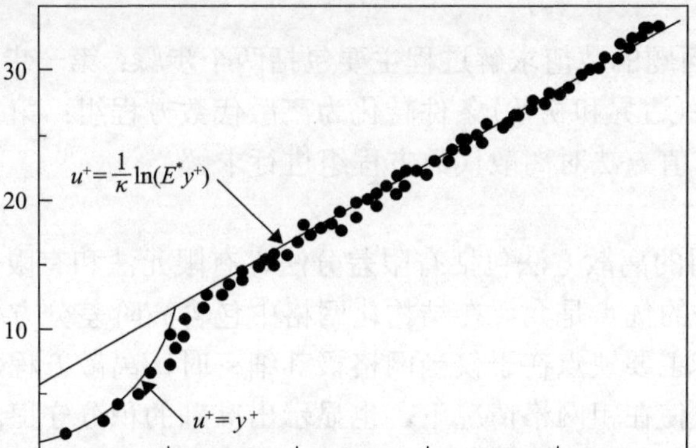

图 2-1　近壁区速度分布

依据图 2-1，壁面函数的数学描述可表述如下：

$$\begin{cases} u^+ = y^+, & y^+ \leqslant 11.63 \\ u^+ = \dfrac{1}{\kappa}\ln(E^* y^+), & y^+ > 11.63 \end{cases} \tag{2-16}$$

式中，κ 为 Karman 常数；E^*为与表面粗糙度有关的常数。

处于黏性底层的流动，壁面剪切应力可由下式获得：

$$\tau_w = \mu \frac{u_p}{\Delta y_p} \tag{2-17}$$

处于对数律层的流动，壁面剪切应力可按下式求解：

$$\tau_w = \frac{\rho C_\mu^{1/4} k_p^{1/2} u_p}{u_+} \tag{2-18}$$

式中，u_p为节点p的时均速度；k_p为节点p的湍动能；Δy_p为节点p到壁面的距离。

采用壁面函数方法的好处在于：求解高Re扰流问题时，将靠近壁面的第一层网格节点y^+值布置在对数律层，近壁区流场采用壁面函数构建，忽略黏性底层的流场求解，这样既可以保证求解精度又可以提高计算效率。当然，对于近壁区的流动模拟也可以采用低Re模型进行直接求解，理论上采用该模型可以求解近壁区Re为 0 的流动，但使用该模型要求靠近壁面的第一层网格节点布置在y^+=1 尺度范围，这样会大幅提高计算成本，降低计算效率。综合考虑，选取壁面函数方法用于近壁区处理。

2.1.4 数值方法

通常 CFD 问题的数值求解过程主要包括两个步骤：第一步是离散化，即将偏微分方程及辅助(边界和初始)条件转化为离散代数方程组；第二步是数值求解，即采用相应的数值方法对离散代数方程组进行求解。

1) 离散化

CFD 中常用的离散方法包括有限差分法、有限元法和有限体积法等。

有限差分法的优点是允许在结构化网格中包含高阶差分方程，这样可以提高求解精度，但其主要缺点在于仅当网格极其细密时，离散方程才满足积分守恒。而有限体积法即使在粗网格情况下，也显示出准确的积分守恒。有限元法突出优点在于能够处理任意几何形状的流动问题，但与有限体积法相比，它需要更多的计算资源和更强的计算机处理能力，因此使用受到限制。

就离散方法而言，有限体积法可视为有限元法和有限差分法的中间物，该方法以计算效率高、网格适应性好、良好的积分守恒等特点在 CFD 领域得到了广泛应用。有限体积法的基本思路是：将计算域划分为网格，并使每个网格点周围有一个互补重复的控制体积；将待解控制方程对每个控制体积积分，从而得出一组离散方程。因为要求变量的积分守恒对任意一组控制体积都得到满足，所以对整个计算区域，自然也要求满足守恒。

2) 动网格技术

UUV 在回收过程中逐渐靠近潜艇的运动会引起二者流域边界发生变化，这恰好就是动网格模型所处理的指定运动的流动问题。

对于通量ϕ，在任一控制体V内，其边界是运动的，守恒方程的通式如下：

$$\frac{\mathrm{d}}{\mathrm{d}t}\int_{V}\rho\phi\mathrm{d}V+\int_{\partial V}\rho\phi\left(\boldsymbol{u}-\boldsymbol{u}_{s}\right)\cdot\mathrm{d}\boldsymbol{A}=\int_{\partial V}\Gamma\nabla\phi\cdot\mathrm{d}\boldsymbol{A}+\int_{V}S_{\phi}\mathrm{d}V \tag{2-19}$$

式中，ρ为流体密度；$\boldsymbol{u}$为流体的速度矢量；$\boldsymbol{u}_s$为动网格的网格变形速度；∂V为控制体V的边界；$\boldsymbol{A}$为控制体V的边界法向量；Γ为扩散系数；S_ϕ为通量的源项ϕ。

式(2-19)中，首项用一阶向后差分格式可表示如下：

$$\frac{\mathrm{d}}{\mathrm{d}t}\int_{V}\rho\phi\mathrm{d}V=\frac{(\rho\phi V)^{n+1}-(\rho\phi V)^{n}}{\Delta t} \tag{2-20}$$

式中，n和n+1 代表当前及下一时间步的数值，第(n+1)步的体积V^{n+1}由下式计算得出：

$$V^{n+1}=V^{n}+\frac{\mathrm{d}V}{\mathrm{d}t}\Delta t \tag{2-21}$$

一般有三种动网格运动的方法来更新变形区域内的体网格：基于弹性变形的网格调整法(smoothing methods)，如图 2-2 所示；动态网格层铺法(dynamic layering)，如图 2-3 所示；局部网格重构法(remeshing methods)。本章选用动态网格层铺法。

在棱柱形(六面体或楔形)网格区域，动态层变的方法可以根据与运动的物面邻近的网格层的高度来决定增加或减少网格的层数。邻近边界的网格单元层(如图 2-3 中的层j)根据层j的单元层高度h来分裂出新的单元层或与邻近的层i合并成一个新层。

如果层j中单元体积是处于膨胀状态的，允许它们膨胀到$\left(1+\alpha_h\right)h_{\text{ideal}}$。其中，$h_{\text{ideal}}$为理想单元的高度；$\alpha_h$为全局单元层的分裂/合并因子。

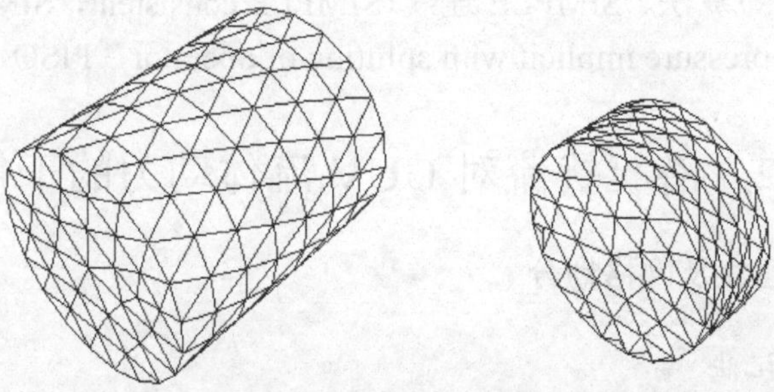

图 2-2　网格弹性变形前后

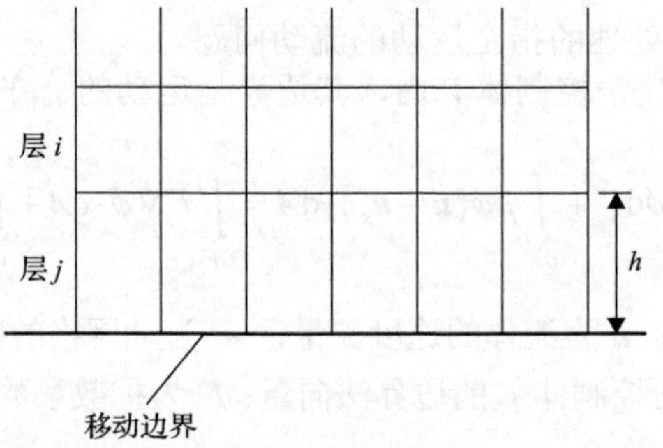

图 2-3　动态网格层

3) 数值求解

不可压缩流体的守恒控制方程由连续方程及 N-S 方程组成，有 4 个方程、4 个未知数 u, v, w 和 p，在每个动量方程中，压力梯度是流体流动的动力。由于缺少独立的压力传输方程，这意味着，求解不可压缩流体流动的速度和压力场时，连续方程和动量方程都要求解，对于这样的流动，连续方程受流体速度场的约束，而不受动力学方程的影响。为了建立不可压缩流动压力与速度之间的联系，一种可能的方法是构造压力场，使连续性方程的守恒性得到满足。求解压力耦合方程组的半隐式(semi-implicit method for pressure-linked equations，SIMPLE)方法是一种最普遍使用的不可压缩流动压力-速度耦合算法。

SIMPLE 算法的基本思想是：对于给定的压力场，求解离散形式的动量方程，得出速度场。因为压力场是假定的或是不精确的，由此得到的速度场一般不满足连续方程，所以必须对给定的压力场加以修正。修正原则是与修正后的压力场相对应的速度场能满足这一次迭代层次上的连续方程。把由动量方程的离散形式所规定的压力与速度的关系代入连续方程的离散形式，从而得到压力修正方程，由压力修正方程得出压力修正值。根据修正后的压力场求得新的速度场，然后检查速度场是否收敛。若不收敛，用修正后的压力值作为给定的压力场，反复迭代，直到获得收敛的解。

除此之外，基于 SIMPLE 算法改进的常用算法还有 SIMPLE 修订(SIMPLE revised，SIMPLER)算法、SIMPLE 连续(SIMPLE consistent，SIMPLEC)算法、压力隐式算子分割(pressure implicit with splitting of operator，PISO)算法等。

2.2　潜艇扰流对 UUV 流体动力的干扰

2.2.1　计算模型建立及网格划分

1. 计算工况记法

为了便于工况描述和计算结果分析，建立坐标系 $Oxyz$，并定义 UUV 相对于潜艇的特征方位，如图 2-4 所示。

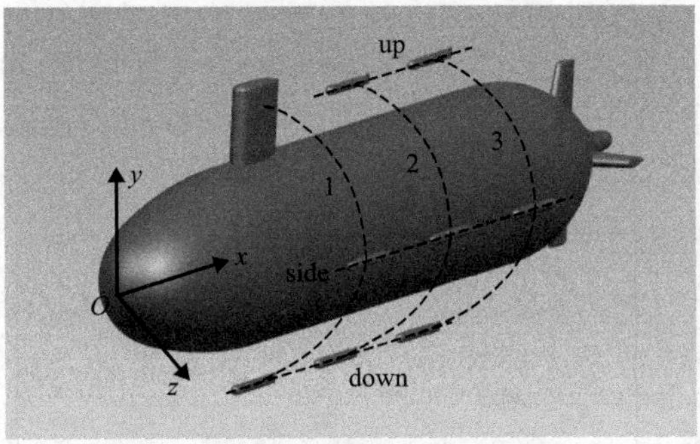

(a) 3D

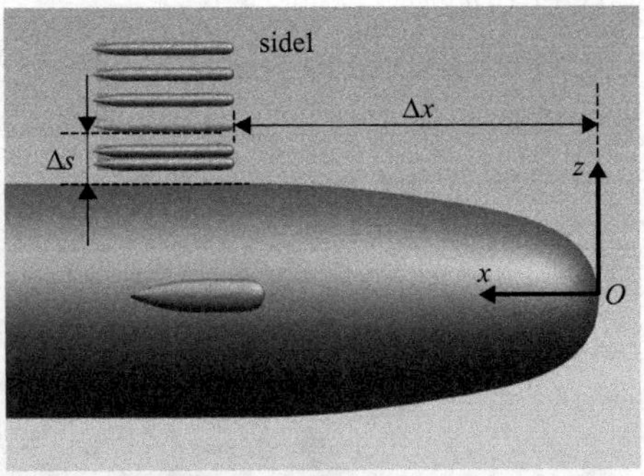

(b) xOz

图 2-4　坐标系定义及 UUV 相对于潜艇的特征方位示意

如图 2-4(a)所示，选取潜艇艏部中心点 O 为坐标原点，Ox 轴沿潜艇纵对称轴并指向潜艇尾部，Oy 轴位于潜艇纵对称面内并垂直于 Ox 轴，Oz 轴满足右手法则。UUV 相对于潜艇的特征方位由纵向位置(UUV 沿 Ox 轴的坐标)和相对方向两个变量确定，选取 UUV 相对于潜艇沿 Ox 轴方向的 3 个不同纵向位置，分别标号为 1、2、3；UUV 模型位于潜艇侧平面 Oz 正半轴时记为“side”，UUV 模型位于潜艇纵平面 Oy 正半轴时记为“up”，位于 Oy 负半轴时记为“down”。基于上述标记定义，UUV 相对于潜艇的特征方位可组合表示为“side1”、“down2”等。

如图 2-4(b)所示，以 UUV 相对于潜艇的特征方位“side1”为例，定义 UUV 与潜艇之间的壁面间距为 Δs，由特征方位与间距 Δs 组合便可确定 UUV 相对于潜艇的一特征位置，记为“side1-Δs”；UUV 头部顶点的 Ox 轴坐标值记为 Δx，为对比研究靠近潜艇头部、尾部及位于潜艇中部三种不同纵向位置对 UUV 流体动力系数的影响，所选 UUV 沿 Ox 轴的 3 个不同纵向位置标号“1、2、3”分别对应 Δx 的数值如表 2-1 所示。

表 2-1　纵向位置标号对应 Δx 明细

Ox 轴标号	1	2	3
距离 Δx /m	18	31.5	45

2. CFD 网格生成

由于数值计算涉及 UUV 相对于潜艇不同位置、不同姿态等一系列工况，若采用直接划分的方法对每种工况的计算域模型进行网格剖分，必然牵扯大量的工作量；为节约网格划分时间，基于分块划分的思想首先对单个潜艇计算域划分网格，随后对整体计算域中部分网格块进行切除，最后通过内部交界面(Interface)

将包含 UUV 模型的网格块嵌入整体计算域，完成网格划分。上述网格划分具体操作总结如下：

(1)考虑到每种工况均是以潜艇为参照体，首先对只有潜艇的整体计算域 A 进行网格分块划分，如图 2-5 所示；对 UUV 则采用一较小的矩形域 B 将其包围并单独进行网格划分，如图 2-6 所示。

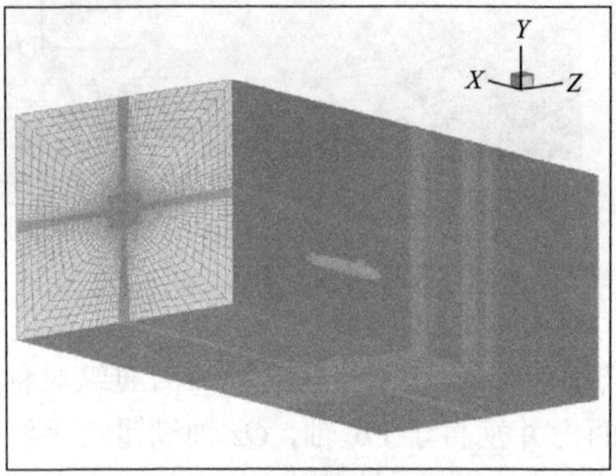

图 2-5　整体计算域 A 网格示意

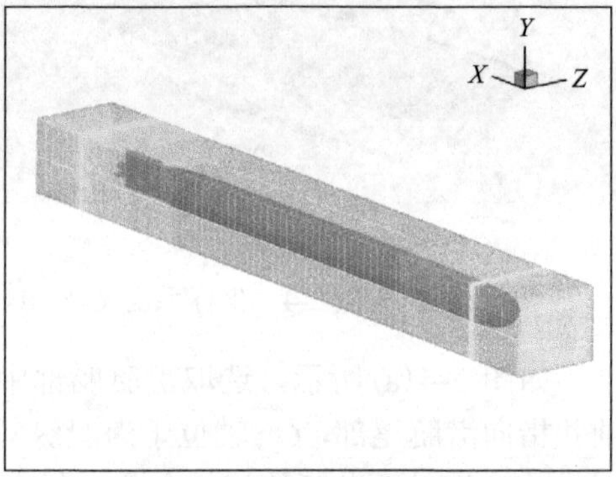

图 2-6　矩形域 B 网格示意

(2)依据计算模型中 UUV 相对于潜艇的位置，在计算域 A 的分块网格基础上抠除与矩形域 B 尺寸大小和位置相同的网格块，如图 2-7 所示。

(3)将包含 UUV 的矩形域 B 网格与修整后的计算域 A 网格通过交界面(Interface)合并，如此便完成一种工况的计算网格划分，如图 2-8 所示。

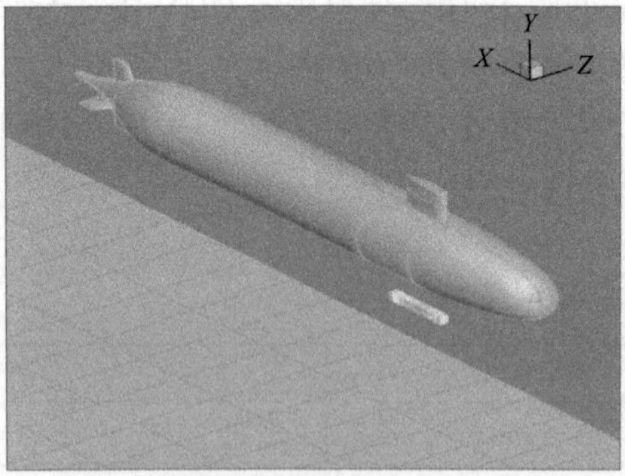

图 2-7　修整后计算域 A 网格示意

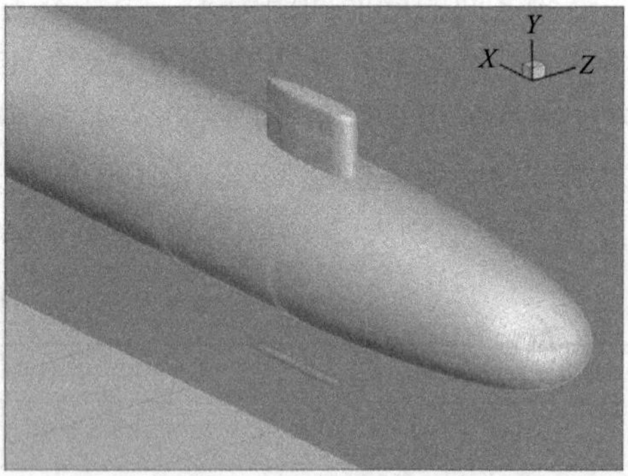

图 2-8　合并后的计算网格

采用该方法的优势有：只需要一次设计整体计算域的网格拓扑结构，在此基础上通过后续抠除和拼接即可完成每种工况的计算网格，该方法操作起来简单方便，节约了对不同工况需反复划分整体计算域网格的时间；对于不同工况计算域模型，由于整体计算域网格的拓扑结构一致，能良好保证每种工况的整体网格质量。

2.2.2　干扰计算

当 UUV 在潜艇附近时，考虑到潜艇尺度约为 UUV 尺度的 11 倍，潜艇对整个流域的影响起主导作用，UUV 处于潜艇主导的流场，势必会对其自身流体动力系数产生一定干扰，且这种干扰与 UUV 相对于潜艇的位置有关。基于此，本节将对 UUV 处于不同特征位置时的工况进行数值模拟，重点分析位于不同特征方位的 UUV 流体动力系数随间距 Δs 的变化规律。

1. 计算工况说明

将流场数值计算的模型对象分为两组：光体潜艇模型和全附体潜艇模型。对于光体模型，UUV 相对于潜艇位于“up”或“down”方向时均等同于“side”方向，因此其数值计算仅涉及包含“side”方向的三种不同特征方位，即“side1”、“side2”和“side3”；对于全附体模型，数值计算涉及图 2-4(a)所示的全部 8 个特征方位。具体研究内容分为以下三个方面：

(1) 以光体潜艇模型为研究对象，采用 RANS 方法，对处于“side1”、“side2”和“side3”三种特征方位并涉及一系列不同 Δs 的工况进行数值计算，得到 UUV 在不同特征方位时的流体动力系数随 Δs 的变化规律，同时给出采用面元法计算得到的数值结果，并进行简要分析。

(2) 以全附体潜艇模型为研究对象，采用 RANS 方法，对处于 8 种特征方位并涉及一系列不同 Δs 的工况进行数值计算，得到 UUV 的 8 种特征方位对应的流体动力系数随 Δs 的变化规律，并综合分析 UUV 纵向位置及 Δs 相同时，其在不同特征方位对应的流体动力系数干扰的特点。

(3) 对比光体潜艇模型和全附体潜艇模型处于三种“side”特征方位时的计算结果，分析二者异同。

具体 CFD 计算工况设定如下：

(1) 湍流模型为 RNG k - ε 模型；

(2) 入口速度为 2kn；

(3) 忽略重力影响。

2. 光体模型流体动力干扰计算结果与分析

图 2-9～图 2-14 为“side1”、“side2”和“side3”三种特征方位对应间距 Δs =0.5m 和 Δs =4m 时的压力系数云图，此处为凸显 UUV 与潜艇对彼此压力分布干扰，特采用斑马格栅形式显示压力系数云图。由压力系数云图可以看出，间距(Δs =0.5m)较小时，三种特征方位工况均可明显看出 UUV 靠近潜艇局部会形成压力系数干扰；当间距(Δs =4m)较大时，这种二者模型间局部压力系数干扰不明显。由此可知，间距较小时，UUV 受潜艇流场影响较大，随着间距增大，UUV 受潜艇流场影响逐渐减小。

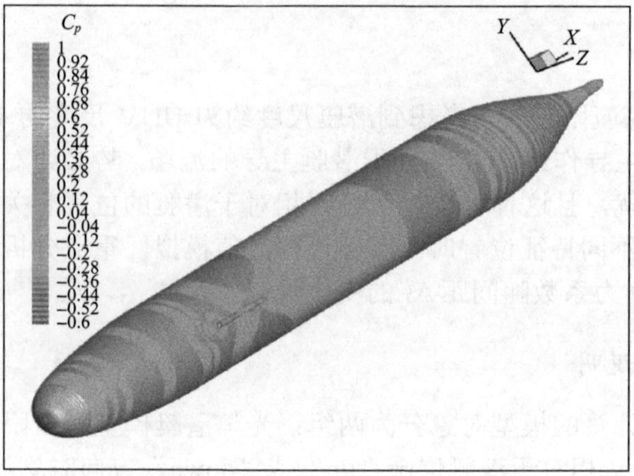

图 2-9　side1-0.5m 时压力系数云图

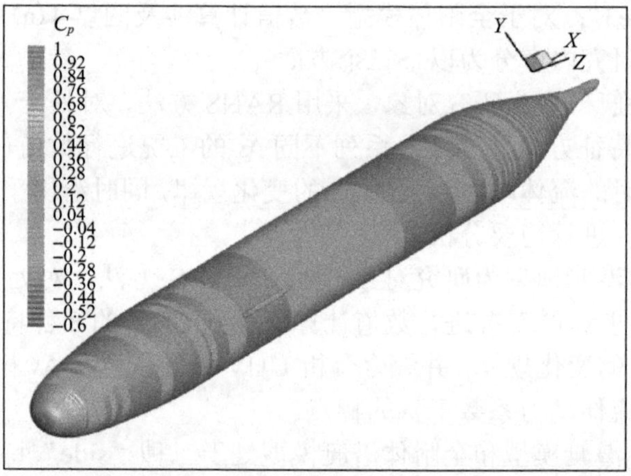

图 2-10　side1-4m 时压力系数云图

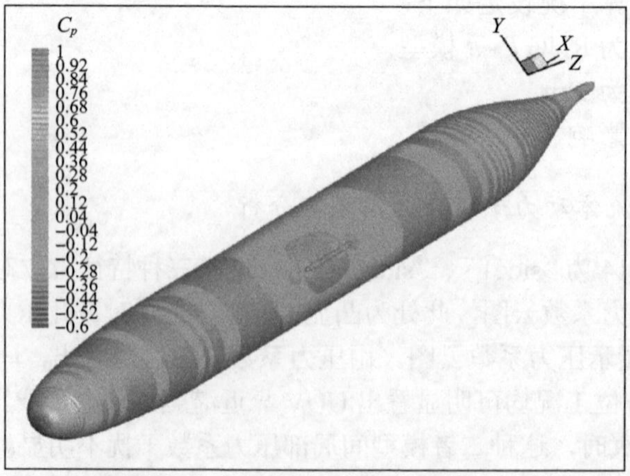

图 2-11　side2-0.5m 时压力系数云图

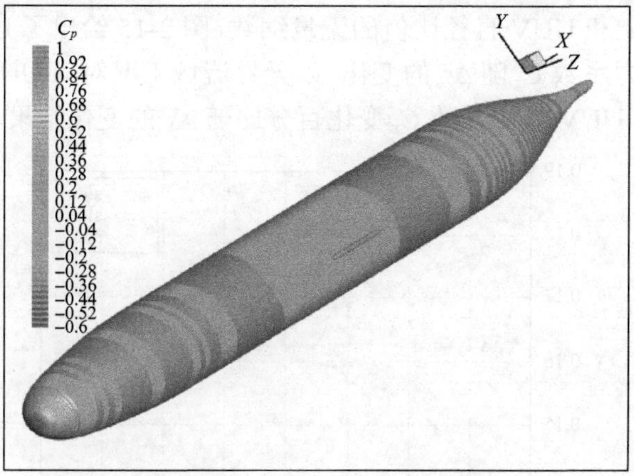

图 2-12　side2-4m 时压力系数云图

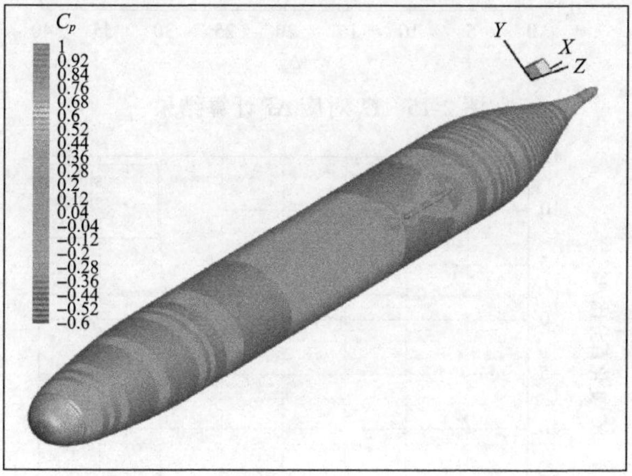

图 2-13　side3-0.5m 时压力系数云图

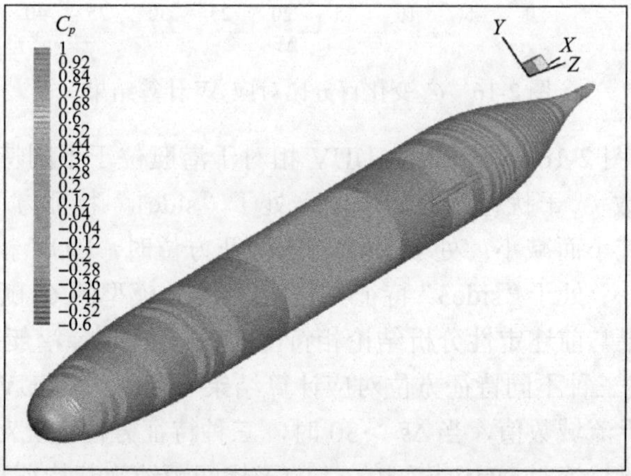

图 2-14　side3-4m 时压力系数云图

定义 $\Delta\bar{s}$ 为 Δs 和 UUV 直径比值的无量纲数，图 2-15 给出了 UUV 在三种特征方位工况下的阻力系数 C_x 随 $\Delta\bar{s}$ 的变化。以无界流域工况对应 UUV 阻力系数为参考量，图 2-16 为 UUV 阻力系数 C_x 变化百分比随 $\Delta\bar{s}$ 的变化结果。

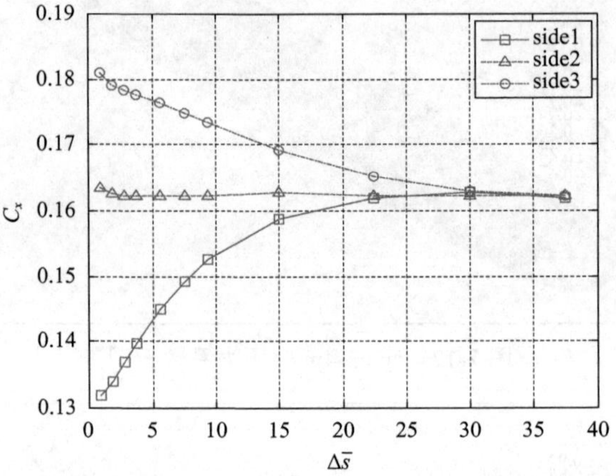

图 2-15　C_x 对应 $\Delta\bar{s}$ 计算结果

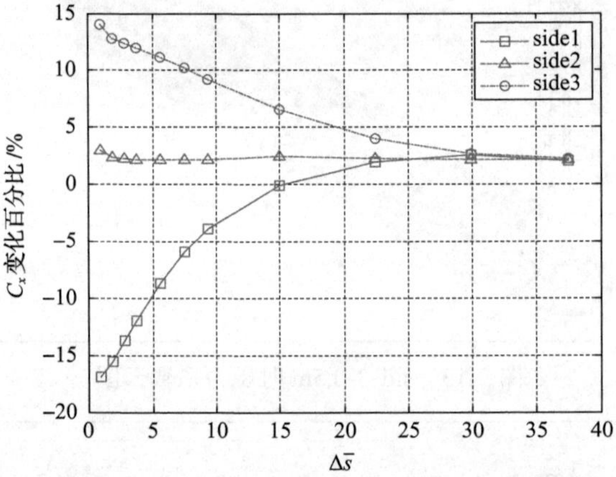

图 2-16　C_x 变化百分比对应 $\Delta\bar{s}$ 计算结果

由图 2-15 和图 2-16 可以看出，UUV 相对于潜艇位于不同特征位置时，潜艇扰流对其阻力系数 C_x 干扰程度有所不同。处于"side1"特征方位时，UUV 模型的 C_x 随间距 $\Delta\bar{s}$ 减小而减小；处于"side2"特征方位时，UUV 模型的 C_x 随 Δs 变化的干扰幅度很小；处于"side3"特征方位时，UUV 模型的 C_x 随 $\Delta\bar{s}$ 减小而增大，上述定量数据结果与前述定性分析结论相符，即 $\Delta\bar{s}$ 较小时，潜艇扰流干扰对 C_x 影响较大。综合上述三种不同特征方位对应计算结果可以得出，UUV 模型的 C_x 随 $\Delta\bar{s}$ 增大而趋近于无界流域数值，当 $\Delta\bar{s}>30$ 时，三种特征方位工况对应 UUV 模型 C_x 趋于收敛，即潜艇扰流对 UUV 模型的 C_x 的干扰间距约为其特征直径的 30 倍。

图 2-17～图 2-19 给出了 UUV 模型在三种特征方位工况下的侧力系数 C_z 和偏航力矩系数 M_y 随间距 $\Delta\bar{s}$ 的变化，作为对比参考，图中也给出了采用面元法计算的数值结果。由图中结果可以看出，潜艇扰流对 UUV 侧力干扰为负值，即表现为吸力，与前述流场定性分析相符。对比不同特征方位工况下 UUV 模型 C_z 对应 $\Delta\bar{s}$ 的计算结果可以看出：当 $\Delta\bar{s}<4$ 时，三种特征方位工况中均表现出侧力系数 C_z 关于间距 $\Delta\bar{s}$ 的梯度较大，其中处于 side1-0.5m 特征位置时干扰最明显，近似绝对值 0.031，约为 side2-0.5m 和 side3-0.5m 对应值的 2 倍；当 $\Delta\bar{s}>4$ 时，“side1”工况对应 C_z 与 $\Delta\bar{s}$ 基本保持线性关系变化，“side2”工况对应 C_z 随 $\Delta\bar{s}$ 的增大变化较小，“side3”工况对应 C_z 随 $\Delta\bar{s}$ 的增大表现为先减小后增大；整体来看，$\Delta\bar{s}$ 较小时，潜艇扰流对 UUV 模型的 C_z 的干扰较大，随着 $\Delta\bar{s}$ 增大，潜艇扰流对 C_z 的干扰逐渐变小。对比面元法与 CFD 计算结果可以看出，两种方法所得 C_z 随 $\Delta\bar{s}$ 的变化规律相似，但数值上有所差异。

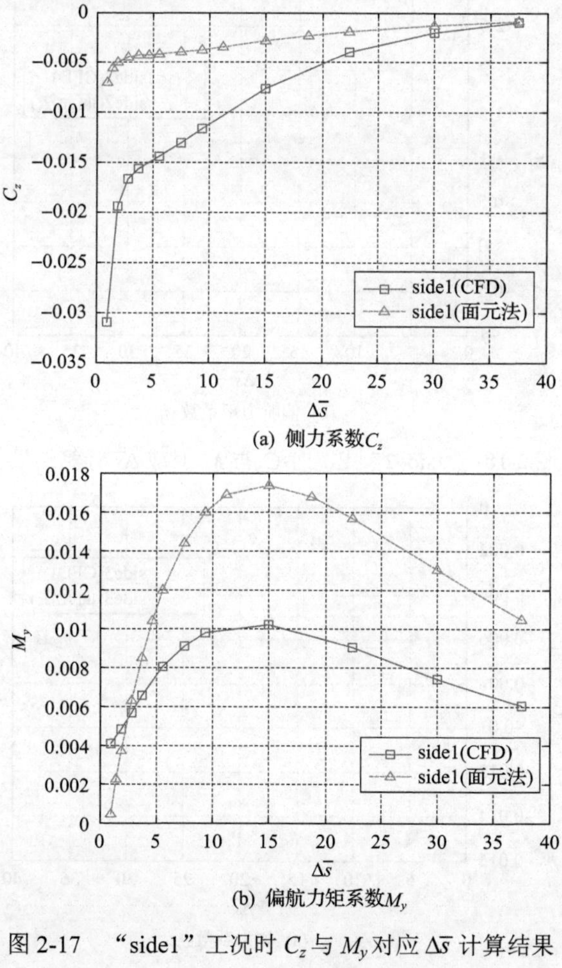

(a) 侧力系数 C_z

(b) 偏航力矩系数 M_y

图 2-17　“side1”工况时 C_z 与 M_y 对应 $\Delta\bar{s}$ 计算结果

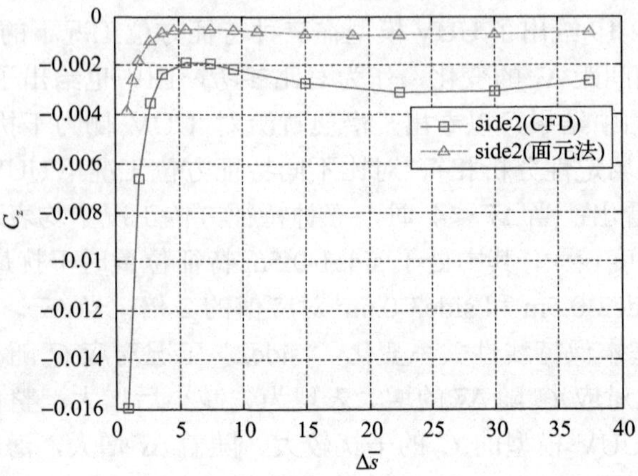

(a) 侧力系数C_z

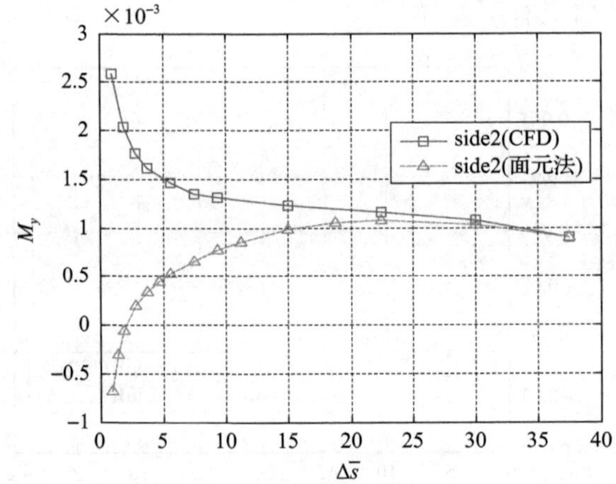

(b) 偏航力矩系数M_y

图 2-18 “side2”工况时 C_z 与 M_y 对应 $\Delta\bar{s}$ 计算结果

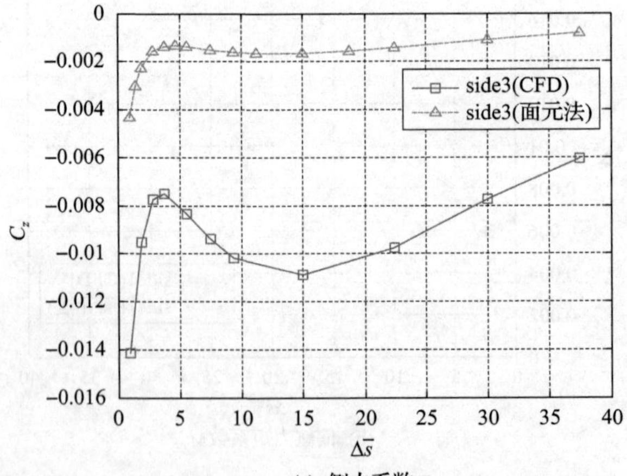

(a) 侧力系数C_z

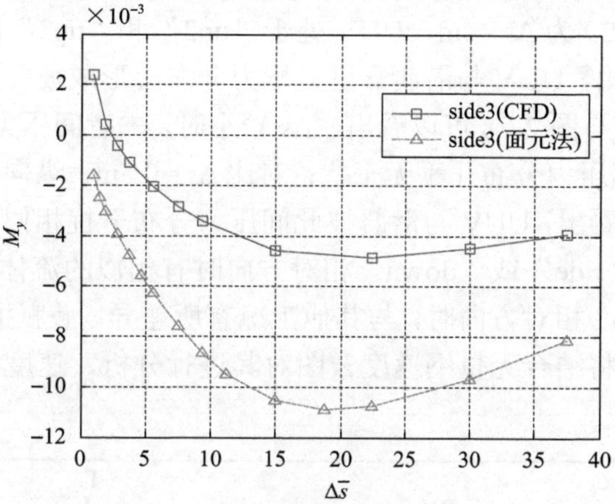

(b) 偏航力矩系数M_y

图 2-19　“side3”工况时 C_z 与 M_y 对应 $\Delta\bar{s}$ 计算结果

对比三种特征方位工况下的 UUV 模型的 M_y 对应 $\Delta\bar{s}$ 的计算结果可以看出，处于“side1”特征方位时，CFD 结果与面元法计算结果均表现为：M_y 为正值，且 M_y 随着 $\Delta\bar{s}$ 增大先增大后减小，约在 $\Delta\bar{s}$ =15 处达到最大值，二者区别在于面元法计算结果的变化幅值较大；处于“side2”特征方位时，CFD 结果表现为：M_y 为正值，数值较小，M_y 随着 $\Delta\bar{s}$ 的增大而减小，梯度很小；面元法结果表现为：$\Delta\bar{s}$ 很小时 M_y 为负值，但随着 $\Delta\bar{s}$ 增大而增大，$\Delta\bar{s}$ ＞15 时的计算结果基本与 CFD 结果吻合较好；处于“side3”特征方位时，CFD 结果与面元法计算结果均表现为：M_y 随着 $\Delta\bar{s}$ 的增大先减小后缓慢增大，约在 $\Delta\bar{s}$ =18 处达到最小值，二者区别在于面元法计算结果的变化幅值较大。

综合上述分析可以得结论如下：

(1) $\Delta\bar{s}$ 较小时，潜艇扰流对 UUV 模型的流体动力系数干扰较大，随着 $\Delta\bar{s}$ 增大，干扰逐渐减小。

(2) 对比三种特征方位工况可以看出，处于“side2”特征方位(潜艇平行中段中部)时，UUV 模型的流体动力系数受潜艇扰流干扰最小；处于“side1”特征方位(靠近潜艇头部)时，潜艇扰流对 UUV 模型阻力系数的干扰表现为减阻；处于“side3”特征方位(靠近潜艇尾部)时，潜艇扰流对 UUV 模型阻力系数的干扰表现为增阻。

(3) 面元法在预测大尺度比双回转体水动力干扰计算时可以得到与 CFD 结果相似的变化规律，且两种方法数值差异随着 $\Delta\bar{s}$ 增大而减小。

3. 全附体潜艇模型流体动力干扰计算结果与分析

图 2-20～图 2-27 为 Δs =0.5m，UUV 处于 8 种不同特征方位时的压力系数云

图。图 2-28～图 2-29 为 Δ*s* =4m，UUV 处于“up2”和“up3”时所对应压力系数云图。由图可以看出，UUV 与潜艇靠近处压力分布会形成彼此干扰；对比图 2-25 与图 2-27、图 2-26 与图 2-28 可以看出，Δ*s* 较小时，二者间压力分布干扰较明显，Δ*s* 较大时，二者间压力分布几乎无干扰；对比 Δ*s* =0.5m，纵向位置相同，特征方向不同的工况可以看出，UUV 与潜艇彼此间压力分布干扰相似，由此可知，Δ*s* 相同时，UUV 处于“side”或“down”相对方向时有相似的流体动力干扰特性。

UUV 处于“up”相对方向时，与其他工况有所差异，潜艇指挥台尾流对 UUV 干扰显著，接下来将结合无量纲速度云图对其进行分析，速度参考量选取计算域入口速度大小。

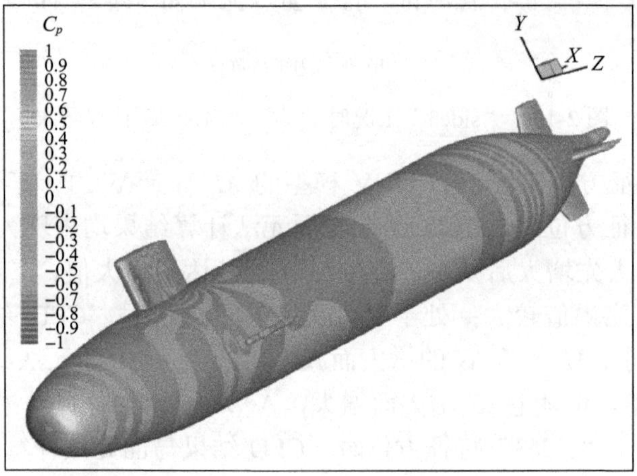

图 2-20　side1-0.5m 时压力系数云图

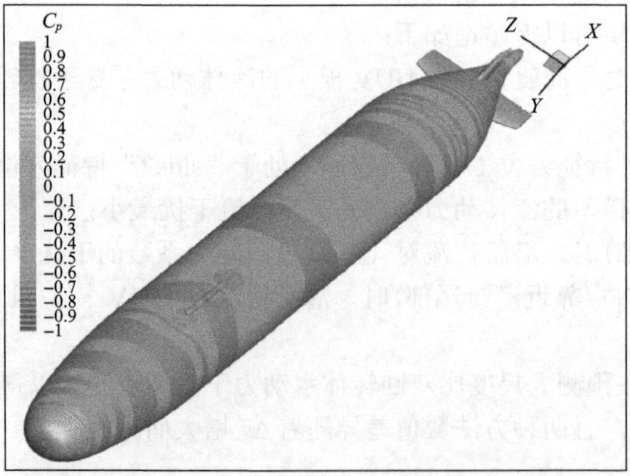

图 2-21　down1-0.5m 时压力系数云图

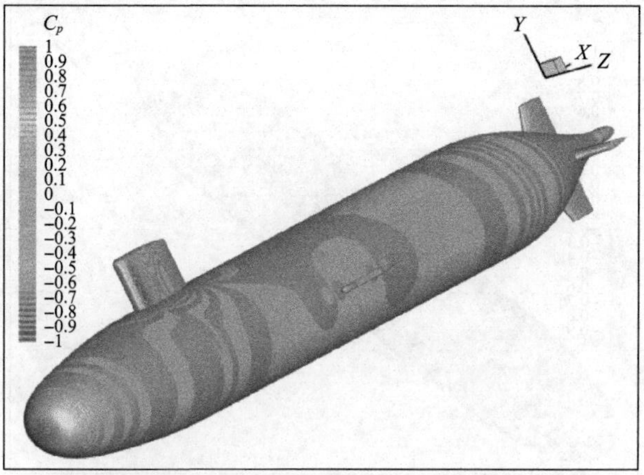

图 2-22　side2-0.5m 时压力系数云图

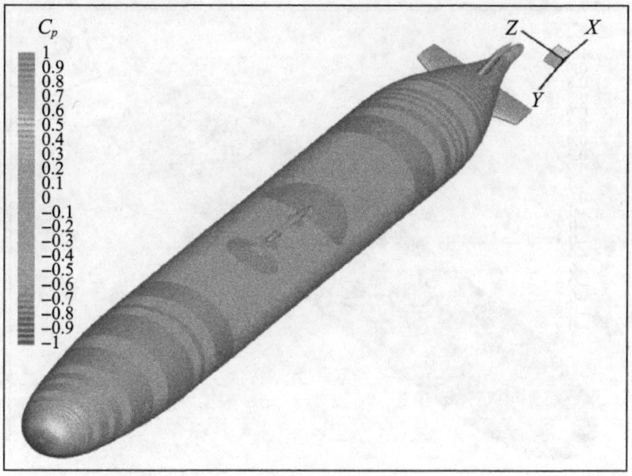

图 2-23　down2-0.5m 时压力系数云图

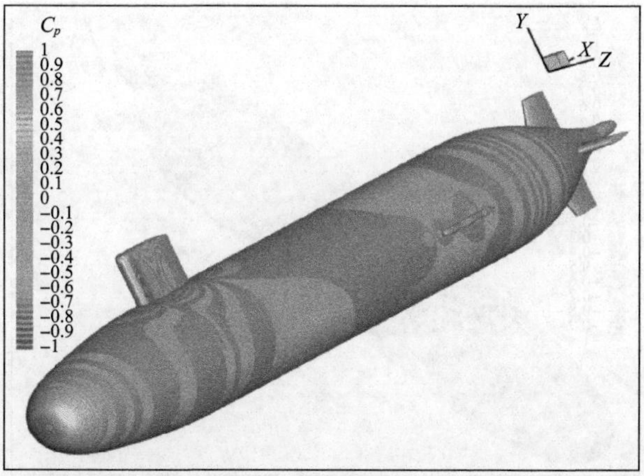

图 2-24　side3-0.5m 时压力系数云图

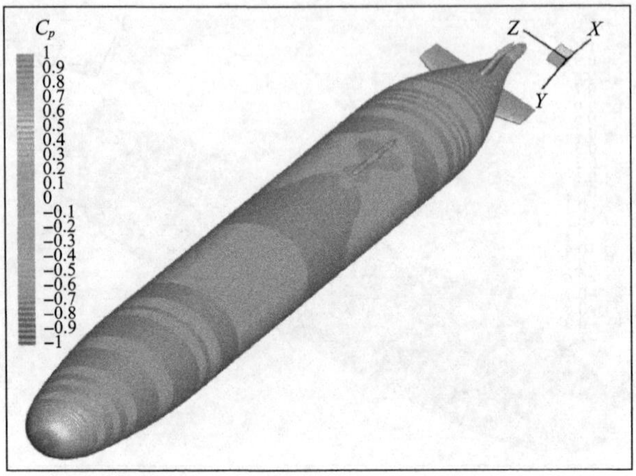

图 2-25　down3-0.5m 时压力系数云图

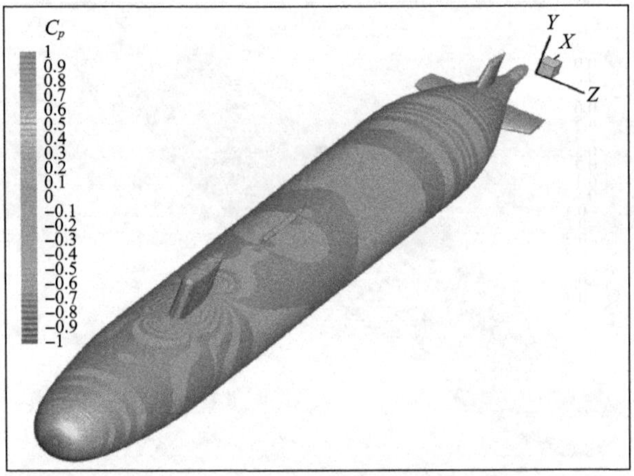

图 2-26　up2-0.5m 时压力系数云图

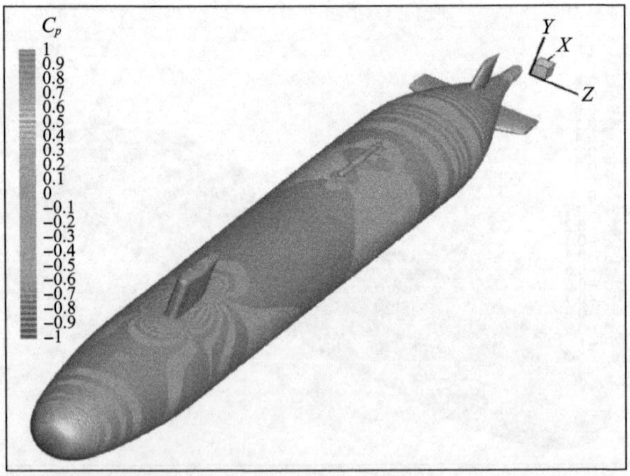

图 2-27　up3-0.5m 时压力系数云图

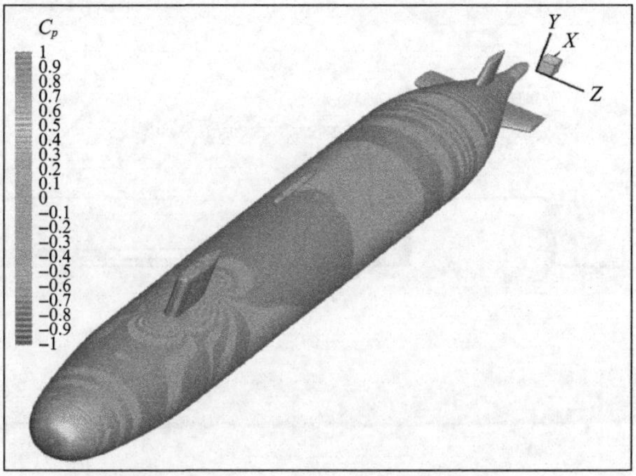

图 2-28　up2-4m 时压力系数云图

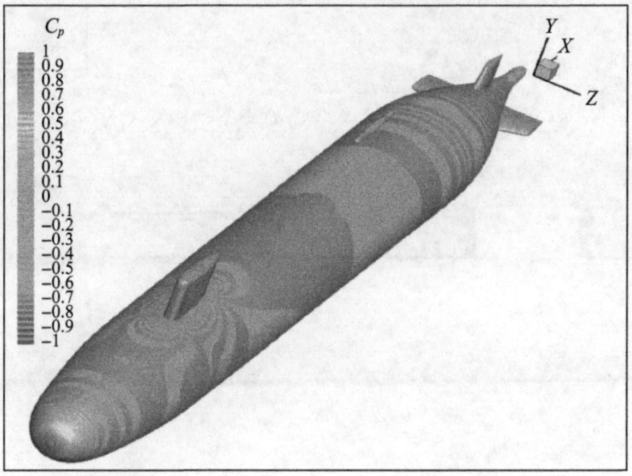

图 2-29　up3-4m 时压力系数云图

图 2-30 和图 2-31 分别为 UUV 处于“up2”与“up3”特征方位时，不同 Δs 对应纵向 xOy 截面的无量纲速度云图。由图可以看出，潜艇指挥台尾流区速度较外围扰流速度偏小，当 Δs <3m 时，由于 UUV 完全处于潜艇指挥台尾流区，对比 Δs 相同时的其他特征方位工况可以得出，UUV 所受摩擦阻力较小，虽然此处压差阻力较大，考虑到摩阻在阻力中一般占较大比例，故 UUV 完全处于潜艇指挥台尾流区时，整体阻力系数 C_x 应会偏小；当 Δs =3m 和 Δs =4m 时，UUV 处于潜艇指挥台尾流区与外围速度场综合影响的流域，此时，UUV 下部主要受指挥台尾流干扰，速度较小，属于局部高压区，上部主要受外围速度场影响，速度较大，属于局部低压区，此时可能会形成斥力作用；当 Δs >5m 时，UUV 基本脱离潜艇指挥台尾流区，且随着 Δs 增大，指挥台尾流对 UUV 流体动力系数影响将逐渐减小。由于“up3”较“up2”处于潜艇指挥台尾流区下游，易知 Δs 相同时，指挥台尾流对“up3”工况干扰较“up2”偏小。

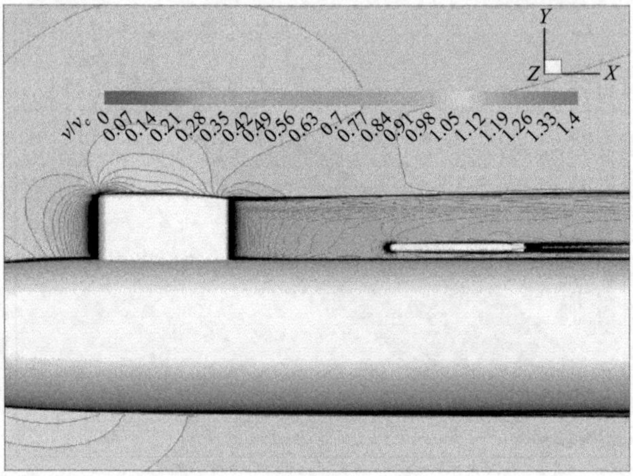

(a) Δs=0.5m

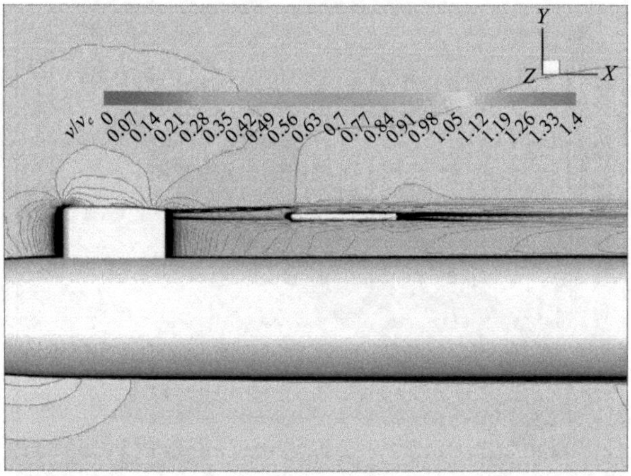

(b) Δs=3m

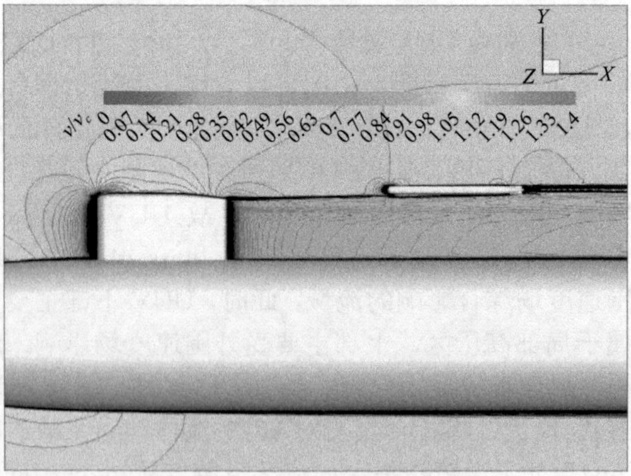

(c) Δs=4m

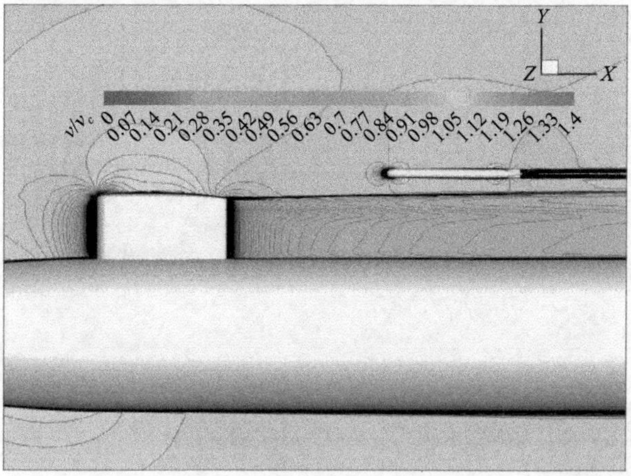

(d) Δs=5m

图 2-30　不同 Δs 对应“up2”特征方位时 xOy 截面的无量纲速度云图

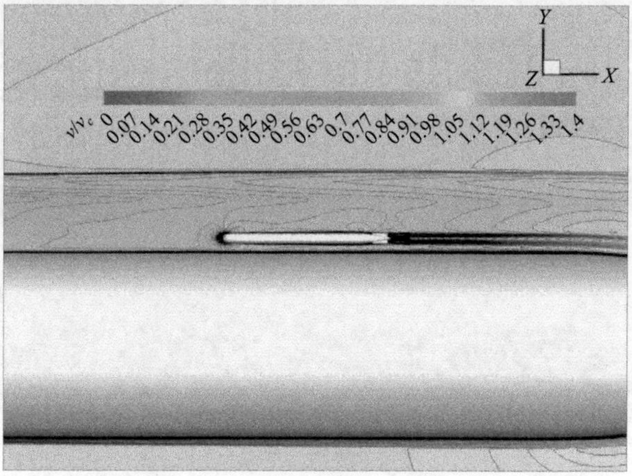

(a) Δs=0.5m

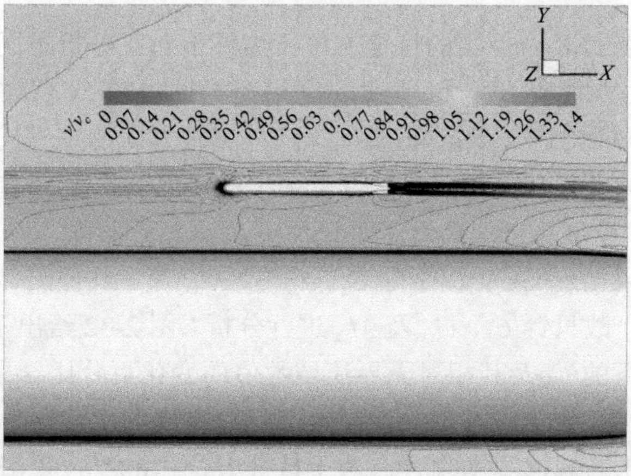

(b) Δs=3m

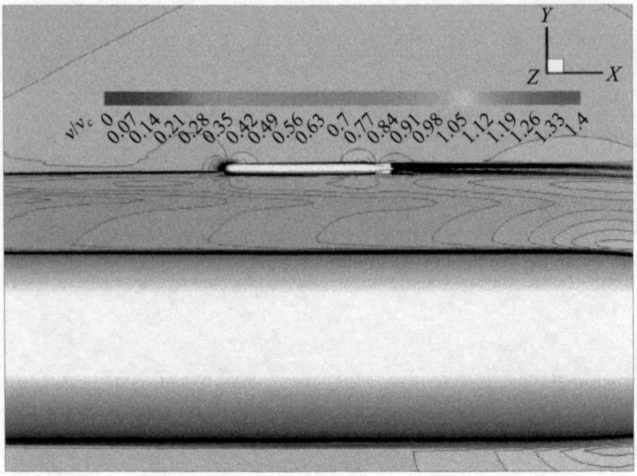

(c) Δs=4m

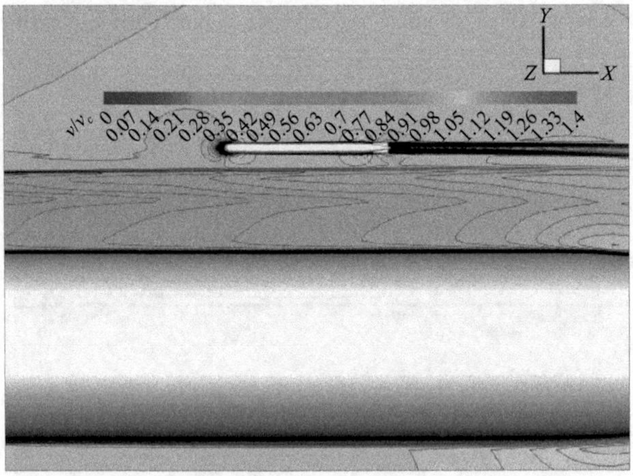

(d) Δs=5m

图 2-31　不同 Δs 对应“up3”特征方位时 xOy 截面的无量纲速度云图

全附体模型涉及 8 个不同的特征方位，为便于对比分析不同特征方位工况扰流对 UUV 流体动力系数的干扰，此处定义潜艇纵轴与 UUV 纵轴确定的平面为主干扰平面，在此平面内进一步定义：沿垂直于 Ox 轴方向的主干扰力系数记为 C_{xx}，表现为吸力时记为正，斥力为负；垂直于主干扰平面的主干扰力矩系数记为 M_{xx}，力矩效果使 UUV 模型头部偏离潜艇时记为正，反之记为负。

因为计算结果显示 UUV 模型除 C_x、C_{xx} 及 M_{xx} 外，其他流体动力分量系数均为小于 10^{-4} 小量，故只针 C_x、C_{xx} 及 M_{xx} 进行分析。图 2-32 给出了 UUV 模型在不同特征方位工况下的 C_x 及其相对无界流域数值的变化百分比结果。

由图 2-32 可以得出，纵向位置相同，相对方向为“side”与“down”工况时，C_x 随 $\Delta\overline{s}$ 变化的规律基本吻合；对于特征方位“up2”，受潜艇指挥台尾流干扰，当 $\Delta\bar{s}\leqslant 4$ 时，UUV 模型处于指挥台尾流影响，摩阻偏小，压阻偏大，整体 C_x 偏小，同前述定性分析结论；当 $\Delta\bar{s}>5.6$ 时，随着 $\Delta\bar{s}$ 增大，UUV 模型逐渐靠近指挥台尾流区上边缘，摩阻所受干扰逐渐减小，压阻干扰逐渐显现；当 $\Delta\bar{s}=7.5$ 时，表现为略高于 side2-4m 与 down2-4m 工况对应 C_x 值；当 $\Delta s>7.5$ 时，指挥台尾流对 UUV 速度场影响较小，随着 $\Delta\bar{s}$ 增大，指挥台尾流下游局部高压对 UUV 影响逐渐减小，C_x 逐渐减小，在 $\Delta\bar{s}=22.5$ 时，C_x 与“side2”与“down2”特征方位数值结果相当。对于特征方位“up3”，指挥台尾流对 C_x 干扰主要集中表现在 $\Delta\bar{s}\leqslant 4$ 时有减阻影响，当 $\Delta\bar{s}\geqslant 5.6$ 时，C_x 数值结果与“side3”与“down3”特征方位数值结果相当。由图(d)可以看出，潜艇扰流对 UUV 模型 C_x 的干扰间距约为其特征直径的 30 倍。

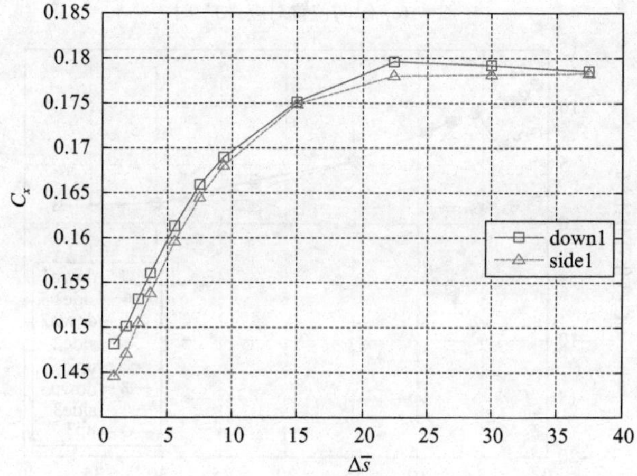

(a) 纵向位置对应“1”时

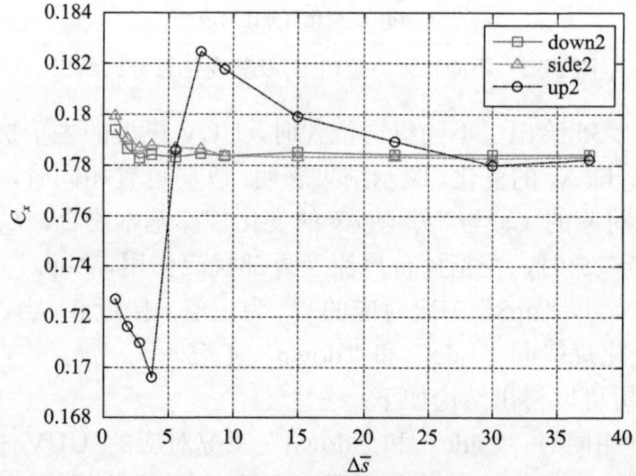

(b) 纵向位置对应“2”时

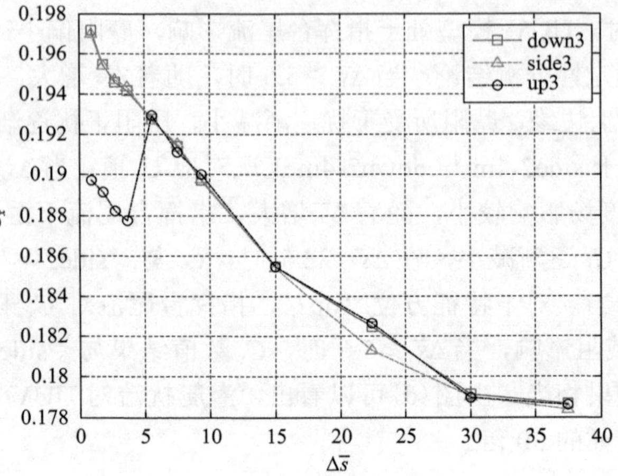

(c) 纵向位置对应“3”时

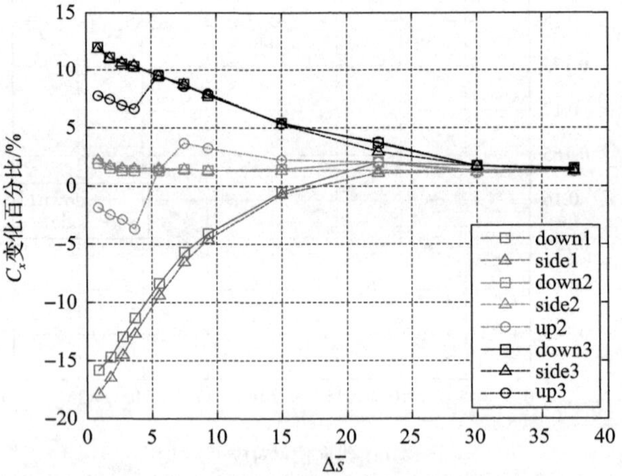

(d) C_x变化百分比对应$\Delta\bar{s}$

图 2-32 不同特征方位时 C_x 及其变化百分比结果

图 2-33～图 2-35 给出了不同纵向位置时，UUV 模型的主干扰力系数 C_{xx}、主干扰力矩系数 M_{xx} 随 $\Delta\bar{s}$ 的变化。图示结果表明：纵向位置相同时，相对方向“side”和“down”工况对应的 C_{xx} 与 M_{xx} 随 $\Delta\bar{s}$ 的变化规律基本吻合，C_{xx} 表现为吸力；当 $\Delta\bar{s}$ =5.6 和 $\Delta\bar{s}$ =7.5 时，受指挥台尾流及外部扰流作用，“up2”工况对应的 C_{xx} 为负值，表现为斥力，“up3”工况对应的 C_{xx} 为正值，接近 0；当 $\Delta\bar{s}$ ≥9.4 时，C_{xx} 与 M_{xx} 随 $\Delta\bar{s}$ 的变化规律同“side”和“down”工况。

综合上述分析可以得出结论如下：

(1) 纵向位置相同时，“side”和“down”工况对应的 UUV 模型的阻力系数 C_x、主干扰力系数 C_{xx} 和主干扰力矩系数 M_{xx} 随 $\Delta\bar{s}$ 的变化规律相似，数值结果差异较小。

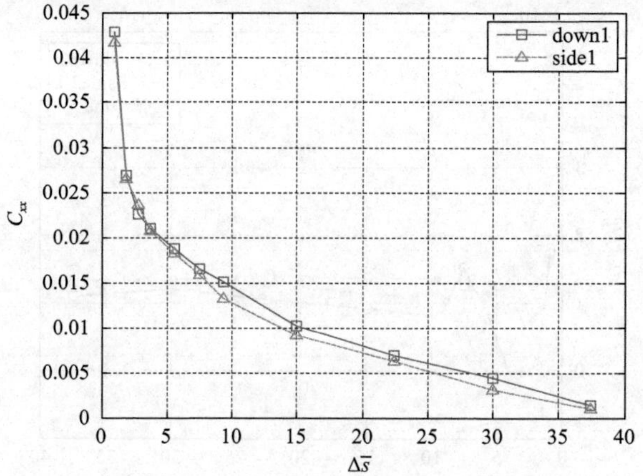

(a) C_{xx}

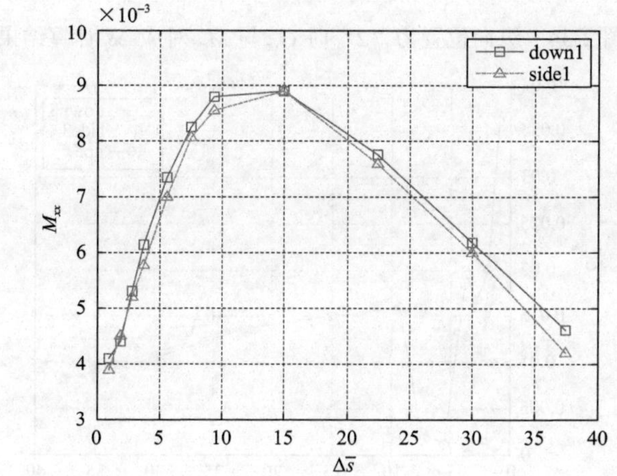

(b) M_{xx}

图 2-33 纵向位置为“1”时 C_{xx} 与 M_{xx} 对应 $\Delta\bar{s}$ 计算结果

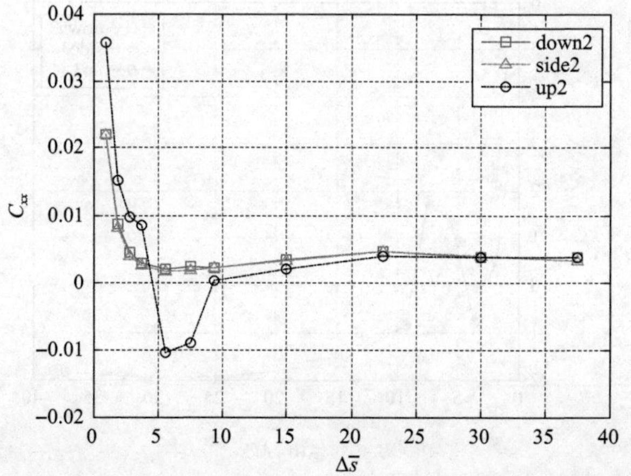

(a) C_{xx}

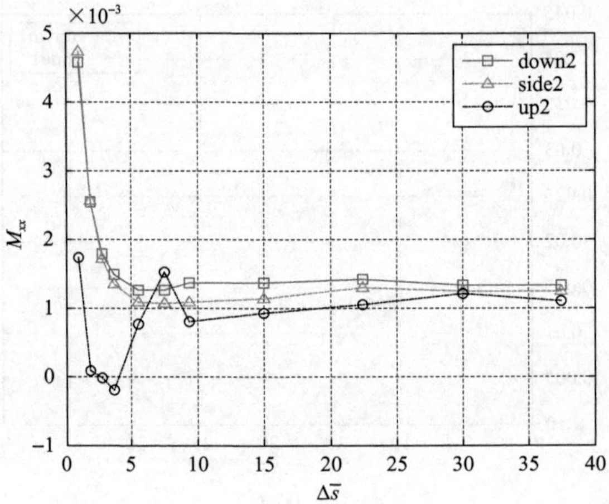

(b) M_{xx}

图 2-34　纵向位置为“2”时 C_{xx} 与 M_{xx} 对应 $\Delta\bar{s}$ 计算结果

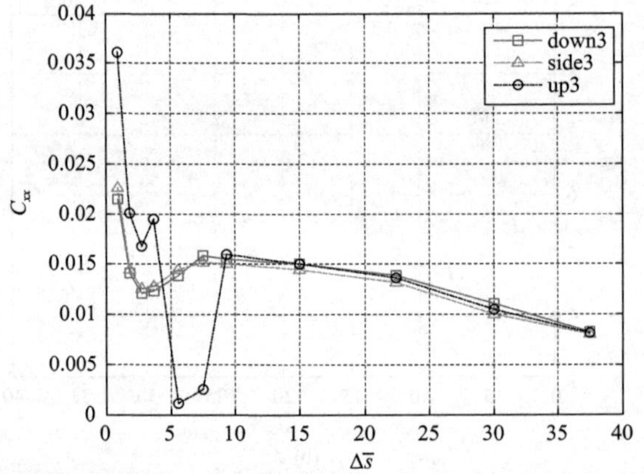

(a) C_{xx}

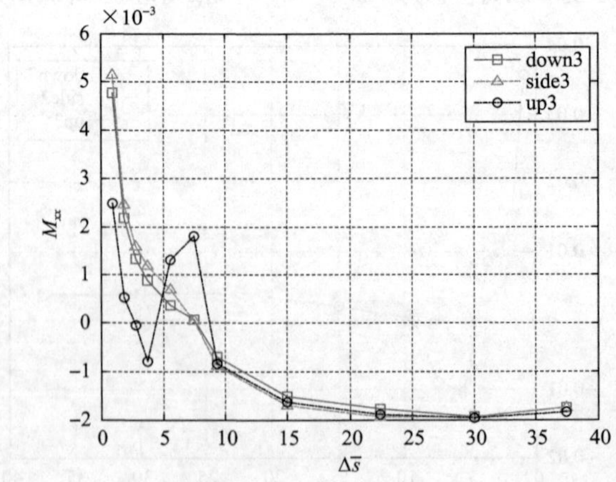

(b) M_{xx}

图 2-35　纵向位置为“3”时 C_{xx} 与 M_{xx} 对应 $\Delta\bar{s}$ 计算结果

(2) 当 Δs ＜5m 时，潜艇指挥台尾流对“up2”及“up3”工况对应 UUV 的 C_x、C_{xx} 和 M_{xx} 干扰显著；当 $\Delta\bar{s}$ ＞9.4 时，“up”工况对应的 UUV 模型的 C_{xx} 和 M_{xx} 随 $\Delta\bar{s}$ 的变化规律与纵向位置相同时的“side”和“down”工况相似。

4. 光体与全附体 UUV 模型计算结果对比分析

光体与全附体 UUV 模型分别记作 UUV-1 和 UUV-2。图 2-36 给出了 UUV-1 与 UUV-2 在三种不同“side”工况下的 C_x 随 $\Delta\bar{s}$ 变化的数值计算结果。由图可以看出，特征方位相同时，UUV-1 与 UUV-2 二者模型 C_x 随 $\Delta\bar{s}$ 的变化规律相似，且同一 $\Delta\bar{s}$ 值所对应的二者模型 C_x 的差值基本维持在一定值范围，此差值与无界流域工况 UUV-1 和 UUV-2 模型 C_x 的差值相当，由此可见潜艇扰流对 UUV 模型 C_x 干扰主要作用于光体部分，对 UUV 附鳍干扰较小。

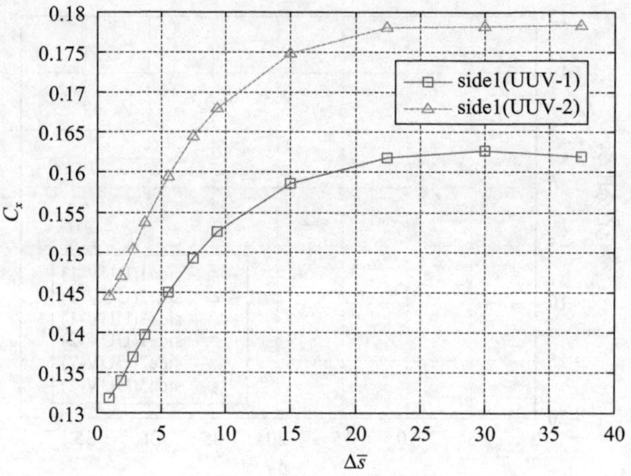

(a) “side1”工况

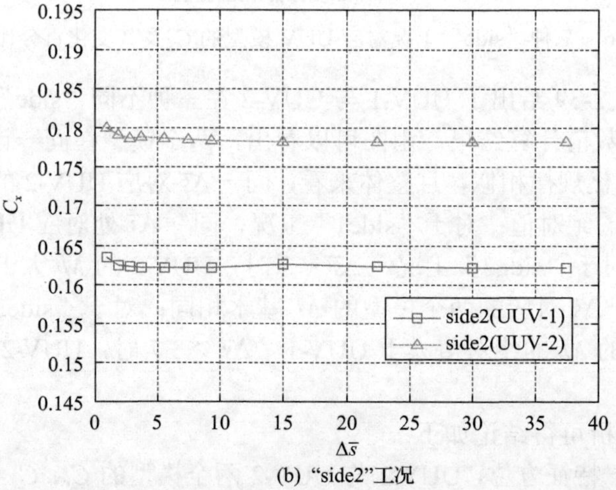

(b) “side2”工况

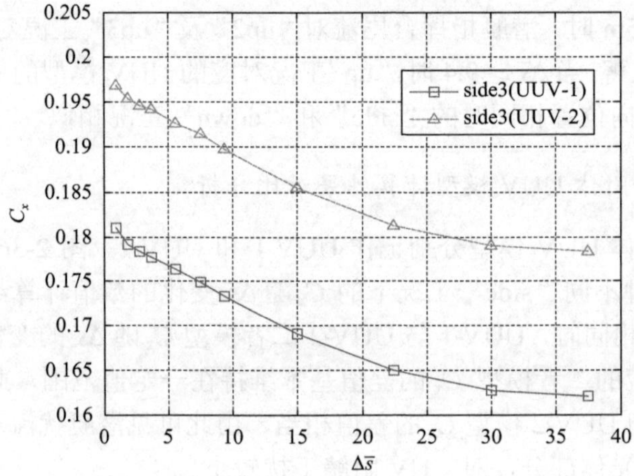

(c) "side3"工况

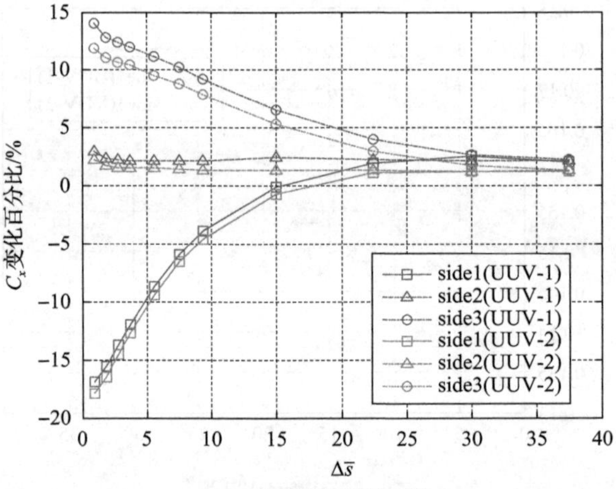

(d) C_x变化百分比对应$\Delta\bar{s}$

图 2-36　三种"side"工况对应 UUV 模型的 C_x 及其变化百分比结果

图 2-37～图 2-39 给出了 UUV-1 与 UUV-2 在三种不同"side"工况下的 C_z 与 M_y 随 $\Delta\bar{s}$ 变化的数值计算结果。由图可以看出，两个模型在同一计算工况处的 C_z 与 M_y 随 $\Delta\bar{s}$ 的变化规律相似，且整体来看，同一 $\Delta\bar{s}$ 对应 UUV-2 的 C_z 的绝对值大于 UUV-1 的 C_z 的绝对值；对于"side1"工况，同一 $\Delta\bar{s}$ 处对应 UUV-2 的 M_y 小于 UUV-1 的 M_y；对于"side2"工况，$\Delta\bar{s}<2$ 时，UUV-2 的 M_y 大于 UUV-1 的 M_y，$\Delta\bar{s}>2$ 时，同一 $\Delta\bar{s}$ 对应的两个模型的 M_y 基本相同；对于"side3"工况，$\Delta\bar{s}<3.7$ 时，UUV-2 的 M_y 的绝对值大于 UUV-1，$\Delta\bar{s}>3.7$ 时，UUV-2 的 M_y 的绝对值小于 UUV-1。

综合上述分析可得结论如下：

(1) 对于同一特征方位，UUV-1 与 UUV-2 两个模型的 C_x、C_z 与 M_y 随 $\Delta\bar{s}$ 的变化规律相似。

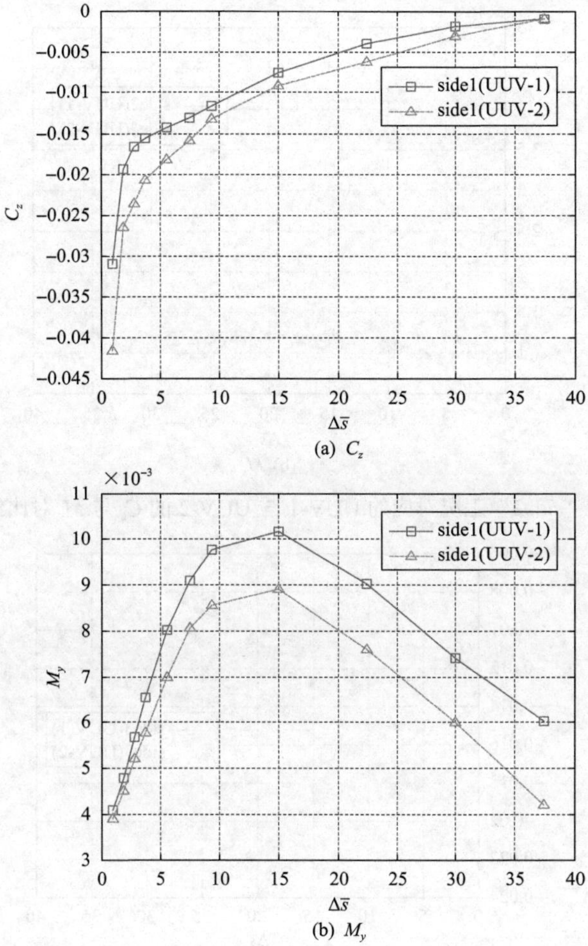

(a) C_z

(b) M_y

图 2-37　“side1”工况对应的 UUV-1 与 UUV-2 的 C_z 与 M_y 对比结果示意

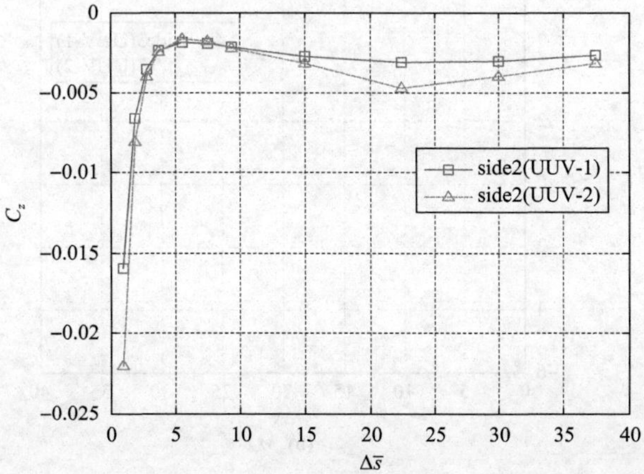

(a) C_z

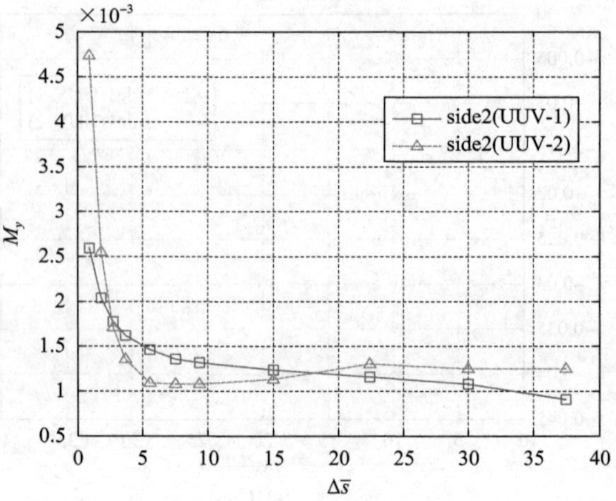

(b) M_y

图 2-38　“side2”工况对应的 UUV-1 与 UUV-2 的 C_z 与 M_y 对比结果示意

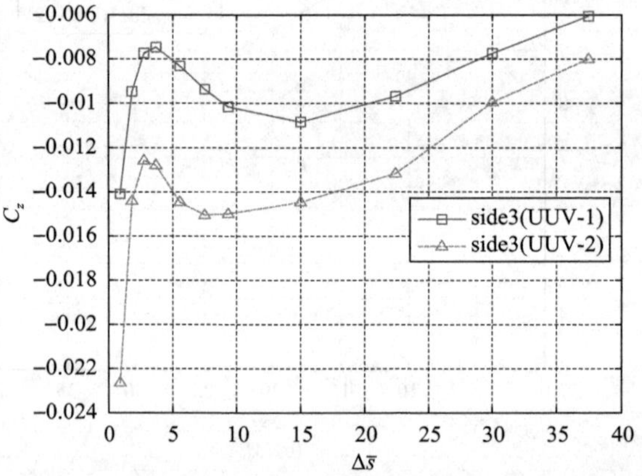

(a) C_z

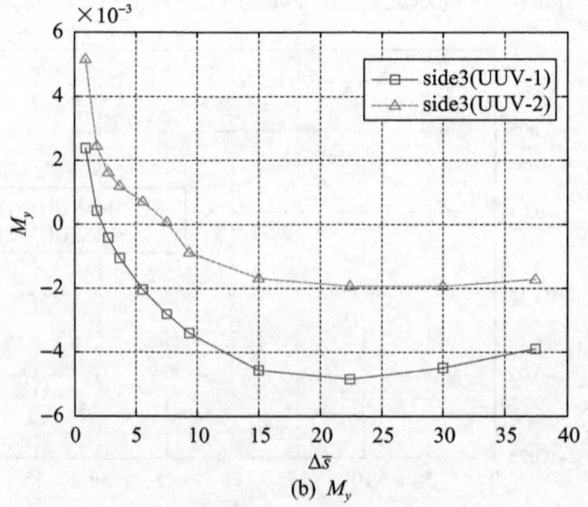

(b) M_y

图 2-39　“side3”工况对应的 UUV-1 与 UUV-2 的 C_z 与 M_y 对比结果示意

(2) 对于同一特征方位，UUV-1 与 UUV-2 两个模型对应 C_x 结果基本保持一定值差异；同一 $\Delta\bar{s}$ 对应 UUV-2 的 C_z 绝对值大于 UUV-1；处于“side1”或“side3”特征方位时，UUV-2 的 M_y 绝对值均小于 UUV-1。

5. 潜艇扰流对不同俯仰角 UUV 模型流体动力的影响

图 2-40 为 UUV-2 在“side2-1m”与“side2-2m”工况下的 C_x 及其变化百分比随俯仰角 θ 的变化规律图。由图可以看出，全附体潜艇扰流对 UUV-2 的 C_x 干扰表现为增阻，且 Δs 较小时，干扰较大；Δs =1m，θ 不同时各工况增阻平均值约为 2.09%，Δs =2m，θ 不同时各工况增阻平均值约为 1.85%；“side2-1m”和“side2-2m”工况对应的 C_x 随 θ 变化规律同无干扰工况相似，均表现为随 θ 绝对值增大而增大。

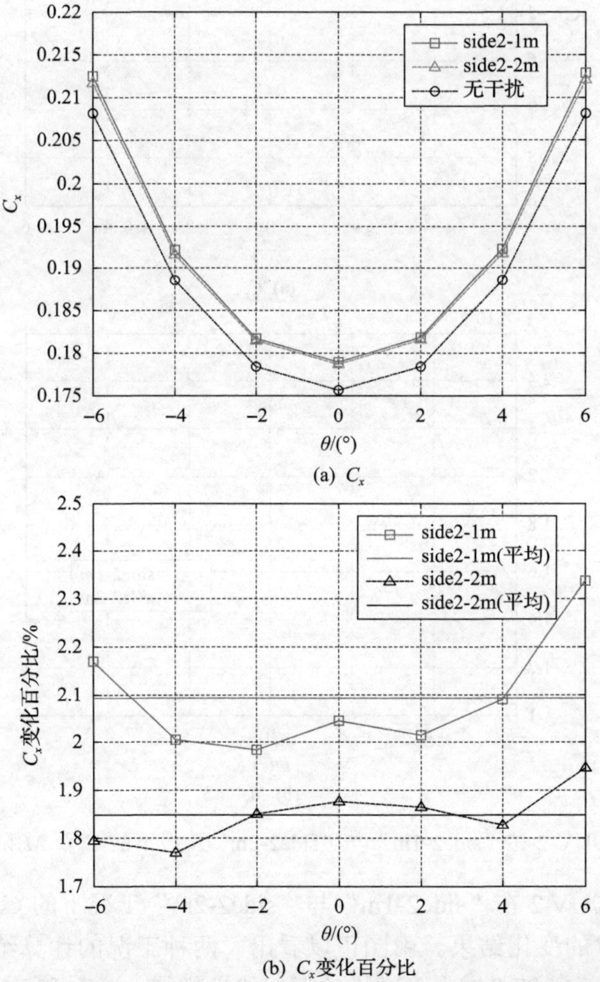

(a) C_x

(b) C_x变化百分比

图 2-40　UUV-2 在“side2-1m”与“side2-2m”工况下的 C_x 及其变化百分比随 θ 的变化

图 2-41 为 UUV-2 在“side2-1m”与“side2-2m”工况下的 C_z 与 M_y 随俯仰角 θ 的变化规律图。由图可以看出，两种工况的计算结果均表现出 C_z 绝对值与 M_y 绝对值均随 θ 增大而减小的变化规律，即随着 θ 增大，全附体潜艇扰流对 UUV-2 干扰所产生的吸力效果有所减小；当 θ 相同、Δs 较小时，C_z 绝对值与 M_y 绝对值较大，全附体潜艇扰流对 UUV-2 干扰效果明显，同前面所得结论。

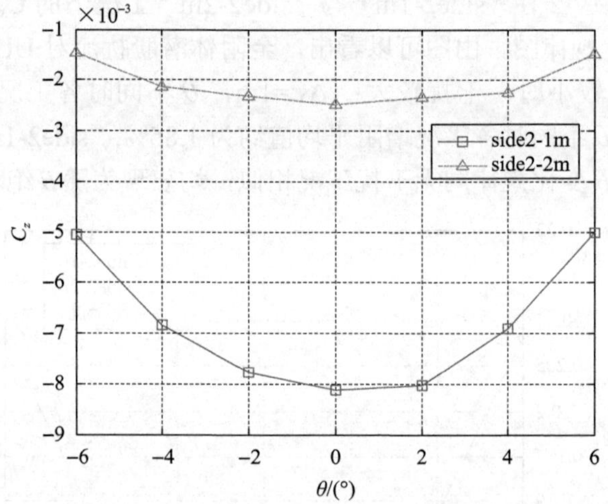

(a) C_z

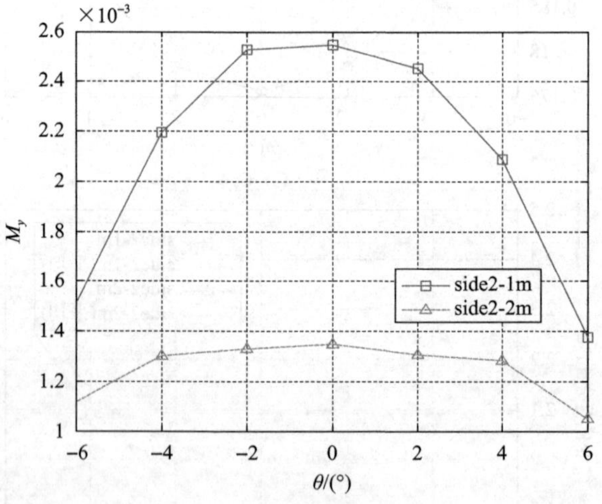

(b) M_y

图 2-41　UUV-2 在“side2-1m”与“side2-2m”工况下的 C_z 及 M_y 随 θ 的变化

图 2-42 为 UUV-2 在“side2-1m”与“side2-2m”工况下的 C_y 与 M_z 及 ΔC_y 与 ΔM_z 随俯仰角 θ 的变化结果。由图可以看出，两种工况的计算结果均表现出 C_y 随 θ 增大而增大、M_z 随 θ 增大而减小的近似线性规律；ΔC_y 和 ΔM_z 随 θ 的变化规

律分别和 C_y 与 M_z 随 θ 的变化规律相似；由于处于“side”特征方位，全附体潜艇扰流对 UUV-2 的 C_y 与 M_z 的影响不是主干扰力平面，故 ΔC_y 与 ΔM_z 相较 C_y 与 M_z 差两个数量级，可忽略。

综合上述分析可得结论如下：

(1) 对于同一特征位置工况，UUV-2 的俯仰角 θ 小范围(–6°～6°)变化时，全附体潜艇扰流对 UUV-2 的 C_x 干扰程度基本不受影响。

(2) 对于同一特征位置工况，随着俯仰角 θ 绝对值增大，全附体潜艇扰流对 UUV-2 的主干扰力和力矩系数影响逐渐变小。

(3) 全附体潜艇扰流对垂直于主干扰平面的力和力矩系数的干扰程度，随着 UUV 模型姿态角绝对值的增大而增大，但对比姿态角引起的对应力和力矩系数仍表现为小量，故可忽略。

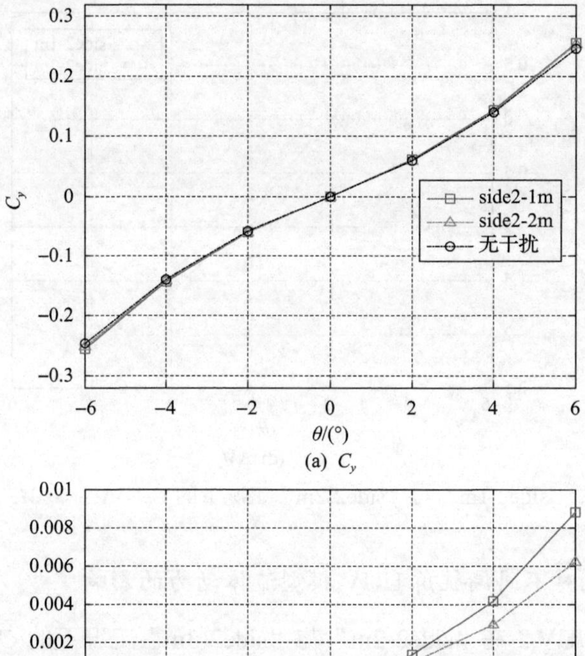

(a) C_y

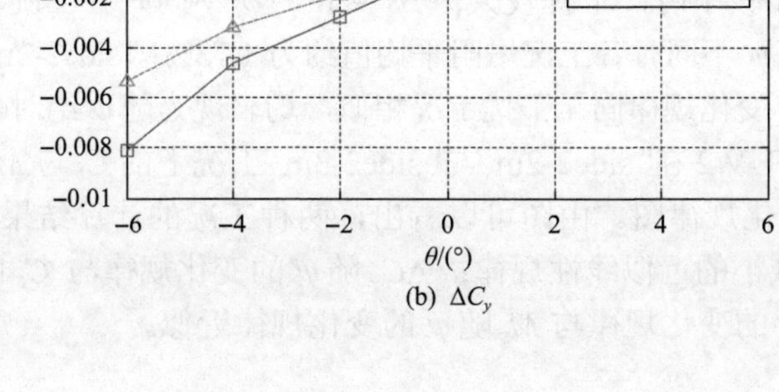

(b) ΔC_y

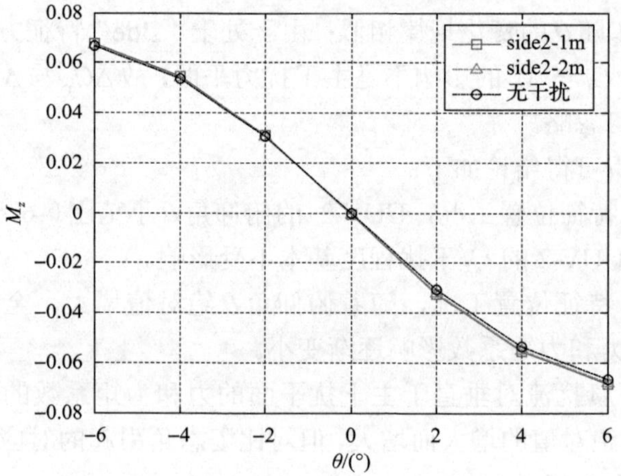

(c) M_z

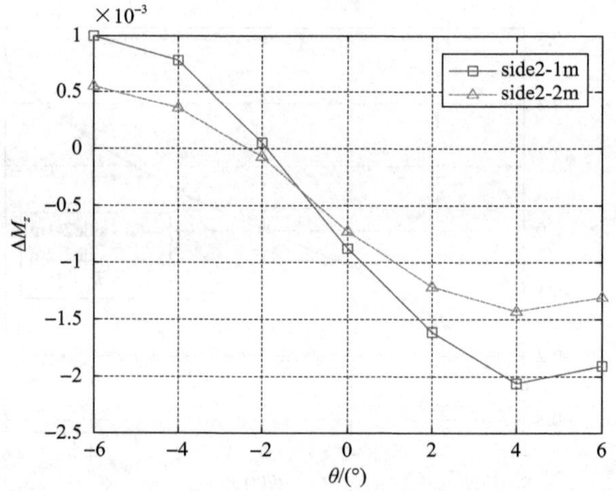

(d) ΔM_z

图 2-42　UUV-2 在“side2-1m”与“side2-2m”工况下的 C_y、ΔC_y、M_z 及 ΔM_z 随 θ 的变化

6. 潜艇扰流对不同偏航角 UUV 模型流体动力的影响

图 2-43 为 UUV-2 在“side2-2m”与“side2-3m”工况下的 C_x 及其变化百分比随偏航角 ψ 的变化规律图。由图可以看出，全附体潜艇扰流对 UUV-2 的 C_x 干扰表现为增阻，且 Δs 较小时，干扰较大；Δs =2m，ψ 不同时各工况增阻平均值约为 1.89%；Δs =3m，ψ 不同时各工况增阻平均值约为 1.73%；“side2-2m”和“side2-3m”工况对应 C_x 随 ψ 变化规律同无干扰工况相似，均表现为随 ψ 绝对值增大而增大。

图 2-44 为 UUV-2 在“side2-2m”与“side2-3m”工况下的 C_z 与 M_y 及 ΔC_z 与 ΔM_y 随偏航角 ψ 的变化规律图。由图可以看出，两种工况的计算结果均表现出 C_y 与 M_z 随 ψ 增大而减小的近似线性规律；ΔC_z 随 ψ 的变化规律与 C_z 随 ψ 的变化规律近似，ΔM_z 随 ψ 的变化规律与 M_z 随 ψ 的变化规律近似。

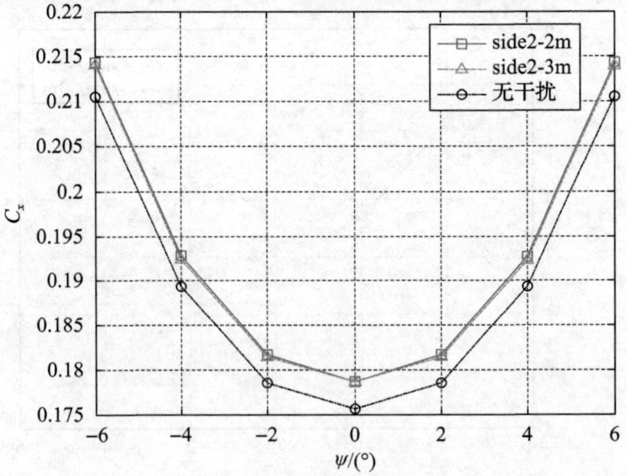

(a) C_x

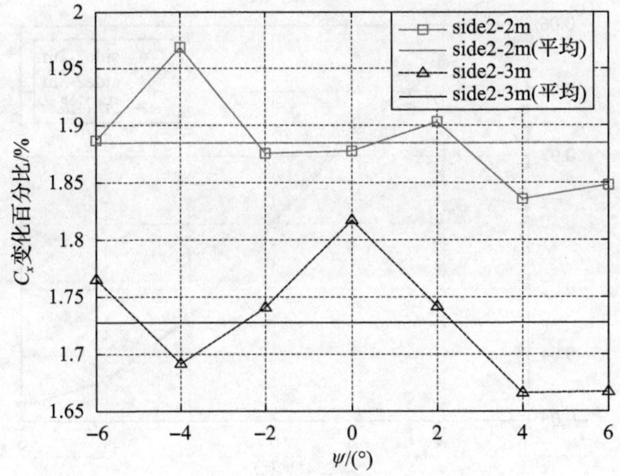

(b) C_x变化百分比

图 2-43　UUV-2 在“side2-2m”与“side2-3m”工况下的 C_x 及其变化百分比随 ψ 的变化规律

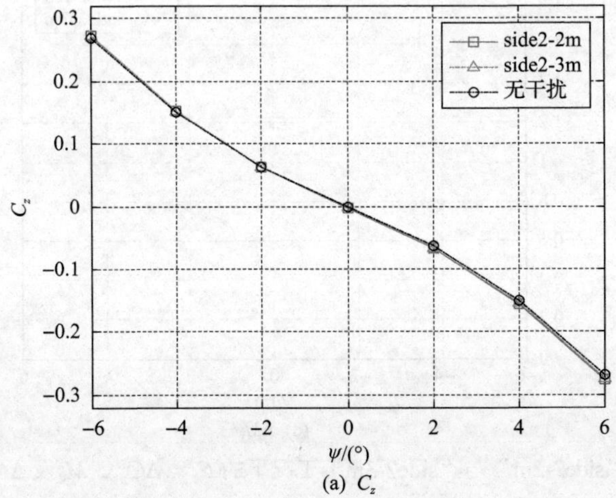

(a) C_z

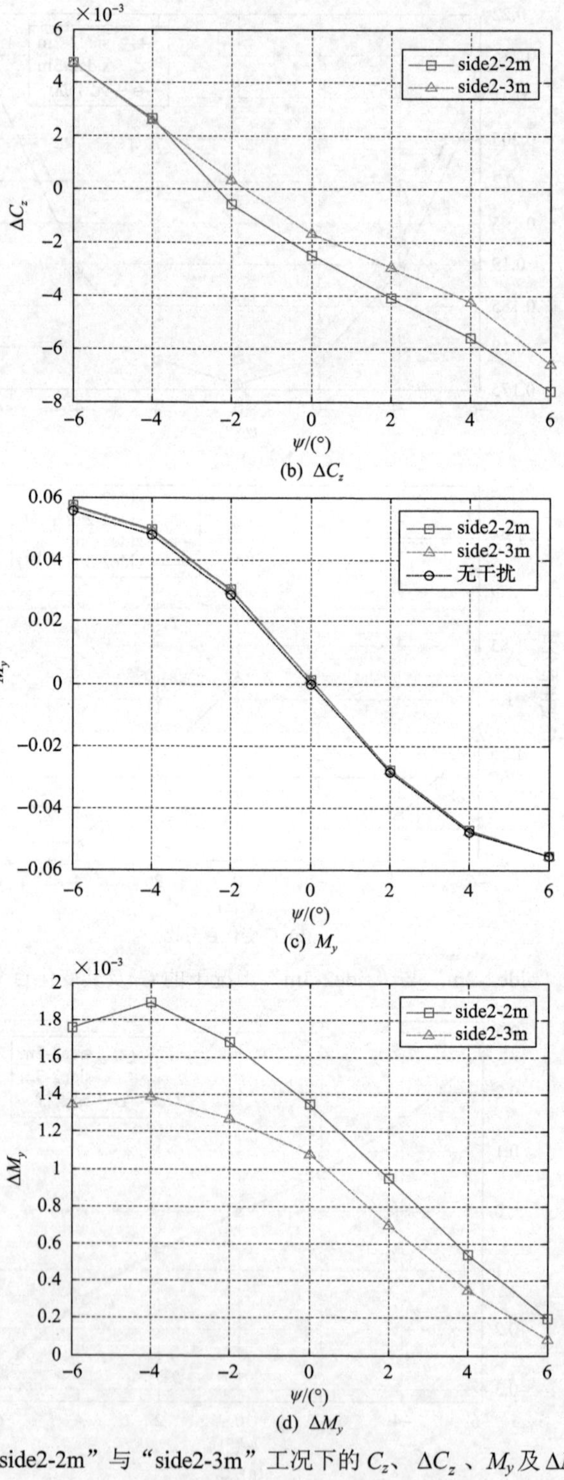

图 2-44　UUV-2 在“side2-2m”与“side2-3m”工况下的 C_z、ΔC_z、M_y 及 ΔM_y 随 ψ 的变化规律

综合上述分析可得结论如下：

(1) 对于同一特征位置工况，UUV-2 的偏航角 ψ 小范围 (– 6°～6°) 变化时，全附体潜艇扰流对 UUV-2 的 C_x 干扰程度基本不受影响。

(2) 全附体潜艇扰流对主干扰力和力矩系数的干扰程度随着 UUV 模型姿态角绝对值的增大而增大。

2.3　UUV 平行于潜艇纵轴线运动时的流体动力干扰

2.3.1　CFD 网格生成

UUV 平行于潜艇纵轴线运动的整体网格构建分为两部分：静态区域(不涉及动网格)和动态区域(涉及动网格)，二者区域通过内部交界面拼接为一体。静态区域网格划分以包含潜艇的整体计算域为主体，通过抠除和动态区域大小、位置相同的网格块形成，如图 2-45 所示；动态区域网格采用动态网格层铺技术模拟 UUV 模型边界面及动态区域整体网格沿平行于 Ox 轴方向平动，如图 2-46 所示，UUV 边界为移动边界，左下边界为固定边界。

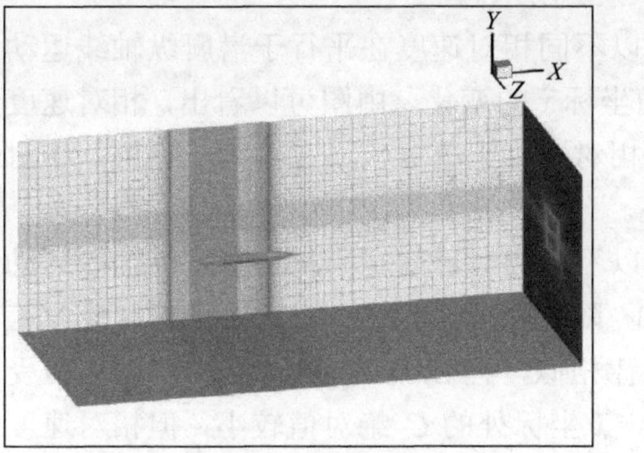

图 2-45　UUV 平行于潜艇纵轴线运动静态区域网格构建

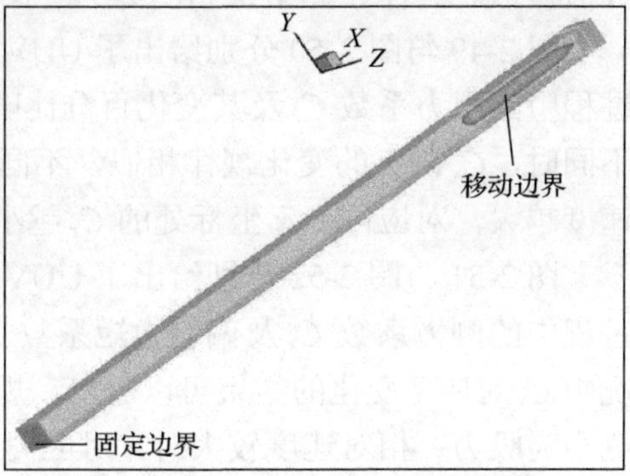

图 2-46　UUV 平行于潜艇纵轴线运动动态区域网格构建

通过内部交界面可将动态区域网格嵌入静态区域网格，二者拼接合成整体网格，如图 2-47 所示。图 2-48 为两部分网格合并后 UUV 动态边界及动态区域固定边界示意图。

针对上述网格的通用 CFD 计算工况设定如下：

(1) 湍流模型为 RNG k - ε 模型；

(2) 入口速度为 2kn；

(3) 忽略重力影响。

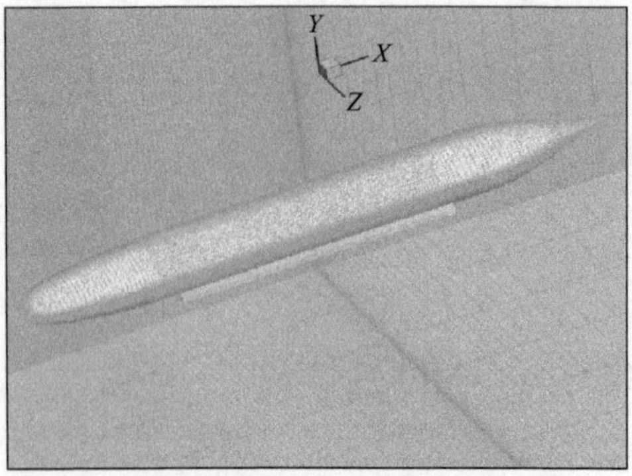

图 2-47 UUV 平行于潜艇纵轴线运动静态动态网格通过交界面耦合

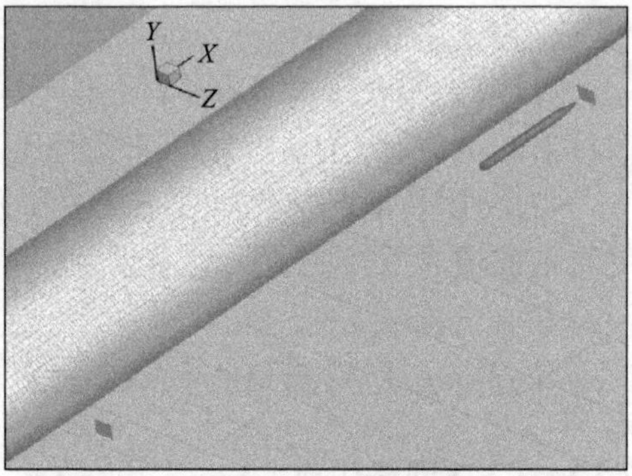

图 2-48 UUV 平行于潜艇纵轴线运动合并后动态边界展示

2.3.2 不同相对速度对流体动力的影响

选取 0.2s 为仿真时间步长，UUV 与潜艇间距为 3m，UUV 初始位置为 side3-3m，以三种不同的相对速度 0.5kn、0.75kn 和 1kn 运动到 side2-3m 的特征位置并进行数值模拟。具体计算结果如图 2-49～图 2-52 所示。

图 2-49 与图 2-50 分别给出了 UUV 以不同相对速度在平行于潜艇纵轴线运动过程中的阻力系数 C_x 及其变化百分比随坐标 $\bar{x}$ 的变化。由图可以看出，相对速度不同时，C_x 随 $\bar{x}$ 的变化规律相似，不同相对速度工况对应 ΔC_x 约为一定值；相对速度越大，对应同一 $\bar{x}$ 坐标处的 C_x 越小。

图 2-51 与图 2-52 分别给出了 UUV 以不同相对速度在平行于潜艇纵轴线运动过程中的侧力系数 C_z 及偏航力矩系数 M_y 随坐标 $\bar{x}$ 的变化。对比不同相对速度工况中 C_z 对应 $\bar{x}$ 变化的结果可以看出，规律相似，且 C_z 均为负值，表明 UUV 所受侧力为吸力；相对速度较大时，对应同一 $\bar{x}$ 坐标处的 C_z 绝对值较小，但相对速度不同所对应结果的差异较小，即 UUV 局部 Re 提升可小幅减小潜艇对其侧力系数干扰；不同相对速度对 M_y 的影响规律同 C_z，即 UUV 局部 Re 提升可小幅减小潜艇对其偏航力矩系数干扰。

综合上述分析可以得出结论如下：

(1) UUV 相对潜艇运动速度不同时，其流体动力系数受潜艇扰流干扰随 $\bar{x}$ 的变化规律相似。

(2) UUV 相对潜艇运动速度在 0.5～1kn 变化时，对其阻力系数幅值影响较明显，对侧力系数与偏航力矩系数影响较小。

(3) UUV 相对潜艇运动速度较大时，对应 UUV 的阻力系数较小，其侧力系数与偏航力矩系数绝对值也有小幅减小。

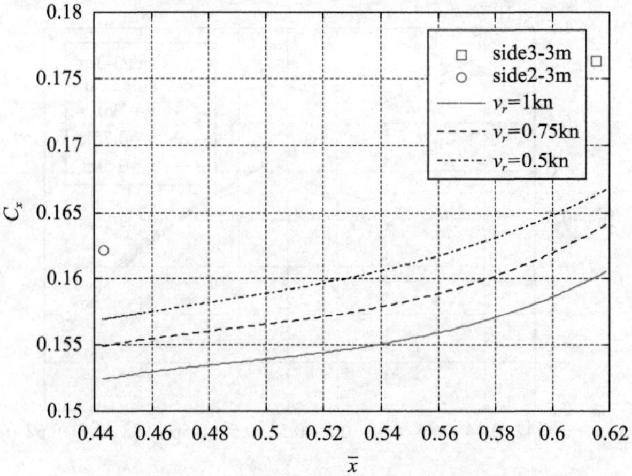

图 2-49　C_x 对应 $\bar{x}$ 结果(不同相对速度)

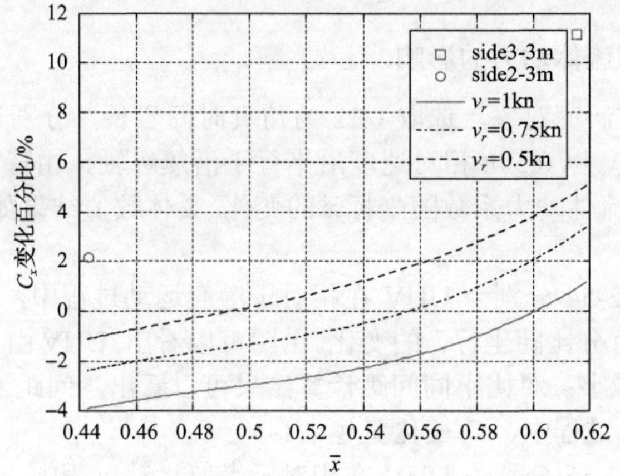

图 2-50　C_x 变化百分比对应 $\bar{x}$ 结果(不同相对速度)

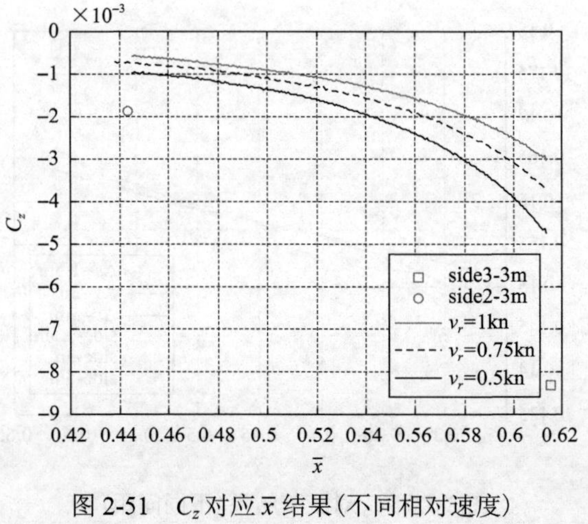

图 2-51　C_z 对应 $\bar{x}$ 结果(不同相对速度)

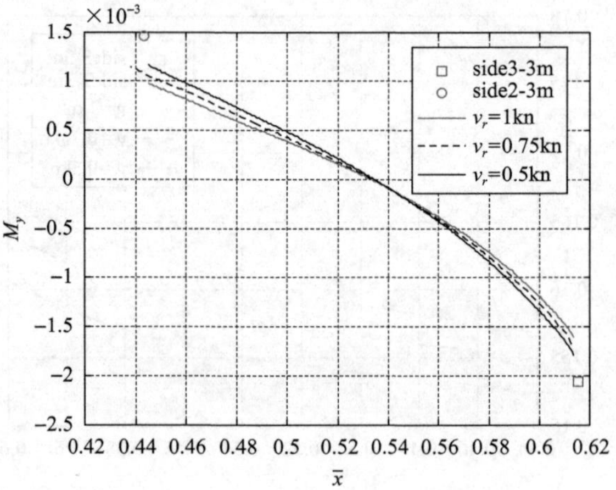

图 2-52　M_y 对应 $\bar{x}$ 结果(不同相对速度)

2.3.3　不同间距对流体动力的影响

以光体模型为研究对象，选取 0.2s 为仿真时间步长，分别计算 Δs 为 1.5m、3m 和 5m 时，UUV 以 0.5kn 相对速度沿平行于潜艇纵轴，由特征方位 side3 运动到 side1 过程中的流体动力系数随坐标 $\bar{x}$ 的变化。具体数值结果如图 2-53～图 2-56 所示。

图 2-53 和图 2-54 分别为 UUV 在相对于潜艇运动过程中，对应不同 Δs 工况时的 C_x 及其变化百分比随坐标 $\bar{x}$ 的变化。由图可以看出，UUV 由 side3 运动到 side1 过程中，C_x 不断减小；对比不同间距计算结果可以看出，间距 Δs 越小，UUV 由 side3 运动到 side1 过程中，C_x 变化量越大。

图 2-55 与图 2-56 分别为 UUV 在相对于潜艇运动过程中，对应不同 Δs 工况时的 C_z 与 M_y 随坐标 $\bar{x}$ 的变化。由图可以看出，UUV 由 side3 运动到 side1 过程中，

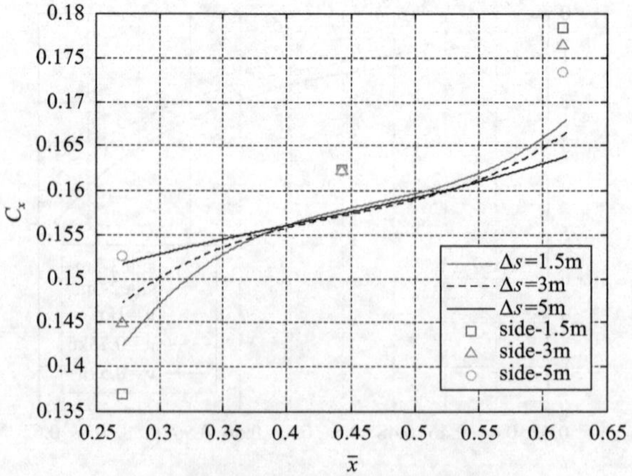

图 2-53　C_x 对应 $\bar{x}$ 结果(不同间距)

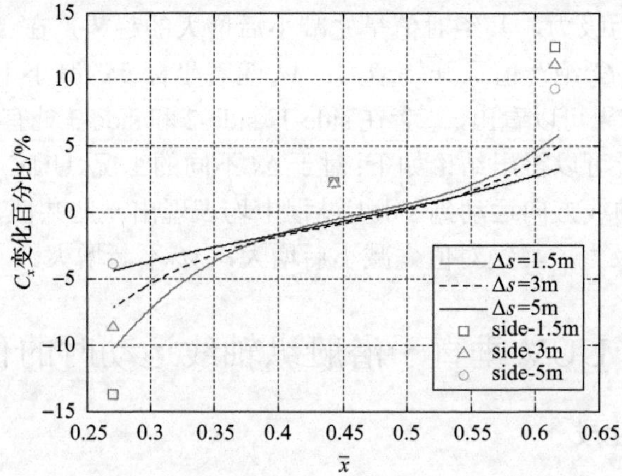

图 2-54　C_x变化百分比对应 $\bar{x}$ 结果(不同间距)

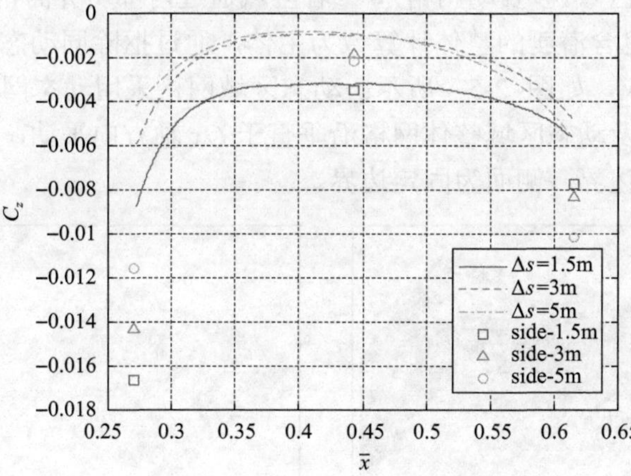

图 2-55　C_z 对应 $\bar{x}$ 结果(不同间距)

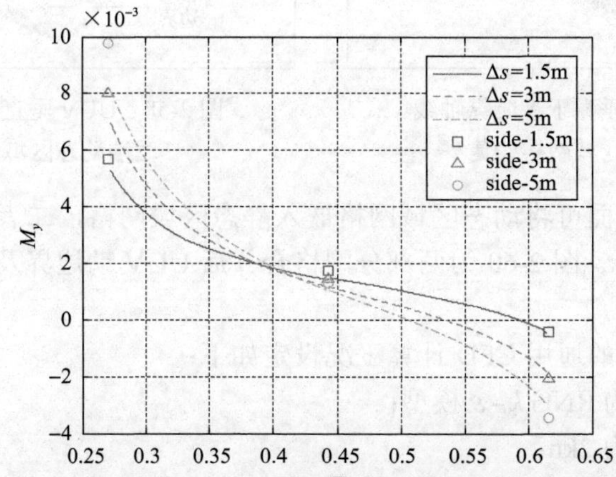

图 2-56　M_y 对应 $\bar{x}$ 结果(不同间距)

C_z 为负值，表现为吸力，其绝对值呈先减小后增大的趋势，在 side2 附近维持平稳，靠近 side1 时 C_z 绝对值又开始增大；M_y 随着坐标 $\bar{x}$ 的减小不断增大；对比非定常与定常计算结果可以看出，二者在 side-1、side-2 和 side-3 处有相似的变化规律。

综合上述分析可以得出结论如下：对于 Δs 不同的工况，UUV 由特征方位 side3 沿平行于潜艇纵轴线方向运动到 side1 过程中均表现出一些共性，即 C_x 不断减小，C_z 为负值表现为吸力，其绝对值先减小后增大，M_y 不断增大。

2.4　UUV 垂直于潜艇纵轴线运动时的仿真

2.4.1　CFD 网格生成

UUV 沿垂直于潜艇纵轴线运动的整体网格构建分为两部分：静态区域(不涉及动网格)和动态区域(涉及动网格)，二者区域通过内部交界面拼接为一体。静态区域网格划分以包含潜艇的整体计算域为主体，通过抠除同动态区域大小、位置相同的网格块形成，如图 2-57 所示；动态区域网格采用动态网格层铺技术模拟 UUV 模型边界面及动态区域整体网格沿垂直于 Ox 轴方向平动，如图 2-58 所示，UUV 边界为移动边界，侧面为固定边界。

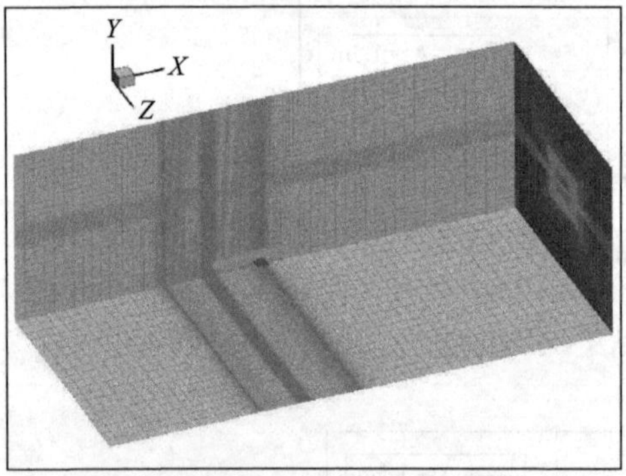

图 2-57　UUV 垂直于潜艇纵轴线运动静态区域网格构建

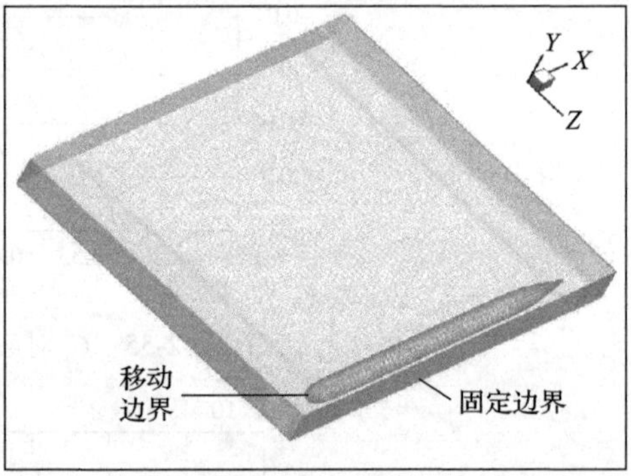

图 2-58　UUV 垂直于潜艇纵轴线运动动态区域网格构建

通过内部交界面可将动态区域网格嵌入静态区域网格，二者拼接合成整体网格，如图 2-59 所示。图 2-60 为两部分网格合并后 UUV 动边界及动态区域固定边界示意。

针对上述网格的通用 CFD 计算工况设定如下：

(1) 湍流模型为 RNG k - ε 模型；

(2) 入口速度为 2kn；

(3) 忽略重力影响。

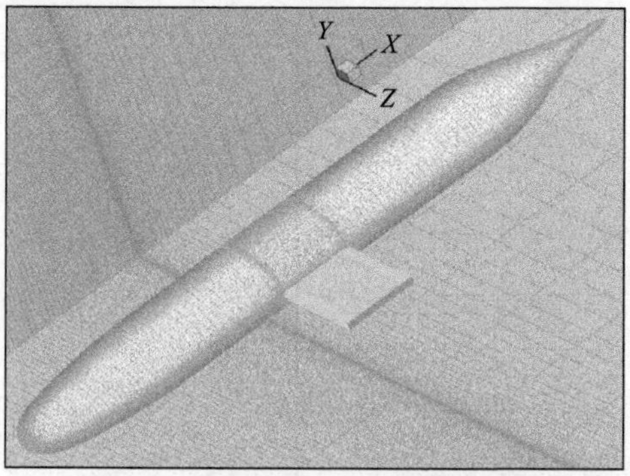

图 2-59　UUV 垂直于潜艇纵轴线运动静态动态网格通过交界面耦合

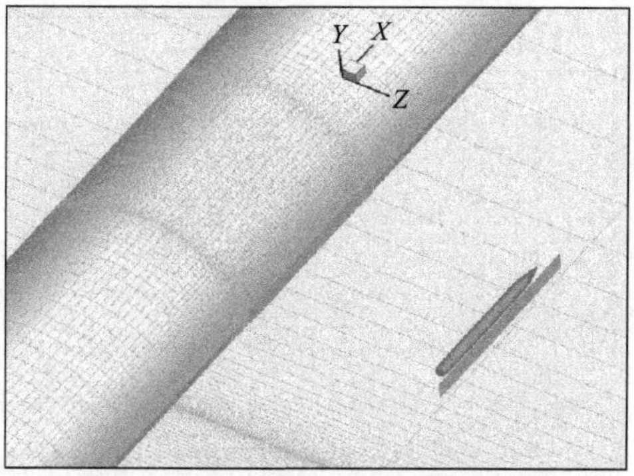

图 2-60　UUV 垂直于潜艇纵轴线运动合并后动态边界展示

2.4.2　不同相对速度对流体动力的影响

选取仿真时间步长为 0.2s，UUV-1 由初始 side1-8m 位置分别以相对速度 0.75kn、0.5kn 和 0.25kn 横向靠近潜艇运动到 side1-0.5m 位置为研究工况。具体数值计算结果如图 2-61～图 2-64 所示。

图 2-61 与图 2-62 为 UUV-1 以不同大小相对速度横向靠近潜艇运动过程中的 C_x 及其变化百分比随 $\Delta\bar{s}$ 的变化曲线。由图可以看出，随着 UUV-1 横向靠近潜艇，当 $\Delta\bar{s}>2.8$ 时，C_x 近似线性减小，而当 $\Delta\bar{s}<2.8$ 时，C_x 近似抛物线增大；对比不同相对速度对应的结果可以看出，相对速度较大时，C_x 幅值较小。

图 2-63 与图 2-64 为 UUV-1 以不同大小相对速度横向靠近潜艇运动过程中的 C_z 和 M_y 随 $\Delta\bar{s}$ 的变化曲线。由图可以看出，当 $\Delta\bar{s}>2.8$ 时，C_z 与 M_y 基本不随 $\Delta\bar{s}$ 变化，而当 $\Delta\bar{s}<2.8$ 时，随着 Δs 的减小，C_z 与 M_y 均有所增大；对比不同相对速度对应的结果可以看出，相对速度较大时，C_z 与 M_y 的幅值也较大。

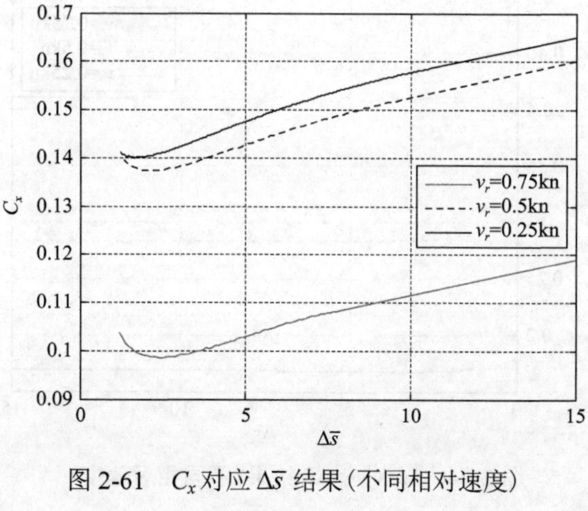

图 2-61　C_x 对应 $\Delta\bar{s}$ 结果(不同相对速度)

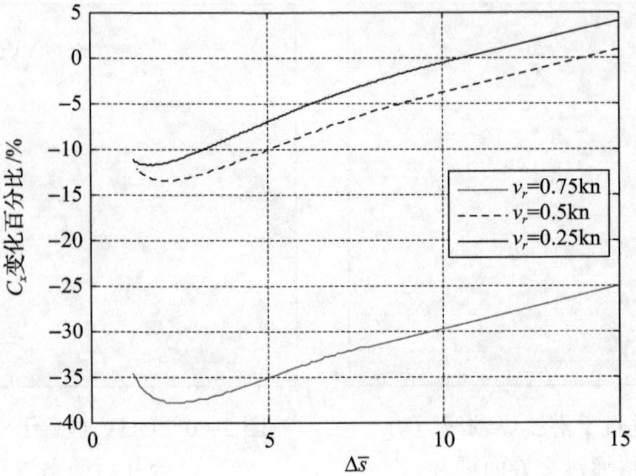

图 2-62　C_x 变化百分比对应 $\Delta\bar{s}$ 结果(不同相对速度)

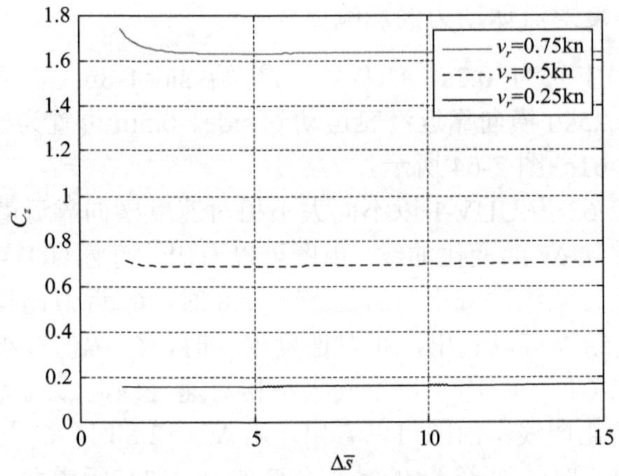

图 2-63　C_z 对应 $\Delta\bar{s}$ 结果(不同相对速度)

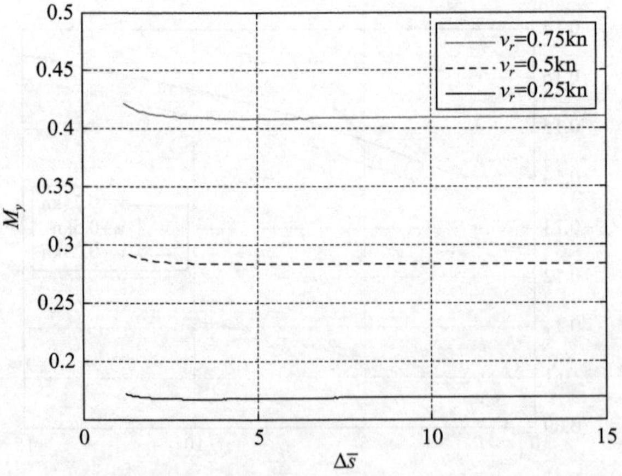

图 2-64　M_y 对应 $\Delta\bar{s}$ 结果(不同相对速度)

图 2-65 和图 2-66 分别为 UUV-1 以 0.75kn、0.25kn 匀速横向靠近潜艇运动过程中，对应不同 Δs 处的压力系数云图。由图可以看出，相对速度较大时，UUV-1 横向靠近潜艇一侧与背离潜艇一侧的压力系数差越显著，表现为 C_z 和 M_y 较大，与图 2-63 与图 2-64 中所示定量数值结果相符。

综合上述分析可以得出结论如下：

(1) UUV-1 横向匀速靠近潜艇时，相对速度越大，UUV-1 的 C_x 幅值越小，C_z 与 M_y 幅值越大。

(2) UUV-1 位于 side1 特征方位，横向匀速靠近潜艇运动过程中：当 $\Delta\overline{s}<2.8$ 时，对应 UUV-1 的 C_x、C_z 及 M_y 随 $\Delta\overline{s}$ 的变化梯度较大；当 $\Delta\overline{s}>2.8$ 时，对应 UUV-1 的 C_x、C_z 及 M_y 随 $\Delta\overline{s}$ 的变化梯度较小。

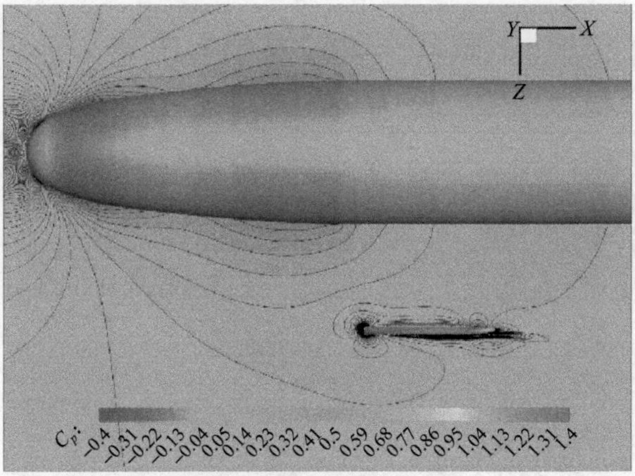

(a) Δs=6.46

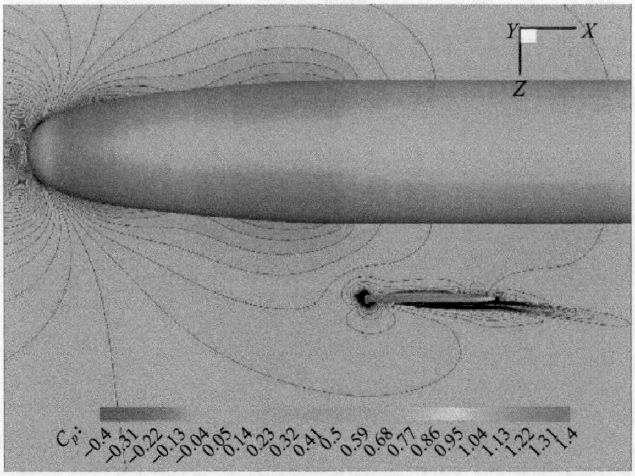

(b) Δs=4.40

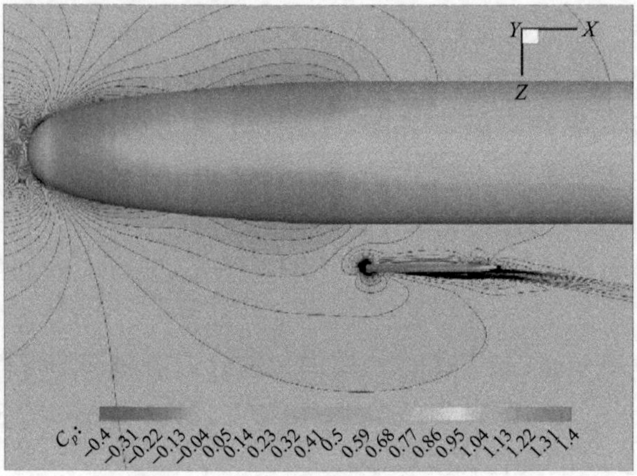

(c) Δs=2.35

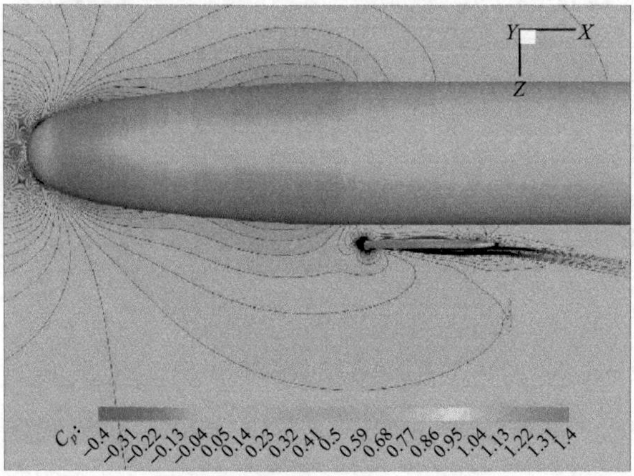

(d) Δs=0.80

图 2-65　UUV-1 以 0.75kn 横向靠近潜艇过程中对应不同 Δs 处的压力系数云图

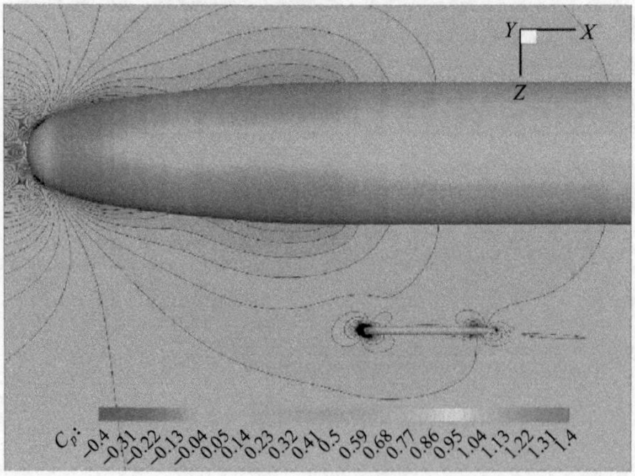

(a) Δs=6.46

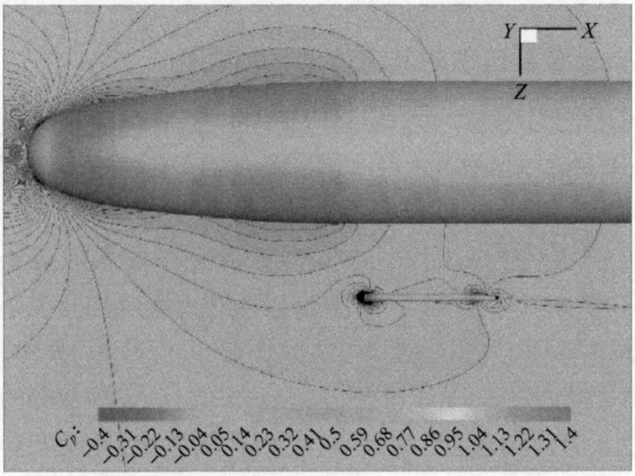

(b) Δs=4.40

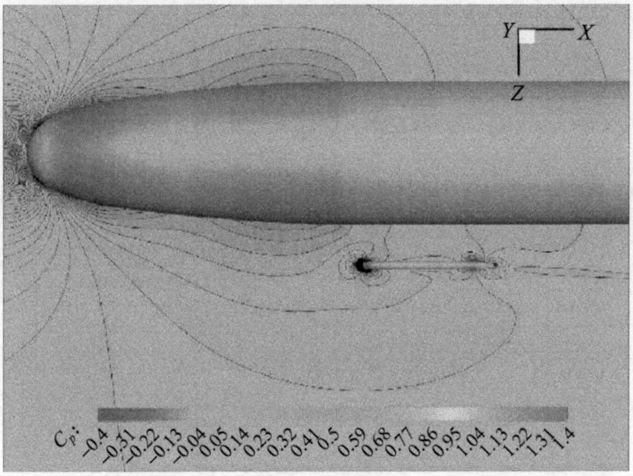

(c) Δs=2.35

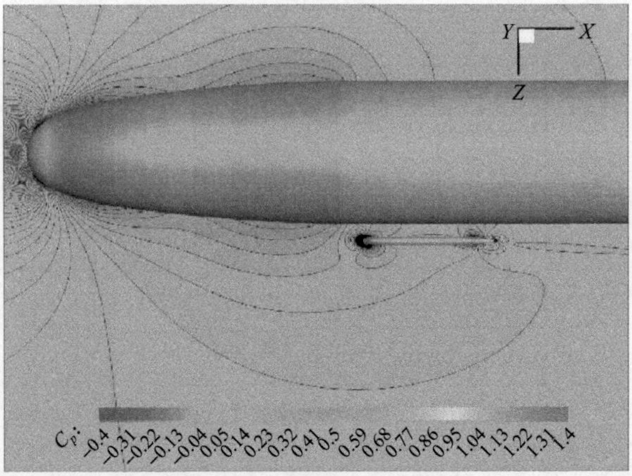

(d) Δs=0.80

图 2-66　UUV-1 以 0.25kn 横向靠近潜艇过程中对应不同 Δs 处的压力系数云图

2.4.3 UUV 横向靠近潜艇运动时其流体动力的变化

选取仿真时间步长为 0.2s，UUV-1 以 0.5kn 相对速度横向匀速靠近潜艇，分别以初始位置 side1-8m、side2-8m 及 side3-8m 为研究工况。具体数值计算结果如图 2-67～图 2-70 所示。图 2-67 和图 2-68 中，带“(C)”的表示定常数值计算结果。

图 2-67 与图 2-68 为 UUV-1 位于不同特征方位横向靠近潜艇运动过程中的 C_x 及其变化百分比随 $\Delta\overline{s}$ 的变化曲线。由图可以看出，随着 UUV-1 横向靠近潜艇，当 UUV-1 位于 side1 特征方位且 $\Delta\overline{s}>2.8$ 时，C_x 近似线性减小，而 $\Delta\overline{s}<2.8$ 时，C_x 近似非线性增大；当 UUV-1 位于特征 side2 方位且 $\Delta\overline{s}>2.8$ 时，C_x 基本随 $\Delta\overline{s}$ 缓慢增大，而 $\Delta\overline{s}<2.8$ 时，随着 $\Delta\overline{s}$ 的减小，C_x 显著增大；当 UUV-1 位于特征 side3 方位且 $\Delta\overline{s}>2.8$ 时，C_x 近似线性增大，而 $\Delta\overline{s}<2.8$ 时，C_x 近似非线性增大。对比

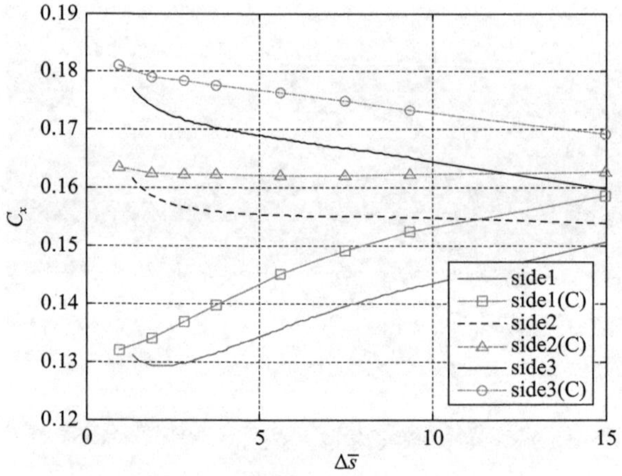

图 2-67 C_x 对应 $\Delta\overline{s}$ 结果(UUV 横向靠近潜艇)

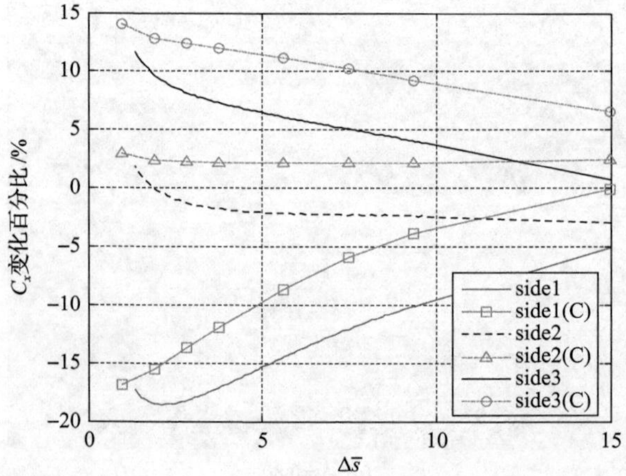

图 2-68 C_x 变化百分比对应 $\Delta\overline{s}$ 结果(UUV 横向靠近潜艇)

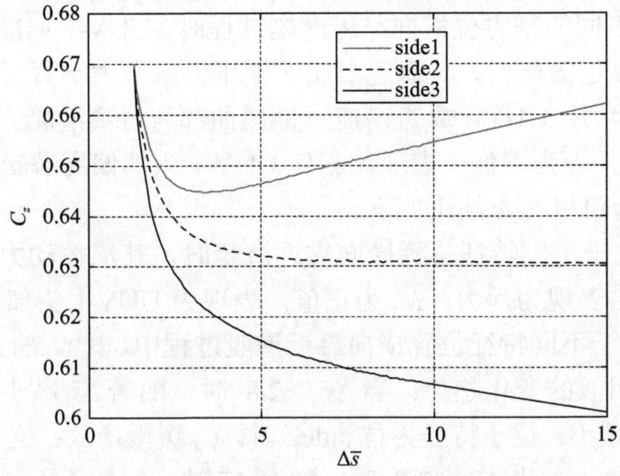

图 2-69　C_z 对应 $\Delta\bar{s}$ 结果（UUV 横向靠近潜艇）

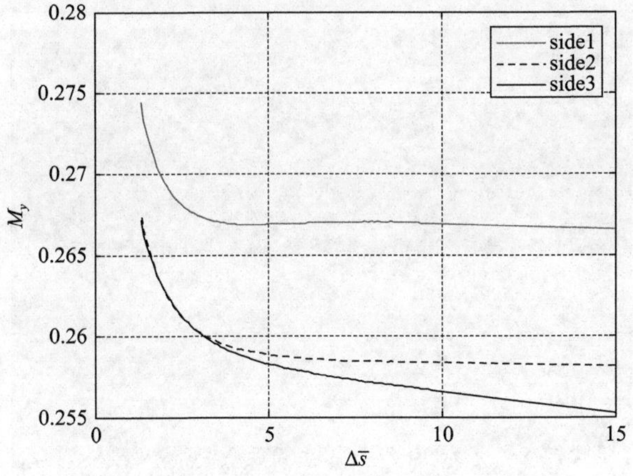

图 2-70　M_y 对应 $\Delta\bar{s}$ 结果（UUV 横向靠近潜艇）

非定常计算结果与第 3 章定常数值结果可以看出，当 $\Delta\bar{s}>2.8$ 时，二者有相似的变化规律，且对应 $\Delta\bar{s}$ 相同处非定常计算结果幅值小于定常计算结果；当 $\Delta\bar{s}<2.8$ 时，非定常计算结果显示 C_x 随 $\Delta\bar{s}$ 变化梯度较大。

图 2-69 与图 2-70 分别为 UUV-1 由不同初始位置横向靠近潜艇运动过程中的 C_z 和 M_y 随 $\Delta\bar{s}$ 的变化曲线。由图示结果可以看出，随着 UUV-1 横向靠近潜艇，若 UUV-1 位于 side1 特征方位，当 $\Delta\bar{s}>2.8$ 时，C_z 不断减小，M_y 基本保持不变，而当 $\Delta\bar{s}<2.8$ 时，C_z 和 M_y 均显著增大；若 UUV-1 位于 side2 特征方位，当 $\Delta\bar{s}>2.8$ 时，C_z 和 M_y 基本保持不变，而当 $\Delta\bar{s}<2.8$ 时，C_z 和 M_y 显著增大；若 UUV-1 位于 side3 特征方位，当 $\Delta\bar{s}>2.8$ 时，C_z 和 M_y 不断增大，而当 $\Delta\bar{s}<2.8$ 时，C_z 和 M_y 显著增大。

图 2-71 为 UUV-1 位于 side3 特征方位时，以相对速度 0.5kn 横向靠近潜艇过程中，对应不同 Δs 时的横向压力系数分布云图。结合图 2-67 与图 2-70 可以得出

UUV-1 处于三种不同特征方位横向靠近潜艇过程时，UUV-1 局部流场表现的共性为：UUV-1 横向靠近潜艇时，其靠近潜艇一侧压力系数大于背离潜艇一侧，故 C_z 为正值，表现为斥力；UUV-1 靠近潜艇一侧尾曲部与背离潜艇一侧头部压力系数较低，由此产生的 M_y 为正值，表现为驱使 UUV-1 头部偏离潜艇。

综合上述分析可以得出结论如下。

(1) UUV-1 位于不同特征位置横向靠近潜艇时，其流体动力特性有如下共性表现：C_z 为正值，表现为斥力；M_y 为正值，表现为 UUV-1 头部偏离潜艇。

(2) UUV-1 位于不同特征位置横向靠近潜艇过程中，其 C_x 随 Δs 的变化规律与定常计算结果有相似的变化趋势：当 $\Delta\bar{s}>2.8$ 时，随着 $\Delta\bar{s}$ 减小，位于特征方位 side1 时，C_x 不断减小；位于特征方位 side2 时，C_x 缓慢增大；位于特征方位 side3 时，C_x 近似线性增大；当 $\Delta\bar{s}<2.8$ 时，随着 $\Delta\bar{s}$ 减小，位于不同特征方位工况所对应 UUV-1 的 C_x、C_z 及 M_y 随 $\Delta\bar{s}$ 变化梯度均显著增大。

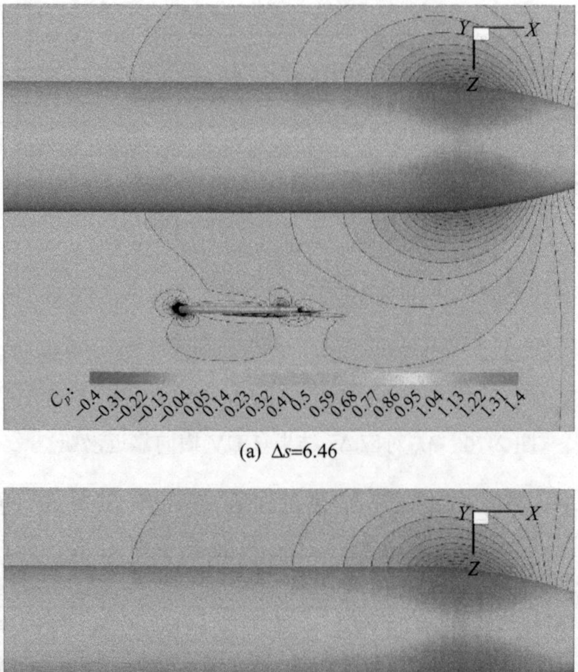

(a) Δs=6.46

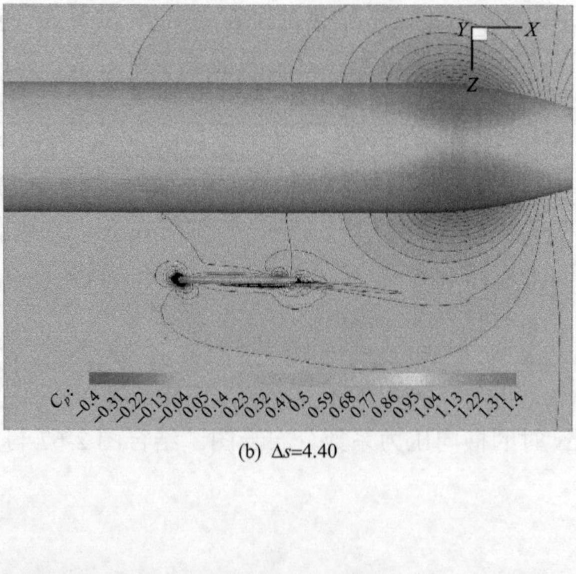

(b) Δs=4.40

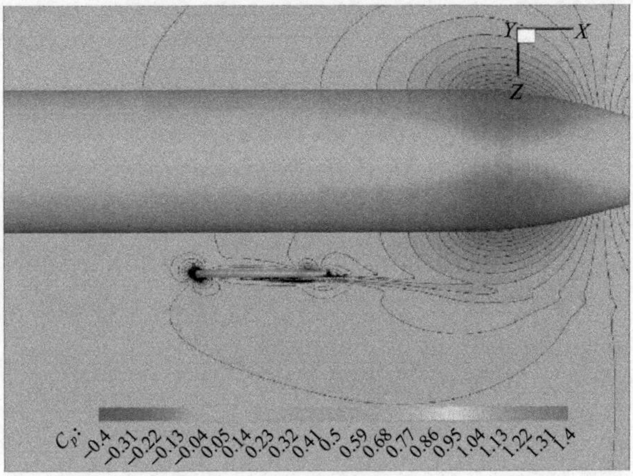

(c) Δs=2.35

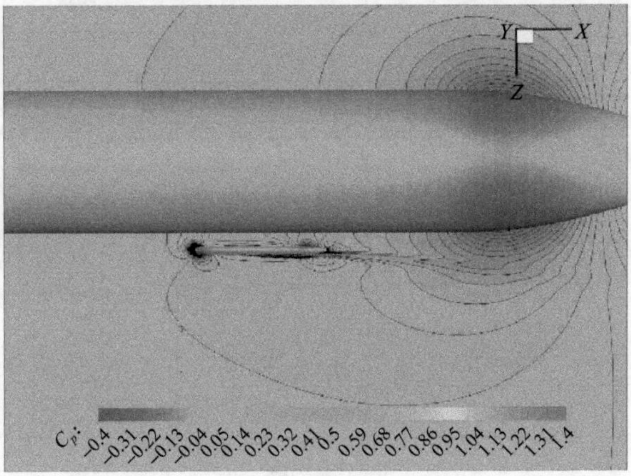

(d) Δs=0.80

图 2-71　side3 特征方位处 UUV-1 横向靠近潜艇过程中对应不同 Δs 处的压力系数云图

2.4.4　UUV 横向远离潜艇运动时其流体动力的变化

选取仿真时间步长为 0.2s，UUV-1 以 0.5kn 相对速度横向匀速远离潜艇，分别以初始位置 side1-0.5m、side2-0.5m 及 side3-0.5m 为研究工况。具体数值计算结果如图 2-72～图 2-75 所示。

图 2-72 与图 2-73 分别为 UUV-1 位于不同特征方位横向远离潜艇运动过程中的 C_x 及其变化百分比随 $\Delta\bar{s}$ 的变化曲线。由图可以看出，随着 UUV-1 横向远离潜艇，位于 side1 特征方位时，C_x 逐渐增大；位于 side2 特征方位时，C_x 随 $\Delta\bar{s}$ 变化幅值较小；位于 side3 特征方位时，C_x 逐渐减小；对比非定常与定常计算结果可以看出，二者有相似的变化规律，且非定常计算结果幅值小于定常计算结果。

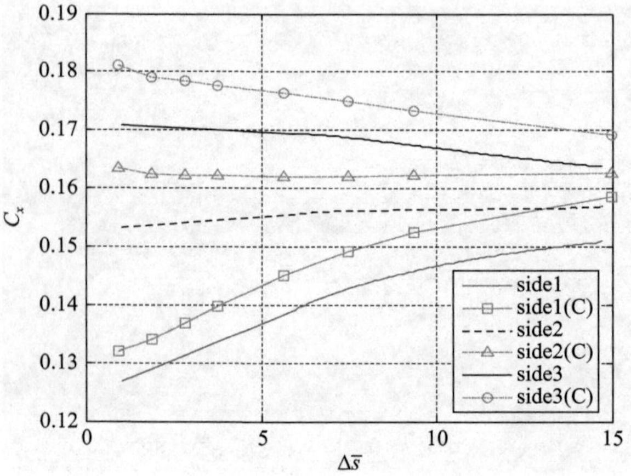

图 2-72　C_x 对应 $\Delta\bar{s}$ 结果(UUV 横向远离潜艇)

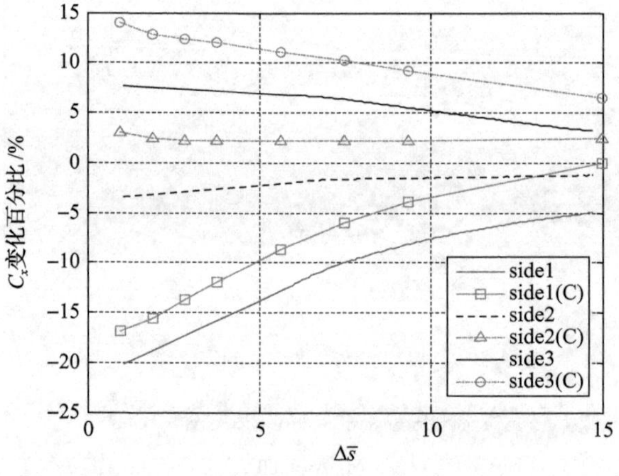

图 2-73　C_x 变化百分比对应 $\Delta\bar{s}$ 结果(UUV 横向远离潜艇)

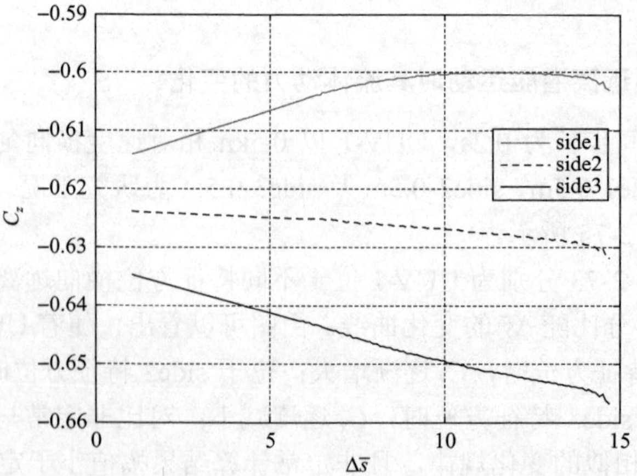

图 2-74　C_z 对应 $\Delta\bar{s}$ 结果(UUV 横向远离潜艇)

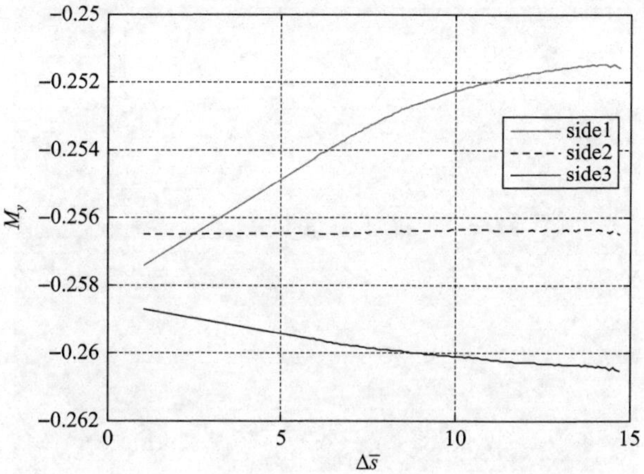

图 2-75　M_y 对应 $\Delta\bar{s}$ 结果(UUV 横向远离潜艇)

图 2-74 与图 2-75 分别为 UUV-1 位于不同特征方位横向远离潜艇运动过程中的 C_z 与 M_y 随 $\Delta\bar{s}$ 的变化曲线。由图可以看出，随着 UUV-1 横向远离潜艇，UUV-1 位于 side1 特征方位时，C_z 与 M_y 不断增大；UUV-1 位于 side2 特征方位时，C_z 与 M_y 随 $\Delta\bar{s}$ 变化幅值较小；UUV-1 位于 side3 特征方位时，C_z 与 M_y 不断减小；上述变化过程随着 $\Delta\bar{s}$ 增大，UUV-1 的 C_z 与 M_y 随 $\Delta\bar{s}$ 的变化梯度逐渐减小。

图 2-76 和图 2-77 分别为 UUV-1 位于 side1、side3 特征方位，以相对速度 0.5kn 横向远离潜艇过程时，对应不同 Δs 的流场横向压力系数云图。由图可以看出，UUV-1 处于三种不同特征方位横向远离潜艇过程中，其局部流场所表现出的共性为：UUV-1 横向远离潜艇时，其背离潜艇一侧压力系数大于靠近潜艇一侧，故 C_z 为负值，表现为吸力；UUV-1 背离潜艇一侧尾曲部与靠近潜艇一侧头部压力系数较低，由此产生的 M_y 为负值，表现为驱使 UUV-1 头部靠向潜艇。

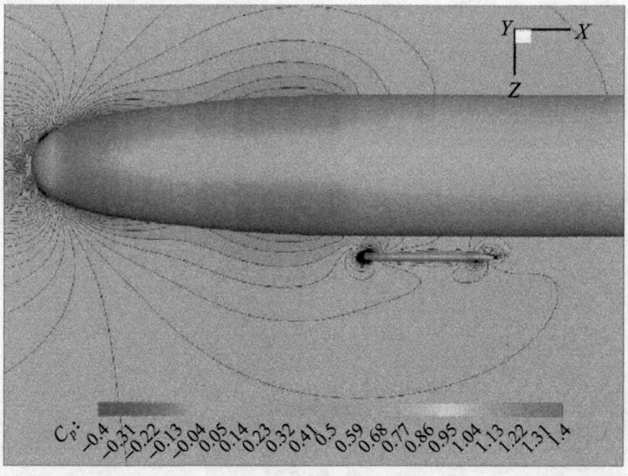

(a) Δs=1.07

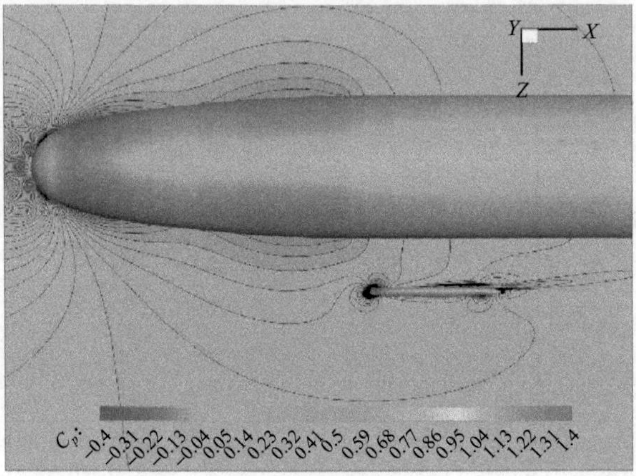

(b) Δs=3.13

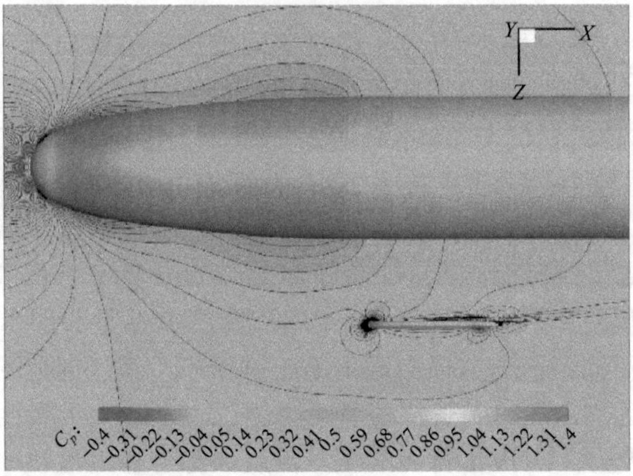

(c) Δs=5.18

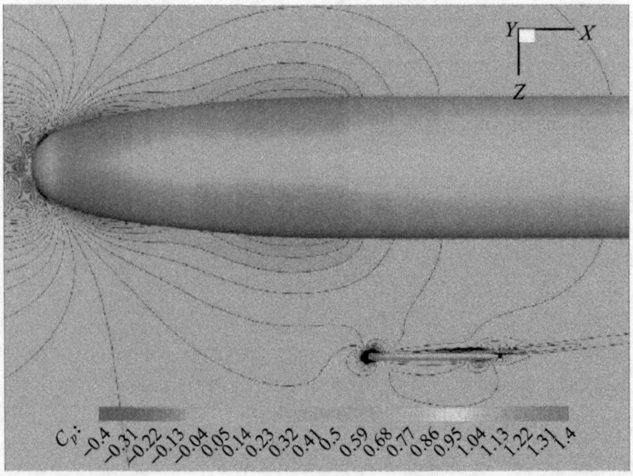

(d) Δs=7.24

图 2-76　side1 特征方位处 UUV-1 横向远离潜艇过程中对应不同 Δs 处的压力系数云图

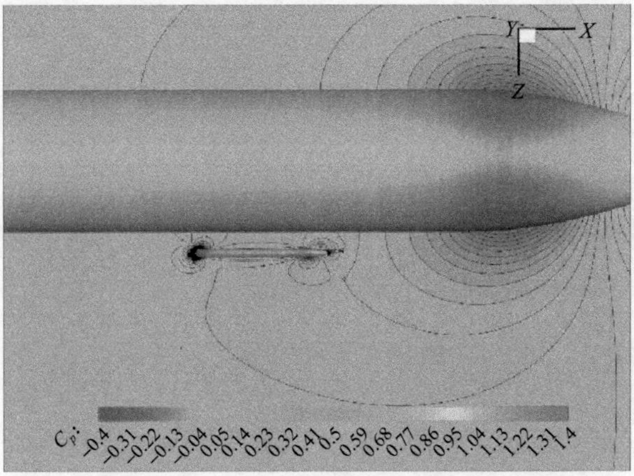

(a) Δs=1.07

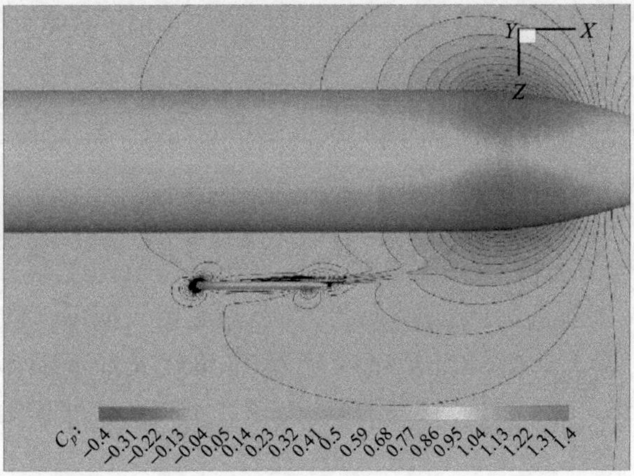

(b) Δs=3.13

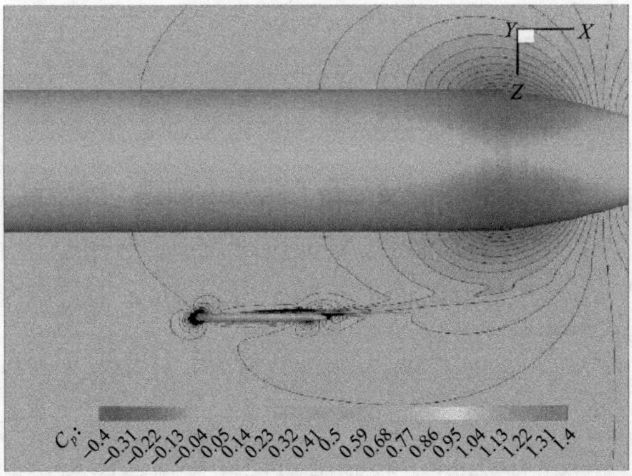

(c) Δs=5.18

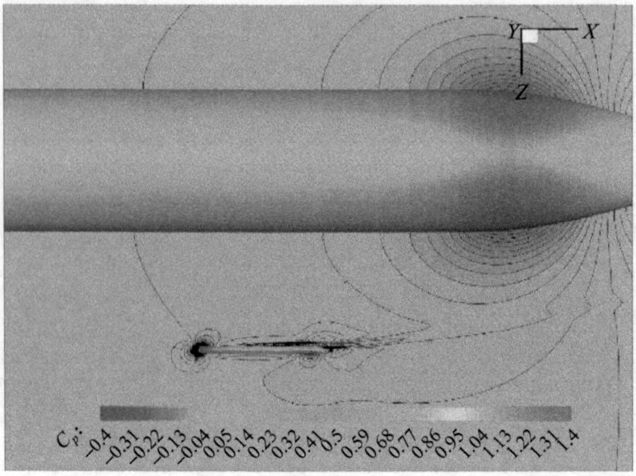

(d) Δs=7.24

图 2-77 side3 特征方位处 UUV-1 横向远离潜艇过程中对应不同 Δs 处的压力系数云图

综合上述分析可以得出结论如下：

(1) UUV-1 位于不同特征位置横向远离潜艇过程中，其 C_x 随 $\Delta\bar{s}$ 变化规律与定常计算结果有相似的变化趋势，但幅值均小于定常结果。

(2) UUV-1 位于不同特征位置横向远离潜艇过程中，C_z 为负值，表现为吸力，M_y 也为负值，表现为驱使 UUV-1 头部偏向潜艇。

(3) 对比 UUV-1 靠近与远离潜艇过程计算结果可以得出，UUV-1 在靠近潜艇过程中，当 $\Delta\bar{s}<2.8$ 时，C_x、C_z 与 M_y 关于 $\Delta\bar{s}$ 梯度较大，而 UUV-1 在远离潜艇过程中在间距，当 $\Delta\bar{s}<2.8$ 时，对应流体动力系数不存在此变化趋势。

2.5 基于二维模型的 UUV 在极限流域运动的流场分析

2.5.1 计算模型建立及网格生成

1. 计算模型建立

该模型的计算域的全长取轴向的 5 倍，约为 30m；宽度取最大截面处的 10 倍，约为 7m，如图 2-78 所示，其中左侧边界为速度入口，右侧边界为压力出口，UUV 的速度为 v。UUV 与对接装置之间的初始距离为 1m，对接装置的喇叭口横向长度也为 1m，对接装置全长为 3m。

2. CFD 网格生成

考虑到极限域流场的特殊性，将极限流场计算域分成静止域和包含 UUV 的运动域，运用分块结构化网格生成技术对流场计算域进行高质量结构化网格生

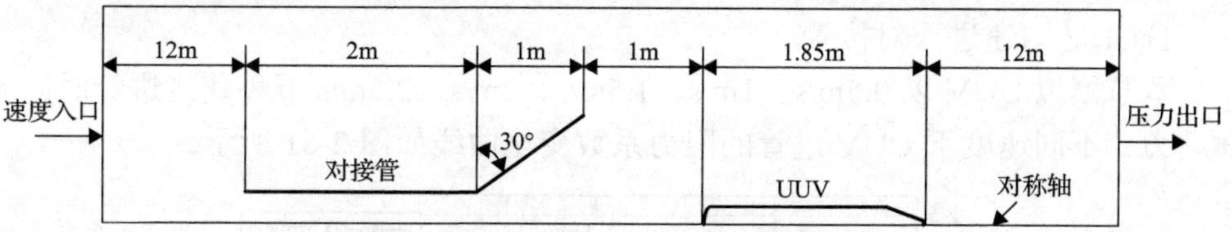

图 2-78　流场计算域及边界条件设置示意图

成。为精确模拟极限流域中的边界层流动，对 UUV 和管壁的近壁面区域生成边界层网格，进行局部加密。通过内部交界面(Interface)将静止域网格和运动域网格进行拼接，进而生成整体计算域的网格。网格整体图和局部放大图如图 2-79、图 2-80 所示。

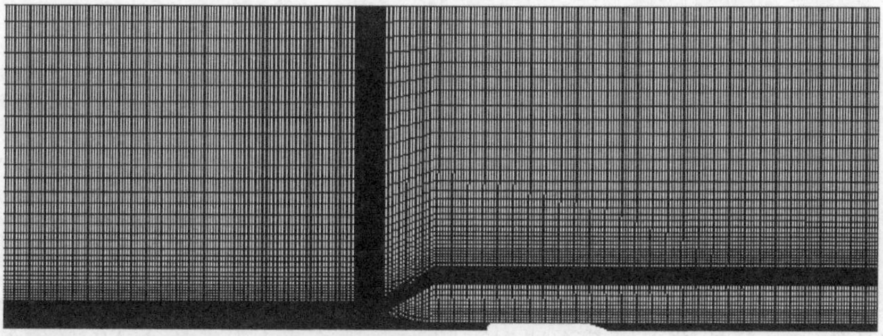

图 2-79　网格整体图

(a) 头部　(b) 尾部

图 2-80　UUV 头部和尾部网格局部放大图

2.5.2　流场特性与计算分析

UUV 在极限流域中运动的流场极其复杂，本节将主要考虑 UUV 的阻力系数变化规律。

1. UUV 以不同速度运动的流场特性

本节选用内径为 220mm 的对接管的模型进行数值计算，在不考虑海流的情况下，分别研究 UUV 以不同的速度进入和退出对接管时的流场特性。

1) UUV 匀速进入对接管

本节模拟 UUV 以 0.5m/s、1m/s、1.5m/s、2m/s、2.5m/s 五种速度进管时的流体动力。不同速度下 UUV 进管的阻力系数变化曲线如图 2-81 所示。

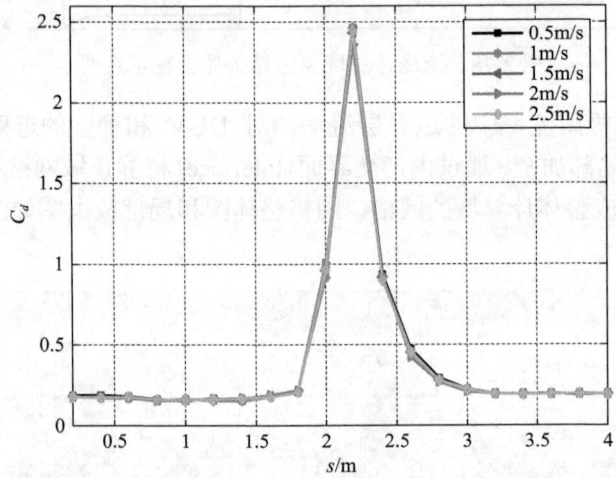

图 2-81　不同速度下 UUV 进管的阻力系数变化曲线

从图 2-81 可以看出，UUV 从开始对接到进入对接管收缩段的过程中，阻力系数增长很小；开始进入等截面段时，阻力系数急速上升；随着 UUV 继续进入，对接管开放排水加剧，阻力系数开始下降，运动到 3.2m 时趋于平缓；对接过程中，UUV 运动的速度对阻力系数的影响很小。

图 2-82 以 v=2m/s 为例给出了 UUV 进管时的压力和速度云图。从图中可以看出，在 UUV 进管过程中，整个流场的最大压力值经历着先增长后减小的过程。当 UUV 头部刚开始进入对接管喇叭口时，UUV 头部压力大于尾部压力，最大压力点出现在 UUV 的头部；UUV 头部进入对接管一段距离后，整个 UUV 头部前段区域压力都非常大，此时 UUV 头尾压力差达到最大值；随着进管距离的增加，UUV 头部压力逐渐减小，然后趋于稳定。

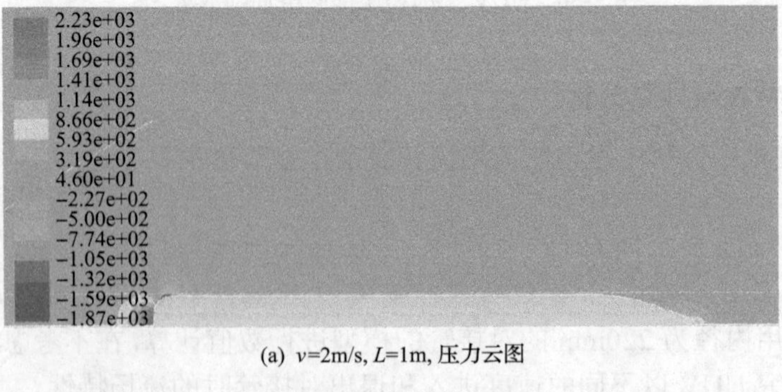

(a) v=2m/s, L=1m, 压力云图

(b) v=2m/s, L=1m, 速度云图

(c) v=2m/s, L=2.2m, 压力云图

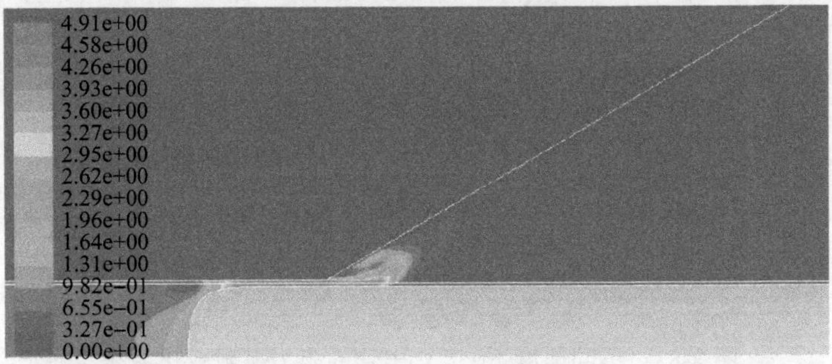

(d) v=2m/s, L=2.2m, 速度云图

(e) v=2m/s, L=4m, 压力云图

(f) v=2m/s, L=4m, 速度云图

图 2-82　UUV 以 v=2m/s 速度进管时的压力与速度云图

2) UUV 匀速退出对接管

本节模拟 UUV 以 0.5m/s、1m/s、1.5m/s、2m/s、2.5m/s 五种速度出管时的流体动力，其阻力系数变化曲线如图 2-83 所示。

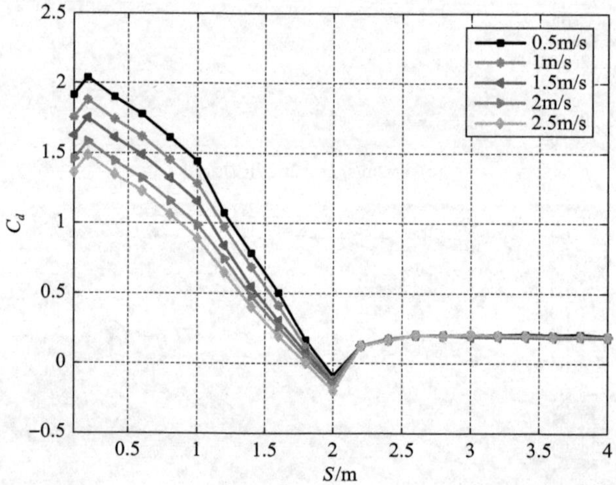

图 2-83　不同速度下 UUV 出管的阻力系数变化曲线

通过对比分析可知，随着速度的增加，阻力系数在不断减小，即出管速度越大，阻力系数越小。UUV 开始运动时，其阻力先增大而后减小，当退出对接管 1m 左右，即 UUV 约一半退出了等截面时，阻力加剧减小；在 UUV 头部达到等截面时，其阻力达到最小值，出现推力；而后 UUV 退出喇叭口进入无界流域，其阻力亦逐渐增大到其在无界流域中的阻力值。

3) UUV 匀减速进入对接管

实际情况中，由于存在回收装置引起的阻力或者为了避免 UUV 与回收装置相撞，对接时 UUV 的速度逐渐减小。模拟研究 UUV 以匀减速方式进入对接管时的阻力，初始速度分别设为 0.5m/s、1m/s、1.5m/s、2m/s、2.5m/s，当 UUV 完全进入对接管时，速度降为 0。

图 2-84 是 UUV 以初始速度 v_0=2m/s、加速度 a=−0.5m/s^2、匀减速进管的压力和速度云图。

(a) v_0=2m/s, L=1.1m, 压力云图

(b) v_0=2m/s, L=1.1m, 速度云图

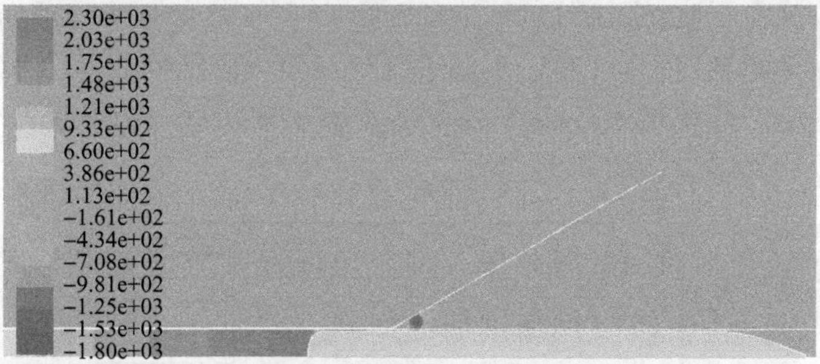

(c) v_0=2m/s, L=2.3m, 压力云图

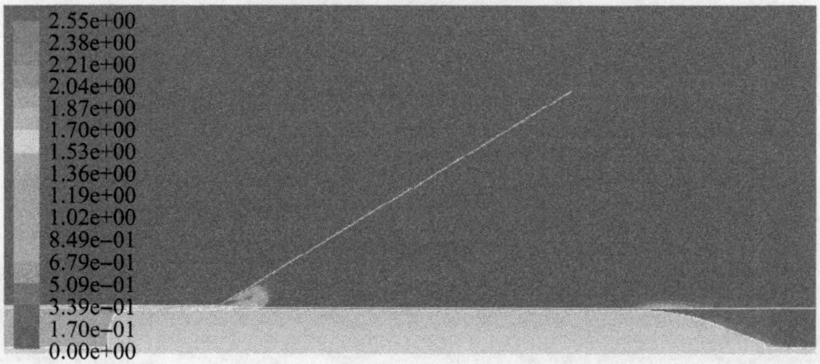

(d) v_0=2m/s, L=2.3m, 速度云图

(e) v_0=2m/s, L=4m, 压力云图

(f) v_0=2m/s, L=4m, 速度云图

图 2-84　UUV 以 v_0=2m/s 初始速度匀减速进管压力和速度云图

通过对比分析可知，UUV 进入喇叭口段时，UUV 头部压力高于尾部压力，最大压力点出现在头部；随着 UUV 继续前进，UUV 头部压力持续增大，UUV 头部压力依然高于尾部压力；UUV 头部进入等截面一段距离后，UUV 头部压力开始减小，尾部压力开始增大，UUV 头尾压力差出现负值，出现吸力。

阻力系数计算结果如图 2-85 所示。

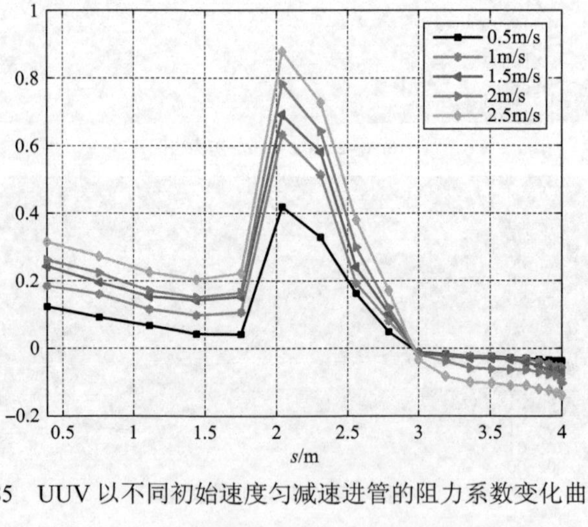

图 2-85　UUV 以不同初始速度匀减速进管的阻力系数变化曲线

可以看出，UUV 开始航行时，UUV 阻力逐渐减小；当 UUV 即将驶入等截面段时，阻力急剧增大，而后又迅速减小，并在 3m 时达到 0，然后改变方向，出现反向力，即吸力，吸力的最大值出现在终点处。在整个进管过程中，初始速度越大，阻力系数亦大，同样吸力越大，吸力最大值约为 UUV 初始运动阻力的一半。

图 2-86 为 UUV 以匀速 v=2m/s 和匀减速 v_0=2m/s 且加速度 a= −0.5m/s^2 进管时的阻力系数计算结果。

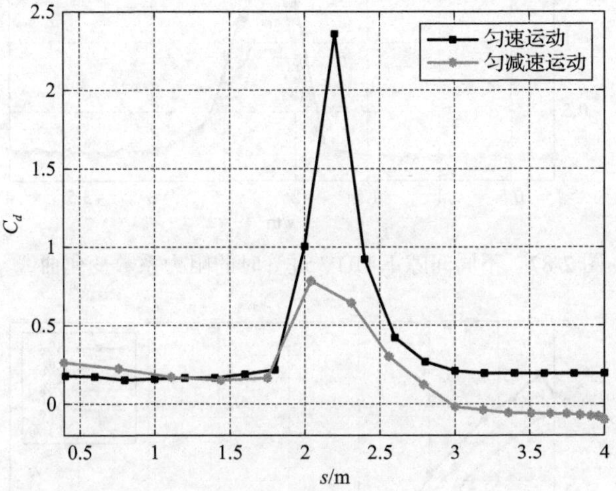

图 2-86　UUV 以匀速和匀减速运动进管时的阻力系数变化曲线

对比发现，减速对接在 UUV 进入对接装置后大大减少了对接阻力，甚至出现阻力为负的情况，即吸力，减速对接有利于 UUV 对接的成功实施；但是，以初始速度 v_0=2m/s、加速度 a= −0.5m/s^2、匀减速对接，用时 4s，而匀速对接用时 2s，即匀减速对接延长了对接的时间，增加了遇见突发海流的风险性。

2. 间隙对 UUV 在极限流域的影响

本节选用单侧间隙为 3%、5%、7%、9%、11%的对接管模型进行数值计算，即对接管内径分别为 212mm、220mm、228mm、236mm、244mm。在不考虑海流的情况下，分别计算了 UUV 以 2m/s 速度进入对接管时的阻力。

1) 间隙对 UUV 进管的影响

图 2-87 为不同间隙下 UUV 进管时的阻力系数结果。

计算结果表明：开始时，间隙对 UUV 阻力没有影响，这是因为 UUV 此时在无界流域中运动；随着 UUV 驶入喇叭口段，UUV 阻力随着间隙的增大而减小；最后 UUV 完全进管后，UUV 处在间隙较小的管内时，其阻力较大。

2) 间隙对 UUV 退出对接管的影响

图 2-88 给出了不同间隙下 UUV 出管时的阻力系数结果。

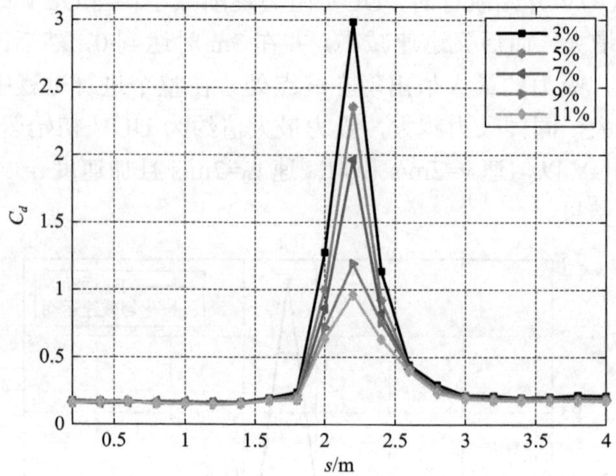

图 2-87　不同间隙下 UUV 进管时的阻力系数变化曲线

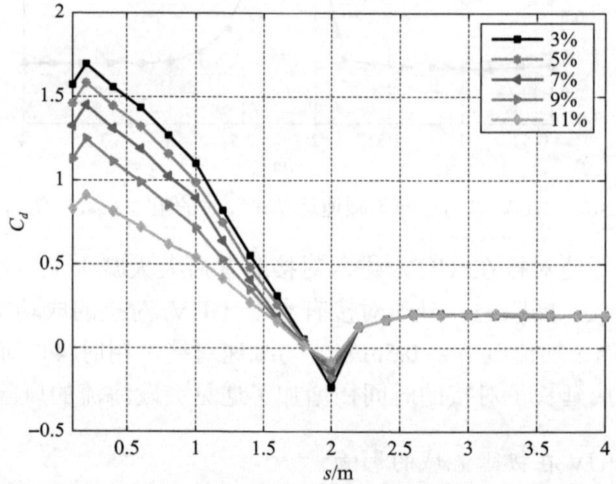

图 2-88　不同间隙下 UUV 出管时的阻力系数变化曲线

计算结果表明：UUV 在管内运动时，阻力系数随着间隙的增加不断减小，即间隙越小，阻力系数越大；UUV 退出对接管后，其阻力系数几乎一样大小。UUV 开始运动时，其阻力系数先增大，在 UUV 尾部开始退出等截面段时，其阻力系数开始减小；当退出对接管 1m 左右，即 UUV 约一半退出了等截面时，阻力系数加剧减小；在 UUV 头部达到等截面时，喇叭口内水流会迅速进入等截面段，导致其阻力达到最小值，出现推力的现象，间隙越小，其推力越大；而后 UUV 退出喇叭口进入无界流域，其阻力亦逐渐增大到其在无界流域中的阻力值。

2.6　基于三维模型的 UUV 在极限流域运动的流场分析

本节以带鳍舵的全附体 UUV 作为研究对象，基于 CFD 技术研究全附体 UUV 在极限流域中的流场特性。在计算时假设 UUV 在进管和出管过程中以设定的速度匀速或匀减速航行。

2.6.1　计算模型建立及网格生成

1. 计算模型建立

水下航行器长度为 1850mm，直径为 200mm，对接管末端直径为 $D=d+2\times(5\%\sim13\%)d$，发射管总长为 3000mm，其中等截面段为 2000mm，渐扩段为 1000mm，渐扩角为 30°，如图 2-89 和表 2-2 所示。建立长方体流场计算域，长为 $5(L+4000)=29250$mm，宽、高均为 10 倍的对接管最大直径。其中航行器头部距入流边界为 15700mm，尾部距出流边界为 11700mm，保证消除计算域对水下航行器阻力特性的影响。

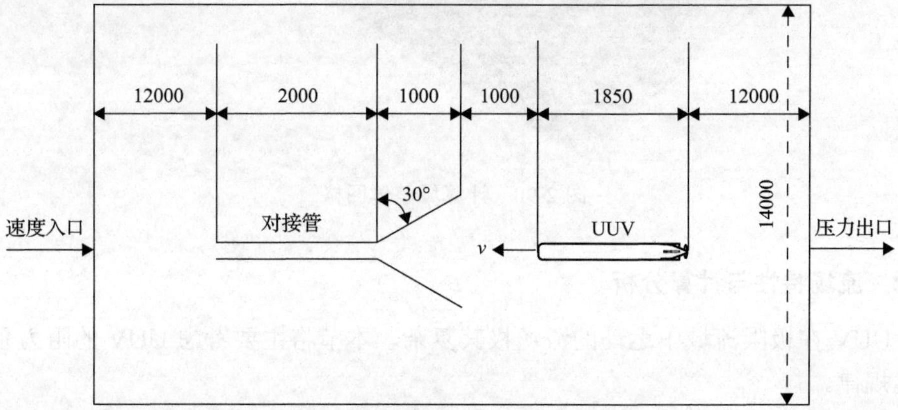

图 2-89　流场计算域及边界条件设置示意图(单位：mm)

表 2-2　流场物理模型相关尺寸

UUV 外径 d/mm	200	对接管长度/mm	3000
UUV 长度 L/mm	1850	锥角/(°)	30
鳍舵展长/mm	200	对接管内径 D/mm	$D=d+2h$

2. CFD 网格生成

借鉴二维流场网格生成策略，将三维流场计算域划分成包含对接管的静止域、包含 UUV 的运动域以及包含推进器的运动域。运用分块结构化网格生成技术对静止域、包含 UUV 的运动域进行高质量结构化网格生成；运用以四面体网格为主的非结构化对包含推进器的运动域进行网格生成。为精确模拟极限流域中的边界层流动，对 UUV、对接管壁和推进器计算域的近壁面区域生成边界层网格，并进行局部加密。通过内部交界面(Interface)将上述三个计算域网格进行拼接，进而生成整体计算域的网格。计算域整体网格如图 2-90 所示。

图 2-90 计算域整体网格

2.6.2 流场特性与计算分析

UUV 在极限流域中运动的流场极其复杂，本节将主要考虑 UUV 的阻力系数变化规律。

1. UUV 以不同速度运动的流场特性

选用内径为 220mm 的对接管的模型进行数值计算，在不考虑海流的情况下，分别研究 UUV 以不同的姿态进入对接管时的流场特性。

1) UUV 匀速驶入对接管

对 UUV 分别以 0.5m/s、1m/s、1.5m/s、2m/s、2.5m/s 的速度进入对接管时的流场进行数值计算。图 2-91 给出了不同速度下全附体 UUV 进管过程中的阻力系数计算结果。

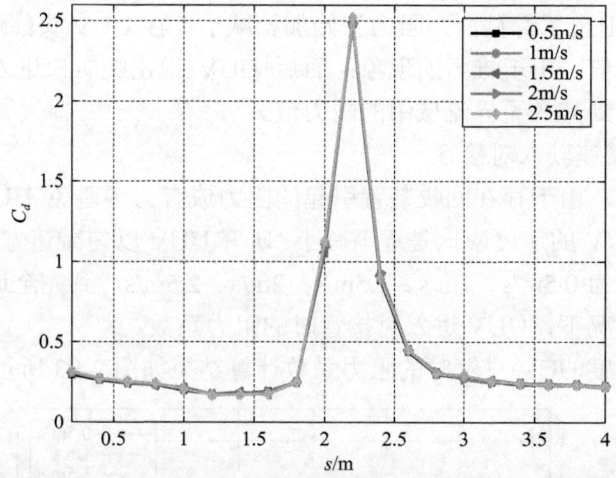

图 2-91　不同速度下 UUV 进管时的阻力系数变化曲线

计算结果表明：UUV 从开始对接到进入对接管收缩段的过程中，阻力系数增长很小，开始进入等截面段时，阻力系数急速上升，随着 UUV 继续进入，对接管开放排水加剧，所以阻力系数开始下降，UUV 运动到 3.2m 时趋于平缓。而对接过程中，UUV 运动的速度对阻力系数的影响很小。

2) UUV 匀速退出对接管

图 2-92 为 UUV 以不同速度出管时的阻力系数随位置变化的计算结果。

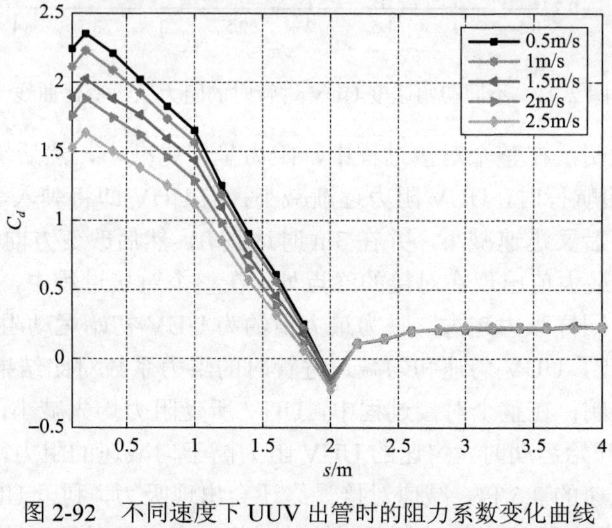

图 2-92　不同速度下 UUV 出管时的阻力系数变化曲线

计算结果表明：阻力系数随着速度的减小不断增大，即出管速度越小，阻力系数越大。UUV 初始运动时，其阻力先增大而后减小；当 UUV 运动 1m 左右，即 UUV 约一半退出了等截面，阻力开始加剧减小；在 UUV 头部达到等截面时，其阻力达到最小值，出现推力的现象；而后 UUV 退出喇叭口进入无界流域，其阻力亦逐渐增大到其在无界流域中的阻力值。

3) UUV 匀减速驶入对接管

实际情况中，由于存在回收装置引起的阻力或者为了避免 UUV 与回收装置相撞，对接时 UUV 的速度应该是逐渐减小。研究 UUV 以匀减速方式进入对接管，初始速度分别设为 0.5m/s、1m/s、1.5m/s、2m/s、2.5m/s，到完全进入对接管时，速度降为 0 的情况下，UUV 进入对接管时的阻力系数。

不同初始速度 UUV 进管时的阻力系数计算结果如图 2-93 所示。

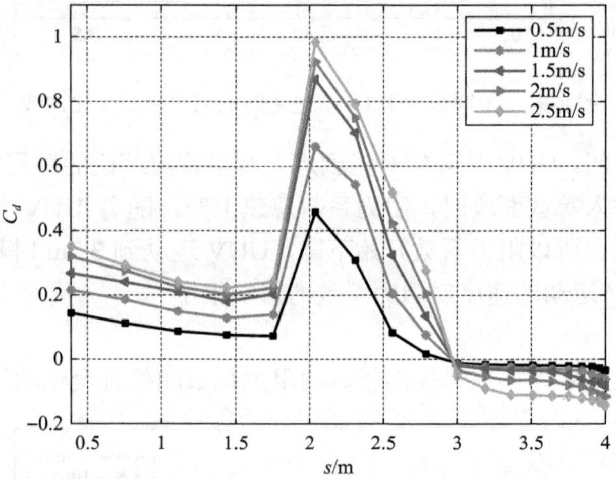

图 2-93　不同初始速度 UUV 进管时的阻力系数变化曲线

计算结果表明：在整个对接过程中，阻力呈现先减小，然后增大，再减小的趋势。UUV 开始航行时，UUV 阻力逐渐减小；当 UUV 即将驶入等截面段时，阻力急剧增大，而后又迅速减小，并在 3m 时达到 0，然后改变方向，出现反向力，即吸力，吸力的最大值出现在对接的终点处。在整个对接过程中，初始速度越大，阻力系数亦大，同样吸力越大，吸力最大值约为 UUV 初始运动阻力的一半。

图 2-94 给出了 UUV 匀速和匀减速进管时的阻力系数对比结果。

计算结果表明：在整个对接过程中，UUV 所受阻力均先减小，再增大，而后减小。在 UUV 开始运动时，匀速的 UUV 阻力高于匀减速的阻力，但匀速的阻力峰值几乎是匀减速的 2.5 倍，减速对接最终还会出现吸力，利于 UUV 对接成功地实施；但另一方面，减速对接延长了对接的时间，增加了遇见突发海流的风险性。

4) 小攻角下 UUV 驶入对接管的数值计算

图 2-95 为不同攻角下 UUV 进管时的阻力系数计算结果。

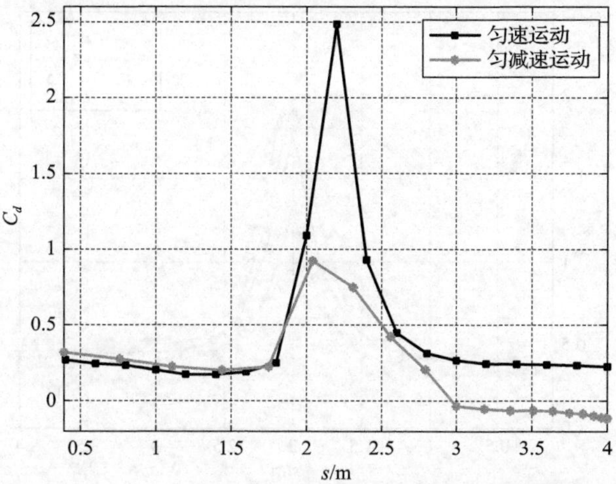

图 2-94　UUV 匀速和匀减速进管时的阻力系数对比曲线

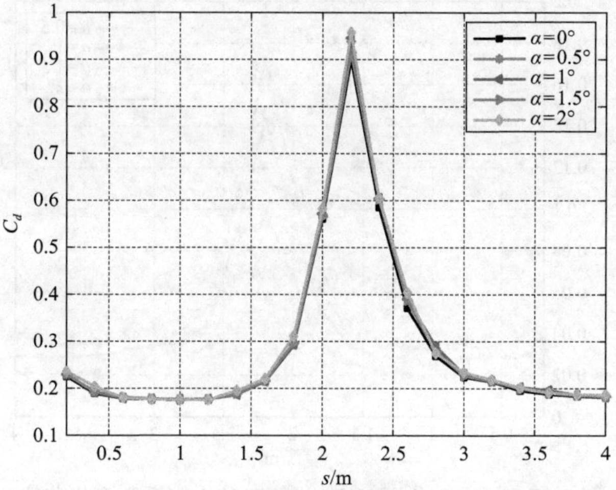

图 2-95　不同攻角下 UUV 进管时的阻力系数变化曲线

计算结果表明：攻角为 0～2°时，UUV 进管的阻力系数变化不大，即小攻角对 UUV 的阻力影响不大。UUV 开始在无界流域中运动时，阻力相对恒定；而后 UUV 头部进入对接管喇叭口段，UUV 阻力开始增加；随着 UUV 继续驶向等截面段，阻力加剧增大，达到峰值；然后迅速减小，趋于稳定值。

图 2-96 为不同攻角下 UUV 进管时的升力系数计算结果。

计算结果表明：UUV 进管的升力和攻角呈正相关关系，即 UUV 的升力随着攻角的增大而增大。在 UUV 未进入对接管时，升力保持不变；UUV 进入对接管后，升力急速增大；然后减小，最终趋于稳定值，并大于在无界流域的升力值。

图 2-97 为不同攻角下 UUV 进管时的力矩系数计算结果。

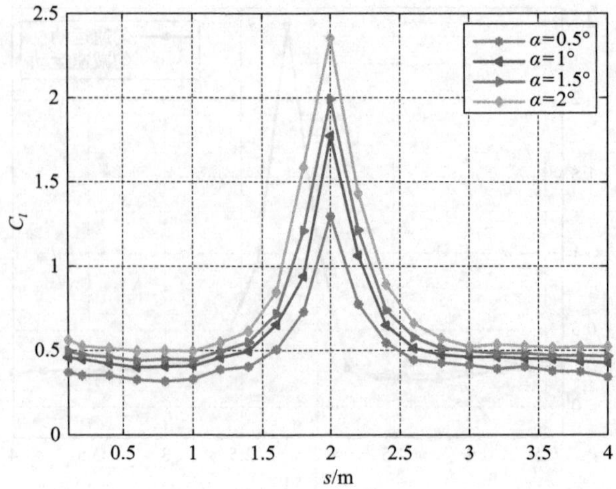

图 2-96　不同攻角下 UUV 进管时的升力系数变化曲线

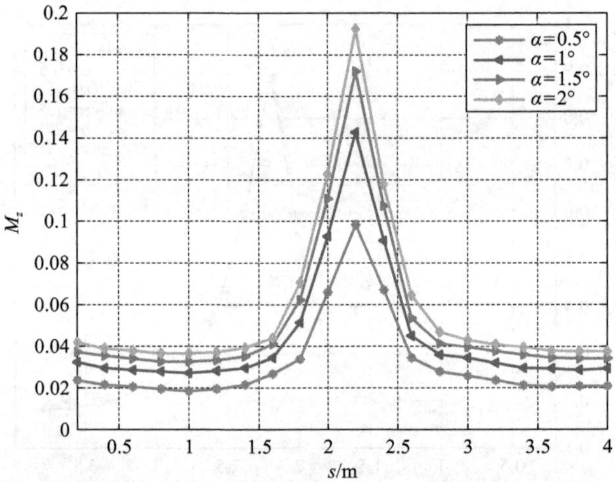

图 2-97　不同攻角下 UUV 进管时的力矩系数变化曲线

计算结果表明：UUV 进管的力矩系数随着攻角的增大而增大。在 UUV 未进入对接管时，力矩系数变化平缓，几乎不变；UUV 进入对接管后，力矩系数急速增大；然后减小，最终趋于稳定值，并大于在无界流域的力矩系数值。

2. 间隙对 UUV 在极限流域的影响

选用间隙为 3%、5%、7%、9%、11%时的对接管模型进行数值计算，即对接管内径分别为 220mm、228mm、236mm、244mm、252mm，在不考虑海流的情况下，分别计算了 UUV 以 2m/s 进入和退出不同对接管时的阻力。

1) UUV 进入对接管过程数值计算

图 2-98 为不同间隙下 UUV 进管时的阻力系数计算结果。

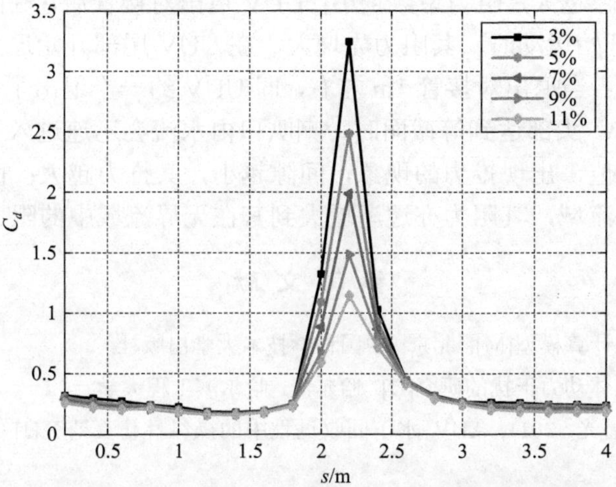

图 2-98　不同间隙下 UUV 进管时的阻力系数变化曲线

计算结果表明：在间隙对 UUV 进管的阻力影响主要集中在中后期，表现为间隙越小，阻力系数值越大；开始时 UUV 处在对接管外的无界流域中，间隙对其几乎没有影响；当 UUV 进入对接管后，阻力系数急速增大，达到峰值，然后减小；当 UUV 约一半过了等截面段后，阻力开始趋于稳定，并高于在无界流域中的阻力值。

2) UUV 退出对接管过程数值计算

图 2-99 为 UUV 在不同间隙流域出管运动时的阻力系数计算结果。

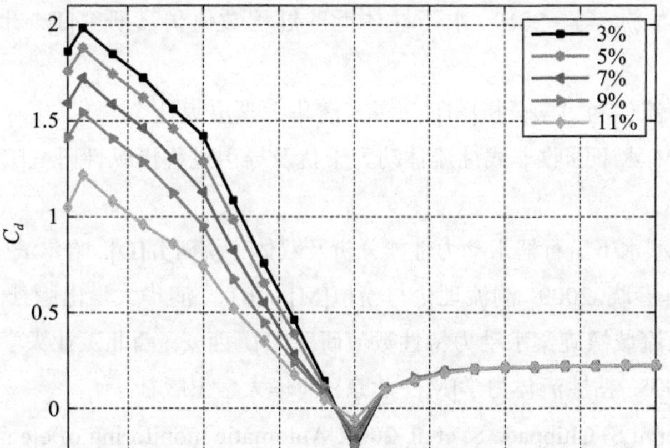

图 2-99　不同间隙下 UUV 出管时的阻力系数变化曲线

计算结果表明：UUV 在管内运动时，阻力系数随着间隙的增加，阻力系数在不断减小，即间隙越大，阻力系数越小；UUV 退出对接管后，其阻力系数几乎一样大小。UUV 开始运动时，其阻力先增大，在 UUV 尾部开始退出等截面段后，其阻力开始减小；当退出对接管 1m 左右，即 UUV 约一半退出了等截面，阻力加剧减小；在 UUV 头部达到等截面时，喇叭口内水流会迅速进入等截面段，导致其阻力达到最小值，出现推力的现象，间隙越小，其推力越大；而后 UUV 退出喇叭口进入无界流域，其阻力亦逐渐增大到其在无界流域中的阻力值。

参 考 文 献

陈义良. 1991. 湍流计算模型[M]. 北京: 中国科学技术大学出版社.

程丽. 2006. 双体流体动力干扰的研究[D]. 哈尔滨: 哈尔滨工程大学.

杜晓旭, 宋保维, 潘光. 2011. AUV 水下回收过程中的操纵性仿真研究[J]. 船舶力学, 15(8): 837-843.

杜晓旭, 张正栋. 2017. 自主水下航行器回收过程中螺旋桨推力特性分析[J]. 兵工学报, 38(6): 117-123.

黄明明. 2009. UUV 回收过程中的非线性水动力研究[D]. 西安: 西北工业大学.

李新亮. 2015. AUV 在极限流域中的力学与运动特性研究[D]. 西安: 西北工业大学.

刘超群. 1995. 多重网格法及其在计算流体力学中的应用[M]. 北京: 清华大学出版社.

潘光, 何裕智, 吴文辉, 等. 2010. UUV 水下对接过程中非定常流体动力数值仿真[J]. 水下无人系统学报, 18(5): 330-334.

潘光, 李海志, 刘敏, 等. 2013. 高海况下 AUV 回收过程力学特性研究[J]. 机械与电子, (6): 21-25.

潘光, 吴文辉, 胡海豹, 等. 2010. 水下柱体近壁过程数值仿真研究[J]. 计算机仿真, 27(3): 335-339.

王福军. 2004. 计算流体动力学分析[M]. 北京: 清华大学出版社.

杨智栋. 2015. UUV 水下回收非线性流体动力干扰及导引过程操纵性研究[D]. 西安: 西北工业大学.

于宪钊. 2012. 微小型水下航行器水动力性能分析及双体干扰研究[D]. 哈尔滨: 哈尔滨工程大学.

张兆顺, 崔桂香, 许春晓. 2009. 湍流理论与模拟[M]. 北京: 清华大学出版社.

张正栋. 2019. 极限流域螺旋桨水动力特性数值研究[D]. 西安: 西北工业大学.

章梓雄, 董曾南. 2005. 粘性流体力学[M]. 北京: 清华大学出版社.

Bar-Yoseph P Z, Mereu S, Chippada S, et al. 2001. Automatic monitoring of element shape quality in 2-D and 3-D computational mesh dynamics[J]. Computational Mechanics, 27(5): 378-395.

Basset A B. 1886. On the motion of two spheres in a liquid, and allied problems[J]. Proceedings of the London Mathematical Society, s1-18(1): 369-377.

Chapuis D, Deltheil C, Leandri D. 2002. Determination and influence of the main parameters for the launch and recovery of an unmanned underwater vehicle from a submarine[C]. Symposium on Autonomous Underwater Vehicle Technology, IEEE.

Du X X, Wang H, Hao C Z, et al. 2014. Analysis of hydrodynamic characteristics of unmanned underwater vehicle moving close to the sea bottom[J]. Defence Technology, 10 (1): 76-81.

Du X X, Zhang Z D, Cui H. 2017. Thrust performance of propeller during underwater recovery process of AUV[C]. IEEE Oceans Conference.

Landweber L, Chwang A T. 1989. Generation of Taylor's added-mass formula for two bodies[J]. Journal of Ship Research, 33 (1): 1-9.

Newman J N. 1982. Analysis of small-aspect-ratio lifting surfaces in ground effect[J]. Journal of Fluid Mechanics, 117 (APR): 305-314.

Taylor G I. 1928. The energy of a body moving in an infinite fluid, with an application to airships[J]. Butsuri, 2 (784): 13-21.

Tuck E O, Newman J N. 1974. Hydrodynamic interactions between ships[C]. The 10th Symposium on Naval Hydrodynamics, Cambridge.

Zhang L P, Chang X H, Duan X P, et al. 2009. A block LU-SGS implicit dual time-stepping algorithm on hybrid dynamic meshes for bio-fluid simulations[J]. Computers & Fluids, 38 (2): 290-308.

Zhang X, Wang S, Yu D. 2009. 2D Axisymmetric CFD simulation of underwater torpedo launch tube flow[C]. International Conference on Information Engineering & Computer Science, IEEE.

第 3 章　基于势流理论的 UUV 回收过程附加质量计算

附加质量是一种表征物体在流体中改变运动状态时流体惯性的度量参数。UUV 的附加质量即 UUV 在流体中做非定常运动时，周围流体作用域使 UUV 产生的惯性增量，它是研究 UUV 动力学和操纵性设计的重要参数。本章基于势流理论，建立了 UUV 附加质量的计算模型，针对平壁面和圆柱壁面对 UUV 附加质量的干扰问题进行了数值计算研究。

3.1　势流理论模型

势流也称为位流，就是理想流体的无旋流动。根据涡旋不生不灭定理(即拉格朗日定理)，在理想正压性流体中且质量力有势时，如在某一时刻流体的某一部分没有旋涡，则在该时刻以前和以后的时间内，该部分流体内也不会有旋涡；相反地，如果在这种流动中，一旦有旋涡存在，则该部分流体中的旋涡也不会自行消失。根据上述定理即可推得势流理论数学模型。

3.1.1　数学模型

若流场中的每个流体质点都做无旋运动，则该流场称为无旋流场。判断一个流体质点是否做无旋运动，只要看它的旋转角速度是否为零。流体质点的旋转角速度 $\boldsymbol{\omega}$ 定义为速度 $\boldsymbol{v}$ 旋度的一半，即

$$\boldsymbol{\omega}=\frac{1}{2}\nabla\times\boldsymbol{v} \tag{3-1}$$

因此，若在一个流场中处处都满足 $\boldsymbol{\omega}=0$，则该流场为无旋场。

若 $\boldsymbol{\omega}=0$ 在某一个区域内处处成立，则该区域内一定存在一个函数 Φ，可由与路径无关的线积分定义如下：

$$\Phi(x,y,z,t)=\int v_x\mathrm{d}x+v_y\mathrm{d}y+v_z\mathrm{d}z \tag{3-2}$$

且有

$$\boldsymbol{v} = \nabla \Phi \tag{3-3}$$

函数 $\boldsymbol{\Phi}$ 为速度势，简称速势，它的梯度为速度 $\boldsymbol{v}$。存在速势的流动称为有势流动，即势流。速势存在的充分必要条件也是 $\boldsymbol{\omega}=0$，由此可知，势流和无旋流动是同一种流动。

将式(3-3)代入不可压缩流体的连续方程

$$\nabla \cdot \boldsymbol{v} = \frac{\partial v_x}{\partial x} + \frac{\partial v_y}{\partial y} + \frac{\partial v_z}{\partial z} = 0 \tag{3-4}$$

可得

$$\nabla \cdot \nabla \Phi = \nabla^2 \Phi = 0 \tag{3-5}$$

式(3-5)属于拉普拉斯(Laplace)方程，由此可知速势 $\boldsymbol{\Phi}$ 是调和函数。式(3-5)是由无旋条件和不可压缩流体的连续方程推导得出，它适用于所有不可压缩流体无旋流动的问题，在给定条件下求解具体的不可压缩势流流场问题，就相当于求满足具体边界条件下拉普拉斯方程的解。

拉普拉斯方程(3-5)的边界条件包括外场边界条件和物面边界条件。外场边界条件一般是

$$\nabla \Phi\big|_{\infty} = \boldsymbol{v}\big|_{\infty} = 0 \tag{3-6}$$

根据绕流假设，流体在运动过程中是紧贴着物面的，流体与物面之间没有任何间隙，而且流体质点不能通过固体表面流入流出。由此可得，沿物面的法线方向，物面上的流体质点与物面上的对应点具有相同的速度。所以，物面边界条件可以表述如下：

$$\left.\frac{\partial \Phi}{\partial n}\right|_s = \boldsymbol{v} \cdot \boldsymbol{n}\big|_s = \boldsymbol{v}_b \cdot \boldsymbol{n} \tag{3-7}$$

式中，$\boldsymbol{v}_b$ 为物面上任一点处的速度；$\boldsymbol{n}$ 为同一物面点处的单位法向量，并定义方向为指向物体内部；下脚标 s 代表物面。

联立式(3-5)、式(3-6)及式(3-7)，可构成不可压缩势流定解问题的数学模型。

3.1.2　面元法

面元法又称为 Hess & Smith 方法，是通过在物面上分布奇点来模拟并替代物面对流场扰动。从数学角度来讲，就是建立了一个满足物面边界条件的分布奇点速势方程。常用的物面分布奇点有源、偶极等，这里采用分布源方法。

假设无穷远均匀来流 v_∞ 绕流一个物体的流场的速势为 Φ，结合不可压缩势流模型可知，Φ 在物体外部空间域中满足拉普拉斯方程，在物面上适合不可进入条件，在无穷远处，应该与均匀来流的速势吻合，具体数学描述如下：

$$\begin{cases}\nabla^2\boldsymbol{\Phi}=0\\ \left.\dfrac{\partial\boldsymbol{\Phi}}{\partial n}\right|_s=\nabla\boldsymbol{\Phi}\cdot\boldsymbol{n}\big|_s=0\\ \nabla\boldsymbol{\Phi}\big|_\infty=\boldsymbol{V}\big|_\infty=\boldsymbol{v}_\infty\end{cases}\tag{3-8}$$

速势 Φ 可以看成来流速势和物体物面扰动速势叠加而成，即

$$\boldsymbol{\Phi}=\varphi_\infty+\varphi\tag{3-9}$$

将式(3-9)代入式(3-8)中可得扰动速势 φ 满足的方程和边界条件，具体描述如下：

$$\begin{cases}\nabla^2\varphi=0\\ \left.\dfrac{\partial\boldsymbol{\Phi}}{\partial n}\right|_s=-\boldsymbol{v}_\infty\cdot\boldsymbol{n}\big|_s\\ \nabla\varphi\big|_\infty=0\end{cases}\tag{3-10}$$

采用物面分布源的方法，则 φ 对物面外一点 p 的扰动速势可记为

$$\dot{\varphi}(p)=\iint\limits_s\frac{\sigma(q)}{r_{pq}}\mathrm{d}s_q\tag{3-11}$$

式中，q 为物面上任一点；$\sigma(q)$ 为物面 q 点处分布源强；r_{pq} 为 p 点到 q 点的距离。

对式(3-11)左右两端取法向导数，并令点 p 沿法线方向趋于物面上的点(仍用 p 表示)，可得如下方程：

$$\frac{\partial\varphi(p)}{\partial n_p}=2\pi\sigma(p)+\iint\limits_{s-\varepsilon}\sigma(q)\frac{\partial}{\partial n_p}\left(\frac{1}{r_{pq}}\right)\mathrm{d}s_q\tag{3-12}$$

式(3-12)的右端分布源的法向导数由两部分组成，一部分是点 p 附近小曲面 ε 的贡献，另一部分是物面其余部分 $s-\varepsilon$ 的贡献。将式(3-10)中的物面条件代入式(3-12)可得方程如下：

$$2\pi\sigma(p)+\iint\limits_{s-\varepsilon}\sigma(q)\frac{\partial}{\partial n_p}\left(\frac{1}{r_{pq}}\right)\mathrm{d}s_q=-\boldsymbol{v}_\infty\cdot\boldsymbol{n}(P)\tag{3-13}$$

式(3-13)为分布源强度 σ 所适合的线性积分方程，由于该方程为连续方程，需采用离散的方法进行数值求解。把物面 s 上的积分用 N 个平面四边形(或三角形)上积分之和来近似，即 $s=\sum_{j=1}^{N}\Delta s_j$；假设 σ 在单个物面单元 Δs_j 上为常数，对应记为 σ_j，对应物面单元法向量可记为 $\boldsymbol{n}_{pi}$，并取单个物面单元形心为控制点，根据式(3-13)可得控制点处对应方程如下：

$$2\pi\sigma_i+\sum_{\substack{j=1\\ j\neq i}}^{N}\sigma_j\iint_{\Delta s_j}\frac{\partial}{\partial n_{pi}}\left(\frac{1}{r_{piq}}\right)\mathrm{d}s_q=-\boldsymbol{v}_\infty\cdot\boldsymbol{n}_{pi} \tag{3-14}$$

令

$$a_{ij}=\begin{cases}\displaystyle\iint_{\Delta s_j}\frac{\partial}{\partial n_{pi}}\left(\frac{1}{r_{piq}}\right)\mathrm{d}s_q, & j\neq i\\ 2\pi, & j=i\end{cases}$$

式(3-14)则转换为关于 σ_j 的 N 个代数线性方程组，即

$$\sum_{j=1}^{N}a_{ij}\sigma_j=b_i,\quad i=1,2,\cdots,N;\ b_i=-\boldsymbol{v}_\infty\cdot\boldsymbol{n}_{pi} \tag{3-15}$$

求解方程(3-15)得到 σ_j 后，便可得到物面控制点 p_i 处的近似扰动速势，可表示如下：

$$\varphi(p_i)\approx\sum_{j=1}^{N}\sigma_j\left(\iint_{\Delta s_j}\frac{1}{r_{piq}}\mathrm{d}s_q\right) \tag{3-16}$$

进一步可知流场内任一点 p 处的诱导速度，即

$$\nabla\varphi(p)=\sum_{j=1}^{N}\sigma_j\nabla_p\left(\iint_{\Delta s_j}\frac{1}{r_{piq}}\mathrm{d}s_q\right) \tag{3-17}$$

对于无界流域中单个物体附加质量的求解，可采用势流理论面元法、CFD 方法、切片法等。多数文献已表明面元法和 CFD 方法对 UUV、潜艇等模型的附加质量计算有良好的求解精度。在研究涉及双体流体动力干扰问题时，由于切片法是基于细长体理论的单个物体势流求解方法，故不适用于 UUV 水下回收附加

质量的研究；现有的 CFD 方法多是引入动网格、滑移网格技术来模拟 UUV 非定常运动以求解惯性力增量，在双体情况下会增加网格构造难度，使计算模型复杂，提高计算成本；采用面元法可避免 CFD 方法中动网格构造等复杂问题，且对面元模型进行一次速势求解便可求得整体附加质量，相比 CFD 方法要简便很多。因此综合考虑，选取势流理论面元法用于潜艇对 UUV 附加质量干扰计算的研究。

3.2 面元法求解附加质量

当 UUV 做非定常运动时，周围流体作用于 UUV 的惯性力会产生一个增量，且已有文献表明，表面摩擦力的增量很小，目前也难以进行理论计算，故通常予以略去。因此，UUV 附加质量可视为理想流体作用所产生的惯性增量，且此附加质量仅与物面边界条件有关，用面元法求解有界工况附加质量的优势是可高效、方便地扩展物面边界条件。

3.2.1 附加质量导出

以无界流域中单个物体为研究对象，考虑物体做六自由度非定常运动的一般情况。假设 $\boldsymbol{u}$ 表示平动速度，$\boldsymbol{\omega}$ 表示绕随体运动某中心点的旋转角速度，则物面上任意一点的速度 $\boldsymbol{v}$ 可表示为

$$\boldsymbol{v}=\boldsymbol{u}+\boldsymbol{\omega}\times\boldsymbol{r}' \tag{3-18}$$

式中，$\boldsymbol{r}'$ 是旋转中心出发的位置向量。

将式(3-18)代入势流物面边界条件方程可得

$$\frac{\partial\varphi}{\partial n}=\left(\boldsymbol{u}+\boldsymbol{\omega}\times\boldsymbol{r}'\right)\cdot\boldsymbol{n}=\boldsymbol{u}\cdot\boldsymbol{n}+\boldsymbol{\omega}\cdot\left(\boldsymbol{r}'\times\boldsymbol{n}\right) \tag{3-19}$$

将 $\boldsymbol{u}$、$\boldsymbol{\omega}$、$\boldsymbol{n}$ 和 $\boldsymbol{r}'\times\boldsymbol{n}$ 在随体坐标系中的分量分别表示如下：

$$\begin{cases}\boldsymbol{u}=\left(u_1,u_2,u_3\right)\\ \boldsymbol{\omega}=\left(\omega_1,\omega_2,\omega_3\right)\\ \boldsymbol{n}=\left(n_1,n_2,n_3\right)\\ \boldsymbol{r}'\times\boldsymbol{n}=\left(n_4,n_5,n_6\right)\end{cases} \tag{3-20}$$

根据式(3-20)，可将式(3-19)改写为

$$\frac{\partial \varphi}{\partial n} = \sum_{i=1}^{6} u_i n_i \tag{3-21}$$

由此可知，速势φ可作相应的分解，即

$$\varphi = \sum_{i=1}^{6} u_i \varphi_i \tag{3-22}$$

因为$u_i(i=1,2,\cdots,6)$只是时间t的函数，各个φ_i在物面S_b上适合的边界条件为

$$\frac{\partial \varphi_i}{\partial n} = n_i, \quad i=1,2,\cdots,6 \tag{3-23}$$

由式(3-23)可知，φ_i只是随体坐标系中空间坐标的函数，与时间无关，即式(3-22)将速势φ分离了时间和空间因素。φ_i就是物体以单位速度做i态运动时流体的速势，简称单位速势。由此易知给定物体的几何形状，便可确定六个单位速势，经线性叠加式(3-22)便可得总速势φ。进一步，根据速势φ远场边界趋于 0 的特点，有

$$\begin{cases} \boldsymbol{f} = -\rho \dfrac{\mathrm{d}}{\mathrm{d}t} \displaystyle\iint_{S_b(t)} \varphi \boldsymbol{n} \mathrm{d}s \\ \boldsymbol{m} = -\rho \dfrac{\mathrm{d}}{\mathrm{d}t} \displaystyle\iint_{S_b(t)} \varphi (\boldsymbol{r} \times \boldsymbol{n}) \mathrm{d}s \end{cases} \tag{3-24}$$

上述力矩表达式中的位置向量$\boldsymbol{r}$可分解为两部分，即$\boldsymbol{r} = \boldsymbol{r}_0(t) + \boldsymbol{r}'$，$\boldsymbol{r}_0(t)$是大地坐标系原点到旋转中心的向径，将式(3-22)代入式(3-24)可得

$$\begin{cases} \boldsymbol{f} = -\rho \displaystyle\sum_{i=1}^{6} \dot{u}_i \iint_{S_b} \varphi_i \boldsymbol{n} \mathrm{d}s - \rho \sum_{i=1}^{6} u_i \boldsymbol{\omega} \times \iint_{S_b} \varphi_i \boldsymbol{n} \mathrm{d}s \\ \boldsymbol{m} = \boldsymbol{r}_0 \times \boldsymbol{f} - \rho \displaystyle\sum_{i=1}^{6} u_i \boldsymbol{u} \times \iint_{S_b} \varphi_i \boldsymbol{n} ds - \rho \sum_{i=1}^{6} \dot{u}_i \iint_{S_b} \varphi_i (\boldsymbol{r}' \times \boldsymbol{n}) \mathrm{d}s \\ \qquad - \rho \displaystyle\sum_{i=1}^{6} u_i \boldsymbol{\omega} \times \iint_{S_b} \varphi_i (\boldsymbol{r}' \times \boldsymbol{n}) \mathrm{d}s \end{cases} \tag{3-25}$$

由式(3-25)可见，力和力矩的构成因素中与物体形状有关的只体现在下面两个积分，即

$$\rho \iint_{S_b} \varphi_i \boldsymbol{n} \mathrm{d}s, \quad \rho \iint_{S_b} \varphi_i (\boldsymbol{r}' \times \boldsymbol{n}) \mathrm{d}s$$

上述两个积分分量可统一表示为

$$\lambda_{ij} = \rho \iint_{S_b} \varphi_i n_j \mathrm{d}s, \quad i, j = 1, 2, \cdots, 6 \tag{3-26}$$

式(3-26)所表示的 36 个量被称为物体的附加质量，记为 λ_{ij} 。将式(3-23)代入式(3-26)可得 λ_{ij} 的表达式如下：

$$\lambda_{ij} = \rho \iint_{S_b} \varphi_j \frac{\partial \varphi_i}{\partial n} \mathrm{d}s, \quad i, j = 1, 2, \cdots, 6 \tag{3-27}$$

由上述导出过程可以看出，无界流域中单个物体附加质量 λ_{ij} 仅为随体坐标系下物面坐标的函数。对于研究的潜艇对 UUV 附加质量干扰的问题，考虑到 UUV 与潜艇几何尺度差异较大，故可近似认为潜艇对 UUV 附加质量干扰等效为固定壁面干扰，结合潜艇结构外形，进一步可简化为平壁面、圆柱壁面对 UUV 附加质量干扰，而对于固定壁面有壁面法向速度为 0 的条件，即

$$\left. \frac{\partial \varphi}{\partial n} \right|_{S_b} = 0 \tag{3-28}$$

由此易知附加质量表达式(3-27)亦适用于有界流域情况。

3.2.2 附加质量基本性质

由上述推导可以看出，36 个附加质量具有不同的量纲，可分 3 种，对于附加质量 λ_{ij} ，具体如下：

(1) i=1,2,3，j=1,2,3 时， λ_{ij} 具有质量的因次，通常称为附加质量。

(2) i=1,2,3，j=4,5,6 或 i=4,5,6，j=1,2,3 时， λ_{ij} 具有静矩的因次，通常称为附加静矩。

(3) i=4,5,6，j=4,5,6 时， λ_{ij} 具有二次矩的因次，通常称为附加惯性矩。

对于无界流域工况，单个物体附加质量有如下性质：

(1) 对称性，即 $\lambda_{ij} = \lambda_{ji}$ 。对二者进行作差可得如下：

$$\lambda_{ij} - \lambda_{ji} = \rho \iint_{s_b} \left(\varphi_j \frac{\partial \varphi_i}{\partial n} - \varphi_i \frac{\partial \varphi_j}{\partial n} \right) \mathrm{d}s = \rho \left(\iint_{s_b + s_c} - \iint_{s_c} \right) \left(\varphi_j \frac{\partial \varphi_i}{\partial n} - \varphi_i \frac{\partial \varphi_j}{\partial n} \right) \mathrm{d}s$$

根据 φ_j 和 φ_i 的远方阶估计，可知控制面 s_c 上的积分趋于 0；由格林公式可知 s_c+s_b 上的积分为 0，即上式为 0，故 $\lambda_{ij}=\lambda_{ji}$。由此可知，36 个附加质量中最多只有 21 个是独立的。

(2) 对于有一个对称平面 Oxy 时，可推得 $\lambda_{13}=\lambda_{14}=\lambda_{15}=0$，$\lambda_{23}=\lambda_{24}=\lambda_{25}=0$，$\lambda_{36}=\lambda_{46}=\lambda_{56}=0$，即需要予以确定的附加质量的个数便由 21 个变成了 12 个，即 λ_{11}、λ_{22}、λ_{33}、λ_{44}、λ_{55}、λ_{66}、λ_{12}、λ_{16}、λ_{26}、λ_{35}、λ_{34}、λ_{45}。

(3) 对于有一个对称平面 Oxz 时，需要予以确定的附加质量的个数也是 12 个。它们是 λ_{11}、λ_{22}、λ_{33}、λ_{44}、λ_{55}、λ_{66}、λ_{13}、λ_{15}、λ_{24}、λ_{26}、λ_{35}、λ_{46}。

(4) 同时具有两个对称面 Oxy 和 Oxz 的情况时，容易理解，在这种情况下不为零的 λ_{ij} 乃是同时存在于(2)和(3)两种情况下的那些 λ_{ij}。它们共有 8 个，即 λ_{11}、λ_{22}、λ_{33}、λ_{44}、λ_{55}、λ_{66}、λ_{26}、λ_{35}。

3.2.3　数值方法

结合式(3-10)，将式(3-22)及式(3-23)代入其中，易推得无界流域单个物体单位速势 φ_i 的势流控制方程，具体数学描述如下：

$$\begin{cases}\nabla^2\varphi_i=0\\ \dfrac{\partial\varphi_i}{\partial n}=n_x,\quad i=1\\ \dfrac{\partial\varphi_i}{\partial n}=n_y,\quad i=2\\ \dfrac{\partial\varphi_i}{\partial n}=n_z,\quad i=3\\ \dfrac{\partial\varphi_i}{\partial n}=yn_z-zn_y,\quad i=4\\ \dfrac{\partial\varphi_i}{\partial n}=zn_x-xn_z,\quad i=5\\ \dfrac{\partial\varphi_i}{\partial n}=xn_y-yn_x,\quad i=6\\ \varphi_i|_{\infty}=0\end{cases}\tag{3-29}$$

式中，x、y、z 分别为物面某点的径向在体坐标系中的三个分量。对比式(3-29)与式(3-10)可以看出，二者不同之处仅为物面法向条件的不同，由此易知，采用面元法求解单位速势仅需替换物面法向边界条件为对应单位速势法向边界条件即可，基于面元法求解得到的物体附加质量的数值表达式如下：

$$\lambda_{ij} \approx \rho \sum_{k=1}^{N} \varphi_{jk} \left(\frac{\partial \varphi_i}{\partial n} \right)_k S_k \tag{3-30}$$

式中，下角标 k 对应所划分的面元编号。对于考虑有界壁面影响的单个物体附加质量的数值计算，仅需对式(3-29)补充添加固定壁面法向条件方程(3-28)即可。

3.3　无界流域中 UUV 附加质量计算

为了校验计算程序的可靠性，首先，采用面元法对单结构体(球体、椭球体)的附加质量进行计算；其次，对光体 UUV 模型附加质量进行求解，重点研究网格划分策略对计算附加质量精度的影响。

3.3.1　单个球体和椭球体附加质量计算

1. 球体附加质量计算

选取半径 1m 的球为研究对象，取球心为随体坐标系原点，由附加质量基本性质易知球的附加质量除 λ_{11}、λ_{22} 及 λ_{33} 外其余为 0，且 λ_{11}、λ_{22} 和 λ_{33} 三者相等并为实体球排开流体质量的一半。在此，以球质量为参考量引入无量纲附加质量系数 k_{ii}，具体可描述如下：

$$k_{ii} = \frac{\lambda_{ii}}{m_{\text{sphere}}} = 0.5, \quad i = 1,2,3 \tag{3-31}$$

球面网格采用地球仪法划分，纵向分段(沿 Ox 轴方向)采用余弦间距划分，分段数记为 m；周向分段采用等弧度划分，分段数记为 n。图 3-1 给出了采用地球仪法划分球体的面网格示意。针对地球仪法，拟采用 4 种网格划分策略讨论计算精度，具体如下：

(1) $m=n$;

(2) $m=2n$;

(3) $m=40$ 为定值，变化 n 值；

(4) $n=24$ 为定值，变化 m 值。

因为采用地球仪法划分使球面网格在 xOy 投影面和 xOz 投影面结构相同，故 k_{22} 和 k_{33} 计算结果几乎无差别，这里只给出了 k_{11} 和 k_{22} 计算结果。如图 3-2 和图 3-3 所示，随着面网格量的增加，四种网格划分策略均向解析解收敛；k_{11} 和 k_{22} 计算误差不同是由于网格结构的不同引起；当网格量大于 2000 时，四种网格划分策略的数值计算误差均可控制在 5%以内；对比四种网格划分策略可以看出，随着网格量的增加，第 4 种网格划分策略在计算 k_{22} 时较其他三种策略有较高的数值精度。

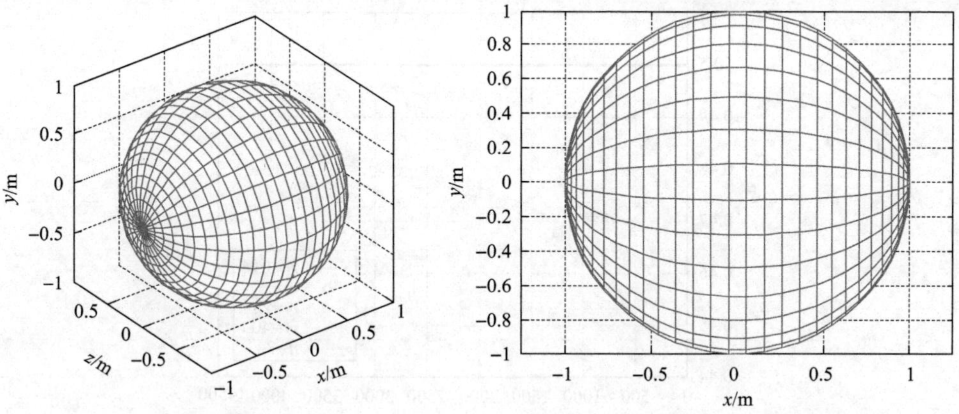

(a) 三维面网格　　(b) 面网格在 xOy 平面投影

图 3-1　采用地球仪法划分球体的面网格示意

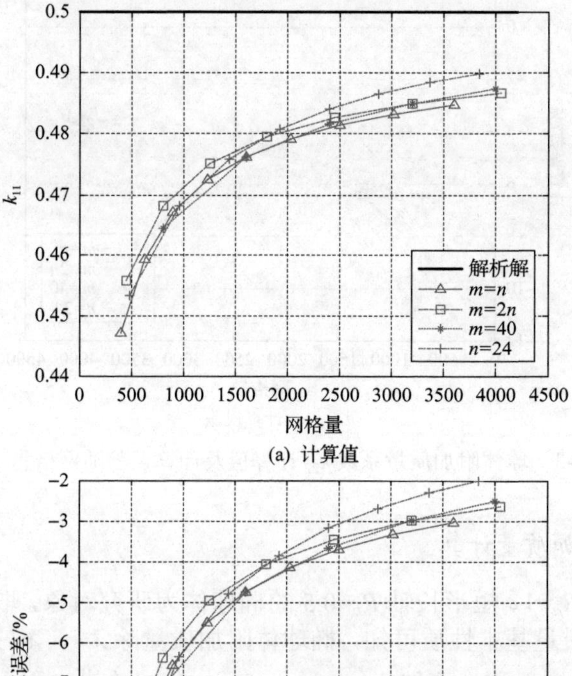

(a) 计算值

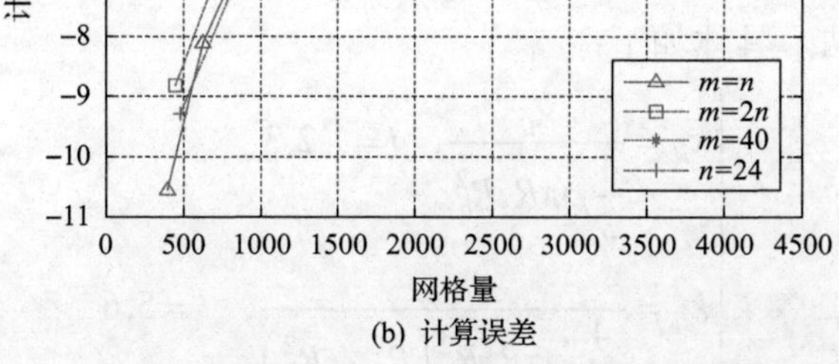

(b) 计算误差

图 3-2　球体附加质量系数 k_{11} 计算值及计算误差随网格量变化

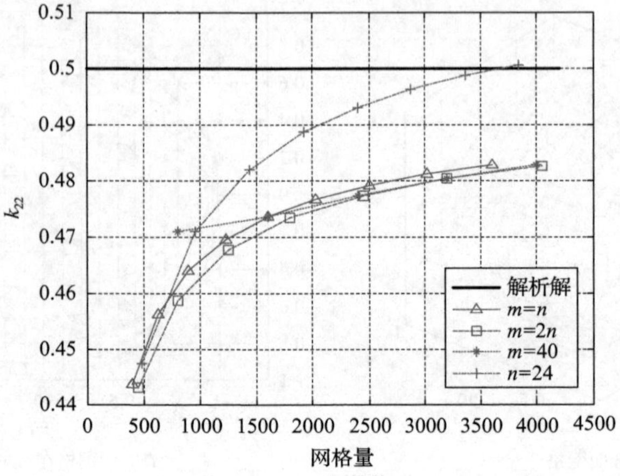

(a) 计算值

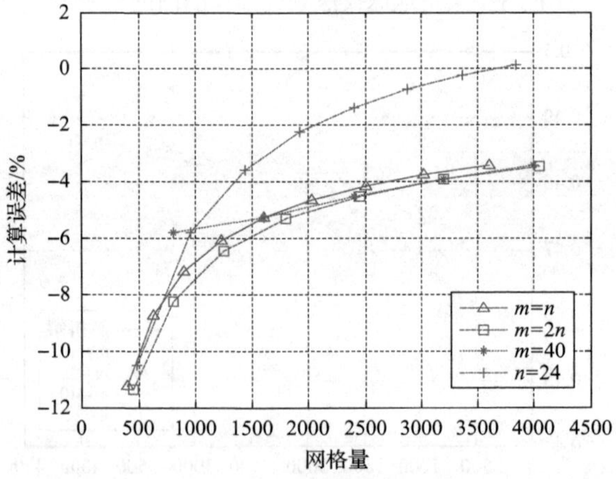

(b) 计算误差

图 3-3　球体附加质量系数 k_{22} 计算值及计算误差随网格量变化

2. 椭球体附加质量计算

选取半长轴 R_a=1、短半长轴 R_b=0.5 的椭球体为研究对象，取形心为随体坐标系原点，由附加质量基本性质可知，椭球体附加质量除 λ_{11}、λ_{22}、λ_{33}、λ_{55} 和 λ_{66} 外其余均为 0，且由对称性可知 $\lambda_{22}=\lambda_{33}$，$\lambda_{55}=\lambda_{66}$。在此，引入椭球体的无量纲附加质量系数记法，具体如下：

$$\begin{cases} k_{ii}=\dfrac{\lambda_{ii}}{\dfrac{4}{3}\rho\pi R_a R_b^2},\ \ i=1,2,3 \\ k_{ii}=\dfrac{\lambda_{ii}}{\dfrac{4}{15}\rho\pi R_a R_b^2\left(R_a^2+R_b^2\right)},\ \ i=5,6 \end{cases} \tag{3-32}$$

椭球体面网格划分同样采用地球仪法，如图 3-4 所示，网格划分策略同球体。因为对椭球体有 $k_{22}=k_{33}$，$k_{55}=k_{66}$，且椭球体面网格在 xOy 投影面和 xOz 投影面结构相同，故此处只对 k_{11}、k_{22} 和 k_{55} 计算结果进行分析。

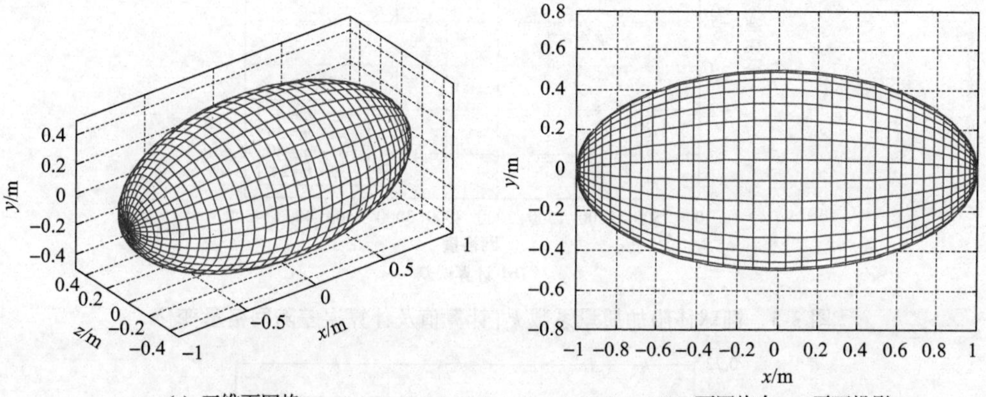

(a) 三维面网格　　(b) 面网格在 xOy 平面投影

图 3-4　采用地球仪法划分椭球体的面网格示意

由图 3-5～图 3-7 可以看出，随着网格量的增加，分布源法计算得到的 k_{11}、k_{22} 和 k_{55} 均收敛向解析解；对比四种网格划分策略可以看出，随着网格量的增加，第 4 种网格划分策略在计算 k_{22} 和 k_{55} 时较其他三种策略有较高的数值精度。

综合球体和椭球体附加质量系数计算结果可以看出，采用分布源方法计算类椭球体附加质量系数具有较好的计算精度。

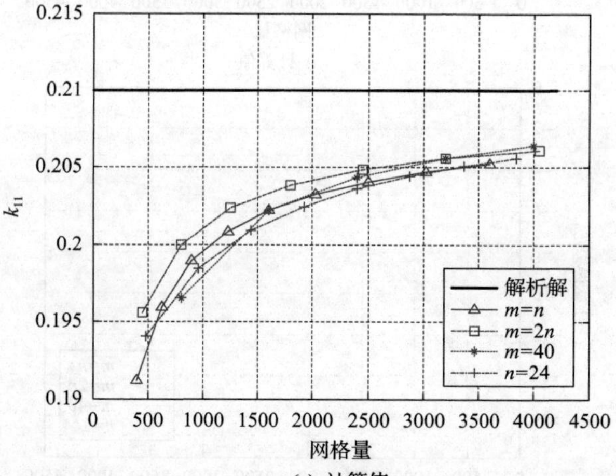

(a) 计算值

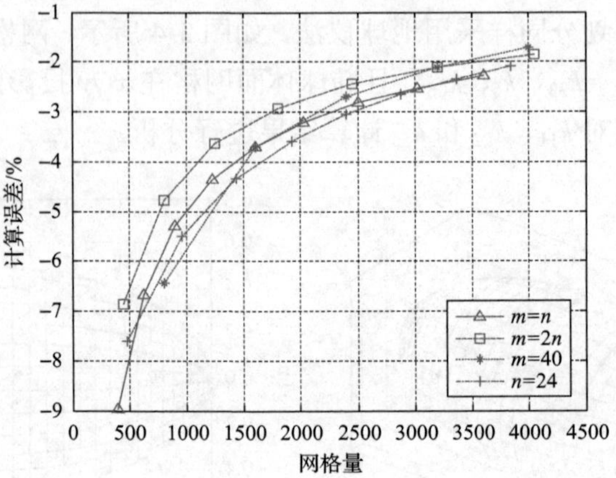

(b) 计算误差

图 3-5 椭球体附加质量系数 k_{11} 计算值及计算误差随网格量变化

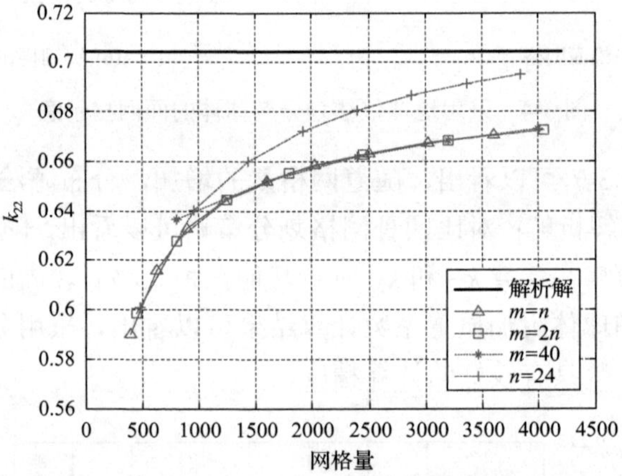

(a) 计算值

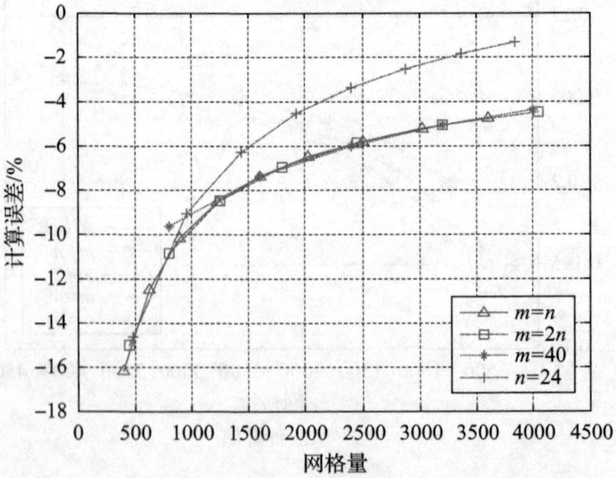

(b) 计算误差

图 3-6 椭球体附加质量系数 k_{22} 计算值及计算误差随网格量变化

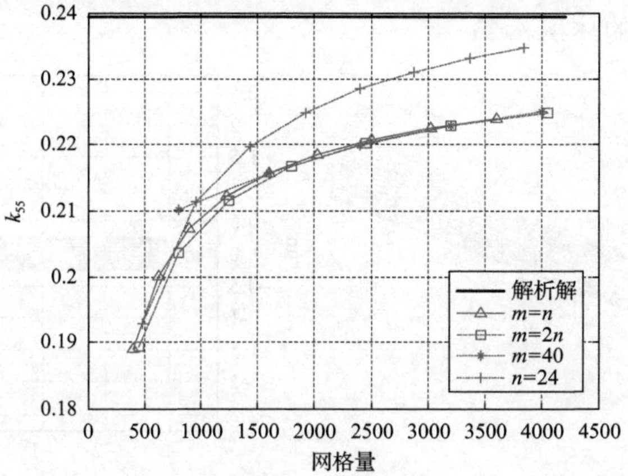

(a) 计算值

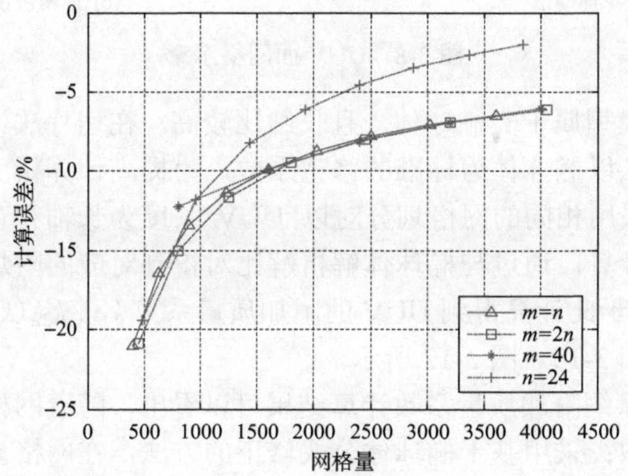

(b) 计算误差

图 3-7　椭球体附加质量系数 k_{55} 计算值及计算误差随网格量变化

3.3.2　UUV 附加质量计算

UUV 面网格划分采用横、纵剖面线相交的方法，纵向分段采用余弦间距划分，周向分段按等弧线划分，随体坐标原点选取 UUV 模型形心位置，如图 3-8 所示。借鉴球体和椭球体网格划分中的第 4 种策略，选取周向分段 n=24 为定值，纵向分段 m 变化的方法研究 UUV 附加质量。

由附加质量基本性质可知，UUV 附加质量除 λ_{11}、λ_{22}、λ_{33}、λ_{55} 和 λ_{66} 外其余均为 0，且由对称性可知 $\lambda_{22}=\lambda_{33}$，$\lambda_{55}=\lambda_{66}$。在此引入 UUV 无量纲附加质量系数记法，具体如下：

$$\begin{cases} k_{ii}=\dfrac{\lambda_{ii}}{\rho V}, \quad i=1,2,3 \\ k_{ii}=\dfrac{\lambda_{ii}}{\rho V^{5/3}}, \quad i=5,6 \end{cases} \tag{3-33}$$

式中，V 为 UUV 的体积。

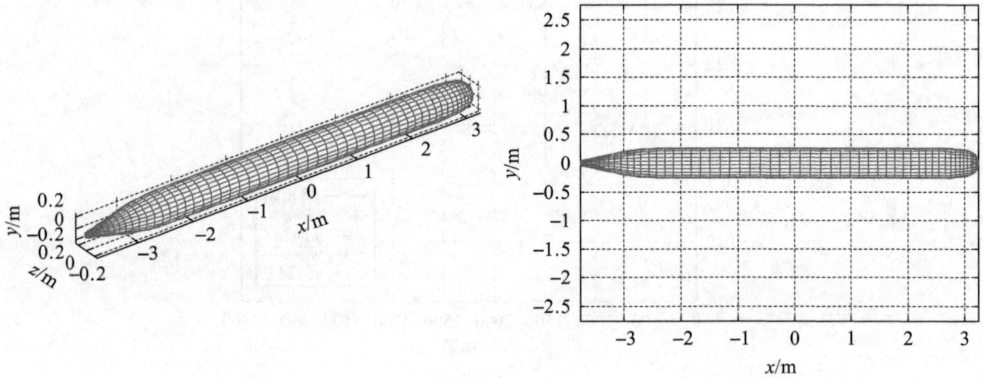

(a) 三维面网格　　(b) 面网格在 xoy 平面投影

图 3-8　UUV 面网格示意

由于 UUV 模型属于类椭球体，且长细比较高，在切片法计算此类模型附加质量时通常会引入以椭球体为标准的修正系数，为提高计算精度，此处借鉴该修正方法的思想，采用相同的网格划分对以 UUV 长度为长轴和直径为短轴的椭球体模型进行数值计算，通过与椭球体解析解比对得到对应的附加质量修正系数，如图 3-9 所示。基于此计算得到 UUV 的附加质量系数 k_{11}、$k_{22}(k_{33})$ 和 $k_{55}(k_{66})$ 的计算值和修正值如图 3-10～图 3-12 所示。

由 UUV 无量纲附加质量系数计算结果可以看出，随着网格量的增大，计算结果逐渐趋于收敛；采用基于椭球体公式修正的方法，在网格量较少时亦可明显改善 UUV 附加质量系数的计算精度，且当网格量大于 2500 时，UUV 各个附加质量系数的修正值变化很小，数值结果可视为收敛。

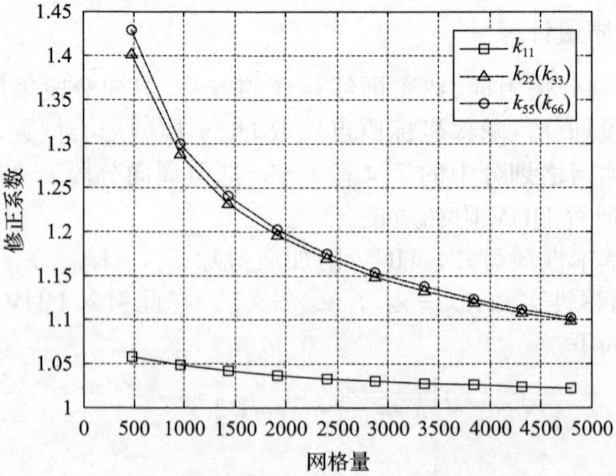

图 3-9　以椭球体为标准的修正系数

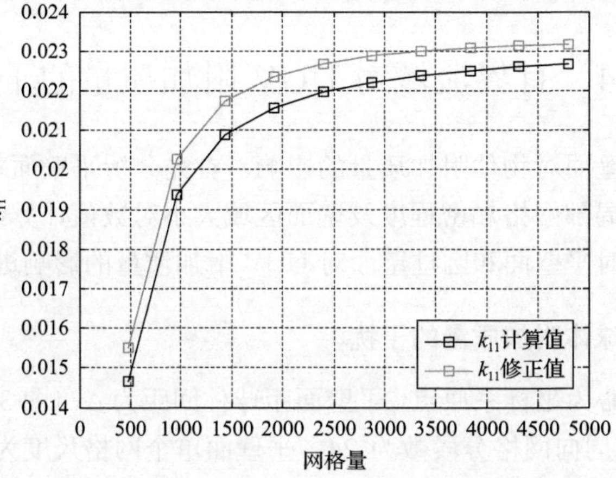

图 3-10　UUV 模型 k_{11} 随网格量变化曲线

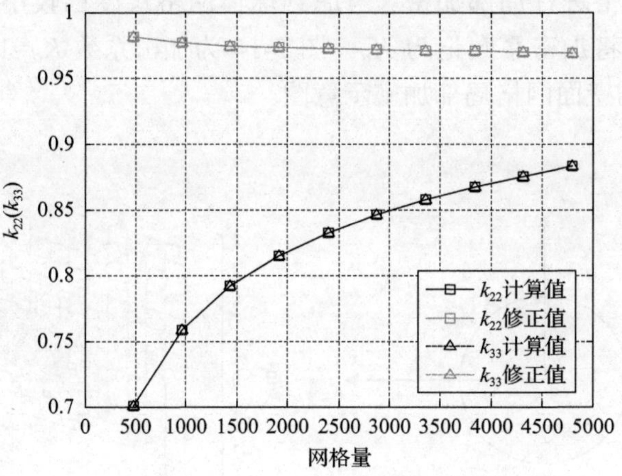

图 3-11　UUV 模型 k_{22} 和 k_{33} 随网格量变化曲线

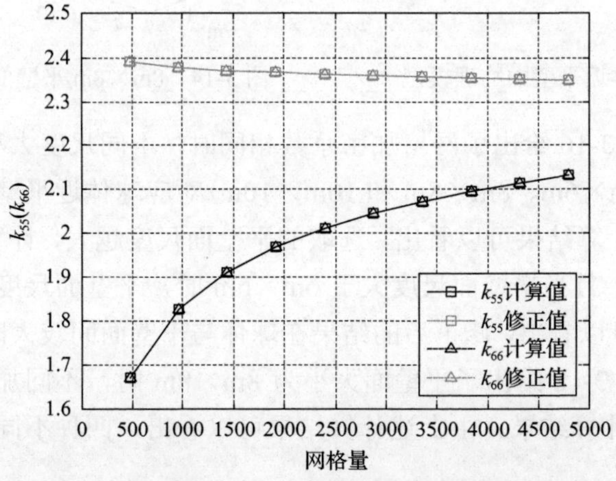

图 3-12　UUV 模型 k_{55} 和 k_{66} 随网格量变化曲线

3.4 有界流域对 UUV 附加质量的干扰

本节将研究壁面对物体附加质量的影响，首先分析平壁面对球体附加质量的影响，重点分析局部网格加密程度及壁面区域大小对数值计算结果的影响，在此基础上，分别针对平壁面和圆柱壁面对 UUV 附加质量的影响进行分析研究。

3.4.1 平壁面对球体附加质量的干扰

选取球体形心为坐标系原点，平壁面距球体间距为 Δx（图 3-13），球体纵向网格分段数为 80，周向网格分段数为 24，平壁面单个网格尺度为 0.5m×0.5m，为避免壁面与球体近距离时二者面元网格尺度差异引起的计算误差，采用局部加密方法对平壁面网格进行局部加密。考虑到球体网格尺度已较小，故只对壁面进行网格加密，并将加密系数记为 K_d。图 3-14 为加密系数 K_d=1/3 时，球体距壁面间距 0.1m 时的壁面网格局部加密示意图。

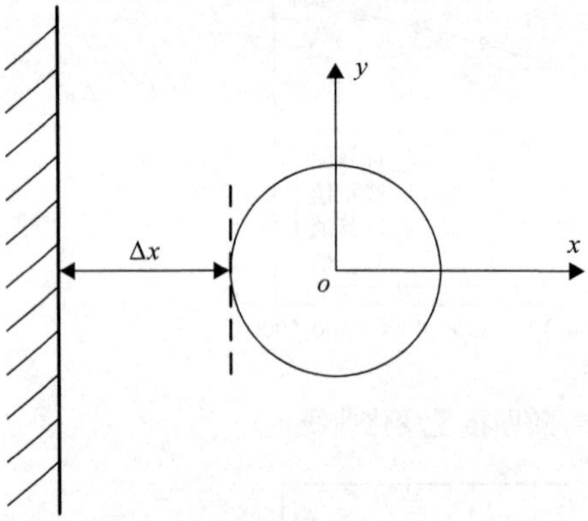

图 3-13 球体近平壁面物理模型

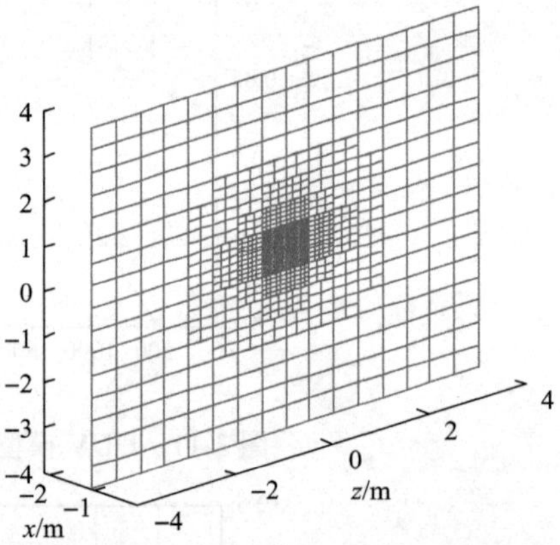

图 3-14 8m×8m 平壁面网格加密示意

图 3-15 与图 3-16 给出了网格加密系数相同时，不同尺度大小平壁面（具体包括：4m×4m、6m×6m、8m×8m 和 10m×10m）对应球体近平壁面附加质量系数的计算结果。由计算结果可以看出，选取的平壁面尺度越大，计算结果误差越小，与理论预期相同，且当平壁面尺度大于 6m×6m 时，平壁面尺度对计算结果的影响已很小。由图可以看出，修正后的结果在球体与平壁面间较大时有较高的精度。

图 3-17 与图 3-18 给出了平壁面大小为 8m×8m 时，不同加密系数对应球体近壁面附加质量计算结果。由上述计算结果可以看出，四种不同密度网格对应计

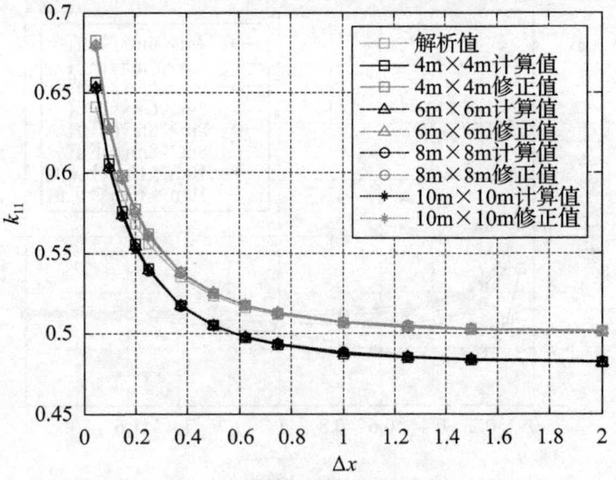

(a) 计算值

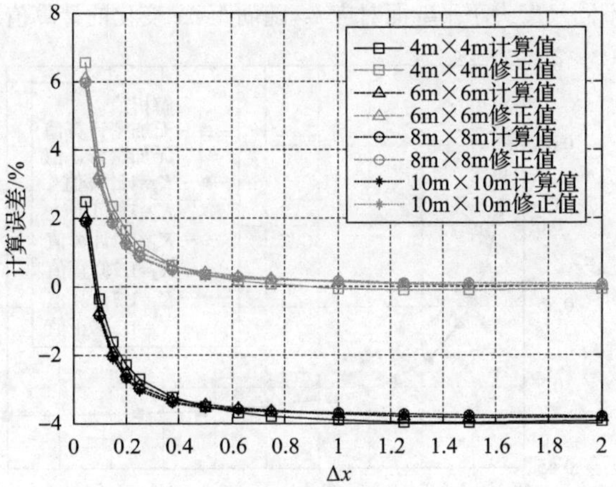

(b) 计算误差

图 3-15　不同尺度大小平壁面对应 k_{11} 随间距 Δx 变化的计算值及计算误差

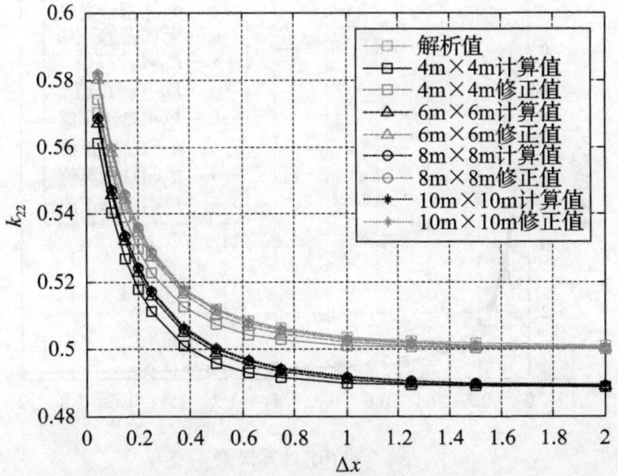

(a) 计算值

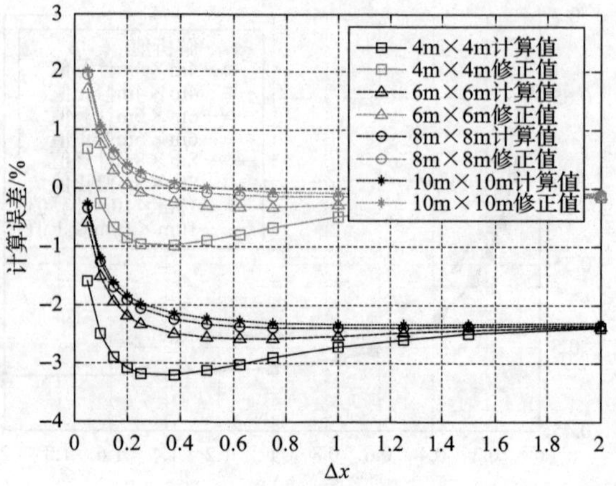

(b) 计算误差

图 3-16　不同尺度大小平壁面对应 k_{22} 随间距 Δx 变化的计算值及计算误差

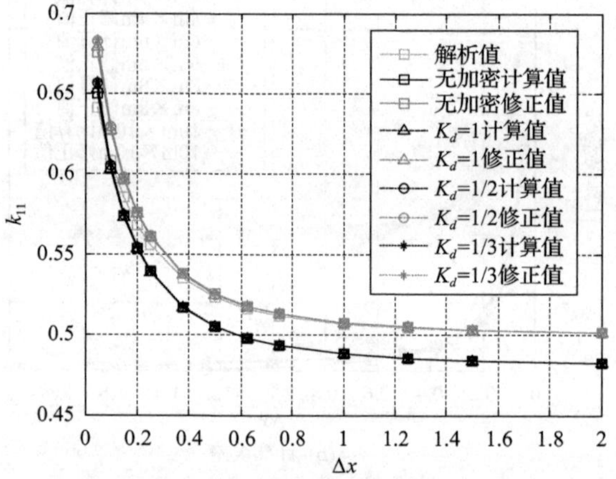

(a) 计算值

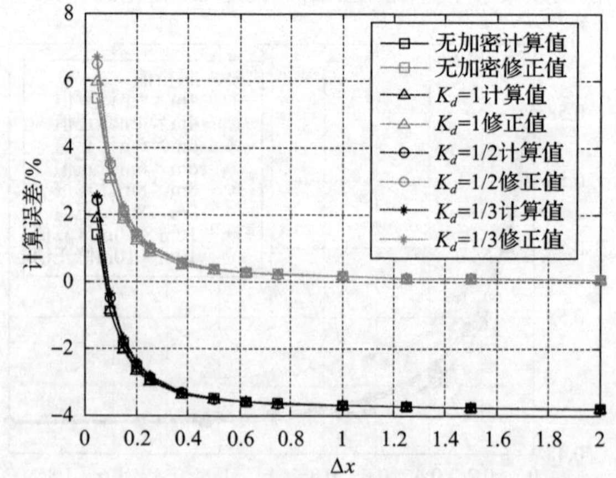

(b) 计算误差

图 3-17　不同加密系数对应 k_{11} 随间距 Δx 变化的计算值及计算误差

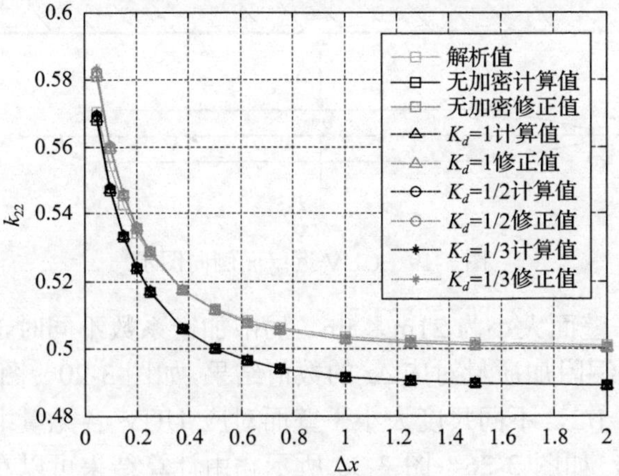

(a) 计算值

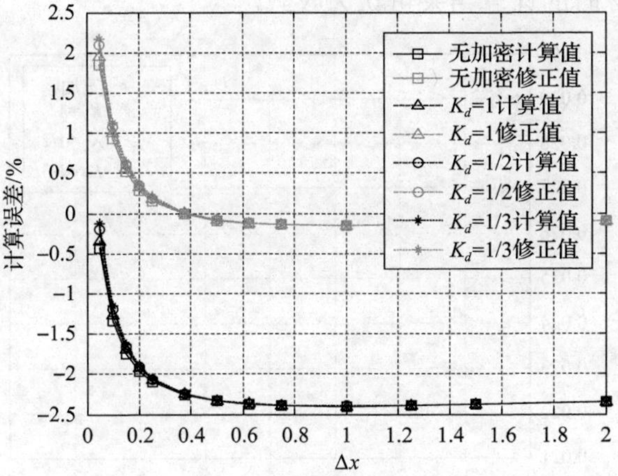

(b) 计算误差

图 3-18　不同加密系数对应 k_{22} 随间距 Δx 变化的计算值及计算误差

算结果误差均保持在 5%以内，平壁面网格密度不同对间距较小时的数值结果影响较明显，随着间距增大，壁面网格加密程度不同对计算结果几乎无影响；间距较小时，减小加密系数(即局部网格越密)可提高计算精度。

3.4.2　平壁面对 UUV 附加质量的干扰

图 3-19 为 UUV 近壁面侧向图示，其中 UUV 浮心与平壁面中心处于同一壁面外法线，且 UUV 轴向与壁面平行。同样讨论局部加密系数及平壁面大小对数值结果的影响，其中局部加密系数考虑四种情况：无加密、K_d=1、K_d=1/2 与 K_d=1/3 四种网格；平壁面尺度大小考虑 18m×4m、21m×5m 与 25m×8m 三种工况。

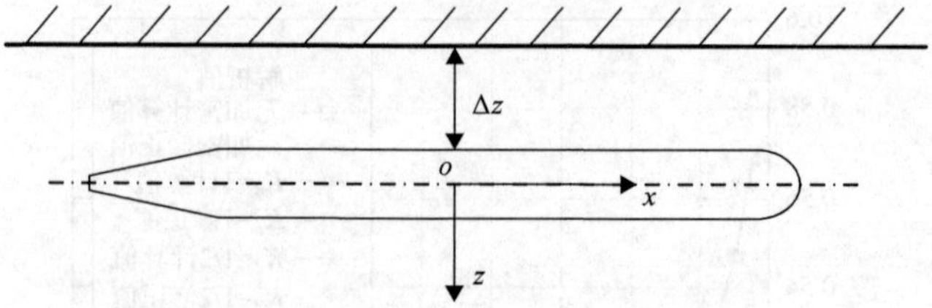

图 3-19　UUV 近壁面侧向图示

首先，讨论平壁面大小为 21m×5m，局部加密系数不同时，不同加密系数对应的 UUV 各无量纲附加质量对应 Δz 的数值结果，如图 3-20～图 3-25 所示。其次，讨论加密系数 K_d=1/2，不同尺度大小平壁面对应 UUV 各无量纲附加质量系数对应 Δz 的数值结果，如图 3-26～图 3-30 所示。由计算结果可以看出，壁面大小为 21m×5m，K_d=1/2 时的计算结果可认为收敛。

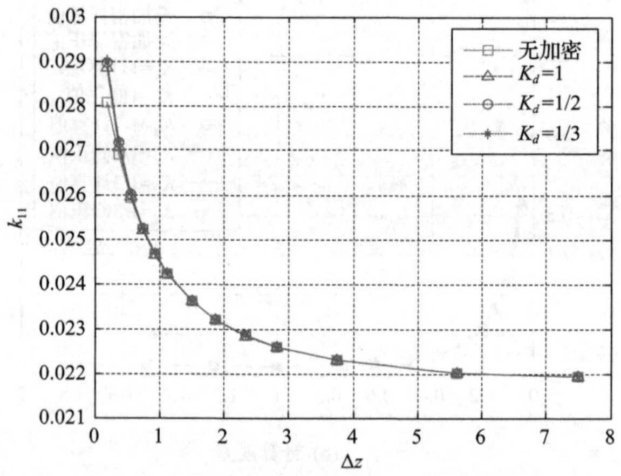

图 3-20　平壁面不同局部加密系数对应 k_{11} 随 Δz 的变化曲线

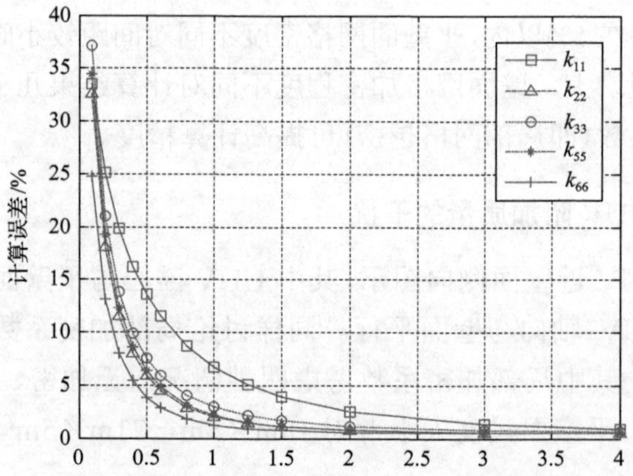

图 3-21　平壁面无量纲附加质量系数随 Δz 的变化曲线

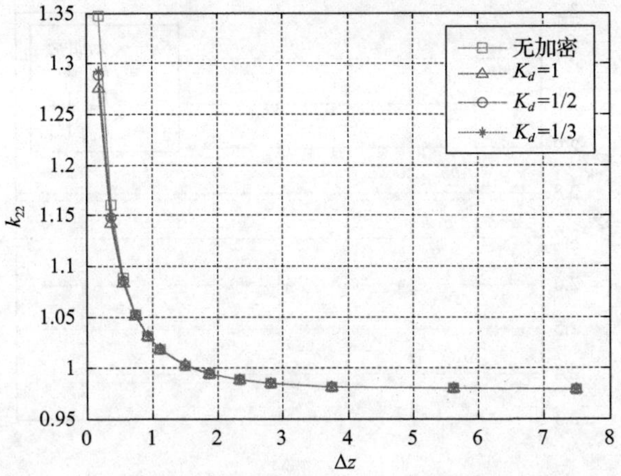

图 3-22　平壁面不同局部加密系数对应 k_{22} 随 Δz 的变化曲线

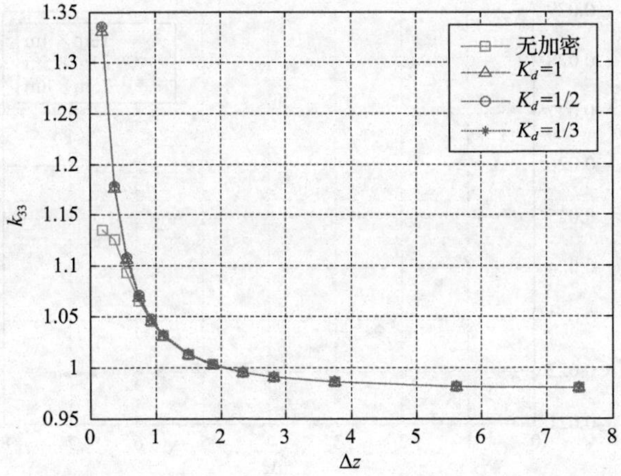

图 3-23　平壁面不同局部加密系数对应 k_{33} 随 Δz 的变化曲线

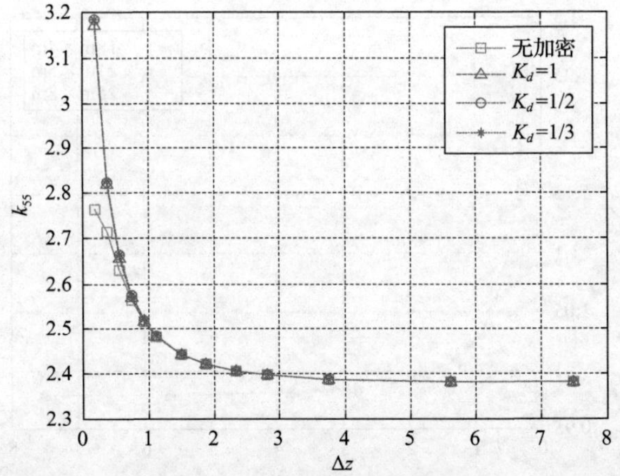

图 3-24　平壁面不同局部加密系数对应 k_{55} 随 Δz 的变化曲线

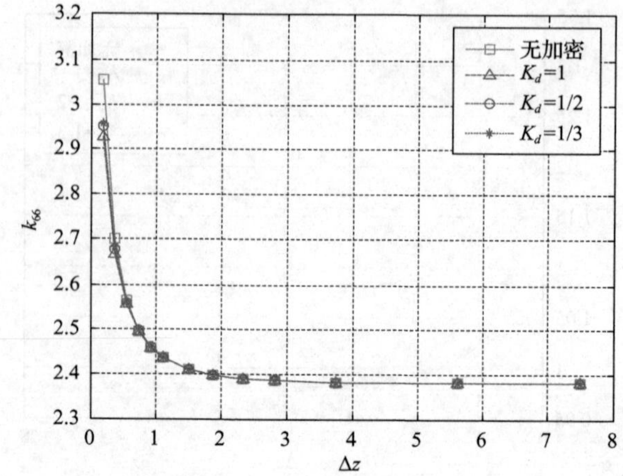

图 3-25　平壁面不同局部加密系数对应 k_{66} 随 Δz 的变化曲线

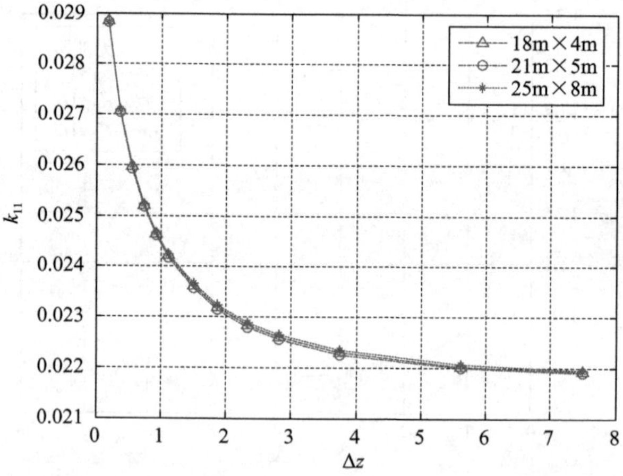

图 3-26　不同大小平壁面对应 k_{11} 随 Δz 的变化曲线

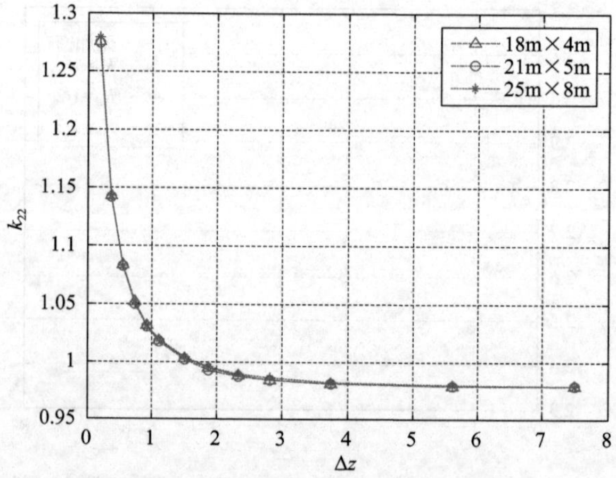

图 3-27　不同大小平壁面对应 k_{22} 随 Δz 的变化曲线

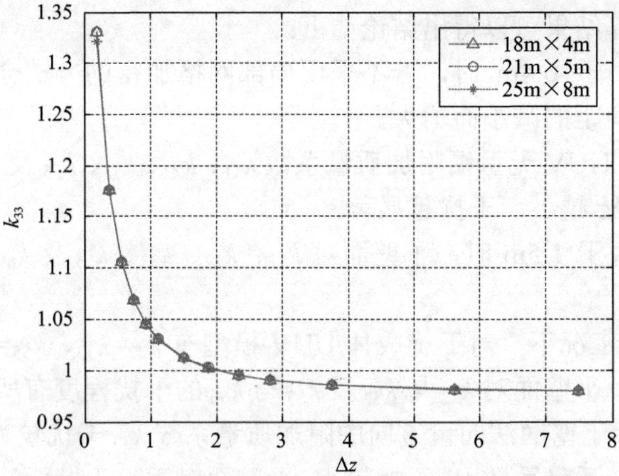

图 3-28　不同大小平壁面对应 k_{33} 随 Δz 的变化曲线

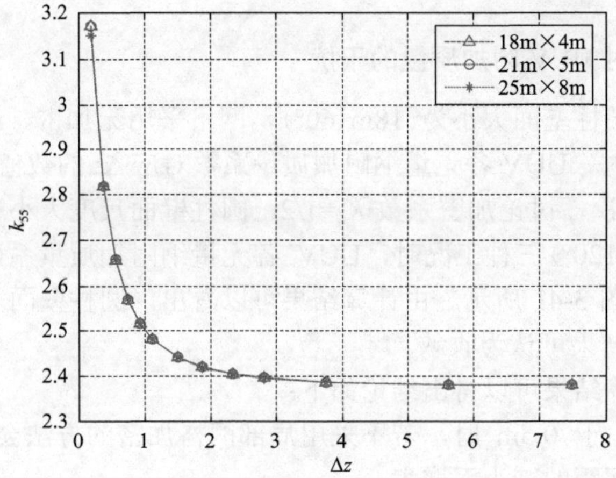

图 3-29　不同大小平壁面对应 k_{55} 随 Δz 的变化曲线

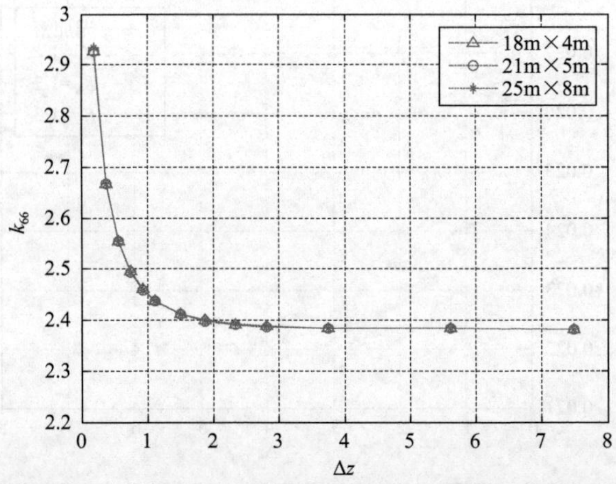

图 3-30　不同大小平壁面对应 k_{66} 随 Δz 的变化曲线

综合上述计算结果可以得出结论如下：

(1) 间距 Δz 小于 0.4m 时，若不采用局部网格加密的方法会产生较大计算误差，且误差随着间距的减小而增大。

(2) 平壁面对 UUV 无量纲附加质量系数 k_{11}、k_{22}、k_{33}、k_{55} 及 k_{66} 均有增大的干扰效果，且间距 Δz 越小，干扰越显著。

(3) 间距 Δz 大于 1.5m 时，平壁面对 k_{11}、k_{22}、k_{33}、k_{55} 及 k_{66} 干扰的变化率小于 5%。

(4) 无界流域工况下，对于旋成体 UUV 模型有 $k_{22}=k_{33}$、$k_{55}=k_{66}$，由平壁面计算结果可以看出，平壁面对 k_{22} 与 k_{33} 及 k_{55} 与 k_{66} 的干扰程度有所差异，具体表现为：平壁面对平行于壁面法向量方向的附加质量系数 k_{33} 干扰较大，对垂直于壁面法向量方向的附加质量系数 k_{22} 干扰较小；平壁面对垂直于壁面法向量的附加质量系数 k_{55} 干扰较大，对平行于壁面法向量的附加质量系数 k_{66} 干扰较小。

3.4.3　圆柱壁面对 UUV 附加质量的干扰

首先，讨论圆柱壁面大小为 18m(60°)，网格采用无加密、K_d=1、K_d=1/2 与 K_d=1/3 四种网格时，UUV 各无量纲附加质量系数对应 Δz 的数值结果如图 3-31～图 3-36 所示。其次，讨论加密系数 K_d=1/2，圆柱壁面尺度大小选取 18m(60°)、21m(90°)、24m(120°) 三种工况时，UUV 各无量纲附加质量系数对应 Δz 的数值结果如图 3-37～图 3-41 所示。由计算结果可以看出，圆柱壁面大小 21m(90°)，K_d=1/2 时的计算结果可认为收敛。

综合上述计算结果可以得出结论如下：

(1) 间距 Δz 小于 0.5m 时，若不采用局部网格加密的方法会产生较大计算误差，且误差随着间距的减小而增大。

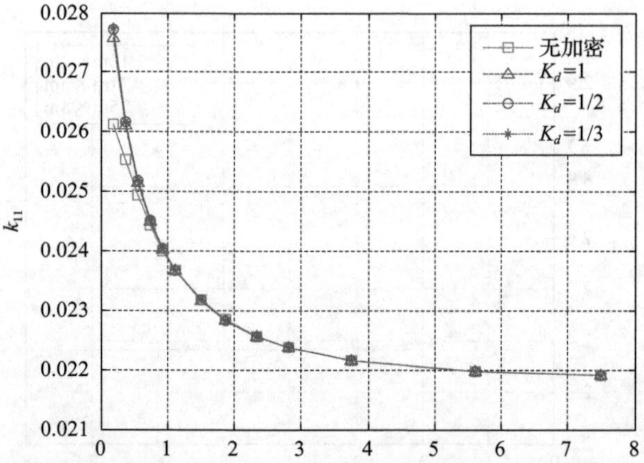

图 3-31　圆柱壁面不同局部加密系数对应 k_{11} 随 Δz 的变化曲线

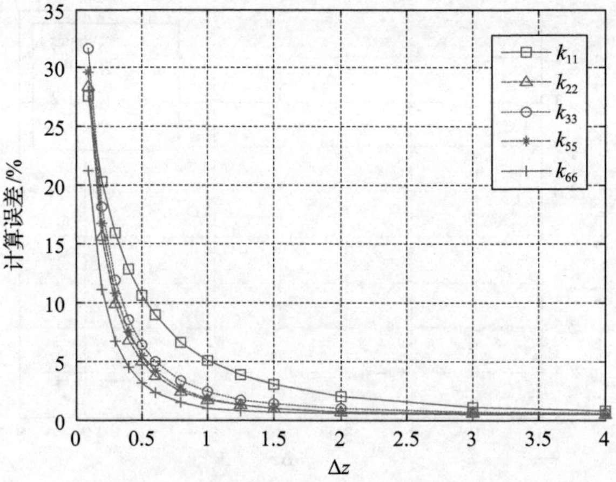

图 3-32　圆柱壁面无量纲附加质量系数随 Δz 的变化曲线

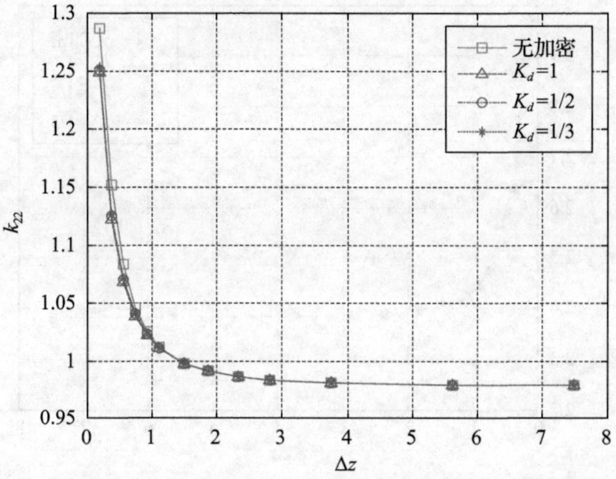

图 3-33　圆柱壁面不同局部加密系数对应 k_{22} 随 Δz 的变化曲线

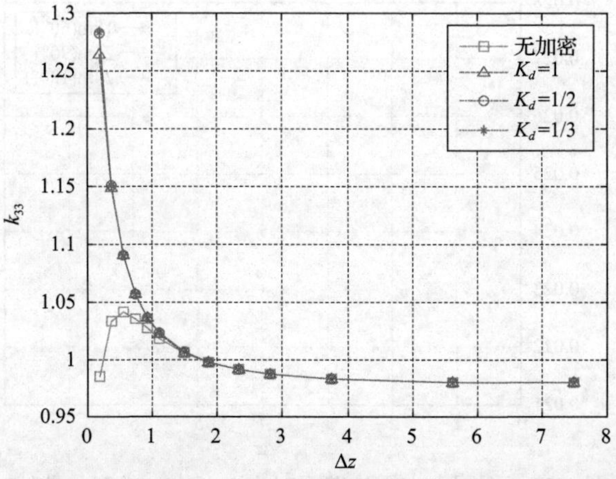

图 3-34　圆柱壁面不同局部加密系数对应 k_{33} 随 Δz 的变化曲线

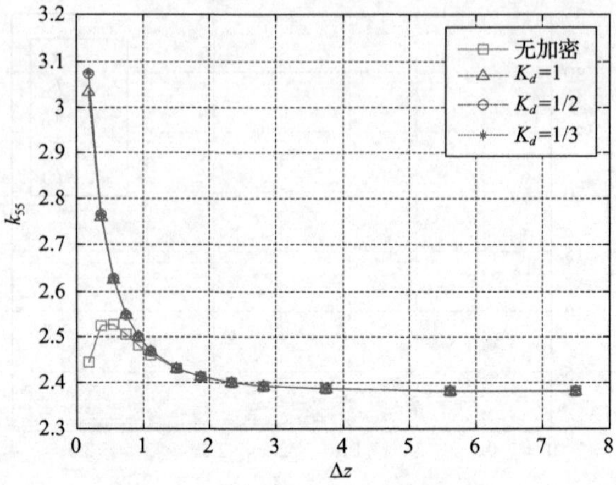

图 3-35　圆柱壁面不同局部加密系数对应 k_{55} 随 Δz 的变化曲线

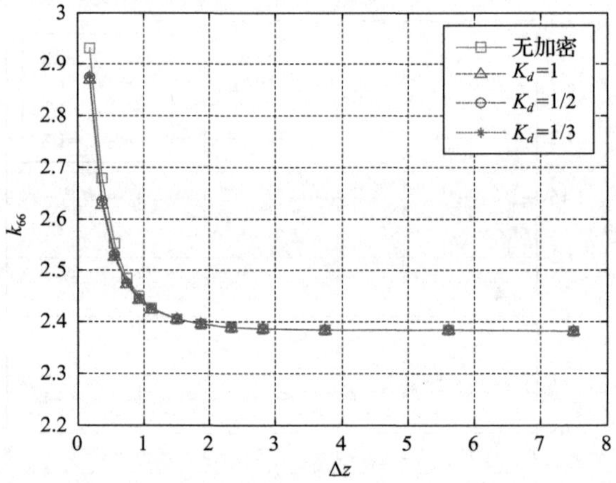

图 3-36　圆柱壁面不同局部加密系数对应 k_{66} 随 Δz 的变化曲线

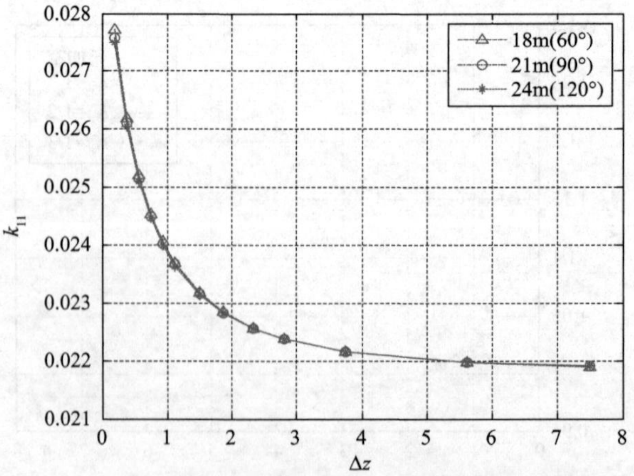

图 3-37　不同大小圆柱壁面对应 k_{11} 随 Δz 的变化曲线

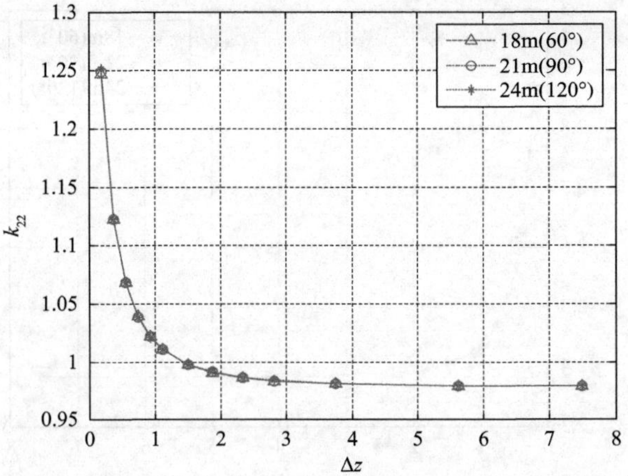

图 3-38　不同大小圆柱壁面对应 k_{22} 随 Δz 的变化曲线

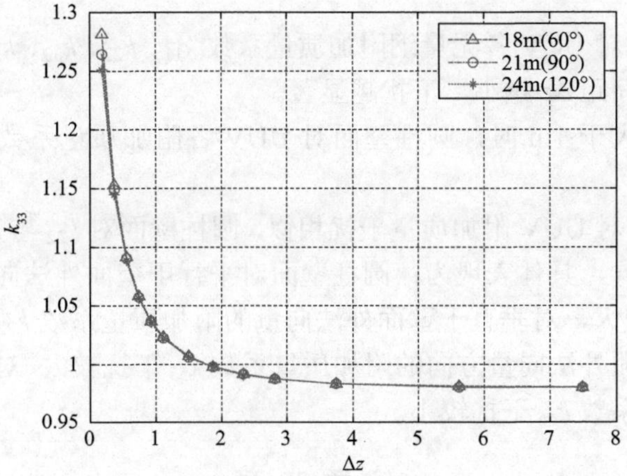

图 3-39　不同大小圆柱壁面对应 k_{33} 随 Δz 的变化曲线

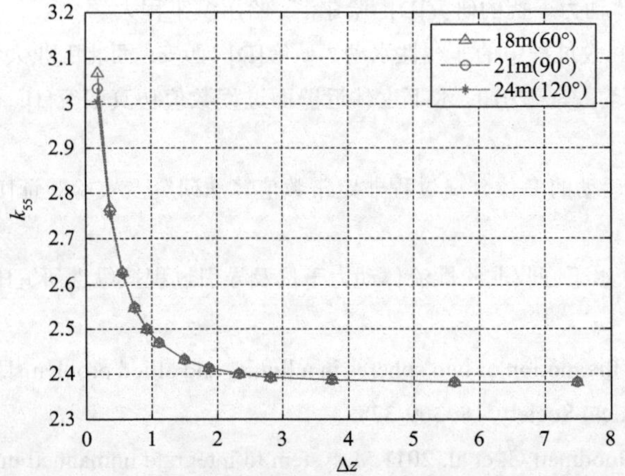

图 3-40　不同大小圆柱壁面对应 k_{55} 随 Δz 的变化曲线

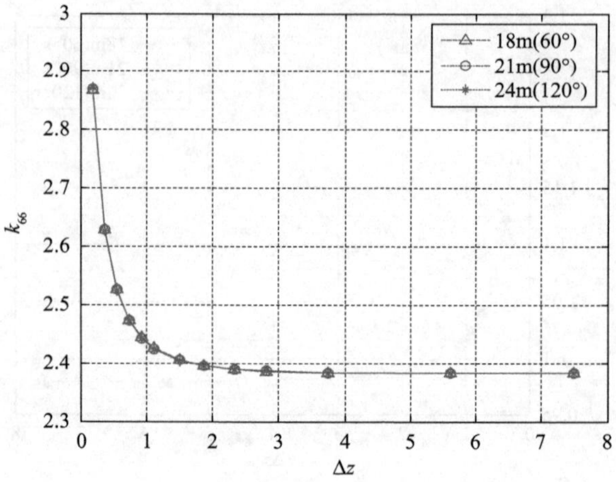

图 3-41　不同大小圆柱壁面对应 k_{66} 随 Δz 的变化曲线

(2) 圆柱壁面对 UUV 各无量纲附加质量系数 k_{11}、k_{22}、k_{33}、k_{55} 及 k_{66} 均有增大的干扰效果，且间距 Δz 越小，干扰越显著。

(3) 间距 Δz 大于 1m 时，圆柱壁面对 UUV 各附加质量系数干扰的变化率小于 5%。

(4) 同平壁面对 UUV 附加质量干扰相似，圆柱壁面对 k_{22} 与 k_{33} 及 k_{55} 与 k_{66} 的干扰程度有所差异，具体表现为：圆柱壁面对平行于壁面外法向量方向的附加质量系数 k_{33} 干扰较大，对垂直于壁面外法向量的附加质量系数 k_{22} 干扰较小；圆柱壁面对垂直于壁面外法向量方向的附加质量系数 k_{55} 干扰较大，对平行于壁面外法向量的附加质量系数 k_{66} 干扰较小。

参 考 文 献

程丽. 2006. 双体流体动力干扰的研究[D]. 哈尔滨: 哈尔滨工程大学.

黄明明. 2009. UUV 回收过程中的非线性水动力研究[D]. 西安: 西北工业大学.

潘光, 吴文辉, 胡海豹, 等. 2010. 水下主体近壁面过程数值仿真研究[J]. 计算机仿真, 27(3): 335-339.

王巍. 2008. 有相对运动的多体分离过程非定常数值算法研究及实验验证[D]. 长沙: 国防科技大学.

杨智栋. 2015. UUV 水下回收非线性流体动力干扰及导引过程操纵性研究[D]. 西安: 西北工业大学.

Basset A B. 1887. On the motion of two spheres in a liquid, and allied problems[J]. Proceedings of the London Mathematical Society, 18: 369-378.

Calvert W, Cohn R, Goodman G, et al. 2011. A system to integrate unmanned undersea vehicles with a submarine host platform[R]. American Technical Report.

Chapuis D, Deltheil C, Leandri D. 1996. Determination and influence of the main parameters for the launch and recovery of an unmanned underwater vehicle from a submarine[C]. Proceedings of Symposium on Autonomous Underwater Vehicle Technology, Monterey.

Fedor R. 2009. Simulation of a Launch and Recovery of an UUV to an Submarine[D]. Stockholm: Royal Institute of Technology.

Gertler M, Hagen G R. 1967. Standard Equations of Motion for Submarine Simulations[R]. Washington D C: Naval Ship Research and Development Center.

Kalske. 1989. Motion Dynamics of Configuration of Subsea Vehicles[R]. Espoo: Technical Resear Center of Finland.

Lamb H. 1932. Hydrodynamics[M]. 6th edition. Cambridge: Cambridge University Press.

Milne-Thomson L M. 1968. Theoretical Hydrodynamics[M]. 4th edition. New York: The MacMillan Co.

Robert J G, de Belie S. 2004. Automated Launch & Recovery of Untethered, Mini Unmanned Underwater Vehicles from Unmanned Surface Vehicles[R]. American Department of Defense Report.

Singh K P, Newman J C, Baysal O. 1995. Dynamic unstructured method for flows past multiple objects in relative motion[J]. AIAA Journal, 33 (4) : 641-649.

Sun R. 1999. Hydrodynamic Interaction between Two Bodies with Rotation[D]. Hong Kong: The University of Hong Kong.

第 4 章　UUV 回收运动与操纵性

UUV 空间运动数学模型是开展操纵性分析与仿真研究的基础。本章在研究 UUV 运动学方程、动力学方程，以及分析 UUV 回收过程中流体动力的基础上，建立了 UUV 六自由度空间运动数学模型，对 UUV 在流体动力干扰下的回收运动和操纵性及进出管安全性进行了仿真分析。

4.1　UUV 空间运动数学模型

4.1.1　坐标系与坐标转换矩阵

1. 坐标系的选取

为了研究 UUV 的运动，确定 UUV 运动的位置和姿态，表示 UUV 所受的流体动力，必须选取一定的坐标系。一般来说坐标系的选择是任意的，但选择合适的坐标系可以减小 UUV 空间运动建模的难度。本章选取的坐标系有：地面坐标系 $Ox_0y_0z_0$ 、体坐标系 $Bxyz$ 和速度坐标系 $Bx_1y_1z_1$ 。

1）地面坐标系 $Ox_0y_0z_0$

地面坐标系又称为静坐标系，它是与地面固连在一起的。地面坐标系的原点 O 可选在地面某一点，如 UUV 的发射点，或 UUV 某一运动阶段的起始点。Ox_0 轴在水平面内，指向发射方向为正。Oy_0 轴在垂直面内，垂直向上为正。Oz_0 轴垂直于 Ox_0y_0 平面，其正方向使 $Ox_0y_0z_0$ 构成右手直角坐标系，如图 4-1 所示。定义地面坐标系中沿三个坐标轴方向的单位矢量为 $\boldsymbol{I},\boldsymbol{J},\boldsymbol{K}$ 。

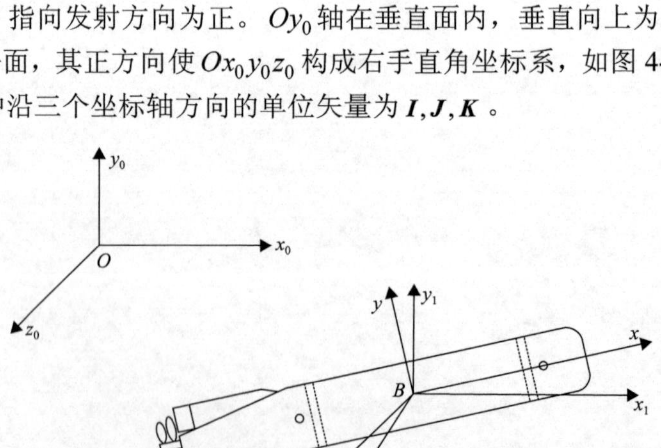

图 4-1　坐标系

2) 体坐标系 $Bxyz$

体坐标系又称为动坐标系，亦称固连坐标系。该坐标系各轴与 UUV 固连，也就是相对 UUV 不动的坐标系。体坐标系的原点选在 UUV 的浮心 B 处。Bx 轴沿 UUV 纵轴，指向前为正。By 轴垂直于 Bx 轴，当 UUV 在地面上水平放置时，指向上为正。Bz 轴垂直于 Bxy 平面，其正方向使 $Bxyz$ 构成右手直角坐标系，如图 4-1 所示。定义体坐标系中沿三个坐标轴方向的单位矢量为 $\boldsymbol{i}_1, \boldsymbol{j}_1, \boldsymbol{k}_1$。

3) 速度坐标系 $Bx_1y_1z_1$

速度坐标系的原点与体坐标系原点重合，Bx_1 轴与原点处 UUV 的速度矢量重合，By_1 轴位于 UUV 的纵对称面内，与 Bx_1 轴垂直并指向上方，Bz_1 轴垂直于 Bx_1y_1 平面，指向按右手直角坐标系确定，如图 4-1 所示。

2. 参数描述

在地面坐标系中，UUV 的位置表示为 $\boldsymbol{r}=[x_0, y_0, z_0]^{\mathrm{T}}$；在体坐标系中，UUV 速度描述为 $\boldsymbol{v}=[u,v,w]^{\mathrm{T}}$；在地面坐标系中描述 UUV 的姿态为 $\boldsymbol{\Theta}=[\theta,\psi,\varphi]^{\mathrm{T}}$，角速度描述为 $\boldsymbol{\omega}=[p,q,r]^{\mathrm{T}}$，UUV 所受力与所受力矩在体坐标系中分别描述为 $\boldsymbol{F}=[F_x,F_y,F_z]^{\mathrm{T}}$ 与 $\boldsymbol{M}=[M_x,M_y,M_z]^{\mathrm{T}}$。UUV 的位置与姿态可以记为广义位置 $\boldsymbol{R}$，即 $\boldsymbol{R}=[\boldsymbol{r}^{\mathrm{T}},\boldsymbol{\Theta}^{\mathrm{T}}]^{\mathrm{T}}$；速度与角速度记为广义速度 $\boldsymbol{V}$，即 $\boldsymbol{V}=[\boldsymbol{v}^{\mathrm{T}},\boldsymbol{\omega}^{\mathrm{T}}]^{\mathrm{T}}$；所受力与力矩可以记为广义力 $\boldsymbol{f}$，即 $\boldsymbol{f}=[\boldsymbol{F}^{\mathrm{T}},\boldsymbol{M}^{\mathrm{T}}]^{\mathrm{T}}$。

3. 坐标转换矩阵

从一个直角坐标系到另一个直角坐标系的转化可以依次通过不超过三次连续的旋转变换完成。描述 UUV 在地面坐标系中的姿态有几种不同的方法，最常用的是运用欧拉角表示。这种方法唯一定义了 UUV 体坐标系相对于地面坐标系的角方位，常用俯仰角、偏航角、横滚角表示。

从地面坐标系到体坐标系可以依次通过三个旋转变换，转变成一个和体坐标系平行并且和体坐标系同时移动的坐标系。关于地面坐标系 Oy_0 轴旋转的角度，定义为旋转角 ψ。接着，关于新 Oz_0 轴旋转的角度，定义为旋转角 θ。最后，关于新 Ox_0 轴的旋转的角度，定义为旋转角 φ。按照这三个角度的三次旋转变换，可以用来描述任何时候 UUV 的方位角。

在地面坐标系中，任意位置矢量 $\boldsymbol{r}_0$ 由 $\boldsymbol{r}_0=[x_0,y_0,z_0]$ 表示，当关于地面坐标系 Oy_0 轴旋转一个角度 ψ 时，在旋转系中将有不同的坐标。

如果新位置是通过 $\boldsymbol{r}_1=[x_1,y_1,z_1]$ 来定义的，那么在新参考系中的矢量的坐标和旧坐标系中的坐标有如下的关系：

$$x_1 = x_0 \cos\psi + z_0 \sin\psi \tag{4-1}$$

$$z_1 = -x_0 \sin\psi + z_0 \cos\psi \tag{4-2}$$

和 $y_1 = y_0$。这种关系可以通过旋转矩阵操作表达成矩阵形式为

$$\boldsymbol{r}_1 = \boldsymbol{T}(\psi)\boldsymbol{r}_0 \tag{4-3}$$

其中，旋转矩阵 $\boldsymbol{T}(\psi)$ 是一个正交矩阵。对应于任意矢量 $\boldsymbol{r}_0$ 的旋转矩阵的乘法，将在旋转坐标系中产生同样的矢量成分。一系列旋转变换的结果是一个整体的旋转变换

$$\boldsymbol{T}_1(\varphi,\theta,\psi) = \boldsymbol{T}(\varphi)\boldsymbol{T}(\theta)\boldsymbol{T}(\psi) \tag{4-4}$$

式(4-4)可以详细表示为下面的形式：

$$\boldsymbol{T}_1(\varphi,\theta,\psi) = \begin{bmatrix} \cos\psi\cos\theta & \sin\theta & \sin\psi\cos\theta \\ -\cos\psi\sin\theta\sin\varphi + \sin\psi\cos\varphi & \cos\theta\sin\varphi & \sin\psi\sin\theta\sin\varphi + \cos\psi\cos\varphi \\ \cos\psi\sin\theta\cos\varphi + \sin\psi\sin\varphi & -\cos\theta\cos\varphi & -\sin\psi\sin\theta\cos\varphi + \cos\psi\sin\varphi \end{bmatrix}$$

于是，地面坐标系到体坐标系的转换关系为

$$\boldsymbol{r} = \boldsymbol{T}_1(\varphi,\theta,\psi)\boldsymbol{r}_0 \tag{4-5}$$

由体坐标系到地面坐标系的转换关系为

$$\boldsymbol{r}_0 = \boldsymbol{T}_1(\varphi,\theta,\psi)^{\mathrm{T}}\boldsymbol{r} \tag{4-6}$$

其中，矩阵 $\boldsymbol{T}_1(\varphi,\theta,\psi)^{\mathrm{T}}$ 是矩阵 $\boldsymbol{T}_1(\varphi,\theta,\psi)$ 的转置。

4.1.2 运动学方程

运动学处理运动量之间的关系，而不考虑由 UUV 运动状态的改变产生的作用力和力矩。为了描述 UUV 平移和旋转运动，需要对其平移和旋转的速度，以及加速度进行分析。平移速度和平移位置变化率的关系是一致的。

定义 UUV 在地面坐标系中的速度为

$$\dot{\boldsymbol{r}} = \begin{bmatrix} \dot{x} \\ \dot{y} \\ \dot{z} \end{bmatrix} \tag{4-7}$$

该矢量在体坐标系中表现有不同的成分。在体坐标系中，速度矢量可表示为

$\boldsymbol{v}=[v_x,v_y,v_z]^{\mathrm{T}}$。运用式(4-5)中定义的转换，可以得出：

$$\begin{bmatrix} u \\ v \\ w \end{bmatrix} = \boldsymbol{T}_1(\varphi,\theta,\psi)\begin{bmatrix} \dot{x} \\ \dot{y} \\ \dot{z} \end{bmatrix} \tag{4-8}$$

同时，从体坐标系到地面坐标系的反变换可表示为

$$\begin{bmatrix} \dot{x} \\ \dot{y} \\ \dot{z} \end{bmatrix} = \boldsymbol{T}_1(\varphi,\theta,\psi)^{-1}\begin{bmatrix} u \\ v \\ w \end{bmatrix} \tag{4-9}$$

其中，$\boldsymbol{T}_1(\varphi,\theta,\psi)^{-1}$ 是正交矩阵 $\boldsymbol{T}_1(\varphi,\theta,\psi)$ 求逆得到的。这表明 UUV 在地面坐标系中的运动明显依赖于它的速度和姿态。

姿态角和角速度的联系不是很明显。初看上去，UUV 的瞬时角速度与由欧拉角定义的角位移的变化率是相同的。但这是错误的，因为旋转角 θ 是定义在旋转角 ψ 已完成的中间坐标系中做的一次旋转。应注意到，式(4-4)中乘法的顺序必须依据旋转次序不能交换，如 $\boldsymbol{T}_1(\varphi,\theta,\psi)\neq\boldsymbol{T}_1(\theta,\psi,\varphi)$。由于旋转的次序不能交换，不能形成向量空间，这种旋转关系不能代表 UUV 的角速度。

UUV 惯性角加速度是按照关于地面坐标系由角速度的成分定义的。如果 $\boldsymbol{\Theta}$ 定义为角姿态矢量 $\boldsymbol{\Theta}=[\theta,\psi,\varphi]^{\mathrm{T}}$，并且沿体坐标轴的 UUV 角速度的惯性成分定义为 $\boldsymbol{\omega}=[p,q,r]^{\mathrm{T}}$，那么 $\dot{\boldsymbol{\Theta}}=f(\boldsymbol{\Theta},\boldsymbol{\omega})$。

非线性作用的相互关系由旋转角 ψ 的变化率来决定，ψ 是沿最初的 Oy_0 轴的一个矢量。角 θ 的变化率认为是在第一个中间系中沿 Oz_0 轴的矢量，角 φ 的变化率认为是沿最终坐标系中 Ox_0 轴的矢量。对于每个欧拉角的速度成分，运用要求的变换，可以得到

$$\begin{bmatrix} p \\ q \\ r \end{bmatrix} = \boldsymbol{T}(\varphi)\boldsymbol{T}(\theta)\boldsymbol{T}(\psi)\begin{bmatrix} 0 \\ 0 \\ \dot{\psi} \end{bmatrix} + \boldsymbol{T}(\varphi)\boldsymbol{T}(\theta)\begin{bmatrix} 0 \\ \dot{\theta} \\ 0 \end{bmatrix} + \boldsymbol{T}(\varphi)\begin{bmatrix} \dot{\varphi} \\ 0 \\ 0 \end{bmatrix} = \boldsymbol{T}_2(\varphi,\theta,\psi)\begin{bmatrix} \dot{\varphi} \\ \dot{\theta} \\ \dot{\psi} \end{bmatrix} \tag{4-10}$$

于是，得到角速度为

$$\begin{bmatrix} p \\ q \\ r \end{bmatrix} = \begin{bmatrix} \dot{\psi}\sin\theta+\dot{\varphi} \\ \dot{\psi}\cos\theta\cos\varphi+\dot{\theta}\sin\varphi \\ -\dot{\psi}\cos\theta\sin\varphi+\dot{\theta}\cos\varphi \end{bmatrix} = \begin{bmatrix} 1 & 0 & \sin\theta \\ 0 & \sin\varphi & \cos\theta\cos\varphi \\ 0 & \cos\varphi & -\cos\theta\sin\varphi \end{bmatrix}\begin{bmatrix} \dot{\varphi} \\ \dot{\theta} \\ \dot{\psi} \end{bmatrix} \tag{4-11}$$

由上式反过来得到

$$\begin{bmatrix} \dot{\varphi} \\ \dot{\theta} \\ \dot{\psi} \end{bmatrix} = \begin{bmatrix} p - q\cos\varphi\tan\theta + r\sin\varphi\tan\theta \\ q\sin\varphi + r\cos\varphi \\ (q\cos\varphi - r\sin\varphi)/\cos\theta \end{bmatrix} = \begin{bmatrix} 1 & -\cos\varphi\tan\theta & \sin\varphi\tan\theta \\ 0 & \sin\varphi & \cos\varphi \\ 0 & \cos\varphi/\cos\theta & \sin\varphi/\cos\theta \end{bmatrix} \begin{bmatrix} p \\ q \\ r \end{bmatrix} \tag{4-12}$$

注意到对于较小的角位移，可认为

$$\dot{\varphi} = p；\quad \dot{\psi} = q；\quad \dot{\theta} = r$$

应该指出，不同于变换矩阵 $\boldsymbol{T}_1$，$\boldsymbol{T}_2$ 不是正交的，因此 $\boldsymbol{T}_2^{-1} \neq \boldsymbol{T}_2^{\mathrm{T}}$。

于是，在体坐标系中的速度、角速度和地面位移、欧拉角变化率之间的运动学关系已确定。这组微分方程总结如下：

$$\begin{bmatrix} \dot{x} \\ \dot{y} \\ \dot{z} \\ \dot{\varphi} \\ \dot{\theta} \\ \dot{\psi} \end{bmatrix} = \begin{bmatrix} u\cos\theta\sin\psi + w(\cos\varphi\sin\psi + \sin\varphi\sin\theta\cos\psi) + v(\sin\varphi\sin\psi - \cos\varphi\sin\theta\cos\psi) \\ u\sin\theta - w\sin\varphi\cos\theta + v\cos\varphi\cos\theta \\ -u\cos\theta\sin\psi + w(\cos\varphi\cos\psi - \sin\varphi\sin\theta\sin\psi) + v(\sin\varphi\cos\psi + \cos\varphi\sin\theta\sin\psi) \\ p - q\cos\varphi\tan\theta + r\sin\varphi\tan\theta \\ r\cos\varphi + q\sin\varphi \\ (-r\sin\varphi + q\cos\varphi)/\cos\theta \end{bmatrix} \tag{4-13}$$

表示为矢量矩阵的形式为

$$\dot{\boldsymbol{R}} = \begin{bmatrix} \boldsymbol{T}_1^{-1} & 0 \\ 0 & \boldsymbol{T}_2^{-1} \end{bmatrix} \boldsymbol{V} \tag{4-14}$$

计 $\boldsymbol{J}(\boldsymbol{R}) = \begin{bmatrix} \boldsymbol{T}_1^{-1} & 0 \\ 0 & \boldsymbol{T}_2^{-1} \end{bmatrix}$，则式(4-14)可表示为

$$\dot{\boldsymbol{R}} = \boldsymbol{J}(\boldsymbol{R})\boldsymbol{V} \tag{4-15}$$

式(4-15)为 UUV 运动学方程的矢量形式，式(4-13)为运动学方程的具体形式。

4.1.3　动力学方程

推导 UUV 的动力学方程之前，首先假设：①UUV 为刚体；②UUV 完全浸没在流体介质中，并处于全沾湿状态。

由于水中物体的支配力依赖于 UUV 相对于流体微粒的局部运动，而不是依赖于绝对速度，故存在体坐标系和地面坐标系的区别。定义 $\boldsymbol{\rho}_G$ 为重力到坐标系原

点的距离矢量；$\boldsymbol{r}_B$ 为浮力到坐标系原点的距离矢量，则 UUV 重心的位置、速度和加速度矢量可分别定义为：$\boldsymbol{r}_G = \boldsymbol{r}_B + \boldsymbol{\rho}_G, \mathrm{d}\boldsymbol{r}_G / \mathrm{d}t$ 和 $\mathrm{d}^2\boldsymbol{r}_G / \mathrm{d}t^2$。由于 UUV 的运动既包括平移运动又包括旋转运动，总的对时间的导数来自于两部分：第一部分来自于假设体坐标系不旋转的情况下的时间导数；第二部分是由体坐标系的旋转引起的。

对于一个一般矢量 $\boldsymbol{r}$ 在坐标系中以角速度 $\boldsymbol{\omega}$ 旋转，则总的导数为

$$\frac{\mathrm{d}\boldsymbol{r}}{\mathrm{d}t} = \dot{\boldsymbol{r}} + \boldsymbol{\omega} \times \boldsymbol{r} \tag{4-16}$$

于是，UUV 重心的总的速度可由下式给出：

$$\frac{\mathrm{d}\boldsymbol{r}_G}{\mathrm{d}t} = \dot{\boldsymbol{r}}_B + \boldsymbol{\omega} \times \boldsymbol{\rho}_{\dot{G}} = \boldsymbol{v}_B + \boldsymbol{\omega} \times \boldsymbol{\rho}_G \tag{4-17}$$

起源于体坐标系的惯性速度表示为 $\boldsymbol{v}_B$，可以在地面坐标系或体坐标系中表示出来

$$\boldsymbol{v}_B = \dot{\boldsymbol{r}}_B = \frac{\mathrm{d}x}{\mathrm{d}t}\boldsymbol{I} + \frac{\mathrm{d}y}{\mathrm{d}t}\boldsymbol{J} + \frac{\mathrm{d}z}{\mathrm{d}t}\boldsymbol{K} = u\boldsymbol{i}_1 + v\boldsymbol{j}_1 + w\boldsymbol{k}_1 \tag{4-18}$$

1. *平移运动动力学方程*

在已定义的坐标系中，牛顿第二定律 $\boldsymbol{f}_{\mathrm{Trans}} = \mathrm{d}(m\boldsymbol{v}_G) / \mathrm{d}t$ 可用来表示系统的平移运动数学模型。重心的绝对加速度可以由对速度矢量的微分 $\ddot{\boldsymbol{r}}_G$ 表示

$$\ddot{\boldsymbol{r}}_G = \dot{\boldsymbol{v}}_B + \dot{\boldsymbol{\omega}} \times \boldsymbol{\rho}_G + \boldsymbol{\omega} \times \boldsymbol{\omega} \times \boldsymbol{\rho}_G + \boldsymbol{\omega} \times \boldsymbol{v}_B \tag{4-19}$$

平移运动方程是由加速度和 UUV 质量的乘积以及 UUV 在三个平移自由度 (x, y, z) 上所有受力的和组成的。根据矢量形式的方程推导出运动方程，该方程用单位矢量 $\boldsymbol{i}, \boldsymbol{j}$ 和 $\boldsymbol{k}$ 在体坐标系中表示。应用牛顿第二定律的矢量形式得

$$\boldsymbol{f}_{\mathrm{Trans}} = m\{\dot{\boldsymbol{v}}_B + \dot{\boldsymbol{\omega}} \times \boldsymbol{\rho}_G + \boldsymbol{\omega} \times \boldsymbol{\omega} \times \boldsymbol{\rho}_G + \boldsymbol{\omega} \times \boldsymbol{v}_B\} \tag{4-20}$$

2. *旋转运动动力学方程*

由于 UUV 质心上的力矩之和与关于 UUV 质心的角动量的变化率之和相等，可得到旋转运动方程。但是，UUV 在水下的实际应用中，应该对上述的相等关系作少许的修改，因为 UUV 的重心会随着其质量分布的改变而改变，这时想要确定重心的惯性力矩比较困难，而确定沿 UUV 对称轴的体坐标系的质量惯性力矩

则相对简单。质量惯性力矩的计算公式为

$$J_B = \begin{bmatrix} J_{xx} & J_{xy} & J_{xz} \\ J_{yx} & J_{yy} & J_{yz} \\ J_{zx} & J_{zy} & J_{zz} \end{bmatrix} \tag{4-21}$$

式中，$J_{xx} = \sum_{i=1}^{N} dm_i(y^2 + z^2)$，$J_{xy} = J_{yx} = -\sum_{i=1}^{N} dm_i(xy)$，其他的分量类似。

UUV 角动量由下式给出：

$$\boldsymbol{h}_B = \boldsymbol{J}_B\boldsymbol{\omega} \tag{4-22}$$

总的关于 UUV 的旋转运动由下式给出：

$$\boldsymbol{M}_B = \dot{\boldsymbol{h}}_B + \boldsymbol{\rho}_G \times (m\dot{\boldsymbol{v}}_G) \tag{4-23}$$

角动量的变化率由下式给出：

$$\dot{\boldsymbol{h}}_B = \boldsymbol{J}_B\dot{\boldsymbol{\omega}} + \boldsymbol{\omega} \times \boldsymbol{h}_B \tag{4-24}$$

并且浮心在地面坐标系中的位置矢量 $\boldsymbol{r}_B$ 的加速度由下式给出：

$$\ddot{\boldsymbol{r}}_B = \dot{\boldsymbol{v}}_B + \boldsymbol{\omega} \times \boldsymbol{v}_B \tag{4-25}$$

旋转运动方程式的矢量形式为

$$\boldsymbol{M}_{rot} = \boldsymbol{J}_B\dot{\boldsymbol{\omega}} + \boldsymbol{\omega} \times (\boldsymbol{J}_B\boldsymbol{\omega}) + m\{\boldsymbol{\rho}_G \times \dot{\boldsymbol{v}}_B + \boldsymbol{\rho}_G \times \boldsymbol{\omega} \times \boldsymbol{v}_B\} \tag{4-26}$$

3. 空间运动动力学方程

由式(4-20)可以获得三个平动的方程式，由式(4-26)可以获得三个转动方程式，于是，这一部分方程可写为

$$m[\dot{u} - vr + wq - x_G(q^2 + r^2) + y_G(pq - \dot{r}) + z_G(pr + \dot{q})] = F_x \tag{4-27}$$

$$m[\dot{v} + ur - wp + x_G(pq + \dot{r}) - y_G(p^2 + r^2) + z_G(qr - \dot{p})] = F_y \tag{4-28}$$

$$m[\dot{w} - uq + vp + x_G(pr - \dot{q}) + y_G(qr + \dot{p}) - z_G(p^2 + q^2)] = F_z \tag{4-29}$$

$$\begin{aligned} &J_{xx}\dot{p} + (J_{zz} - J_{yy})qr + J_{xy}(pr - \dot{q}) - J_{yz}(q^2 - r^2) \\ &-J_{xz}(pq + \dot{r}) + m[y_G(\dot{w} - uq + vp) - z_G(\dot{v} + ur - wp)] = M_x \end{aligned} \tag{4-30}$$

$$
\begin{aligned}
&J_{yy}\dot{q}+(J_{zz}-J_{yy})pr-J_{xy}(pr-\dot{q})-J_{yz}(q^2-r^2)\\
&-J_{xz}(pq+\dot{r})+m[x_G(\dot{w}-uq+vp)-z_G(\dot{u}-vr+wq)]=M_y
\end{aligned}
\tag{4-31}
$$

$$
\begin{aligned}
&J_{zz}\dot{r}+(J_{yy}-J_{xx})pr-J_{xy}(p^2-q^2)-J_{yz}(pr+\dot{q})\\
&+J_{xz}(qr-\dot{p})+m[x_G\{\dot{v}+ur-wp)-y_G(\dot{u}-vr+wq)]=M_z
\end{aligned}
\tag{4-32}
$$

上述在 UUV 体坐标系下表达的六个方程大多根据牛顿刚体运动法则得出，这些方程可以简单地依赖局部坐标系中的位置。如果坐标轴的选择与惯性主轴一致，那么惯性积变为零。在 xOy、xOz 和 yOz 平面是对称平面时，可以简化。实际上，大部分的UUV是关于 xOy 平面对称的。本节研究关于 xOy 平面对称的UUV，忽略关于 xOz 平面的不对称性。另外，如果体坐标系的原点选在 UUV 的重心，可以做进一步地简化，但一般不这样做。

上述的非线性系统可以写为简洁的向量形式。定义 $\boldsymbol{M}_{RB}$ 为一个包含平移和转动惯性元素在内的刚性体的块矩阵：

$$
\boldsymbol{M}_{RB}=\begin{bmatrix}
m & 0 & 0 & 0 & mz_G & -my_G\\
0 & m & 0 & -mz_G & 0 & mx_G\\
0 & 0 & m & my_G & -mx_G & 0\\
0 & -mz_G & my_G & J_{xx} & J_{xy} & J_{xz}\\
mz_G & 0 & -mx_G & J_{yx} & J_{yy} & J_{yz}\\
-my_G & mx_G & 0 & J_{zx} & J_{zy} & J_{zz}
\end{bmatrix}
\tag{4-33}
$$

$\boldsymbol{C}_{RB}(\boldsymbol{V})$ 作为一个包含刚性体和离心力的依赖矩阵：

$$
\boldsymbol{C}_{RB}(\boldsymbol{V})=\left[\begin{matrix}
0 & -mr & mq\\
mr & 0 & -mp\\
-mq & mp & 0\\
-m(y_Gq+z_Gr) & my_Gp & mz_Gp\\
mx_Gq & -m(z_Gr+x_Gp) & mz_Gq\\
mx_Gr & my_Gr & -m(x_Gp+y_Gq)
\end{matrix}\right.
$$

$$
\left.\begin{matrix}
m(y_Gq+z_Gr) & -mx_Gq & -mx_Gr\\
-my_Gp & m(z_Gr+x_Gp) & -my_Gr\\
-mz_Gp & -mz_Gq & m(x_Gp+y_Gq)\\
0 & -J_{yz}q-J_{xz}p+J_{zz}r & J_{yz}r+J_{xy}p-J_{yy}q\\
J_{yz}q+J_{xz}p-J_{zz}r & 0 & -J_{xz}r-J_{xy}q+J_{xx}p\\
-J_{yz}r-J_{xy}p+J_{yy}q & J_{xz}r+J_{xy}q-J_{xx}p & 0
\end{matrix}\right]
\tag{4-34}
$$

于是，动力学方程式写成向量形式为

$$\boldsymbol{M}_{RB}\dot{\boldsymbol{V}} + \boldsymbol{C}_{RB}(\boldsymbol{V})\boldsymbol{V} = \boldsymbol{f} \tag{4-35}$$

式中，$\boldsymbol{f}$ 表示力和力矩的矢量，关于 $\boldsymbol{f}$ 的计算分析见 4.1.4 节。

4.1.4 流体动力

UUV 在流体介质中做任意运动时的流体动力在目前阶段还难以通过理论计算或模型试验直接得到，只能在各种假设或模型化之下，把流体动力分解为许多组成部分，分别通过理论计算或模型试验获得，然后再进行综合以得到总的流体动力。为了便于研究，这里将流体动力分解为无黏性的理想流体动力、由于海水黏性产生的流体动力、控制力以及由于海浪与海流的存在所产生的海洋环境力。理想流体动力主要包括附加质量力以及负浮力；由于黏性所产生的流体动力主要包括各种阻力，即黏性阻力、升力与兴波阻力等，其中兴波阻力是与 UUV 在近水面附近运动相联系的，兴波阻力与波浪力相比可以忽略，所以这里不再考虑；控制力包括 UUV 的鳍舵产生的力与动力装置产生的推力。本节主要考虑静水中 UUV 受到的理想流体动力、各种阻力以及控制力。

1. 附加质量力

当 UUV 在流体介质中运动时，必然会带动一部分流体同时流动，可以把这部分流体介质的运动看成是具有广义质量 $\boldsymbol{M}_A$ 以及具有与 UUV 同样广义速度 $\boldsymbol{V}$ 的类刚体运动。当 UUV 靠近海面运动时，附加质量会受波浪的运动频率影响，但该影响很小。将流体看成是理想的、不可压缩和无海流的情况下，$\boldsymbol{M}_A$ 仅与 UUV 的外形有关，其完整的形式为

$$\boldsymbol{M}_A = -\begin{bmatrix} \lambda_{11} & \lambda_{12} & \lambda_{13} & \lambda_{14} & \lambda_{15} & \lambda_{16} \\ \lambda_{21} & \lambda_{22} & \lambda_{23} & \lambda_{24} & \lambda_{25} & \lambda_{26} \\ \lambda_{31} & \lambda_{32} & \lambda_{33} & \lambda_{34} & \lambda_{35} & \lambda_{36} \\ \lambda_{41} & \lambda_{42} & \lambda_{43} & \lambda_{44} & \lambda_{45} & \lambda_{46} \\ \lambda_{51} & \lambda_{52} & \lambda_{53} & \lambda_{54} & \lambda_{55} & \lambda_{56} \\ \lambda_{61} & \lambda_{62} & \lambda_{63} & \lambda_{64} & \lambda_{65} & \lambda_{66} \end{bmatrix} = \begin{bmatrix} \boldsymbol{A}_{11} & \boldsymbol{A}_{12} \\ \boldsymbol{A}_{21} & \boldsymbol{A}_{22} \end{bmatrix} \tag{4-36}$$

式中，$\boldsymbol{A}_{11}$ 中的 9 个元素具有 $[\rho L^3]$ 因次，称为附加质量；$\boldsymbol{A}_{22}$ 中的 9 个元素具有 $[\rho L^5]$ 因次，称为附加惯矩；$\boldsymbol{A}_{12}$、$\boldsymbol{A}_{21}$ 具有 $[\rho L^4]$ 因次，称为附加静矩。

流体的运动完全可以看成类刚体运动，当具有质量 $\boldsymbol{M}_A$ 的流体运动时，其运动方程可以记为

$$M_A\dot{V}+C_A(V)V=f_A \tag{4-37}$$

式中，$C_A(V)$ 为 UUV 所排流体的运动所具有的柯氏矩阵。

对于常见的 UUV 来说，由于其外形常常关于垂直轴面对称，此时 M_A 可以简化为

$$M_A=-\begin{bmatrix}\lambda_{11} & \lambda_{12} & 0 & 0 & 0 & \lambda_{16}\\ \lambda_{21} & \lambda_{22} & 0 & 0 & 0 & \lambda_{26}\\ 0 & 0 & \lambda_{33} & \lambda_{34} & \lambda_{35} & 0\\ 0 & 0 & \lambda_{43} & \lambda_{44} & \lambda_{45} & 0\\ 0 & 0 & \lambda_{53} & \lambda_{54} & \lambda_{55} & 0\\ \lambda_{61} & \lambda_{62} & 0 & 0 & 0 & \lambda_{66}\end{bmatrix} \tag{4-38}$$

当 UUV 既关于垂直轴对称又关于横轴面对称或者忽略 UUV 外形可能存在的关于横轴面的不对称性时，M_A 可以进一步简化为

$$M_A=-\begin{bmatrix}\lambda_{11} & 0 & 0 & 0 & 0 & 0\\ 0 & \lambda_{22} & 0 & 0 & 0 & \lambda_{26}\\ 0 & 0 & \lambda_{33} & 0 & \lambda_{35} & 0\\ 0 & 0 & 0 & \lambda_{44} & 0 & 0\\ 0 & 0 & \lambda_{53} & 0 & \lambda_{55} & 0\\ 0 & \lambda_{62} & 0 & 0 & 0 & \lambda_{66}\end{bmatrix} \tag{4-39}$$

这时式(4-37)中的 $C_A(V)$ 可表示为

$$C_A(V)=\begin{bmatrix}0 & -r\lambda_{22} & q\lambda_{33} & 0 & q\lambda_{35} & -p\lambda_{26}\\ r\lambda_{11} & 0 & -p\lambda_{33} & 0 & -p\lambda_{35} & 0\\ -q\lambda_{11} & p\lambda_{22} & 0 & 0 & 0 & p\lambda_{26}\\ 0 & -w\lambda_{22}+q\lambda_{62} & v\lambda_{33}+r\lambda_{53} & 0 & v\lambda_{35}-r\lambda_{55} & -w\lambda_{26}+q\lambda_{66}\\ w\lambda_{11} & -p\lambda_{62} & -u\lambda_{33} & p\lambda_{44} & -u\lambda_{35} & -p\lambda_{66}\\ -v\lambda_{11} & u\lambda_{22} & p\lambda_{53} & -q\lambda_{44} & p\lambda_{55} & u\lambda_{26}\end{bmatrix} \tag{4-40}$$

2. 负浮力

负浮力是与 UUV 重力 G 及浮力 B 有关的力。作用于重心的重力 G 和作用于浮心的浮力 B 是在静力分析中定义的。浸水体的重力和浮力矢量不随着 UUV 姿态的改变而改变。由于重力和浮力作用在地面的垂直方向上，所以它们在加入运动方程前必须转变到体坐标系下。

$$\boldsymbol{f}_g = (G-B)\begin{bmatrix} -\sin\theta \\ -\cos\theta\cos\varphi \\ \cos\theta\sin\varphi \end{bmatrix} \tag{4-41}$$

UUV 负浮力的重力部分作用在 UUV 的重心上，而浮力作用在浮心上。因为这些力的作用点可以远离 UUV 体坐标系的原点，所以它们产生了一个关于体坐标系的原点的力矩：

$$\boldsymbol{M}_g = G\boldsymbol{\rho}_G \times \begin{bmatrix} -\sin\theta \\ -\cos\theta\cos\varphi \\ \cos\theta\sin\varphi \end{bmatrix} - B\boldsymbol{\rho}_B \times \begin{bmatrix} -\sin\theta \\ -\cos\theta\cos\varphi \\ \cos\theta\sin\varphi \end{bmatrix} \tag{4-42}$$

这个力矩即使 G 与 B 相等也不为零，因为 $\boldsymbol{\rho}_G$ 和 $\boldsymbol{\rho}_B$ 一般是不相等的，为了保证静态稳定性必须使重心位于浮心之下。总的垂直方向的力矢量可以写为

$$\boldsymbol{f}_G = \begin{bmatrix} \boldsymbol{f}_g \\ \boldsymbol{M}_g \end{bmatrix} = -\begin{bmatrix} -(G-B)\sin\theta \\ -(G-B)\cos\theta\cos\varphi \\ (G-B)\cos\theta\sin\varphi \\ (y_G G - y_B B)\cos\theta\sin\varphi + (z_G G - z_B B)\cos\theta\cos\varphi \\ -(x_G G - x_B B)\cos\theta\sin\varphi + (z_G G - z_B B)\sin\theta \\ -(x_G G - x_B B)\cos\theta\cos\varphi + (y_G G - y_B B)\sin\theta \end{bmatrix} \tag{4-43}$$

当体坐标系原点选在浮心时，式(4-43)可以简化为

$$\boldsymbol{f}_G = \begin{bmatrix} \boldsymbol{f}_g \\ \boldsymbol{M}_g \end{bmatrix} = -\begin{bmatrix} -(G-B)\sin\theta \\ -(G-B)\cos\theta\cos\varphi \\ (G-B)\cos\theta\sin\varphi \\ y_G G\cos\theta\sin\varphi + z_G G\cos\theta\cos\varphi \\ -x_G G\cos\theta\sin\varphi - z_G G\sin\theta \\ -x_G G\cos\theta\cos\varphi + y_G G\sin\theta \end{bmatrix} \tag{4-44}$$

3. 黏性阻力

黏性阻力是作用在 UUV 上的阻力中最基本的部分。该部分阻力主要由与边界层有关的线性摩擦力、和紊流层有关的二次摩擦力以及和涡流有关的二次阻力组成，在此记为 $\boldsymbol{f}_N$。

在 Bx 方向流体阻力可以写为

$$f = -\frac{1}{2}\rho C_D(Re)S|U_0|U_0 \tag{4-45}$$

式中，ρ 为流体密度；C_D 为与雷诺数 Re 有关的阻力系数；S 为 UUV 的最大截面积；U_0 为 UUV 总的速度。

当 UUV 做六自由度的运动时，总黏性阻力可以写为

$$\boldsymbol{f}_N = \begin{bmatrix} |\boldsymbol{V}|^{\mathrm{T}}\boldsymbol{D}_1\boldsymbol{V} \\ |\boldsymbol{V}|^{\mathrm{T}}\boldsymbol{D}_2\boldsymbol{V} \\ |\boldsymbol{V}|^{\mathrm{T}}\boldsymbol{D}_3\boldsymbol{V} \\ |\boldsymbol{V}|^{\mathrm{T}}\boldsymbol{D}_4\boldsymbol{V} \\ |\boldsymbol{V}|^{\mathrm{T}}\boldsymbol{D}_5\boldsymbol{V} \\ |\boldsymbol{V}|^{\mathrm{T}}\boldsymbol{D}_6\boldsymbol{V} \end{bmatrix} \tag{4-46}$$

式中，$\boldsymbol{D}_i(i=1,\cdots,6)$ 是取决于 ρ、C_D 和 S 的 6×6 矩阵。

在 UUV 静止或低速运动时，黏性力中的线性项占主要地位；当 UUV 高速运动时，黏性力中的非线性项则占主要地位。对于远程 UUV，其低速的特性使得可以把 UUV 的所受阻力按以下规则进行简化：①忽略平动和角运动的耦合；②假设 UUV 关于纵平面与横平面都是对称的。

此时，UUV 的黏性阻力 f_N 可以简化为以下矩阵的形式：

$$\begin{aligned}\boldsymbol{D}_N(\boldsymbol{V})\boldsymbol{V} = &-\mathrm{diag}\left\{F_{xv_x}, F_{yv_y}, F_{zv_z}, M_{x\omega_x}, M_{y\omega_y}, M_{z\omega_z}\right\} \\ &-\mathrm{diag}\left\{F_{xv_x|v_x|}|v_x|, F_{yv_y|v_y|}|v_y|, F_{zv_z|v_z|}|v_z|, M_{x\omega_x|\omega_x|}|\omega_x|, M_{y\omega_y|\omega_y|}|\omega_y|, M_{z\omega_z|\omega_z|}|\omega_z|\right\}\end{aligned} \tag{4-47}$$

4. 升力

UUV 在水下以一定的攻角运动时，会产生一定的升力以及升力矩。升力可以分解为 UUV 主体产生的升力与舵产生的升力两部分。舵产生的升力看成是控制力，这里仅考虑由 UUV 主体所产生的升力。

在小攻角条件下，由 UUV 主体产生的升力可以由下式计算：

$$F_{yL} = \frac{1}{2}\rho D C_y v^2 \tag{4-48}$$

记 $K_{y\alpha} = \rho D C_y / 2$，从而式(4-48)可以记为

$$F_{yL} = K_{y\alpha} v^2 \tag{4-49}$$

对于侧向力来说，有类似的表达式

$$F_{zL} = K_{z\beta} v^2 \tag{4-50}$$

式中，$K_{z\beta} = \rho D C_z / 2$。

在计算力的基础上，可以计算力矩 M_{yL}、M_{zL}，即

$$M_{yL} = F_{zL} x_{cpm} \tag{4-51}$$

$$M_{zL} = F_{yL} x_{cpn} \tag{4-52}$$

力矩系数可以表示为

$$K_{my\beta} = K_{z\beta} x_{cpm} \tag{4-53}$$

$$K_{mz\alpha} = K_{y\alpha} x_{cpn} \tag{4-54}$$

式中，x_{cpm} 和 x_{cpn} 分别为 F_{zL} 和 F_{yL} 作用点距体坐标系原点的距离。

于是，得到升力矩阵

$$\boldsymbol{D}_L(\boldsymbol{V})\boldsymbol{V} = \left[0, F_{yL}, F_{zL}, 0, M_{yL}, M_{zL}\right]^{\mathrm{T}} \tag{4-55}$$

5. 控制力

对于 UUV 来说，控制力主要包括推进装置产生的推力与舵等控制面产生的舵力组成。本节研究的 UUV 在低速巡航阶段由舵产生舵力控制 UUV 航行，在动力定位阶段由多个推进装置产生推力对 UUV 进行控制。

如 UUV 通过鳍舵控制面去控制其航向以及保持稳定，其控制力记为

$$\boldsymbol{f}_c = \left[T \quad K_{y\delta r}\delta_r \quad K_{z\delta e}\delta_e \quad K_{mx\delta d}\delta_d \quad K_{my\delta e}\delta_e \quad K_{mz\delta r}\delta_r\right]^{\mathrm{T}} \tag{4-56}$$

式中，T 为主推进器的推力；$K_{y\delta r}$ 和 $K_{z\delta e}$ 分别为水平舵、垂直舵舵力系数；$K_{mx\delta d}$、$K_{my\delta e}$ 和 $K_{mz\delta r}$ 分别为差动舵、水平舵及垂直舵舵力矩系数。

6. 动力学方程

将以上介绍各力代入式(4-35)的右端，得到

$$\boldsymbol{M}_{RB}\dot{\boldsymbol{V}}+\boldsymbol{C}_{RB}(\boldsymbol{V})\boldsymbol{V}=-\boldsymbol{M}_A\dot{\boldsymbol{V}}-\boldsymbol{C}_A(\boldsymbol{V})-\boldsymbol{D}_N(\boldsymbol{V})\boldsymbol{V}-\boldsymbol{D}_L(\boldsymbol{V})\boldsymbol{V}+\boldsymbol{f}_E+\boldsymbol{f}_c \tag{4-57}$$

整理成广义矢量参数的形式有

$$\boldsymbol{M}\dot{\boldsymbol{V}}+\boldsymbol{C}(\boldsymbol{V})\boldsymbol{V}+\boldsymbol{D}(\boldsymbol{V})\boldsymbol{V}=\boldsymbol{f}_E+\boldsymbol{f}_c \tag{4-58}$$

式中，$\boldsymbol{M}=\boldsymbol{M}_{RB}+\boldsymbol{M}_A$，$\boldsymbol{C}(\boldsymbol{V})=\boldsymbol{C}_{RB}(\boldsymbol{V})+\boldsymbol{C}_A(\boldsymbol{V})$，$\boldsymbol{D}(\boldsymbol{V})=\boldsymbol{D}_N(\boldsymbol{V})+\boldsymbol{D}_L(\boldsymbol{V})$。

4.1.5　六自由度运动模型

根据以上推导，将式(4-15)与式(4-58)联立，即可得到 UUV 的六自由度操纵性数学模型为

$$\begin{cases}\boldsymbol{M}\dot{\boldsymbol{V}}+\boldsymbol{C}(\boldsymbol{V})\boldsymbol{V}+\boldsymbol{D}(\boldsymbol{V})\boldsymbol{V}=\boldsymbol{f}_E+\boldsymbol{f}_c\\ \dot{\boldsymbol{R}}=\boldsymbol{J}(\boldsymbol{R})\boldsymbol{V}\end{cases} \tag{4-59}$$

4.2　流体动力干扰下 UUV 操纵性分析

4.2.1　流体动力干扰下 UUV 纵向操纵性分析

UUV 在纵平面 xOy 内的平移运动和绕 Bz 轴转动的合成运动称为 UUV 的纵向运动。当只研究 UUV 的纵向运动，不考虑其侧向-横滚运动时，UUV 所受流体动力干扰沿各轴的分量分别记为：ΔC_x、ΔC_y 和 ΔM_z，将式(4-59)中运动参数 β、w、p、q、φ 与 ψ 均赋为零，即得 UUV 纵向动力学方程如下：

$$\begin{aligned}&\begin{bmatrix}m+\lambda_{11} & 0 & -my_G\\ 0 & m+\lambda_{22} & mx_G+\lambda_{26}\\ -my_G & mx_G+\lambda_{26} & J_{zz}+\lambda_{66}\end{bmatrix}\begin{bmatrix}\dot{u}\\ \dot{v}\\ \dot{r}\end{bmatrix}=\boldsymbol{S}\left(\begin{bmatrix}-my_G r\\ mx_G r\\ -mr\end{bmatrix}\right)\begin{bmatrix}u\\ v\\ r\end{bmatrix}\\ &+\frac{1}{2}\rho S_a U^2\begin{bmatrix}-C_x+\Delta C_x\\ C_y^{\alpha}\alpha+C_y^{\delta_h}\delta_h+C_y^{\overline{r}}\overline{r}+\Delta C_y\\ L_a\left(M_z^{\alpha}\alpha+M_z^{\overline{r}}\overline{r}+M_z^{\delta_h}\delta_h+\Delta M_z\right)\end{bmatrix}-\begin{bmatrix}\Delta G\sin\theta-T\\ \Delta G\cos\theta\\ G\left(x_G\cos\theta-y_G\sin\theta\right)\end{bmatrix}\end{aligned} \tag{4-60}$$

1. 定常水平直线运动

UUV 在纵平面处于定常直线运动时，其平移加速度、角加速度及俯仰角速度均为 0，且速度 U 为常数，即

$$\begin{cases}\dot{u}=\dot{v}=\dot{r}=0\\ r=0\\ U=常数\end{cases} \tag{4-61}$$

将式(4-61)代入式(4-60)，并忽略质心下移量 y_G 时，可得方程如下：

$$\frac{1}{2}\rho S_a U^2\begin{bmatrix}-C_x+\Delta C_x\\ C_y^{\alpha}\alpha+C_y^{\delta_h}\delta_h+\Delta C_y\\ L_a\left(M_z^{\alpha}\alpha+M_z^{\delta_h}\delta_h+\Delta M_z\right)\end{bmatrix}-\begin{bmatrix}\Delta G\sin\theta-T\\ \Delta G\cos\theta\\ Gx_G\cos\theta\end{bmatrix}=\begin{bmatrix}0\\0\\0\end{bmatrix} \tag{4-62}$$

当 UUV 处于定常水平直线运动时，$\theta=\alpha$，攻角 α 可以表示为

$$\alpha=-\arctan(v_y/v_x) \tag{4-63}$$

且一般攻角比较小，可令 $\sin\theta=0$，$\cos\theta=1$，代入式(4-62)可推得 UUV 定常水平运动时，其平衡速度大小 U_0、平衡攻角 α_0 及平衡水平舵角 δ_{h0} 的表达式如下：

$$\begin{cases}U_0=\sqrt{\dfrac{2T}{\rho S_a(C_x+\Delta C_x)}}\\ \alpha_0=\dfrac{\left(\Delta\bar{G}\bar{G}-\Delta C_y\right)M_z^{\delta_h}-\left(\bar{G}\bar{x}_G-\Delta M_z\right)C_y^{\delta_h}}{C_y^{\alpha}M_z^{\delta_h}-C_y^{\delta_h}M_z^{\alpha}}\\ \delta_{h0}=\dfrac{\left(\bar{G}\bar{x}_G-\Delta M_z\right)C_y^{\alpha}-\left(\Delta\bar{G}\bar{G}-\Delta C_y\right)M_z^{\alpha}}{C_y^{\alpha}M_z^{\delta_h}-C_y^{\delta_h}M_z^{\alpha}}\end{cases} \tag{4-64}$$

式中，

$$\bar{x}_G=x_G/L_a;\quad \Delta\bar{G}=\Delta G/G;\quad \bar{G}=G\Big/\left(\frac{1}{2}\rho S_a U_0^2\right)$$

由式(4-64)可以看出，UUV 在定常水平直线运动时，推力一定的情况下，U_0 主要取决于 C_x；α_0 与 δ_{h0} 可通过 UUV 质心偏移量 x_G 及自身重力 G 来配置调节，且 U_0 较大时对应 α_0 与 δ_{h0} 绝对值较小。式(4-64)中没有包含 UUV 附加质量项，由此可知 UUV 附加质量对其定常运动无影响。

2. 纵向扰动方程导出

通常 UUV 操纵性内容多针对无界流域工况条件下 UUV 的稳定性及其应舵能

力进行分析研究。而本章节所针对的潜艇水下回收 UUV 问题，涉及潜艇对 UUV 流体动力系数的干扰，需建立流体动力干扰与 UUV 运动参数的扰动方程进行研究。扰动方程的建立可采用小扰动-线性化方法：首先，采用泰勒公式对动力学方程在平衡点处进行展开；其次，省略二阶及其以上高阶项即得到一阶线性扰动方程。

根据前述章节中流体动力干扰相关研究可知，UUV 处于潜艇绕流时，其阻力系数 C_x、升力系数 C_y 及俯仰力矩系数 M_z 均可能会受到一定干扰，且 UUV 与潜艇间距较小时，其附加质量亦会产生一定干扰。由此，可将 C_x、C_y、M_z 及 UUV 附加质量均考虑为受扰动量，对式(4-60)采用小扰动-线性化方法，即可得到流体动力干扰下的 UUV 纵向扰动方程。

为减少式(4-60)中运动参数个数，根据 4.1.1 节中体坐标系与速度系间的方向关系，可将 UUV 纵向速度分量 u、v 转换为速度大小 U 与攻角 α 的表述形式，具体如下：

$$\begin{cases} u = U\cos\alpha \\ v = -U\sin\alpha \end{cases} \tag{4-65}$$

将式(4-65)代入式(4-60)可得如下：

$$\begin{bmatrix} m+\lambda_{11} & 0 & -my_G \\ 0 & m+\lambda_{22} & mx_G+\lambda_{26} \\ -my_G & mx_G+\lambda_{26} & J_{zz}+\lambda_{66} \end{bmatrix} \begin{bmatrix} \mathrm{d}(U\cos\alpha)/\mathrm{d}t \\ -\mathrm{d}(U\sin\alpha)/\mathrm{d}t \\ \dot{r} \end{bmatrix} = \boldsymbol{S}\left(\begin{bmatrix} -my_G r \\ mx_G r \\ -mr \end{bmatrix}\right) \begin{bmatrix} U\cos\alpha \\ U\sin\alpha \\ r \end{bmatrix}$$
$$+\frac{1}{2}\rho S_a U^2 \begin{bmatrix} -C_x+\Delta C_x \\ C_y^{\alpha}\alpha + C_y^{\delta_h}\delta_h + C_y^{\overline{r}}\overline{r} + \Delta C_y \\ L_a\left(M_z^{\alpha}\alpha + M_z^{\overline{r}}\overline{r} + M_z^{\delta_h}\delta_h + \Delta M_z\right) \end{bmatrix} - \begin{bmatrix} \Delta G\sin\theta - T \\ \Delta G\cos\theta \\ G\left(x_G\cos\theta - y_G\sin\theta\right) \end{bmatrix} \tag{4-66}$$

p、q、φ与ψ赋为 0 时，可得到$\dot{\theta}$与 r 的关系如下：

$$\dot{\theta} = r \tag{4-67}$$

假设 UUV 处于平衡运动状态时，其各运动参数为U_0、α_0、r_0、θ_0及δ_{h0}，扰动引起的其各个运动参数变化量为ΔU、$\Delta\alpha$、Δr、$\Delta\theta$及$\Delta\delta_h$；扰动引起的 UUV 流体动力系数变化量为ΔC_x、ΔC_y和ΔM_z；扰动引起的 UUV 附加质量系数变化量为$\Delta\lambda_{11}$、$\Delta\lambda_{22}$、$\Delta\lambda_{66}$和$\Delta\lambda_{26}$。采用小扰动-线性化方法，结合式(4-67)，可得到 UUV 在平衡状态$(U_0,\alpha_0,r_0,\theta_0,\delta_{h0})$处的一阶扰动方程如下：

$$
\boldsymbol{D}_0\begin{bmatrix}\Delta\dot{U}\\ \Delta\dot{\alpha}\\ \Delta\dot{r}\\ \Delta\dot{\theta}\end{bmatrix}=\boldsymbol{A}_0\begin{bmatrix}\Delta U\\ \Delta\alpha\\ \Delta r\\ \Delta\theta\end{bmatrix}+\boldsymbol{b}_0\begin{bmatrix}\Delta C_x\\ \Delta C_y\\ \Delta M_z\\ \Delta\delta_h\end{bmatrix}+\boldsymbol{E}_0\begin{bmatrix}\Delta\lambda_{11}\\ \Delta\lambda_{22}\\ \Delta\lambda_{26}\\ \Delta\lambda_{66}\end{bmatrix} \tag{4-68}
$$

式中，

$$
\boldsymbol{D}_0=\begin{bmatrix}(m+\lambda_{11})\cos\alpha_0 & -(m+\lambda_{11})U_0\sin\alpha_0 & -my_G & 0\\ -(m+\lambda_{22})\sin\alpha_0 & -(m+\lambda_{22})U_0\cos\alpha_0 & mx_G+\lambda_{26} & 0\\ -(mx_G+\lambda_{26})\sin\alpha_0-my_G\cos\alpha_0 & my_GU_0\sin\alpha_0-(mx_G+\lambda_{26})U_0\cos\alpha_0 & J_{zz}+\lambda_{66} & 0\\ 0 & 0 & 0 & 1\end{bmatrix}
$$

$$
\boldsymbol{A}_0=\begin{bmatrix}-mr_0\sin\alpha_0-\rho S_aU_0C_x & -mr_0U_0\cos\alpha_0 & m2x_Gr_0-mU_0\sin\alpha_0 & -\Delta G\cos\theta_0\\ \rho S_aU_0\left(C_y^{\alpha}\alpha_0+C_y^{\delta_h}\delta_{h0}+\dfrac{L_aC_y^{\bar{r}}r_0}{2U_0}\right)-mr_0\cos\alpha_0 & mr_0U_0\sin\alpha_0+\dfrac{1}{2}\rho S_aU_0^2C_y^{\alpha} & U_0\left(\dfrac{1}{2}\rho S_aL_aC_y^{\bar{r}}-m\cos\alpha_0\right) & \Delta G\sin\theta_0\\ \rho S_aL_aU_0\left(M_z^{\alpha}\alpha_0+M_z^{\delta_h}\delta_{h0}+\dfrac{L_aM_z^{\bar{r}}r_0}{2U_0}\right)-mx_Gr_0\cos\alpha_0 & mx_Gr_0U_0\sin\alpha_0+\dfrac{1}{2}\rho S_aL_aU_0^2M_z^{\alpha} & U_0\left(\dfrac{1}{2}\rho S_aL_a^2M_z^{\bar{r}}-mx_G\cos\alpha_0\right) & G(y_G\cos\theta_0+x_G\sin\theta_0)\\ 0 & 0 & 1 & 0\end{bmatrix}
$$

$$
\boldsymbol{b}_0=\frac{1}{2}\rho S_aU_0^2\begin{bmatrix}-1 & 0 & 0 & 0\\ 0 & 1 & 0 & C_y^{\delta_h}\\ 0 & 0 & 1 & L_aM_z^{\delta_h}\\ 0 & 0 & 0 & 0\end{bmatrix}
$$

$$
\boldsymbol{E}_0=\begin{bmatrix}\dot{U}_0\cos\alpha_0-U_0\sin\alpha_0\dot{\alpha}_0 & 0 & 0 & 0\\ 0 & -\dot{U}_0\sin\alpha_0-U_0\cos\alpha_0\dot{\alpha}_0 & \dot{r}_0 & 0\\ 0 & 0 & -\dot{U}_0\sin\alpha_0-U_0\cos\alpha_0\dot{\alpha}_0 & \dot{r}_0\\ 0 & 0 & 0 & 0\end{bmatrix}
$$

由 $\boldsymbol{E}_0$ 的表达式可以看出，UUV 附加质量的变化引起的扰动量与 UUV 运动参数 U_0、α_0 及 r_0 的一阶导数项有关，而 UUV 定常运动状态的运动参数一阶导数均为 0，由此可推得 $\boldsymbol{E}_0=\boldsymbol{0}_{4\times4}$，即 UUV 附加质量的扰动量对其定常运动状态的干扰较小，可忽略。

将式(4-68)写成状态空间形式，具体表述如下：

$$\begin{cases}\dot{\boldsymbol{x}}=\boldsymbol{A}\boldsymbol{x}+\boldsymbol{b}\begin{bmatrix}\Delta C_x & \Delta C_y & \Delta M_z & \Delta\delta_h\end{bmatrix}^{\mathrm{T}}\\ y=\boldsymbol{c}\boldsymbol{x}\end{cases}\tag{4-69}$$

式中，$\boldsymbol{x}=\begin{bmatrix}\Delta U & \Delta\alpha & \Delta r & \Delta\theta\end{bmatrix}^{\mathrm{T}}$；$\boldsymbol{A}=\boldsymbol{D}_0^{-1}\boldsymbol{A}_0$；$\boldsymbol{b}=\boldsymbol{D}_0^{-1}\boldsymbol{b}_0$。

当式(4-69)表示 SISO 系统时，$\boldsymbol{c}\in\mathbf{R}^{1\times 4}$。若考虑 UUV 初始平衡运动状态为定常水平直线运动，有 $r_0=0$，$\theta_0=\alpha_0$，当 α_0 较小时，近似可认为 $\sin\alpha_0=0$，$\cos\alpha_0=1$。与此同时，若忽略 UUV 质心下移量，且负浮力 ΔG 为 0，则扰动方程(4-68)可解耦简化为如下：

$$\begin{cases}(m+\lambda_{11})\Delta\dot{U}=-\rho S_a C_x U_0\Delta U-\dfrac{1}{2}\rho S_a U_0^2\Delta C_x\\ \boldsymbol{D}_0'\begin{bmatrix}\Delta\dot{\alpha} & \Delta\dot{r}\end{bmatrix}^{\mathrm{T}}=\boldsymbol{A}_0'\begin{bmatrix}\Delta\alpha & \Delta r\end{bmatrix}^{\mathrm{T}}+\boldsymbol{b}_0'\begin{bmatrix}\Delta C_y & \Delta M_z & \Delta\delta_h\end{bmatrix}^{\mathrm{T}}\\ \Delta\dot{\theta}=\Delta r\end{cases}\tag{4-70}$$

式中，

$$\boldsymbol{D}_0'=\begin{bmatrix}-(m+\lambda_{22})U_0 & mx_G+\lambda_{26}\\ -(mx_G+\lambda_{26})U_0 & J_{zz}+\lambda_{66}\end{bmatrix}$$

$$\boldsymbol{A}_0'=\begin{bmatrix}\dfrac{1}{2}\rho S_a U_0^2 C_y^{\alpha} & U_0\left(\dfrac{1}{2}\rho S_a L_a C_y^{\bar{r}}-m\right)\\ \dfrac{1}{2}\rho S_a L_a U_0^2 M_z^{\alpha} & U_0\left(\dfrac{1}{2}\rho S_a L_a^2 M_z^{\bar{r}}-mx_G\right)\end{bmatrix}$$

$$\boldsymbol{b}_0'=\frac{1}{2}\rho S_a U_0^2\begin{bmatrix}1 & 0 & C_y^{\delta_h}\\ 0 & 1 & L_a M_z^{\delta_h}\end{bmatrix}$$

由简化后的式(4-70)可以看出：ΔC_x 只对 UUV 速度大小产生干扰；$\Delta\theta(t)$ 的阶跃响应过渡函数可由 $\Delta r(t)$ 积分得出，具体描述如下：

$$\Delta\theta(t)=\int_0^t\Delta r(t)\,\mathrm{d}t\tag{4-71}$$

同理，当 $\Delta\theta$、$\Delta\alpha$ 较小时，$\Delta y_0(t)$ 可近似由下式求解得出：

$$\Delta y_0(t)=U_0\int_0^t\left(\Delta\theta(t)-\Delta\alpha(t)\right)\mathrm{d}t \tag{4-72}$$

3. 传递函数与阶跃响应

对于状态空间方程式(4-69)，可引入李雅普诺夫第一法(间接法)来判定其稳定性。对于线性定常系统，可通过其特征值判定，具体描述如下：系统 $\dot{\boldsymbol{x}}=\boldsymbol{Ax}$ 渐近稳定的充要条件是：系统矩阵 $\boldsymbol{A}$ 的全部特征值位于复平面左半部，即 $\boldsymbol{A}$ 的全部特征根均具有负实部。由此可知，通过求解式(4-69)中 $\boldsymbol{A}$ 的特征值即可获悉 UUV 纵向扰动方程的稳定性。

1) 传递函数

传递函数是指线性系统的初始条件为零时，系统的输出拉氏变换与输入拉氏变换的比值。对式(4-69)进行拉氏变换，可得系统输出与输入之间的关系如下：

$$\begin{cases}y(s)=\boldsymbol{G}(s)\begin{bmatrix}\Delta C_x & \Delta C_y & \Delta M_z & \Delta\delta_h\end{bmatrix}^{\mathrm{T}}\\ \boldsymbol{G}(s)=\boldsymbol{c}(s\boldsymbol{I}-\boldsymbol{A})^{-1}\boldsymbol{b}\end{cases} \tag{4-73}$$

式中的 $\boldsymbol{G}(s)$ 为传递函数矩阵。若 $\boldsymbol{c}=\boldsymbol{I}_{4\times4}$，由上式可知 $\boldsymbol{G}(s)$ 为 4×4 维，令 $g_{ij}(s)\left(i=1,\cdots,4;j=1,\cdots,4\right)$ 为 $\boldsymbol{G}(s)$ 中第 i 行第 j 列的单元，则 $g_{ij}(s)$ 表示第 j 个输入变量至第 i 个输出变量的传递函数。以 i=1，j=2 为例，$g_{12}(s)$ 表示 ΔC_y 至 $\Delta\alpha$ 的传递函数。

2) 阶跃响应

阶跃作用对系统来说是较为严格的工作条件，通常在此条件下来研究运动参数的过渡函数，即过渡过程，以此来衡量系统的品质好坏，即扰动后运动参数的过渡品质。以 $\Delta\alpha(t)$ 对应 $\Delta\delta_h(t)$ 为阶跃输入时为例，$\Delta\delta_h(t)$ 表示单位阶跃函数时可表示如下：

$$\Delta\delta_h(t)=\begin{cases}0, & t<0\\ 1, & t\geqslant 0\end{cases} \tag{4-74}$$

对上式进行拉氏变换可得

$$\Delta\delta_h(s)=\frac{1}{s} \tag{4-75}$$

因为水平舵角至攻角的传递函数为 $g_{24}(s)$，则阶跃响应对应攻角 $\Delta\alpha(t)$ 的象函数为

$$\Delta\alpha(s)=\frac{g_{24}(s)}{s} \tag{4-76}$$

根据海维塞展开定理，对式(4-76)进行反拉氏变换即可得到 $\Delta\alpha(t)$ 的过渡函数。同理，当 ΔC_x、ΔC_y、ΔM_z 为阶跃输入时，对应 UUV 纵向运动参数的过渡函数求解过程同上。

4. 潜艇绕流对 UUV 纵向操纵性影响分析

1) 流体动力干扰对 α_0 和 δ_{h0} 的影响

以 UUV 为研究对象，并考虑其做定常水平直线运动的速度大小为 3kn，根据式(4-64)可计算得到无干扰时，α_0 和 δ_{h0} 关于 x_G 与 ΔG 的变化曲面，分别如图 4-2 与图 4-3 所示。图 4-4 与图 4-5 给出了 x_G=0.0012m、$\Delta G = 9.8$ N 时 α_0 和 δ_{h0} 关于 ΔC_y 与 ΔM_z 的变化曲面。

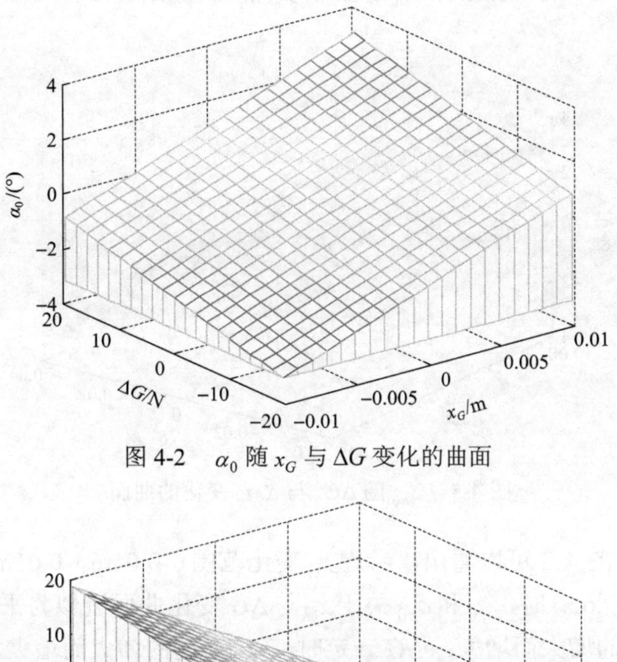

图 4-2　α_0 随 x_G 与 ΔG 变化的曲面

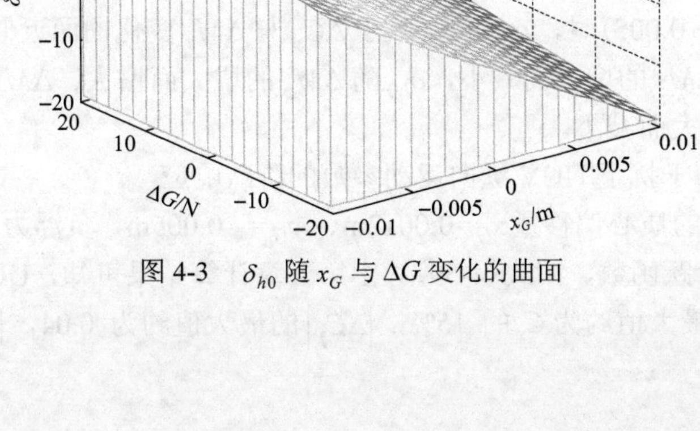

图 4-3　δ_{h0} 随 x_G 与 ΔG 变化的曲面

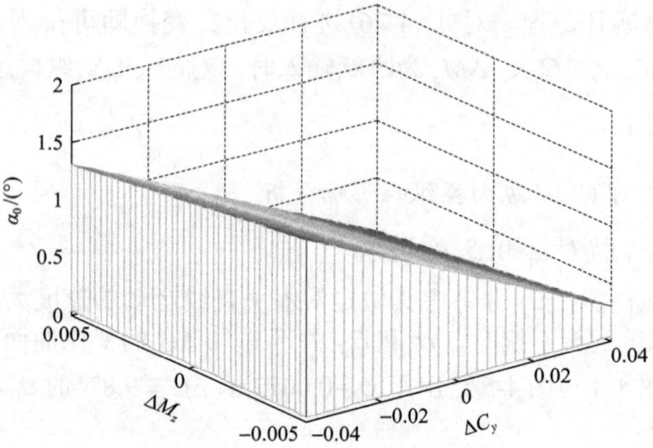

图 4-4　α_0 随 ΔC_y 与 ΔM_z 变化的曲面

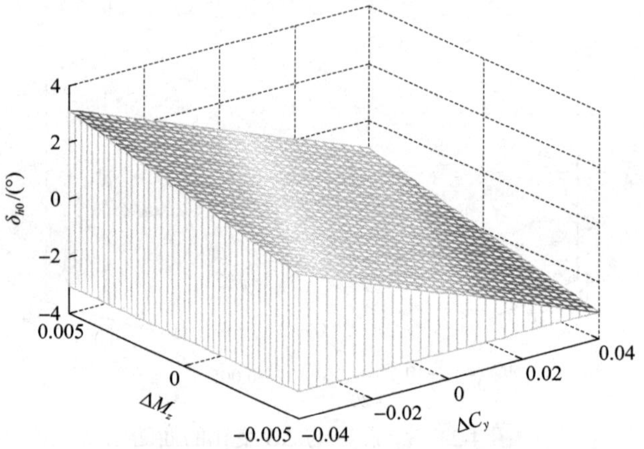

图 4-5　δ_{h0} 随 ΔC_y 与 ΔM_z 变化的曲面

由图 4-2 与图 4-3 可以看出，考虑 x_G 变化范围(–0.01m，0.01m)，ΔG 变化范围为(–19.6N，19.6N)时，α_0 和 δ_{h0} 关于 x_G 与 ΔG 变化曲面近似为平面；x_G 一定时，α_0 和 δ_{h0} 随 ΔG 的增大而增大；ΔG 一定时，α_0 随 x_G 的增大而增大，δ_{h0} 随 x_G 的增大而减小。由图 4-4 与图 4-5 可以看出，考虑 ΔC_y 变化范围(–0.04，0.04)和 ΔM_z 变化范围(–0.005，0.005)时，α_0 和 δ_{h0} 关于 ΔC_y 与 ΔM_z 变化曲面近似为平面；ΔC_y 一定时，α_0 随 ΔM_z 的增大而减小，δ_{h0} 随 ΔM_z 的增大而增大；ΔM_z 一定时，α_0 和 δ_{h0} 随 ΔC_y 的增大而减小。

2) 流体动力干扰下 UUV 纵向运动参数的阶跃响应

假设 UUV 的质心偏移量 x_G=0.0012m、y_G = –0.005m，负浮力 ΔG = 9.8 N。考虑 $\Delta\delta_h$ 为单位阶跃函数，同式(4-59)。由第 2 章计算结果可知，UUV 受潜艇绕流干扰时，$|\Delta C_x|$ 最大值约为 C_x 的 15%，$|\Delta C_y|$ 的最大值约为 0.04，$|\Delta M_z|$ 的最大值

约为 0.005，考虑 ΔC_x、ΔC_y 与 ΔM_z 干扰为最大值的阶跃函数可描述如下：

$$\Delta C_x(t)=\begin{cases}0, & t<0\\ 0.15C_x, & t\geqslant 0\end{cases}$$

$$\Delta C_y(t)=\begin{cases}0, & t<0\\ -0.04, & t\geqslant 0\end{cases}$$

$$\Delta M_z(t)=\begin{cases}0, & t<0\\ 0.005, & t\geqslant 0\end{cases}$$

根据式(4-69)，可求得 ΔU 、 $\Delta\alpha$ 、 Δr 、 $\Delta\theta$ 及 Δy_0 关于输入项 ΔC_x、ΔC_y 、ΔM_z 与 $\Delta\delta_h$ 的阶跃响应过渡曲线，分别如图 4-6～图 4-10 所示。

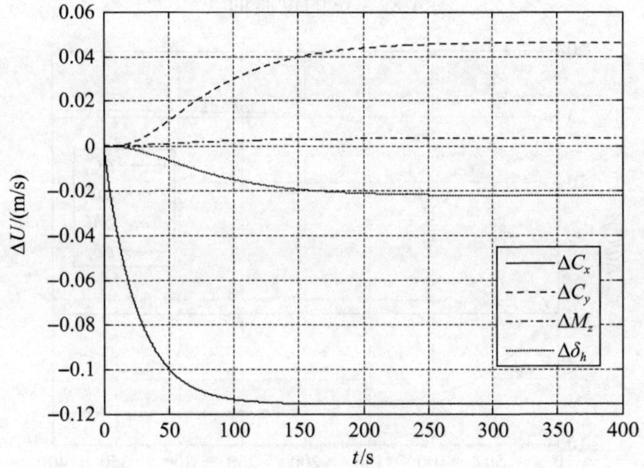

图 4-6　ΔU 的过渡曲线

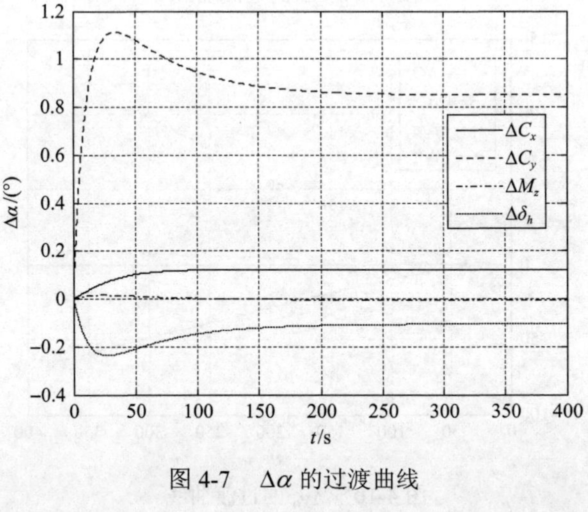

图 4-7　$\Delta\alpha$ 的过渡曲线

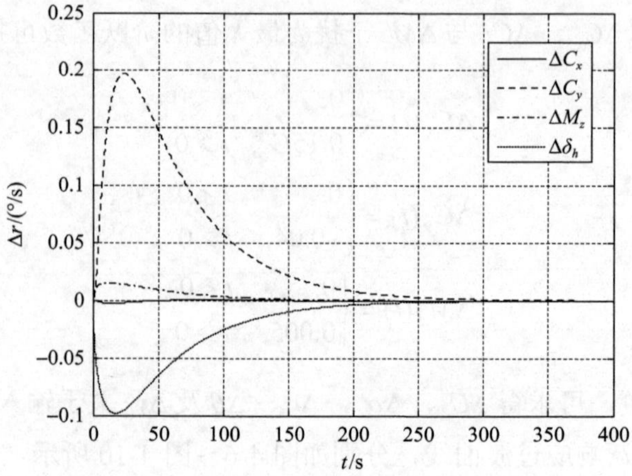

图 4-8　Δr 的过渡曲线

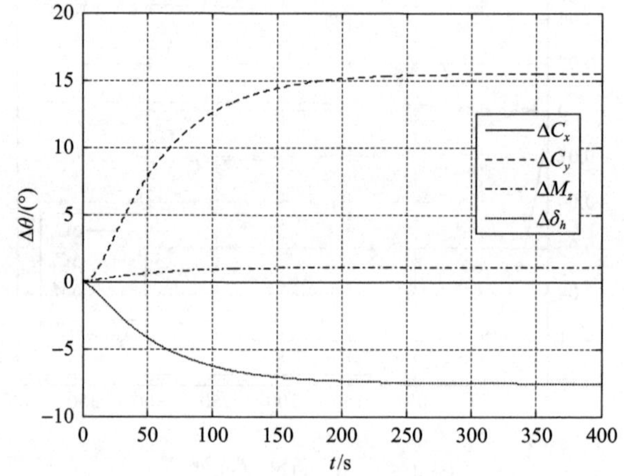

图 4-9　$\Delta\theta$ 的过渡曲线

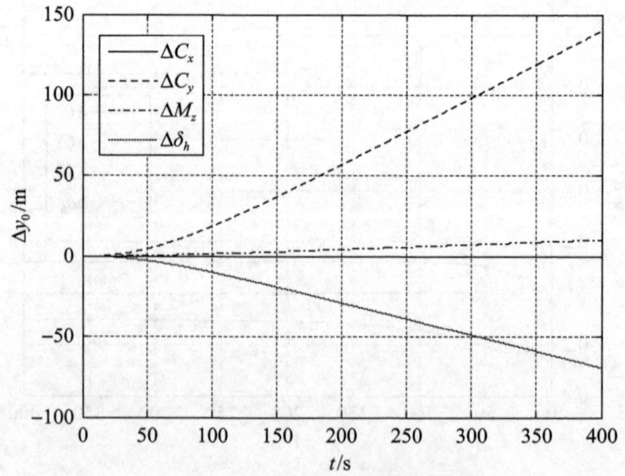

图 4-10　Δy_0 的过渡曲线

由上述图示结果可以看出，与其他输入阶跃干扰相对比，ΔC_x 对 ΔU 的干扰较明显，但对 UUV 其他运动参数的干扰较小；ΔC_y 对 $\Delta\alpha$ 与 Δr 的干扰较明显，对 $\Delta\alpha$ 干扰的稳定值约为 0.85°，对 Δr 干扰的最大值约为 0.2°/s，对比 ΔC_y 与 $\Delta\delta_h$ 作为阶跃输入时 UUV 各运动参数的过渡曲线可以看出，ΔC_y 对 UUV 各运动参数的干扰效果与 $\Delta\delta_h$ 相似，由此可知，ΔC_y 在一定程度上降低了 UUV 水平舵的有效范围；与其他输入阶跃干扰相对比，ΔM_z 对 UUV 各运动参数的干扰较小，可忽略。

3) 考虑 ΔC_x 解耦时 UUV 运动参数关于 $\Delta\delta_h$ 的单位阶跃响应

因为 ΔC_x 对 ΔU 的干扰最明显，且 ΔC_x 对其他纵向运动参数的干扰较小，故可将 ΔC_x 进行解耦处理。当考虑 UUV 推力 T 不变时，ΔC_x 不同对应 UUV 定常水平运动速度大小不同，由此可根据式(4-70)得到无阻力系数干扰、阻力系数增大 15%及减小 15%时，UUV 各运动参数关于 $\Delta\delta_h$ 单位阶跃响应的过渡曲线，具体如图 4-11～图 4-14 所示。

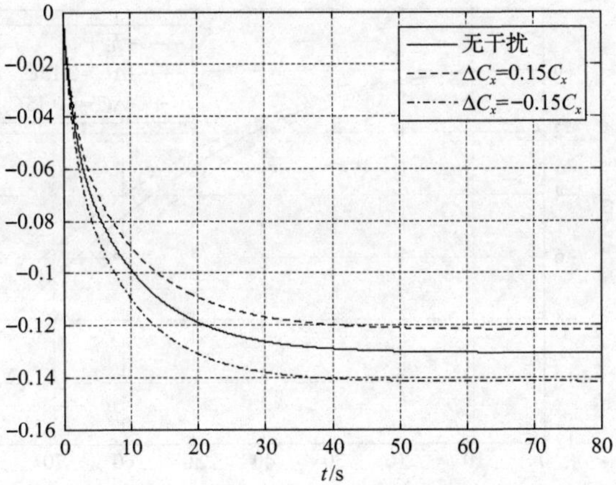

图 4-11　Δr 关于 $\Delta\delta_h$ 的过渡曲线

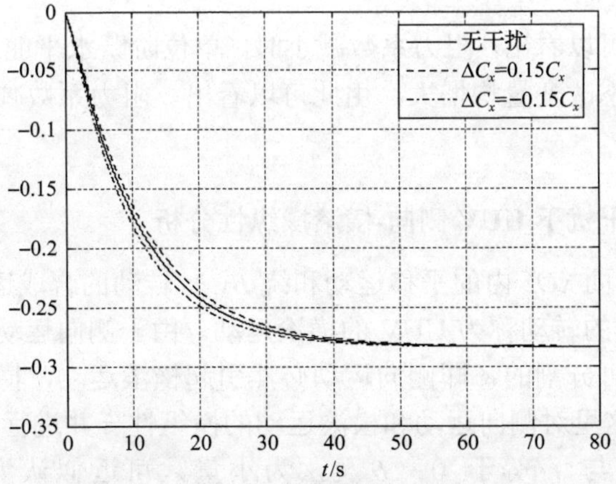

图 4-12　$\Delta\alpha$ 关于 $\Delta\delta_h$ 的过渡曲线

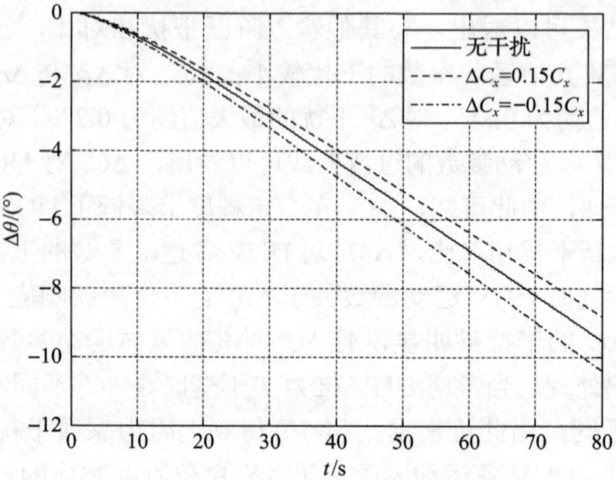

图 4-13　$\Delta\theta$ 关于 $\Delta\delta_h$ 的过渡曲线

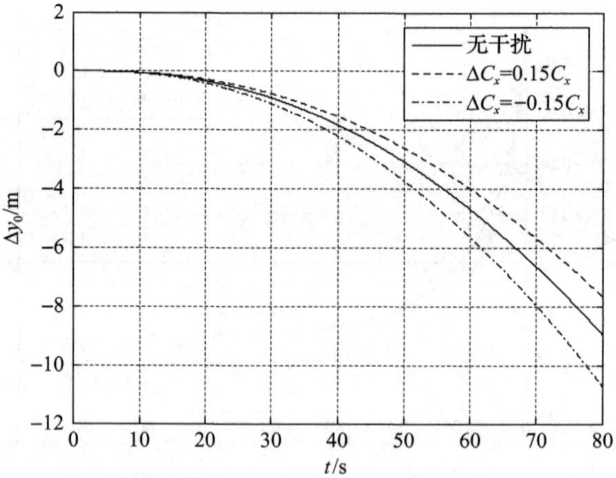

图 4-14　Δy_0 关于 $\Delta\delta_h$ 的过渡曲线

由图示结果可以看出，阻力系数减小时，单位阶跃水平舵角 $\Delta\delta_h$ 对应 Δr 的初始变化梯度及稳态改变量均增大，由此可以看出，阻力系数减小可提高 UUV 的水平舵效。

4.2.2　流体动力干扰下 UUV 侧向-横滚操纵性分析

UUV 在侧平面 xOz 内的平移运动和绕 By 轴转动的合成运动称为 UUV 的侧向运动，绕 Bx 轴的转动称为 UUV 的横滚运动。由于侧向运动和横滚运动是相互影响和耦合、不可分割的，即侧向运动必然引起横滚运动，横滚运动也总伴随着侧向运动，因此这里对侧向运动和横滚运动的操纵性一并进行研究。不考虑 UUV 纵向运动时，v 与 r 等于 0；θ 及 α 为小量，可近似认为 $\sin\theta=\sin\alpha=0$，$\cos\theta=\cos\alpha=1$，引入 UUV 所受流体动力干扰沿各轴的分量分别记为：ΔC_x、ΔC_z

和 ΔM_y（ΔM_x 为小量，可忽略），上述条件代入式(4-60)中即得 UUV 侧向-横滚动力学方程如下：

$$\begin{bmatrix} m+\lambda_{11} & 0 & 0 & mz_G \\ 0 & m+\lambda_{33} & my_G & -mx_G+\lambda_{35} \\ 0 & my_G & J_{xx}+\lambda_{44} & 0 \\ mz_G & -mx_G+\lambda_{35} & 0 & J_{yy}+\lambda_{55} \end{bmatrix}\begin{bmatrix} \dot{u} \\ \dot{w} \\ \dot{p} \\ \dot{q} \end{bmatrix} = m\begin{bmatrix} 0 & -q & -y_G q & x_G q \\ q & 0 & z_G p & z_G q \\ y_G q & -z_G p & 0 & 0 \\ -x_G q & -z_G q & 0 & 0 \end{bmatrix}\begin{bmatrix} u \\ w \\ p \\ q \end{bmatrix}$$

$$+\frac{1}{2}\rho S_a U^2\begin{bmatrix} -C_x+\Delta C_x \\ C_z^{\beta}\beta + C_z^{\delta_v}\delta_v + C_z^{\bar{q}}\bar{q} + \Delta C_z \\ L_a\left(M_x^{\bar{p}}\bar{p} + M_x^{\delta_d}\delta_d\right) \\ L_a(M_y^{\beta}\beta + M_y^{\bar{q}}\bar{q} + M_y^{\delta_v}\delta_v + \Delta M_y) \end{bmatrix} + \begin{bmatrix} T \\ \Delta G\sin\varphi \\ G\left(y_G\sin\varphi + z_G\cos\varphi\right) \\ -Gx_G\sin\varphi \end{bmatrix} \tag{4-77}$$

1. 定常运动

如果 UUV 做小机动运动，则式(4-77)中关于 UUV 运动参数的二阶项可忽略，并考虑质心位置(x_G, y_G, z_G)为一阶小量，由此式(4-77)可变化为如下：

$$\begin{bmatrix} m+\lambda_{11} & 0 & 0 & 0 \\ 0 & m+\lambda_{33} & 0 & -mx_G+\lambda_{35} \\ 0 & 0 & J_{xx}+\lambda_{44} & 0 \\ 0 & -mx_G+\lambda_{35} & 0 & J_{yy}+\lambda_{55} \end{bmatrix}\begin{bmatrix} \dot{u} \\ \dot{w} \\ \dot{p} \\ \dot{q} \end{bmatrix} = m\begin{bmatrix} 0 & 0 & 0 & 0 \\ q & 0 & 0 & 0 \\ y_G q & 0 & 0 & 0 \\ -x_G q & 0 & 0 & 0 \end{bmatrix}\begin{bmatrix} u \\ w \\ p \\ q \end{bmatrix}$$

$$+\frac{1}{2}\rho S_a U^2\begin{bmatrix} -C_x+\Delta C_x \\ C_z^{\beta}\beta + C_z^{\delta_v}\delta_v + C_z^{\bar{q}}\bar{q} + \Delta C_z \\ L_a\left(M_x^{\bar{p}}\bar{p} + M_x^{\delta_d}\delta_d\right) \\ L_a(M_y^{\beta}\beta + M_y^{\bar{q}}\bar{q} + M_y^{\delta_v}\delta_v + \Delta M_y) \end{bmatrix} + \begin{bmatrix} T \\ \Delta G\sin\varphi \\ G(y_G\sin\varphi + z_G\cos\varphi) \\ -Gx_G\sin\varphi \end{bmatrix} \tag{4-78}$$

当 UUV 在侧向做定常运动时，其运动参数保持不变，加速度参数为 0，在小侧滑角、小舵角条件下，式(4-78)可整理为如下：

$$\begin{cases} U_0 = \sqrt{2T/[\rho S_a(C_x+\Delta C_x)]} \\ \left(\mu + C_z^{\bar{q}}\right)\bar{q}_0 + C_z^{\beta}\beta_0 + \Delta C_z = -\bar{G}\Delta\bar{G}\varphi_0 - C_z^{\delta_v}\delta_{v0} \\ \mu\bar{y}_G\bar{q}_0 = -\bar{G}\bar{y}_G\varphi_0 - \bar{G}\bar{z}_G - M_x^{\delta_d}\delta_{d0} \\ \left(M_y^{\bar{q}} + \mu\bar{x}_G\right)\bar{q}_0 + M_y^{\beta}\beta_0 + \Delta M_y = \bar{G}\bar{x}_G\varphi_0 - M_y^{\delta_v}\delta_{v0} \end{cases} \tag{4-79}$$

式中，

$$\mu = \frac{2m}{\rho S_a L_a}$$

当 UUV 做定常水平直线运动时，可知 $\overline{q}_0 = \beta_0 = \varphi_0 = \delta_{v0} = 0$，代入式(4-78)中可得如下：

$$\delta_{d0} = -\frac{\overline{G}\overline{z}_G}{M_x^{\delta_d}} \tag{4-80}$$

由式(4-80)可以看出，平衡差动舵角 δ_{d0} 主要用于抵消质心的侧向偏移量引起的横滚力矩。结合式(4-64)可知，UUV 在满足平衡攻角、平衡舵角、平衡差动舵角的条件时才能做定常水平直线运动。

如果 UUV 操一稳定垂直舵角 δ_v 时，UUV 将做定常回转运动，由于回收时 UUV 速度较小，故 UUV 定常回转时 $\overline{q}_0$ 与 β_0 也较小，可不考虑流体动力的非线性特性。将式(4-80)代入式(4-79)中第三式可得如下：

$$\varphi_0 = -\frac{\mu \overline{q}_0}{\overline{G}} \tag{4-81}$$

将式(4-81)代入式(4-79)中第二、四式可求得 $\overline{q}_0$ 与 β_0 的表达式，具体如下：

$$\begin{cases} \overline{q}_0 = \dfrac{\left(\Delta M + M_y^{\delta_v}\delta_v\right)C_z^{\beta} - \left(\Delta C_z + C_z^{\delta_v}\delta_v\right)M_y^{\beta}}{\left[2\nabla/(S_a L_a) + C_z^{\overline{q}}\right]M_y^{\beta} - M_y^{\overline{q}}C_z^{\beta}} \\ \beta_0 = \dfrac{\left(\Delta C_z + C_z^{\delta_v}\delta_v\right)M_y^{\overline{q}} - \left[2\nabla/(S_a L_a) + C_z^{\overline{q}}\right]\left(\Delta M + M_y^{\delta_v}\delta_v\right)}{\left[2\nabla/(S_a L_a) + C_z^{\overline{q}}\right]M_y^{\beta} - M_y^{\overline{q}}C_z^{\beta}} \end{cases} \tag{4-82}$$

进一步，由式(4-81)与式(4-82)中第一式即可求出对应垂直舵角 δ_v 时的侧向回转直径如下：

$$D_0 = \frac{2L_a\cos(\varphi_0)}{|\overline{q}_0|} \tag{4-83}$$

2. 侧向-横滚扰动方程导出

UUV 处于潜艇绕流时，其阻力系数 C_x、侧力系数 C_z 及偏航力矩系数 M_y 均可能会受到一定干扰，且 UUV 与潜艇间距较小时，其附加质量亦会产生一定干扰。由此，可将 C_x、C_z、M_y 及 UUV 附加质量均考虑为受扰动量，对式(4-77)采用小扰动-线性化方法，即可得到流体动力干扰下的 UUV 侧向-横滚扰动方程。

为减少式(4-77)中运动参数个数，根据雷体坐标系与速度坐标系间的方向关系，可将 UUV 纵向速度分量 u、w 转换为速度大小 U 与侧滑角 β 的表述形式，具体如下：

$$\begin{cases} u = U\cos\beta \\ w = U\sin\beta \end{cases} \tag{4-84}$$

将式(4-84)代入式(4-77)可得

$$\begin{aligned}
&\begin{bmatrix} m+\lambda_{11} & 0 & 0 & mz_G \\ 0 & m+\lambda_{33} & my_G & -mx_G+\lambda_{35} \\ 0 & my_G & J_{xx}+\lambda_{44} & 0 \\ mz_G & -mx_G+\lambda_{35} & 0 & J_{yy}+\lambda_{55} \end{bmatrix} \begin{bmatrix} \mathrm{d}(U\cos\beta)/\mathrm{d}t \\ \mathrm{d}(U\sin\beta)/\mathrm{d}t \\ \dot{p} \\ \dot{q} \end{bmatrix} \\
&= m\begin{bmatrix} 0 & -q & -y_G q & x_G q \\ q & 0 & z_G p & z_G q \\ y_G q & -z_G p & 0 & 0 \\ -x_G q & -z_G q & 0 & 0 \end{bmatrix} \begin{bmatrix} U\cos\beta \\ U\sin\beta \\ p \\ q \end{bmatrix} \\
&+\frac{1}{2}\rho S_a U^2 \begin{bmatrix} -C_x+\Delta C_x \\ C_z^{\beta}\beta + C_z^{\delta_v}\delta_v + C_z^{\overline{q}}\overline{q} + \Delta C_z \\ L_a\left(M_x^{\overline{p}}\overline{p} + M_x^{\delta_d}\delta_d\right) \\ L_a(M_y^{\beta}\beta + M_y^{\overline{q}}\overline{q} + M_y^{\delta_v}\delta_v + \Delta M_y) \end{bmatrix} + \begin{bmatrix} T \\ \Delta G\sin\varphi \\ G(y_G\sin\varphi + z_G\cos\varphi) \\ -Gx_G\sin\varphi \end{bmatrix}
\end{aligned} \tag{4-85}$$

$\dot{\varphi}$与 p 的关系如下：

$$\dot{\varphi} = p \tag{4-86}$$

假设 UUV 处于平衡运动状态时，其各运动参数为U_0、β_0、p_0、q_0、φ_0、δ_{v0}及δ_{d0}，扰动引起的其各个运动参数变化量为ΔU、$\Delta\beta$、Δp、Δq、$\Delta\varphi$、$\Delta\delta_v$及$\Delta\delta_d$；扰动引起的 UUV 流体动力系数变化量为ΔC_x、ΔC_z和ΔM_y；扰动引起的 UUV 附加质量系数变化量为$\Delta\lambda_{11}$、$\Delta\lambda_{33}$、$\Delta\lambda_{55}$和$\Delta\lambda_{35}$。采用小扰动-线性化方法，结合式(4-85)，可得到 UUV 在平衡状态$(U_0,\beta_0,p_0,q_0,\varphi_0,\delta_{v0},\delta_{d0})$处的一阶扰动方程如下：

$$\boldsymbol{D}_1\begin{bmatrix} \Delta\dot{U} \\ \Delta\dot{\beta} \\ \Delta\dot{p} \\ \Delta\dot{q} \\ \Delta\dot{\varphi} \end{bmatrix} = \boldsymbol{A}_1\begin{bmatrix} \Delta U \\ \Delta\beta \\ \Delta p \\ \Delta q \\ \Delta\varphi \end{bmatrix} + \boldsymbol{b}_1\begin{bmatrix} \Delta C_x \\ \Delta C_z \\ \Delta M_y \\ \Delta\delta_v \\ \Delta\delta_d \end{bmatrix} + \boldsymbol{E}_1\begin{bmatrix} \Delta\lambda_{11} \\ \Delta\lambda_{33} \\ \Delta\lambda_{35} \\ \Delta\lambda_{44} \\ \Delta\lambda_{55} \end{bmatrix} \tag{4-87}$$

式中，

$$
\boldsymbol{A}_1=\begin{bmatrix}
-mq_0\sin\beta_0-\rho S_aU_0C_x & -mq_0U_0\cos\beta_0 & -my_Gq_0 & -mU_0\sin\beta_0-my_Gp_0+2mx_Gq_0 & 0\\
\rho S_aU_0\left(C_z^{\beta}\beta_0+C_z^{\delta_v}\delta_{v0}+\dfrac{1}{2U_0}L_aC_z^{\overline{q}}q_0\right)+mq_0\cos\beta_0 & \dfrac{1}{2}\rho S_aU_0^2C_z^{\beta}-mq_0U_0\sin\beta_0 & 2mz_Gp_0 & U_0\left(\dfrac{1}{2}\rho S_aL_aC_z^{\overline{q}}+m\cos\beta_0\right)+2mz_Gq_0 & \Delta G\cos\varphi_0\\
\rho S_aL_aU_0\left(M_x^{\delta_d}\delta_{d0}+\dfrac{1}{2U_0}L_aM_x^{\overline{p}}p_0\right)+my_Gq_0\cos\beta_0-mz_Gp_0\sin\beta_0 & -mU_0(y_Gq_0\sin\beta_0+z_Gp_0\cos\beta_0) & U_0\left(\dfrac{1}{2}\rho S_aL_a^2M_x^{\overline{p}}-mz_G\sin\beta_0\right) & my_GU_0\cos\beta_0 & G(y_G\cos\varphi_0-z_G\sin\varphi_0)\\
\rho S_aL_aU_0\left(M_y^{\beta}\beta_0+M_y^{\delta_v}\delta_{v0}+\dfrac{1}{2U_0}L_aM_y^{\overline{q}}q_0\right)-mq_0(x_G\cos\beta_0+z_G\sin\beta_0) & \dfrac{1}{2}\rho S_aU_0^2L_aM_y^{\beta}+mq_0U_0(x_G\sin\beta_0-z_G\cos\beta_0) & 0 & U_0\left(\dfrac{1}{2}\rho S_aL_a^2M_y^{\overline{q}}-m(x_G\cos\beta_0+z_G\sin\beta_0)\right) & -Gx_G\cos\varphi_0\\
0 & 0 & 1 & 0 & 0
\end{bmatrix}
$$

$$
\boldsymbol{D}_1=\begin{bmatrix}
(m+\lambda_{11})\cos\beta_0 & -(m+\lambda_{11})U_0\sin\beta_0 & 0 & mz_G & 0\\
(m+\lambda_{33})\sin\beta_0 & (m+\lambda_{33})U_0c\beta_0 & my_G & \lambda_{35}-mx_G & 0\\
my_G\sin\beta_0 & my_GU_0c\beta_0 & J_{xx}+\lambda_{44} & 0 & 0\\
mz_G\cos\beta_0-(mx_G-\lambda_{35})\sin\beta_0 & -U_0\left(mz_G\sin\beta_0+(mx_G-\lambda_{35})\cos\beta_0\right) & 0 & J_{yy}+\lambda_{55} & 0\\
0 & 0 & 0 & 0 & 1
\end{bmatrix}
$$

$$
\boldsymbol{b}_1=\frac{1}{2}\rho S_aU_0^2\begin{bmatrix}
-1 & 0 & 0 & 0 & 0\\
0 & 1 & 0 & C_z^{\delta_v} & 0\\
0 & 0 & 0 & L_aM_x^{\delta_v} & L_aM_x^{\delta_d}\\
0 & 0 & 1 & L_aM_y^{\delta_v} & 0\\
0 & 0 & 0 & 0 & 0
\end{bmatrix}
$$

$$
\boldsymbol{E}_1=\begin{bmatrix}
\dot{U}_0\cos\beta_0-U_0\sin\beta_0\dot{\beta}_0 & 0 & 0 & 0 & 0\\
0 & \dot{U}_0\sin\beta_0+U_0\cos\beta_0\dot{\beta}_0 & \dot{q}_0 & 0 & 0\\
0 & 0 & 0 & \dot{p}_0 & 0\\
0 & 0 & \dot{U}_0\sin\beta_0+U_0\cos\beta_0\dot{\beta}_0 & 0 & \dot{q}_0\\
0 & 0 & 0 & 0 & 0
\end{bmatrix}
$$

由 $\boldsymbol{E}_1$ 的表达式可以看出，UUV 附加质量的变化引起的扰动量与 UUV 运动参数 U_0、β_0、p_0 及 q_0 的一阶导数项有关，而 UUV 定常运动状态时，运动参数一阶导数均为 0，由此可推得 $\boldsymbol{E}_1=\boldsymbol{0}_{5\times5}$，即 UUV 附加质量的扰动量对其定常运动状态的干扰较小，可忽略。

将式(4-87)写成状态空间形式，具体表述如下：

$$
\begin{cases}
\dot{\boldsymbol{x}}=\boldsymbol{A}\boldsymbol{x}+\boldsymbol{b}\begin{bmatrix}\Delta C_x & \Delta C_z & \Delta M_y & \Delta\delta_v & \Delta\delta_d\end{bmatrix}^{\mathrm{T}}\\
y=\boldsymbol{c}\boldsymbol{x}
\end{cases}
\tag{4-88}
$$

式中，

$$
\boldsymbol{x}=\begin{bmatrix}\Delta U & \Delta\beta & \Delta p & \Delta q & \Delta\varphi\end{bmatrix}^{\mathrm{T}};\quad \boldsymbol{A}=\boldsymbol{D}_1^{-1}\boldsymbol{A}_1;\quad \boldsymbol{b}=\boldsymbol{D}_1^{-1}\boldsymbol{b}_1
$$

式(4-88)的传递函数及阶跃相应过渡函数求解同 4.2.1 节。当式(4-87)表示 SISO 系统时，$\boldsymbol{c}\in\mathbf{R}^{1\times5}$。若考虑 UUV 初始平衡运动状态为定常水平直线运动，式(4-87)可解耦简化为如下：

$$
\begin{cases}
(m+\lambda_{11})\Delta\dot{U}=-\rho S_a C_x U_0\Delta U-\dfrac{1}{2}\rho S_a U_0^2\Delta C_x\\[2ex]
\boldsymbol{D}_1'\begin{bmatrix}\Delta\dot{\beta}\\ \Delta\dot{p}\\ \Delta\dot{q}\\ \Delta\dot{\varphi}\end{bmatrix}=\boldsymbol{A}_1'\begin{bmatrix}\Delta\beta\\ \Delta p\\ \Delta q\\ \Delta\varphi\end{bmatrix}+\boldsymbol{b}_1'\begin{bmatrix}\Delta C_z\\ \Delta M_y\\ \Delta\delta_v\\ \Delta\delta_d\end{bmatrix}
\end{cases}
\tag{4-89}
$$

式中，

$$
\boldsymbol{A}_1'=\begin{bmatrix}
\dfrac{1}{2}\rho S_a U_0^2 C_z^{\beta} & 0 & U_0\left(\dfrac{1}{2}\rho S_a L_a C_z^{\overline{q}}+m\right) & \Delta G\\
0 & \dfrac{1}{2}\rho S_a L_a^2 M_x^{\overline{p}} U_0 & m y_G U_0 & G y_G\\
\dfrac{1}{2}\rho S_a U_0^2 L_a M_y^{\beta} & 0 & U_0\left(\dfrac{1}{2}\rho S_a L_a^2 M_y^{\overline{q}}-m x_G\right) & -G x_G\\
0 & 1 & 0 & 0
\end{bmatrix}
$$

$$\boldsymbol{D}_1' = \begin{bmatrix} (m+\lambda_{33})U_0 & my_G & \lambda_{35}-mx_G & 0 \\ my_G U_0 & J_{xx}+\lambda_{44} & 0 & 0 \\ -U_0(mx_G-\lambda_{35}) & 0 & J_{yy}+\lambda_{55} & 0 \\ 0 & 0 & 0 & 1 \end{bmatrix}$$

$$\boldsymbol{b}_1' = \frac{1}{2}\rho S_a U_0^2 \begin{bmatrix} 1 & 0 & C_z^{\delta_v} & 0 \\ 0 & 0 & L_a M_x^{\delta_v} & L_a M_x^{\delta_d} \\ 0 & 1 & L_a M_y^{\delta_v} & 0 \\ 0 & 0 & 0 & 0 \end{bmatrix}$$

3. 潜艇绕流对 UUV 侧向-横滚操纵性的影响分析

1) UUV 定常回转运动时 ΔC_z 与 ΔM_y 对 q_0、β_0 及 φ_0 的影响

根据式(4-81)与式(4-82)得到 UUV 做定常回转运动时，q_0、β_0 及 φ_0 关于 δ_v、ΔC_z 及 ΔM_y 的关系。图 4-15～图 4-17 为不考虑 ΔC_z 及 ΔM_y 影响时，q_0、β_0 及 φ_0 关于 δ_v 的变化曲线；图 4-18～图 4-20 展示了 δ_v=2°时，q_0、β_0 及 φ_0 关于 ΔC_z 与 ΔM_y 的变化曲面。

由图 4-15～图 4-17 可以看出，q_0、β_0 与 δ_v 成反比关系，φ_0 与 δ_v 成正比关系。由图 4-18～图 4-20 可以看出，考虑 ΔC_z 变化范围(–0.04，0.04)、ΔM_y 变化范围(–0.005，0.005)时，q_0、β_0 及 φ_0 关于 ΔC_z 与 ΔM_y 的变化曲面近似为平面；ΔC_z 一

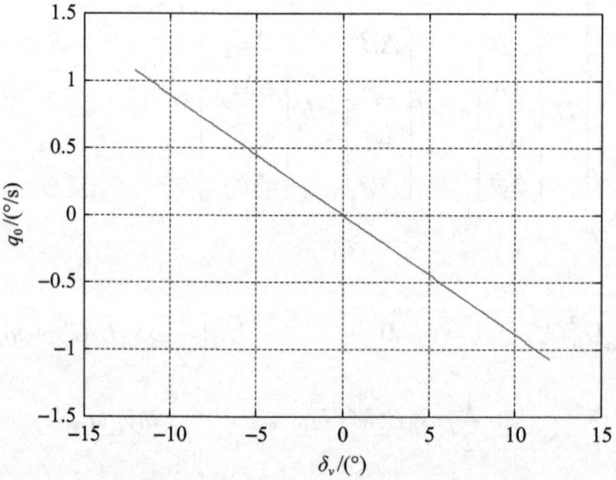

图 4-15　q_0 随 δ_v 的变化曲线

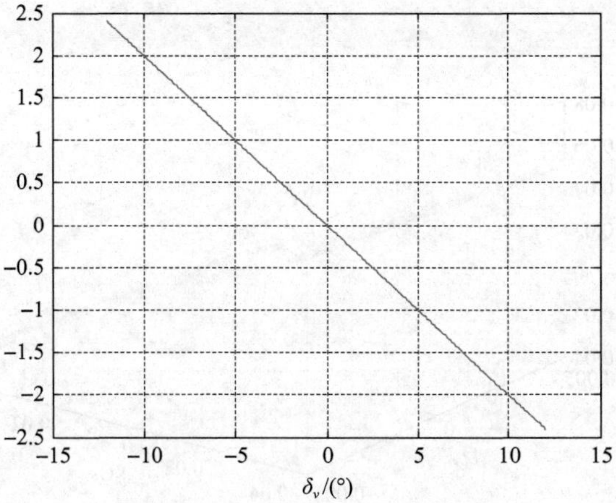

图 4-16　β_0 随 δ_v 的变化曲线

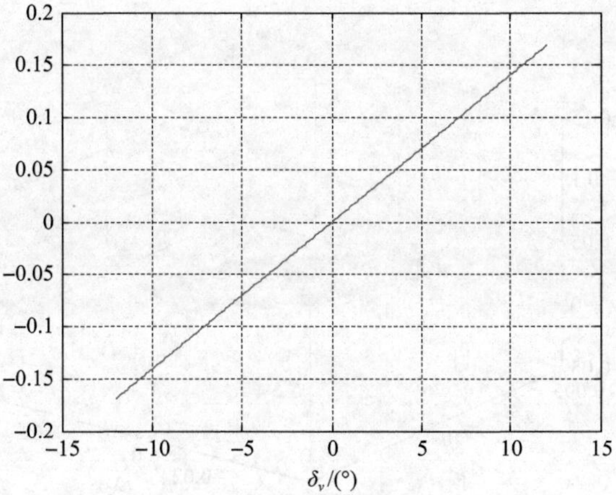

图 4-17　φ_0 随 δ_v 的变化曲线

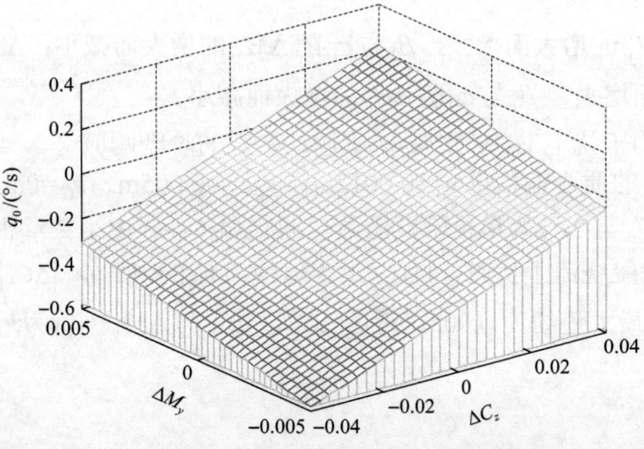

图 4-18　q_0 关于 ΔC_z 与 ΔM_y 的变化曲面

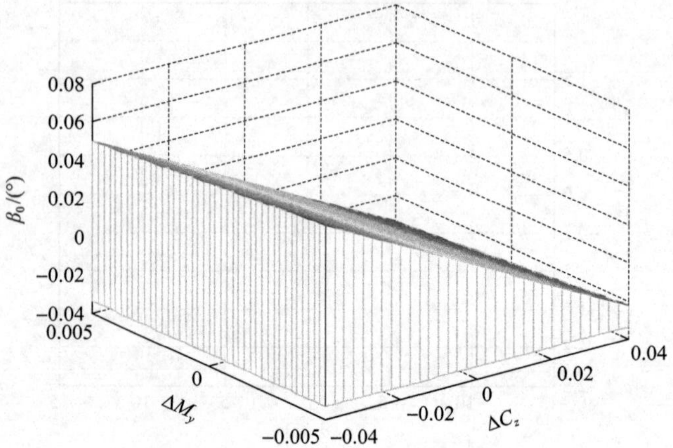

图 4-19　β_0 关于 ΔC_z 与 ΔM_y 的变化曲面

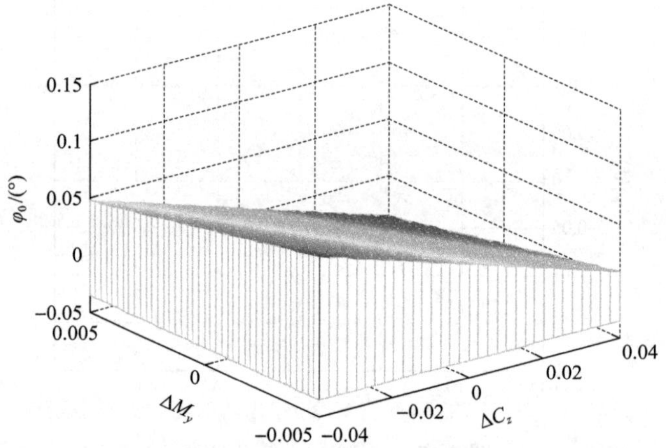

图 4-20　φ_0 关于 ΔC_z 与 ΔM_y 的变化曲面

定时，q_0 随 ΔM_y 的增大而增大，β_0 与 φ_0 随 ΔM_y 的增大而减小；ΔM_y 一定时，q_0 随 ΔC_z 的增大而增大，β_0 与 φ_0 随 ΔC_z 的增大而减小。

2）流体动力干扰下 UUV 侧向-横滚运动参数的阶跃响应

考虑 UUV 的质心偏移量 x_G=0.0012m、$y_G=-0.005$m、z_G=0m，负浮力 $\Delta G=$ 9.8N 。考虑 $\Delta\delta_v$ 与 $\Delta\delta_d$ 为单位阶跃函数，同式(4-64)。由第 2 章相关计算结果可知，UUV 受潜艇绕流干扰时，$|\Delta C_x|$ 最大值约为 C_x 的 15%，$|\Delta C_z|$ 的最大值约为 0.04，$|\Delta M_y|$ 的最大值约为 0.005，考虑 ΔC_x、ΔC_z 与 ΔM_y 干扰为最大值的阶跃函数可描述如下：

$$
\begin{cases}
\Delta C_x(t)=\begin{cases}0, & t<0\\ 0.15C_x, & t\geqslant 0\end{cases}\\
\Delta C_z(t)=\begin{cases}0, & t<0\\ -0.04, & t\geqslant 0\end{cases}\\
\Delta M_y(t)=\begin{cases}0, & t<0\\ 0.005, & t\geqslant 0\end{cases}
\end{cases}
$$

(1) UUV 初始状态为做定常回转运动。

考虑 UUV 初始做定常回转运动时的垂直舵角为 $\delta_v=2°$，根据 4.2.1 节相关内容，可求得式(4-87)中 ΔU 、$\Delta\beta$、Δp 、$\Delta\varphi$、Δq 及 $\Delta\psi$ 关于输入项 ΔC_x、ΔC_z、ΔM_y、$\Delta\delta_v$ 与 $\Delta\delta_d$ 的阶跃响应过渡曲线，分别如图 4-21～图 4-26 所示。

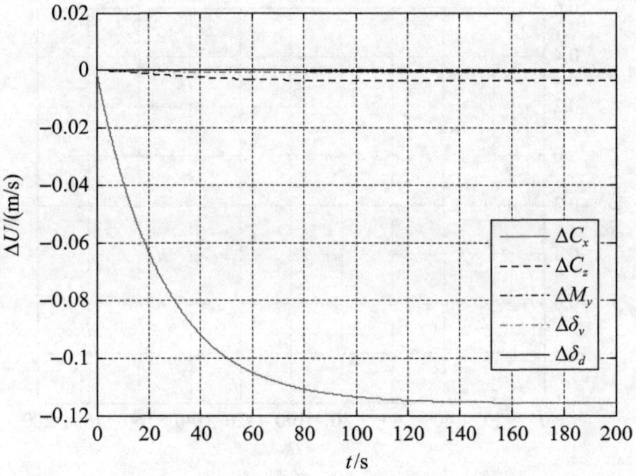

图 4-21　UUV 初始做定常回转运动时 ΔU 的过渡曲线

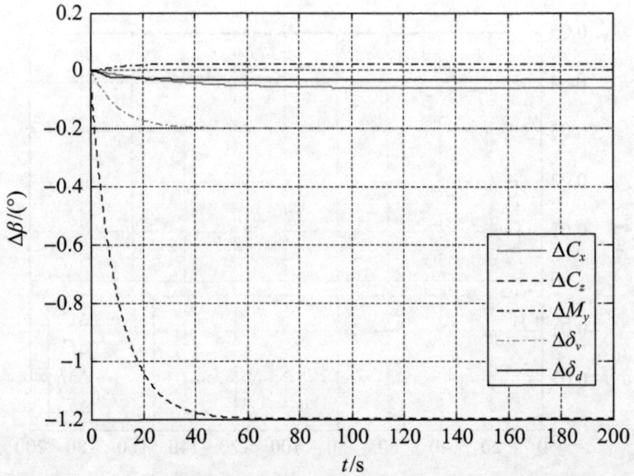

图 4-22　UUV 初始做定常回转运动时 $\Delta\beta$ 的过渡曲线

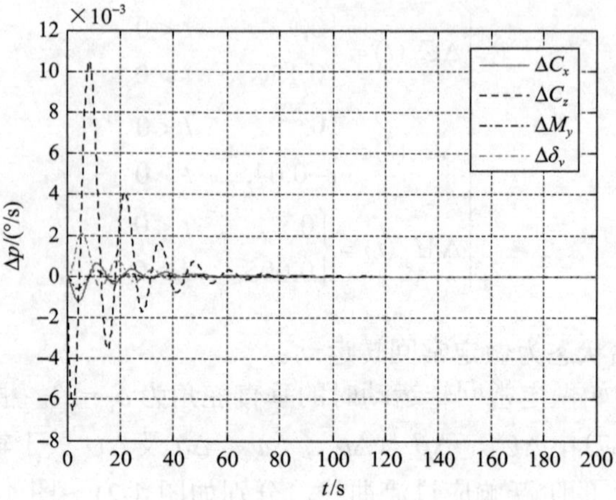

(a) 关于ΔC_x、ΔC_z、ΔM_y、$\Delta\delta_v$

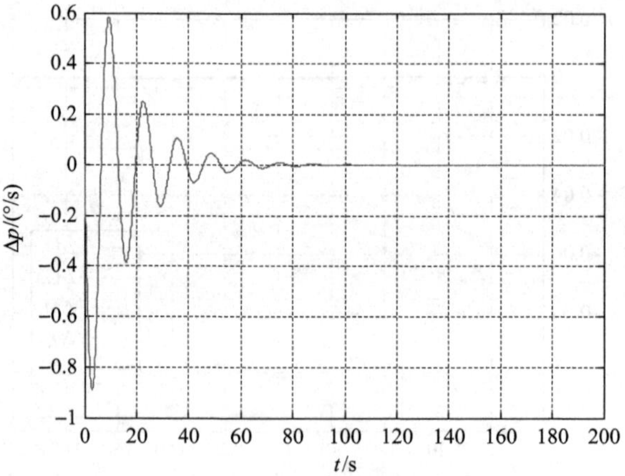

(b) 关于$\Delta\delta_d$

图 4-23　UUV 初始做定常回转运动时 Δp 的过渡曲线

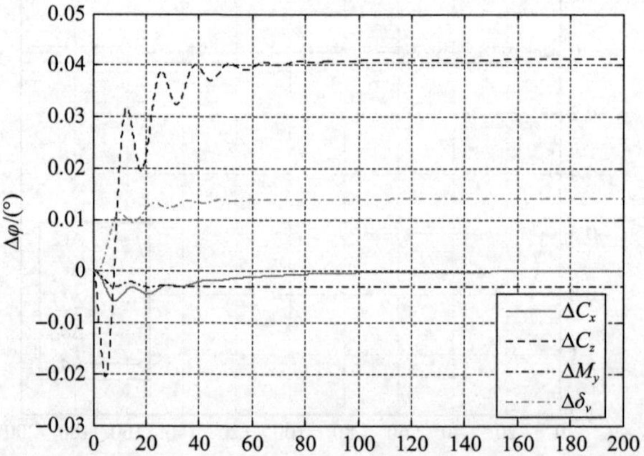

(a) 关于ΔC_x、ΔC_z、ΔM_y、$\Delta\delta_v$

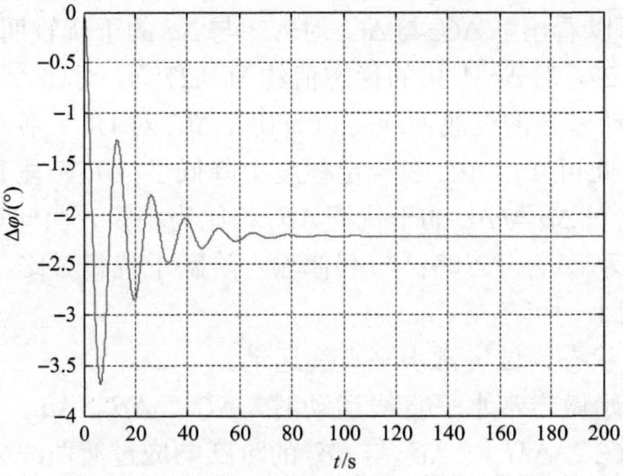

(b) 关于$\Delta\delta_d$

图 4-24　UUV 初始做定常回转运动时 $\Delta\varphi$ 的过渡曲线

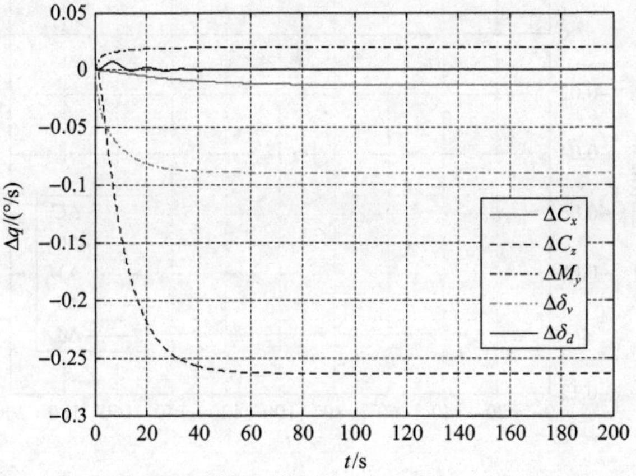

图 4-25　UUV 初始做定常回转运动时 Δq 的过渡曲线

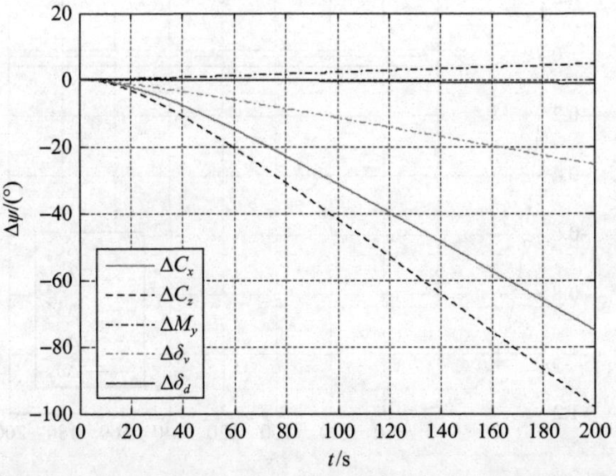

图 4-26　UUV 初始做定常回转运动时 $\Delta\psi$ 的过渡曲线

由图示结果可以看出，ΔC_x 与 ΔC_z 对 ΔU 与 Δq 的干扰较明显；ΔC_z 对 $\Delta\beta$ 干扰的稳定值约为 1.2°，对 Δq 干扰的稳态值约为 0.27°/s，对比 ΔC_z 与 $\Delta\delta_v$ 作为阶跃输入时 UUV 各运动参数的过渡曲线可以看出，ΔC_z 对 UUV 各运动参数的干扰效果与 $\Delta\delta_v$ 相似，由此可知，ΔC_z 在一定程度上降低了 UUV 垂直舵的有效范围；ΔC_x、ΔC_z 及 ΔM_y 对 Δp 与 $\Delta\varphi$ 的干扰同 $\Delta\delta_d$ 相比为小量，由此可知，流体动力干扰对 UUV 横滚运动影响可忽略；与其他输入阶跃干扰相对比，ΔM_y 对 UUV 各运动参数的干扰较小，可忽略。

(2) UUV 初始状态为做定常水平直线运动。

考虑 UUV 初始做定常水平直线运动时，ΔU、$\Delta\beta$、Δp、$\Delta\varphi$、Δq 及 $\Delta\psi$ 关于输入项 ΔC_x、ΔC_z、ΔM_y、$\Delta\delta_v$ 与 $\Delta\delta_d$ 的阶跃响应过渡曲线分别如图 4-27～图 4-32 所示。

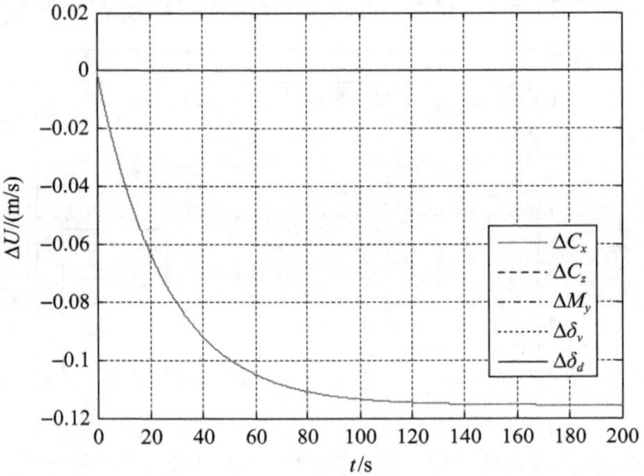

图 4-27 UUV 初始做定常水平直线运动时 ΔU 的过渡曲线

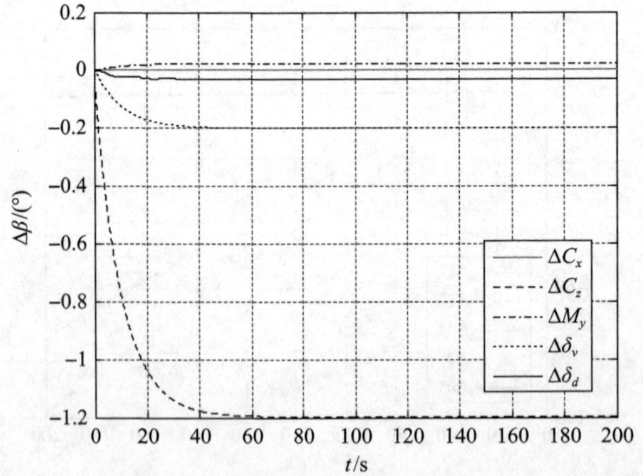

图 4-28 UUV 初始做定常水平直线运动时 $\Delta\beta$ 的过渡曲线

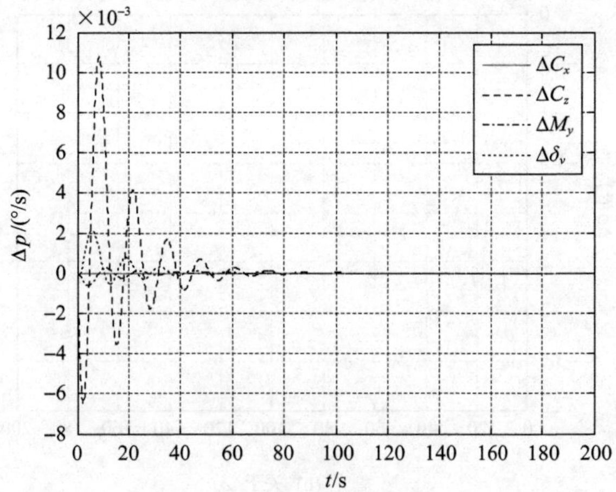

(a) 关于ΔC_x、ΔC_z、ΔM_y、$\Delta\delta_v$

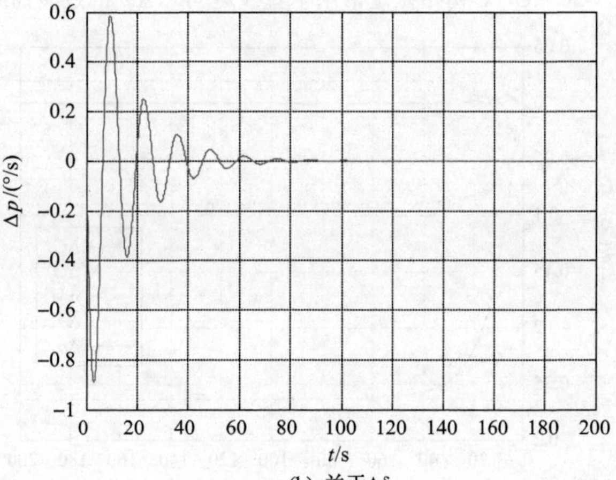

(b) 关于$\Delta\delta_d$

图 4-29　UUV 初始做定常水平直线运动时 Δp 的过渡曲线

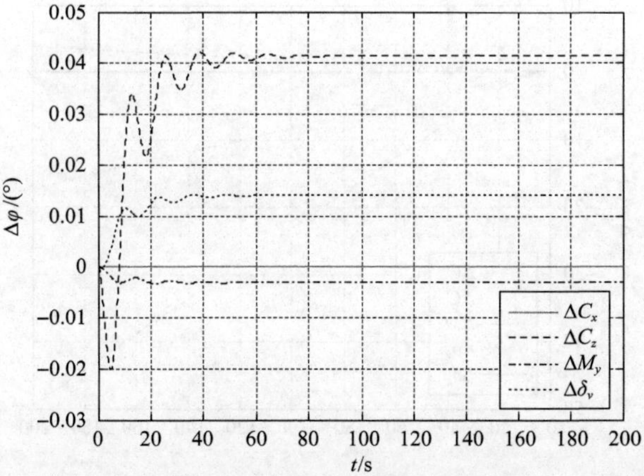

(a) 关于ΔC_x、ΔC_z、ΔM_y、$\Delta\delta_v$

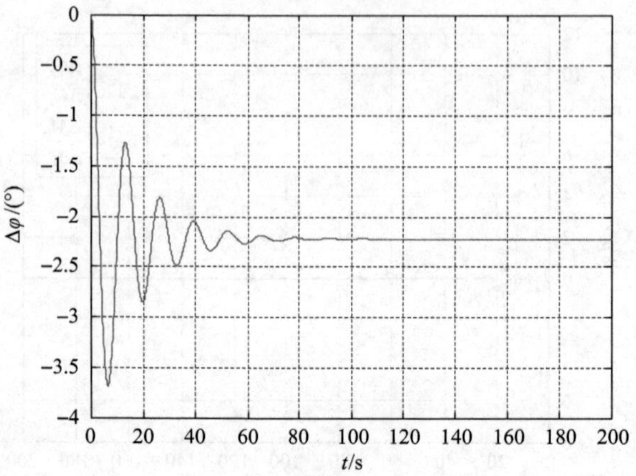

(b) 关于$\Delta\delta_d$

图 4-30　UUV 初始做定常水平直线运动时 $\Delta\varphi$ 的过渡曲线

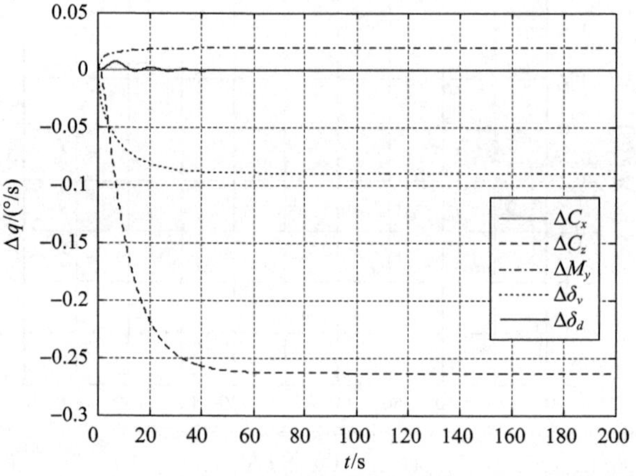

图 4-31　UUV 初始做定常水平直线运动时 Δq 的过渡曲线

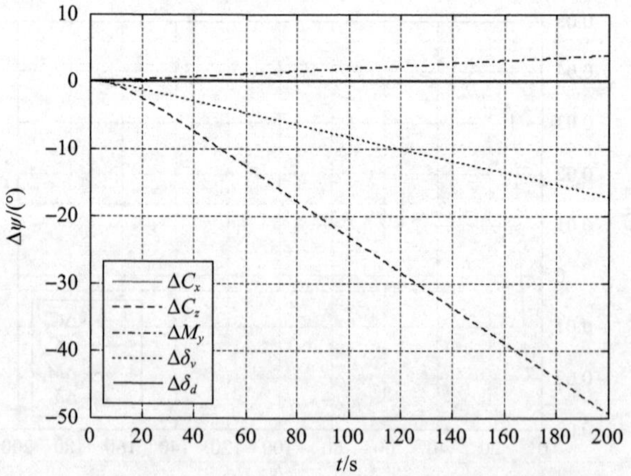

图 4-32　UUV 初始做定常水平直线运动时 $\Delta\psi$ 的过渡曲线

由图示结果可以看出，ΔC_x 仅对 ΔU 有干扰，对其他运动参数几乎无干扰；同 UUV 初始做定常回转运动工况相比，ΔC_z 对 $\Delta\beta$ 干扰的稳定值仍为 1.2°，对 Δq 干扰的稳态值为 0.27°/s；ΔC_x、ΔC_z 及 ΔM_y 对 Δp 与 $\Delta\varphi$ 的干扰同 $\Delta\delta_d$ 相比为仍小量；与其他输入阶跃干扰相对比，ΔM_y 对 UUV 各运动参数的干扰较小，可忽略。

3) 考虑 ΔC_x 解耦时 UUV 运动参数关于 $\Delta\delta_v$ 的单位阶跃响应

UUV 做定常水平直线运动时，因为 ΔC_x 仅对 ΔU 干扰，故可将 ΔC_x 进行解耦处理。当考虑 UUV 推力 T 不变时，ΔC_x 不同对应 UUV 定常水平运动速度大小不同，由此可根据式(4-89)得到无阻力系数干扰、阻力系数增大 15%及减小 15%时，UUV 各运动参数关于 $\Delta\delta_v$ 单位阶跃响应的过渡曲线具体如图 4-33～图 4-37 所示。

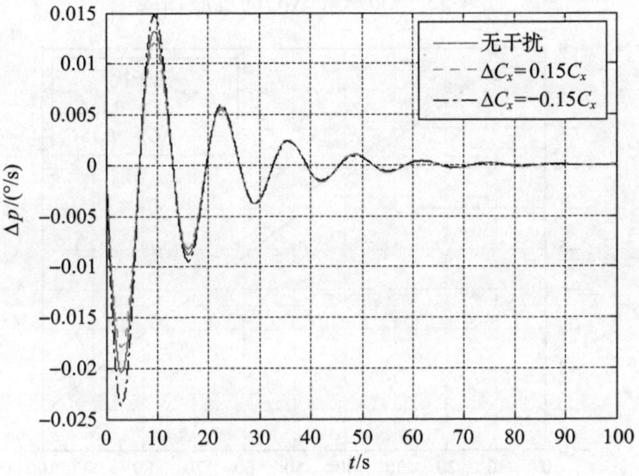

图 4-33　Δp 关于 $\Delta\delta_v$ 的过渡曲线

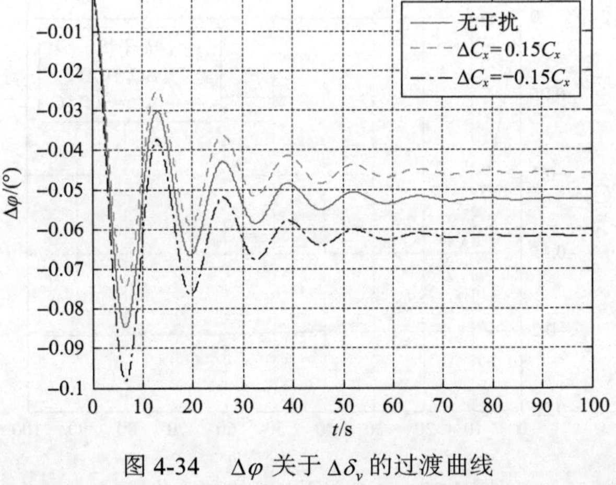

图 4-34　$\Delta\varphi$ 关于 $\Delta\delta_v$ 的过渡曲线

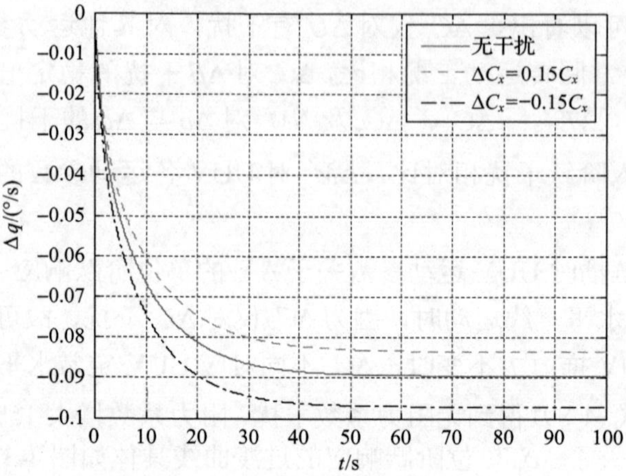

图 4-35　Δq 关于 $\Delta\delta_v$ 的过渡曲线

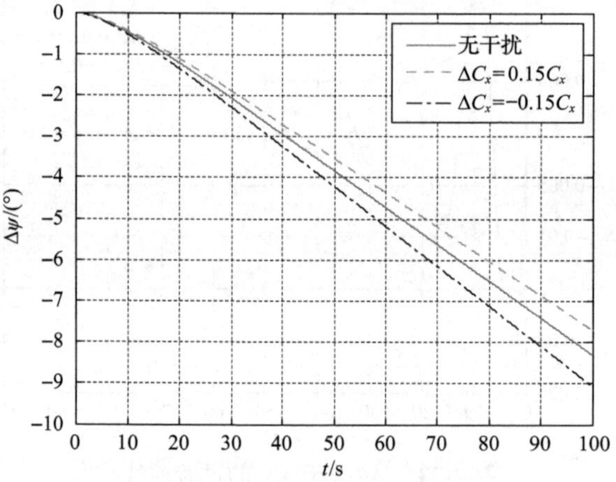

图 4-36　$\Delta\psi$ 关于 $\Delta\delta_v$ 的过渡曲线

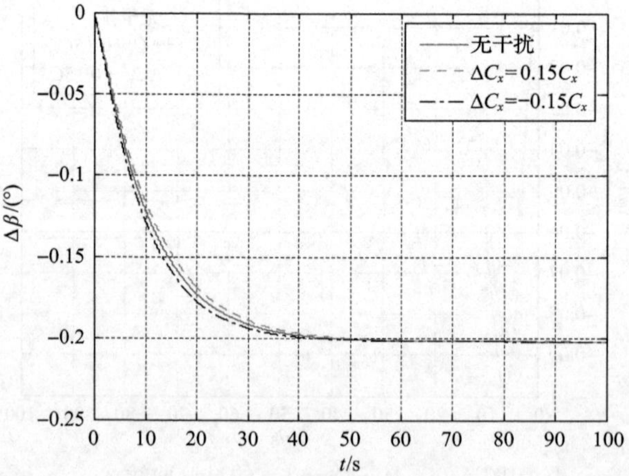

图 4-37　$\Delta\beta$ 关于 $\Delta\delta_v$ 的过渡曲线

由图示结果可以看出，阻力系数减小时，单位阶跃垂直舵角 $\Delta\delta_v$ 对应 Δq 的初始变化梯度及稳态改变量均增大，由此可以看出，阻力系数减小可提高 UUV 的垂直舵效。

4.3　UUV 靠近对接装置运动仿真

根据建立的 UUV 运动数学模型，结合 UUV 由无界流域运动到有界流域的流体动力变化规律，采用数值方法对 UUV 靠近对接装置时的运动过程进行求解计算。图 4-38～图 4-41 是 UUV 靠近对接装置时的运动曲线及速度、攻角、角速度、俯仰角和水平舵角等变化曲线。

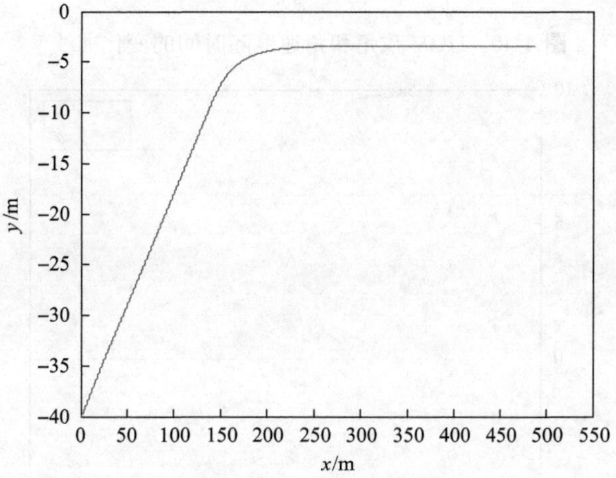

图 4-38　UUV 运动曲线

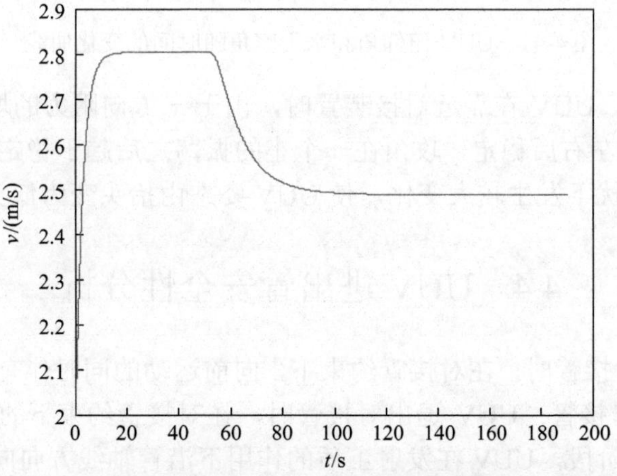

图 4-39　UUV 速度随时间的变化曲线

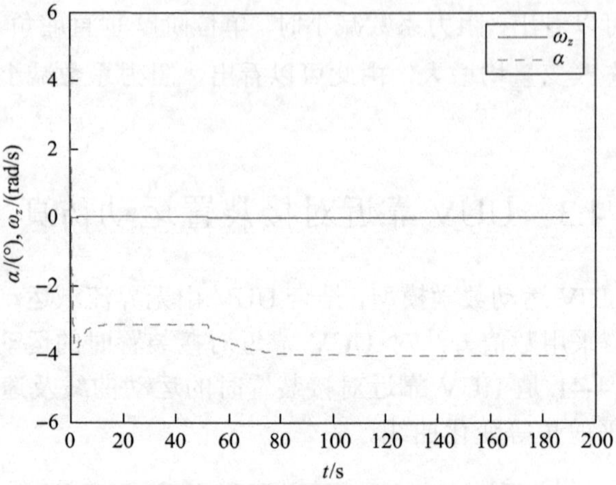

图 4-40　UUV 攻角和角速度随时间的变化曲线

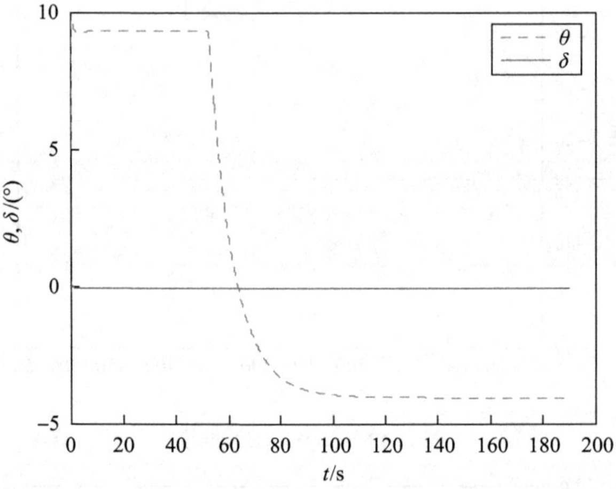

图 4-41　UUV 俯仰角和水平舵角随时间的变化曲线

由上图可知，UUV 在靠近对接装置时，由于 x 方向阻力的增加，UUV 速度在减小到 2.5m/s 左右后稳定，攻角在一个小的振荡之后趋于稳定，俯仰角则在对接装置流场的干扰下发生较大变化，使 UUV 姿态由抬头变为低头。

4.4　UUV 进出管安全性分析

UUV 进入对接管时，在对接管约束下，向前运动的同时伴有旋转运动，直至 UUV 完全进入对接管；UUV 退出对接管时，在对接管约束下的运动可分为两个基本阶段：第一阶段，UUV 在发射工质的作用下沿管轴线方向向前做直线运动，直至 UUV 圆柱中段离开管口时止；第二阶段，UUV 除了继续向前运动外，在重力与流体动力的作用下还伴随着旋转运动，直至 UUV 完全出管。

由于 UUV 的进管和出管运动都伴随着旋转运动，所以管内运动的研究对于确定 UUV 在进出管过程中是否会发生卡滞现象，能否安全进出管具有重要意义。

4.4.1 安全性分析建模

1. UUV 进管运动

在 UUV 进入对接管时，UUV 在运动过程中与对接管体为点接触，是点约束下的运动。在一点约束下，UUV 可安全进入对接管，本节将研究一点约束下的 UUV 安全进管问题。

图 4-42 给出了一点约束下 UUV 进管的运动示意图，同时给出了坐标系。一点约束下的 UUV 运动具有两个自由度，取 UUV 的转角 θ 及由约束点 O 到 UUV 质心 C 的轴向距离 l 为两个独立的广义坐标，则 UUV 质心的 x、y 坐标与广义坐标 θ、l 的关系为

$$x = l\cos\theta - r\sin\theta, \quad y = l\sin\theta + r\cos\theta \tag{4-90}$$

$$x_D = x - l_e\cos\theta, \quad y_D = y + l_e\sin\theta \tag{4-91}$$

式中，r 为支点 O 到质心 C 的径向距离；l_e 为 UUV 的重浮心间距。对于确定的 UUV，r 是 UUV 坐标系中 x 坐标的已知函数，因此 r 也可转化为 l 的已知函数，以 $r = r(l)$ 表示。

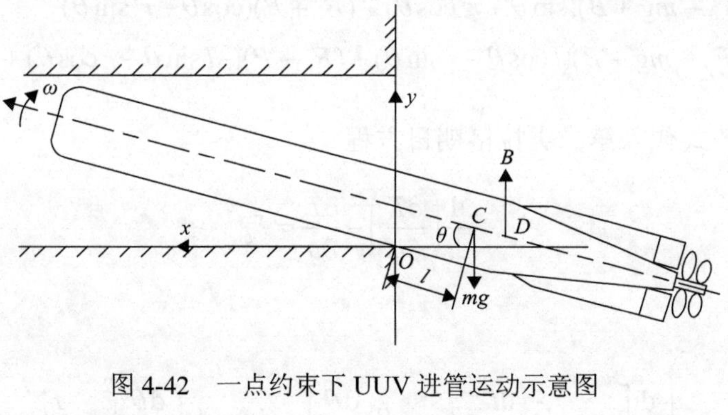

图 4-42　一点约束下 UUV 进管运动示意图

UUV 质心处的速度 v 可表示为

$$v^2 = \dot{x}^2 + \dot{y}^2 = (1 + r'^2)\dot{l}^2 + (l^2 + r^2)\dot{\theta}^2 + 2(r - r'l)\dot{l}\dot{\theta} \tag{4-92}$$

式中，$r' = \mathrm{d}r / \mathrm{d}l$。

UUV 具有的动能 T 为

$$T = \frac{1}{2}mv^2 + \frac{1}{2}J_c\dot{\theta}^2 = \frac{1}{2}m[(1+r'^2)\dot{l}^2 + (l^2 + r^2 + k^2)\dot{\theta}^2 + 2(r - r'l)\dot{l}\dot{\theta}] \quad (4\text{-}93)$$

式中，m 为 UUV 的质量，kg；J_c 为 UUV 关于质心的转动惯量，$\text{kg}\cdot\text{m}^2$；k 为回转半径，$k = \sqrt{J_c}$，m。

UUV 动能对广义坐标的偏导数为

$$\frac{\partial T}{\partial l} = m(l + rr')\dot{\theta}^2, \quad \frac{\partial T}{\partial \dot{l}} = m[(1+r'^2)\dot{l} + (r - r'l)\dot{\theta}]$$

$$\frac{\partial T}{\partial \theta} = 0, \quad \frac{\partial T}{\partial \dot{\theta}} = m[(l^2 + r^2 + k^2)\dot{\theta} + (r - r'l)\dot{l}]$$

UUV 在管内末弹道阶段，受到的主动力可能有推力 P、重力 mg、浮力 B、流体动力 F_x 和 F_y，根据虚位移原理有

$$\begin{aligned}
\delta w &= (F_y - mg)\delta y + B\delta y_D + (P + F_x)\delta x \\
&= [(F_y - mg + B)(\sin\theta + r'\cos\theta) + (P + F_x)(\cos\theta - r'\sin\theta)]\delta l \\
&\quad + [(F_y - mg + B)(l\cos\theta - r\sin\theta) + (F_x + P)(-l\sin\theta - r\cos\theta) + Bl_e\cos\theta]\delta\theta
\end{aligned}$$

因此，广义力 F_l 与 F_θ 分别为

$$\begin{cases}
F_l = (F_y - mg + B)(\sin\theta + r'\cos\theta) + (F_x + P)(\cos\theta - r'\sin\theta) \\
F_\theta = (F_y - mg + B)(l\cos\theta - r\sin\theta) + (F_x + P)(-l\sin\theta - r\cos\theta) + Bl_e\cos\theta
\end{cases}$$

把有关各式代入第二类拉格朗日方程

$$\frac{\mathrm{d}}{\mathrm{d}t}\left(\frac{\partial T}{\partial \dot{q}}\right) - \frac{\partial T}{\partial q} = F_q \quad (4\text{-}94)$$

得到

$$\begin{cases}
\dfrac{\mathrm{d}}{\mathrm{d}t}\left[(1+r'^2)\dfrac{\mathrm{d}l}{\mathrm{d}t} + (r - r'l)\dfrac{\mathrm{d}\theta}{\mathrm{d}t}\right] - (l + rr')\left(\dfrac{\mathrm{d}\theta}{\mathrm{d}t}\right)^2 = \dfrac{F_l}{m} \\
\dfrac{\mathrm{d}}{\mathrm{d}t}\left[(l^2 + r^2 + k^2)\dfrac{\mathrm{d}\theta}{\mathrm{d}t} + (r - r'l)\dfrac{\mathrm{d}l}{\mathrm{d}t}\right] = \dfrac{F_\theta}{m}
\end{cases} \quad (4\text{-}95)$$

或

$$\begin{cases}(1+r'^2)\dfrac{\mathrm{d}^2 l}{\mathrm{d}t^2}+(r-r'l)\dfrac{\mathrm{d}^2\theta}{\mathrm{d}t^2}-(1+rr')\left(\dfrac{\mathrm{d}\theta}{\mathrm{d}t}\right)^2=\dfrac{F_1}{m}\\(r-r'l)\dfrac{\mathrm{d}^2 l}{\mathrm{d}t}+(l^2+r^2+k^2)\dfrac{\mathrm{d}^2\theta}{\mathrm{d}t^2}+2(l+rr')\dfrac{\mathrm{d}l}{\mathrm{d}t}\dfrac{\mathrm{d}\theta}{\mathrm{d}t}=\dfrac{F_\theta}{m}\end{cases} \tag{4-96}$$

这就是所建立的 UUV 进管运动的动力学方程组。再加上运动学方程

$$\begin{cases}\dfrac{\mathrm{d}l}{\mathrm{d}t}=v_l\\\dfrac{\mathrm{d}\theta}{\mathrm{d}t}=\omega\end{cases} \tag{4-97}$$

以及几何关系式(4-25)，便构成了一点约束条件下完整的 UUV 进管运动方程组。

初始条件为：$l|_{t=0}=l_0$，可由 UUV、管几何参数确定；$\theta|_{t=0}=0$，考虑 UUV 的攻角有很小的初值；$v_l|_{t=0}=v_0$，由 UUV 匀速运动获得；$\omega|_{t=0}=0$。

2. UUV 出管运动

1) 第一阶段：UUV 做直线运动

UUV 运动方程为

$$(m+\lambda)\dot{v}_t=P_t-R_x-R_m$$

式中，P_t 为推力；R_x 为流体阻力；R_m 为摩擦阻力。

(1) 螺旋桨推力。UUV 螺旋桨产生的推力及其变化与 UUV 电机和螺旋桨有关。本节采用的推动方式是先让电机原地启动，等到电机达到额定功率即推力恒定时才让电机推动 UUV 前进。假设 UUV 在敞水状态匀速运动螺旋桨能达到的最大转速为 v，故 P_t 可表示为

$$P_t=0.5C_T\rho v^2 S \tag{4-98}$$

式中，C_T 为敞水状态的理想推力系数；S 为螺旋桨横截面积；ρ 为海水密度。

(2) 流体阻力 R_x。UUV 运动阻力随 UUV 速度和 UUV 在管内的位置不同而变化。计算 R_x 所用的 UUV 速度和阻力系数等都是瞬时值。流体阻力 R_x 可表示为

$$R_x=0.5\rho C_x S v^2 \tag{4-99}$$

式中，C_x 为 UUV 在不同位置时的阻力系数；v 为瞬时速度。

(3) 摩擦阻力 R_m。摩擦阻力与 UUV 的重量、浮力、壳体材料和导轨材料有

关，可表示为

$$R_m = \mu\Delta G \tag{4-100}$$

式中，μ 为滑动摩擦系数；ΔG 为负浮力。

UUV 出管运动的第一阶段和第二阶段的临界条件为：重力提供的力矩大于浮力提供的力矩。

(4) 附加质量取与理想流体中运动时相同的值。

2) 第二阶段：UUV 向前运动中伴有旋转运动

在管内末弹道阶段，UUV 在运动过程中与对接管体为点接触，是点约束下的运动。在一点约束下，UUV 可安全退出对接管。

图 4-43 给出了一点约束下 UUV 出管的运动示意图，同时给出了坐标系。同样选取 UUV 的转角 θ 及由约束点 O 到 UUV 质心 C 的轴向距离 l 为两个独立的广义坐标，则 UUV 质心的坐标 x 和 y、浮心的坐标 x_D 和 y_D 与广义坐标 θ、l 的关系为

$$x = l\cos\theta + r\sin\theta, \quad y = l\sin\theta - r\cos\theta \tag{4-101}$$

$$x_D = x + l_e\cos\theta, \quad y_D = y + l_e\sin\theta \tag{4-102}$$

式中，r 为支点 O 到质心 C 的径向距离；l_e 是 UUV 的重浮心间距。对于确定的 UUV，r 是 UUV 坐标系中 x 坐标的已知函数，因此 r 也可转化为 l 的已知函数，以 $r = r(l)$ 表示。

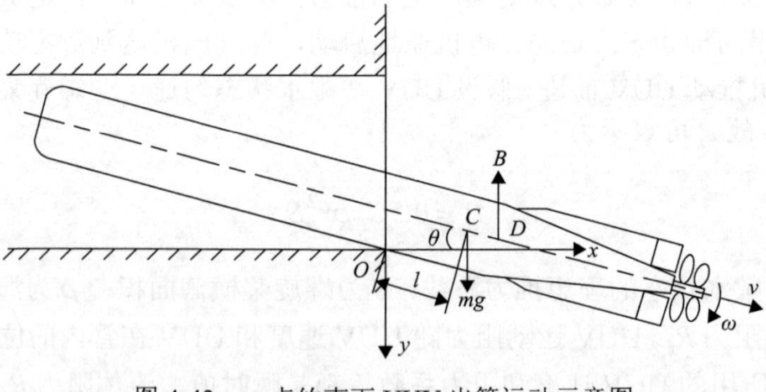

图 4-43　一点约束下 UUV 出管运动示意图

UUV 质心处的速度 v 可表示为

$$v^2 = \dot{x}^2 + \dot{y}^2 = (1 + r'^2)\dot{l}^2 + (l^2 + r^2)\dot{\theta}^2 + 2(r - r'l)\dot{l}\dot{\theta}$$

式中，$r' = \mathrm{d}r / \mathrm{d}l$。

UUV 具有的动能 T 为

$$T = \frac{1}{2}mv^2 + \frac{1}{2}J_c\dot{\theta}^2 = \frac{1}{2}m[(1+r'^2)\dot{l}^2 + (l^2 + r^2 + k^2)\dot{\theta}^2 + 2(r - r'l)\dot{l}\dot{\theta}]$$

式中，m 为 UUV 的质量，kg；J_c 为 UUV 关于质心的转动惯量，$\mathrm{kg \cdot m^2}$；k 为回转半径，$k = \sqrt{J_c}$，m。

UUV 动能对广义坐标的偏导数为

$$\frac{\partial T}{\partial l} = m(l + rr')\dot{\theta}^2, \quad \frac{\partial T}{\partial \dot{l}} = m[(1+r'^2)\dot{l} + (r - r'l)\dot{\theta}]$$

$$\frac{\partial T}{\partial \theta} = 0, \quad \frac{\partial T}{\partial \dot{\theta}} = m[(l^2 + r^2 + k^2)\dot{\theta} + (r - r'l)\dot{l}]$$

UUV 在管内末弹道阶段，受到的主动力可能有推力 T、重力 mg、浮力 B、流体动力 F_x 和 F_y，根据虚位移原理有

$$\begin{aligned}
\delta w &= (F_y + mg)\delta y - B\delta y_D + (P + F_x)\delta x \\
&= [(F_y + mg - B)(\sin\theta - r'\cos\theta) + (P + F_x)(\cos\theta + r'\sin\theta)]\delta l \\
&\quad + [(F_y + mg - B)(l\cos\theta + r\sin\theta) + (F_x + P)(-l\sin\theta + r\cos\theta) - Bl_e\cos\theta]\delta\theta
\end{aligned}$$

因此，广义力 F_l 与 F_θ 分别为

$$\begin{cases}
F_l = (F_y + mg - B)(\sin\theta - r'\cos\theta) + (F_x + P)(\cos\theta + r'\sin\theta) \\
F_\theta = (F_y + mg - B)(l\cos\theta - r\sin\theta) + (F_x + P)(r\cos\theta - l\sin\theta) - Bl_e\cos\theta
\end{cases}$$

把有关各式代入第二类拉格朗日方程

$$\frac{\mathrm{d}}{\mathrm{d}t}\left(\frac{\partial T}{\partial q}\right) - \frac{\partial T}{\partial q} = F_q$$

得到

$$\begin{cases}
\dfrac{\mathrm{d}}{\mathrm{d}t}\left[(1+r'^2)\dfrac{\mathrm{d}l}{\mathrm{d}t} + (r - r'l)\dfrac{\mathrm{d}\theta}{\mathrm{d}t}\right] - (l + rr')\left(\dfrac{\mathrm{d}\theta}{\mathrm{d}t}\right)^2 = \dfrac{F_l}{m} \\
\dfrac{\mathrm{d}}{\mathrm{d}t}\left[(l^2 + r^2 + k^2)\dfrac{\mathrm{d}\theta}{\mathrm{d}t} + (r - r'l)\dfrac{\mathrm{d}l}{\mathrm{d}t}\right] = \dfrac{F_\theta}{m}
\end{cases}$$

或

$$\begin{cases}(1+r'^2)\dfrac{\mathrm{d}^2 l}{\mathrm{d}t^2}+(r-r'l)\dfrac{\mathrm{d}^2\theta}{\mathrm{d}t^2}-(1+rr')\left(\dfrac{\mathrm{d}\theta}{\mathrm{d}t}\right)^2=\dfrac{F_l}{m}\\(r-r'l)\dfrac{\mathrm{d}^2 l}{\mathrm{d}t^2}+(l^2+r^2+k^2)\dfrac{\mathrm{d}^2\theta}{\mathrm{d}t^2}+2(l+rr')\dfrac{\mathrm{d}l}{\mathrm{d}t}\dfrac{\mathrm{d}\theta}{\mathrm{d}t}=\dfrac{F_\theta}{m}\end{cases}$$

这就是所建立的 UUV 管内末弹道的动力学方程组。再加上运动学方程

$$\begin{cases}\dfrac{\mathrm{d}l}{\mathrm{d}t}=v_l\\\dfrac{\mathrm{d}\theta}{\mathrm{d}t}=\omega\end{cases}$$

以及几何关系式(4-101)，便构成了一点约束条件下完整的 UUV 管内末弹道方程组。

初始条件为：$l|_{t=0}=l_0$，可由 UUV、管几何参数确定；$\theta|_{t=0}=0$，考虑 UUV 的攻角有很小的初值；$v_l|_{t=0}=v_0$，由 UUV 匀速运动获得；$\omega|_{t=0}=0$，考虑间隙也有很小的初值。

4.4.2　求解过程

UUV 的进出管运动安全性问题都是一点约束下的安全性问题，故其求解方法相同。图 4-44 给出了 UUV 出管运动的求解流程。

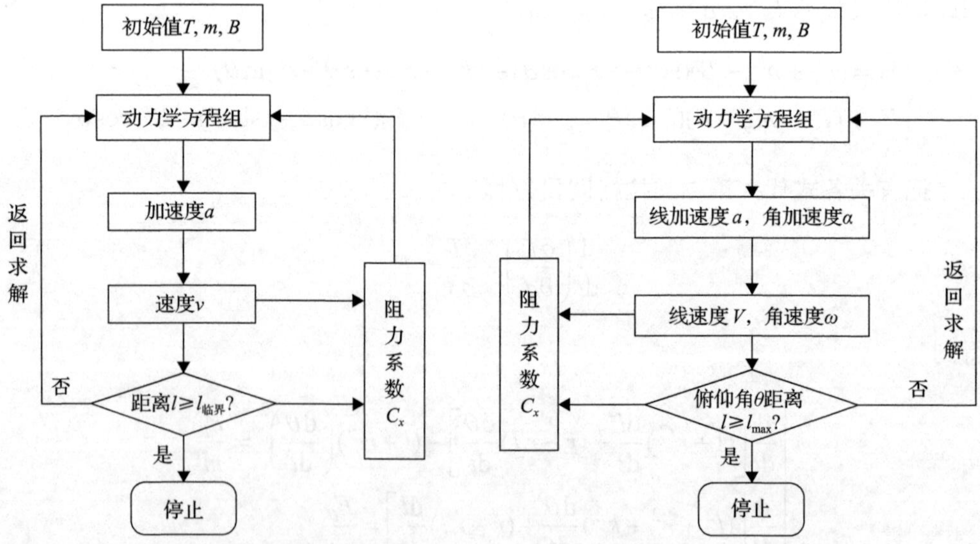

图 4-44　UUV 出管运动求解流程

UUV 出管第一阶段做直线运动，是一维运动，根据牛顿第二定律，输入初始值，可以得到加速度，然后积分得到速度，经过二次积分得到位移，然后与临界条件进行对比，当位移大于临界条件的位移时，计算结束。在管内末弹道，UUV 向前运动的同时伴有旋转运动，将 UUV 的动力学方程组写成矩阵的形式进行求解，将第一阶段得到的结果值赋给第二阶段，作为初值进行计算。经一次积分得到线速度和角速度，经二次积分得到距离和俯仰角。

UUV 在进管和出管过程中，都是在极限流域中运动，流体动力的非线性明显，故采用第 3 章已经计算得到的 UUV 出管和进管过程中的阻力系数进行曲面插值，作为安全性分析的阻力系数(图 4-45)，得到阻力系数关于位置和速度的函数。在仿真时，可调用阻力系数这个函数。

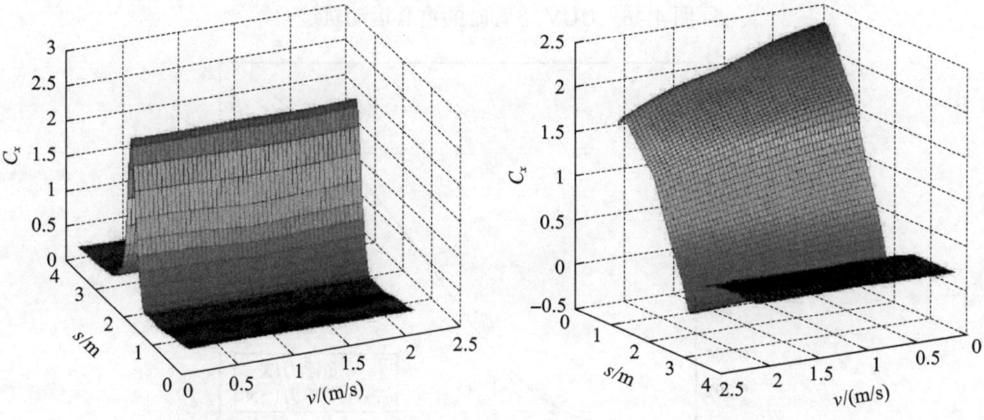

(a) 进管　　(b) 出管

图 4-45　UUV 进管和出管运动阻力系数关于位置和速度的插值曲面

4.4.3　仿真结果分析

1. UUV 进管结果分析

表 4-1 是 UUV 安全进管时重心位置与负浮力的变化表。研究发现，UUV 安全进管时的负浮力变化很小，当 UUV 重心在 0.805～0.905m 时，正浮力仅为 1.5N，因此 UUV 在进管时最好采用零浮力。

表 4-1　UUV 安全进管时重心位置与负浮力变化表

重心浮心距/m	负浮力 $(mg-B)$/N	UUV 浮心位置/m
−0.05	−1.5	0.855

图 4-46～图 4-49 是负浮力为 1.5N 和 1N 时的仿真曲线。

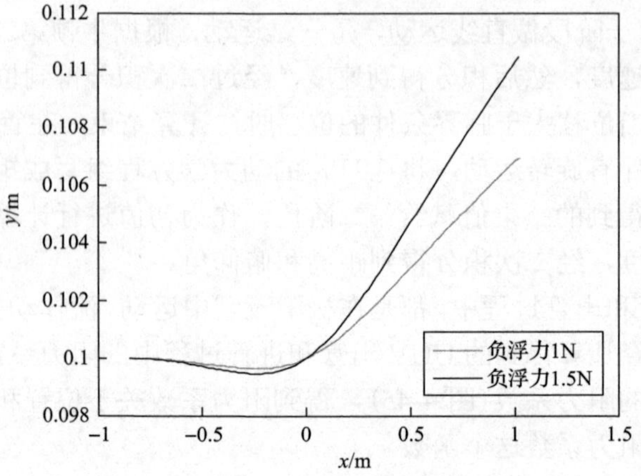

图 4-46　UUV 进管时的重心运动轨迹

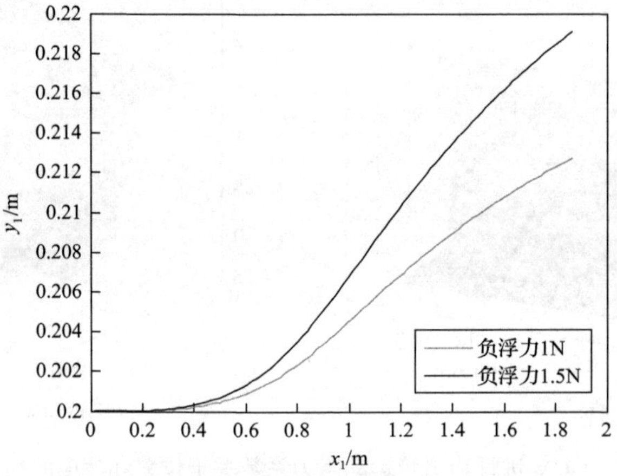

图 4-47　UUV 进管时的头部上端点运动轨迹

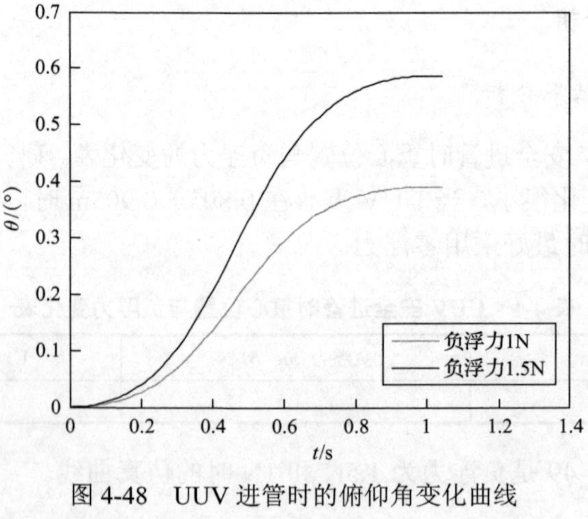

图 4-48　UUV 进管时的俯仰角变化曲线

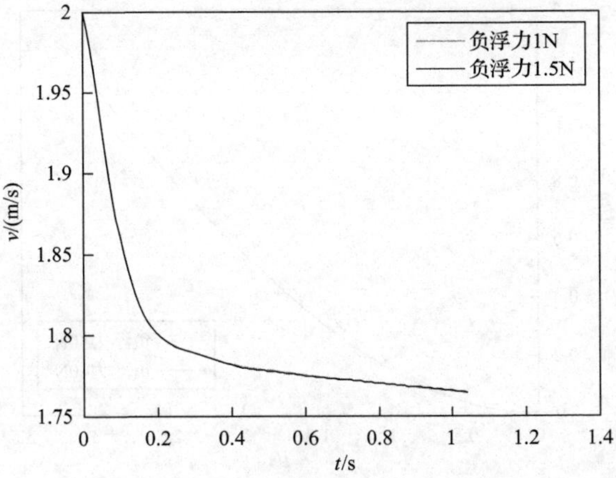

图 4-49　UUV 进管时的速度变化曲线

UUV 进管时，UUV 重心 y 方向值先减小，然后增大；当负浮力为 1N 时，UUV 头部最高点 $y_1 = 0.214\text{m} < 0.22\text{m}$，进管最大角度为 0.42；当负浮力为 1.5N 时，UUV 头部最高点 $y_1 = 0.219\text{m} < 0.22\text{m}$，进管最大角度为 0.59。在这两种情况下，UUV 进管时只发生一点约束下的运动，可以安全进入对接管。

2. UUV 出管运动结果分析

表 4-2 和表 4-3 给出了 UUV 安全退出对接管时浮力与重心位置的变化情况。研究发现，UUV 重心位置越靠近 UUV 前端，UUV 安全出管所能允许的最大负浮力越大；当 UUV 重心位置在浮心之后时，UUV 重心和浮心距离越大，UUV 安全出管所允许的最大正浮力越大。

表 4-2　UUV 安全退出对接管时重心位置与最大负浮力变化表

重心与浮心距离/m	0	–0.01	–0.02	–0.03	–0.04	–0.05
负浮力 $(mg - B_A)$ /N	38	44	50	57	64	73

表 4-3　UUV 安全退出对接管时重心位置与最大正浮力变化表

重心与浮心距离/m	0	0.01	0.02	0.03	0.04	0.05
正浮力 $(mg - B_A)$ /N	36	42	49	56	62	71

当 UUV 负浮力为 30N 和 40N、重心位置为 0.845m 时，UUV 出管的仿真曲线如图 4-50～图 4-56 所示。

UUV 出管时，在第一阶段做直线运动，其速度逐渐增大，达到 0.7m/s 左右，加速度先减小后增大。对比负浮力为 30N 与 40N 时的情况，负浮力为 30N 时的 UUV 质量较小，导致 UUV 的加速度较大，最终速度也较大。

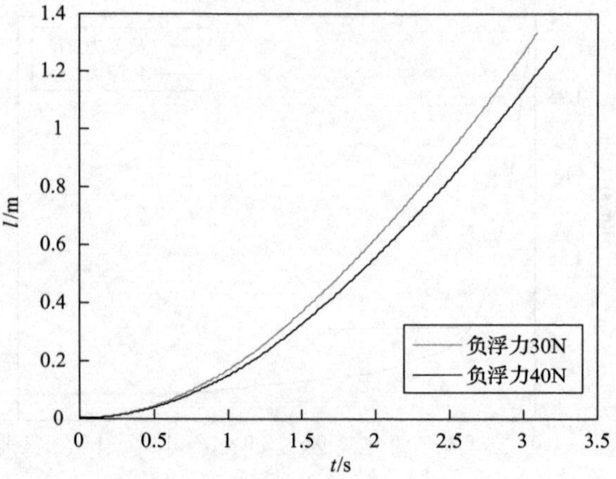

图 4-50　UUV 运动距离随时间变化曲线

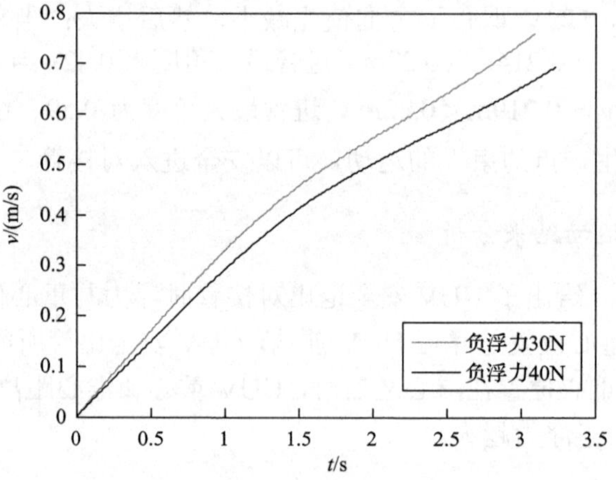

图 4-51　UUV 运动速度随时间变化曲线

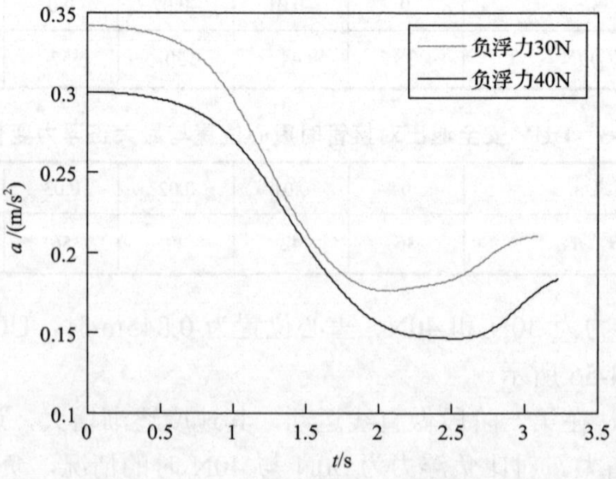

图 4-52　UUV 运动加速度随时间变化曲线

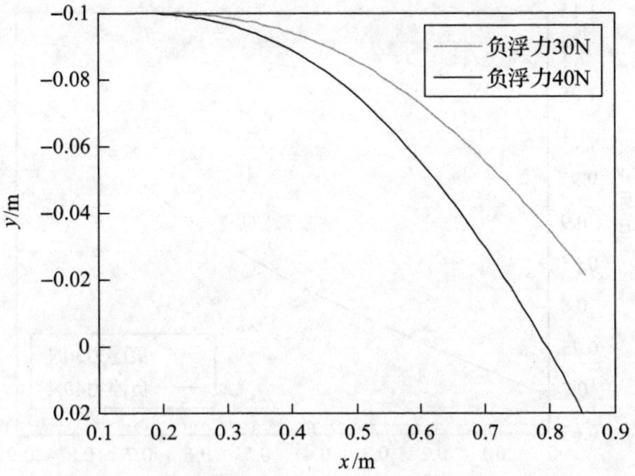

图 4-53　UUV 重心运动轨迹

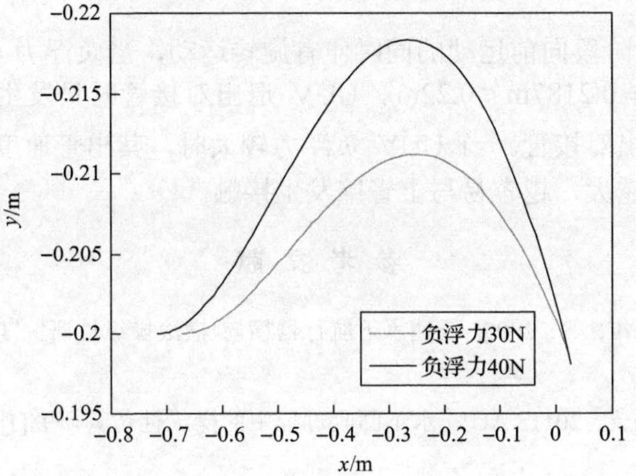

图 4-54　UUV 头部上端点运动轨迹

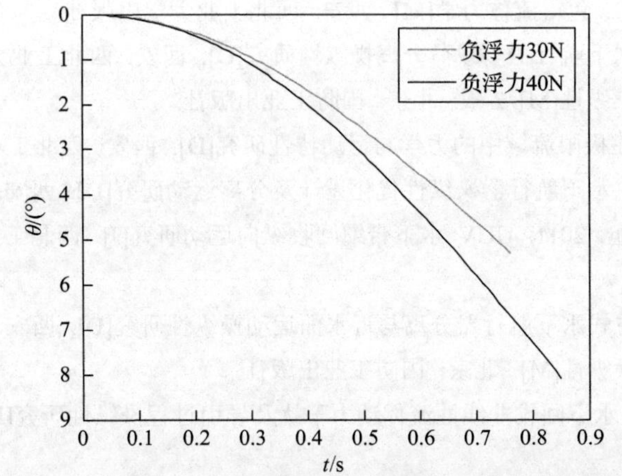

图 4-55　UUV 转角随时间变化曲线

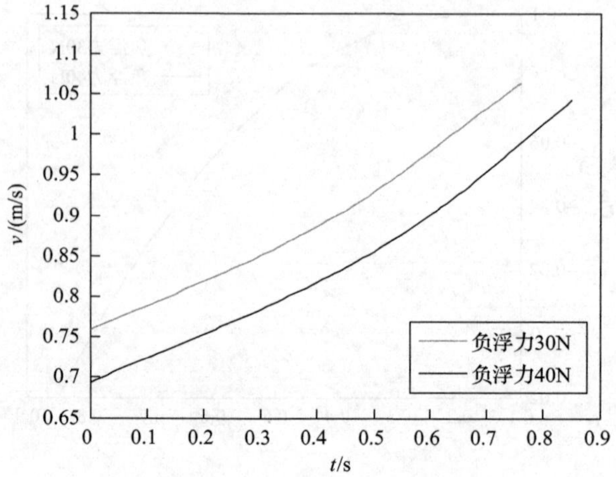

图 4-56　UUV 速度随时间变化曲线

UUV 在第二阶段向前运动的同时伴有旋转运动，当负浮力 40N 时，UUV 头部最高点 $|y_1|_{max}=0.2187\text{m}<0.22\text{m}$，UUV 退出对接管时只发生一点约束下的运动，可以安全退出对接管。当 UUV 负浮力较大时，其出管速度越小，头部最高点越高，俯仰角越大，越容易与上管壁发生接触。

参 考 文 献

杜晓旭, 潘光, 宋保维, 等. 2005. 低速水下航行器横向-横滚操纵性研究[J]. 弹箭与制导学报, 25(3): 581-583.

杜晓旭, 宋保维, 潘光. 2011. AUV 水下回收过程中的操纵性仿真研究[J]. 船舶力学, 15(8): 837-843.

杜晓旭. 2008. 回转体水下航行器近水面运动操纵性研究[D]. 西安: 西北工业大学.

黄景泉, 张宇文. 1989. 鱼雷流体力学[M]. 西安: 西北工业大学出版社.

李家旺. 2009. 自主水下航行器多载荷分离操纵性研究[D]. 西安: 西北工业大学.

李天森. 2007. 鱼雷操纵性[M]. 2 版. 北京: 国防工业出版社.

李新亮. 2015. AUV 在极限流域中的力学与运动特性研究[D]. 西安: 西北工业大学.

令狐选霞. 2002. 自主水下航行器操纵性优化设计及分离运动研究[D]. 西安: 西北工业大学.

潘光, 杨智栋, 杜晓旭. 2011. UUV 水下带缆回收纵向运动研究[J]. 西北工业大学学报, 29(2): 245-250.

潘瑛. 2004. 远程自主式水下航行器分离与近水面运动操纵性研究[D]. 西安: 西北工业大学.

施生达. 1995. 潜艇操纵性[M]. 北京: 国防工业出版社.

杨智栋. 2015. UUV 水下回收非线性流体动力干扰及导引过程操纵性研究[D]. 西安: 西北工业大学.

张宇文. 1999. 鱼雷弹道与弹道设计[M]. 西安: 西北工业大学.

Barros E A D, Pascoal A, Sa E D. 2008. Investigation of a method for predicting AUV derivatives[J]. Ocean Engineering, 35(16): 1627-1636.

Brennen C E. 1982. A review of added mass and fluid inertial forces[R]. NASA STI/Recon Technical Report.

Fjellstad O E. 1994. Control of Unmanned Underwater Vehicles in Six Degree of Freedom: A Quaternion Feedback Approach[D]. Norway: Norwegian Institute of Technology.

Fjellstad O E, Fossen T I. 1994. Position and attitude tracking of AUV's: A quaternion feedback approach[J]. IEEE Journal of Oceanic Engineering, 19(4): 512-518.

Fossen T I. 1991. Nonlinear Modeling and Control of Underwater Vehicles[D]. Norway: Norwegian Institute of Technology.

Fossen T I. 1994. Guidance and Control of Ocean Vehicles[M]. New York: Wiley.

Gertler M, Hagen G R. 1967. Standard Equations of Motion for Submarine Simulations[R]. Washington DC: Naval Ship Research and Development Center.

Hibbeler R C. 2010. Engineering Mechanics: Dynamics[M]. Upper Saddle River: Prentice Hall.

SNAME. 1950. Nomenclature for treating the motion of a submerged body through a fluid[R]. Jersey City: The Society of Naval Architects and Marine Engineers.

Poplawski G, Bruckheim A J. 1991. Advanced Submarine Technology Program[R]. Columbus: Battelle Memorial Institute.

Vaz G, Toxopeus S L, Holmes S. 2010. Calculation of manoeuvring forces on submarines using two viscous-flow solvers[C]. The 29th International Conference on Ocean, Offshore and Arctic Engineering (OMAE).

第 5 章　UUV 水下回收导引技术

不同于鱼雷攻击导引，回收导引对 UUV 回收姿态往往有一定要求，如何实现制导 UUV 以预定姿态与回收机械装置动态对接是本章研究重点。前述章节已建立了 UUV 的空间运动模型，并得到了 UUV 处于潜艇绕流时相对潜艇静止与运动等不同工况的流体动力变化规律，本章将以这些内容为基础，结合导引方法分析，研究确定适用的 UUV 自导引回收策略。

5.1　导 引 方 法

将 UUV 与潜艇回收对接装置分别以质点 u 和 s 表示，二者的相对运动关系可表示为图 5-1 所示。图中 q 为视线与水平基准线 x_0 的夹角，被称为视线角，并定义从基准线逆时针转向视线为正；l 表示 UUV 与潜艇回收对接点间的距离；v_u 和 v_s 分别表示 UUV 的速度和潜艇的速度；e_u 是 UUV 的速度向量与视线的夹角，e_s 是潜艇的速度向量与视线的夹角，二者被称为提前角，并定义由速度向量逆时针转向视线为正；ψ_u 和 ψ_s 分别表示 UUV 的偏航角和潜艇的偏航角。

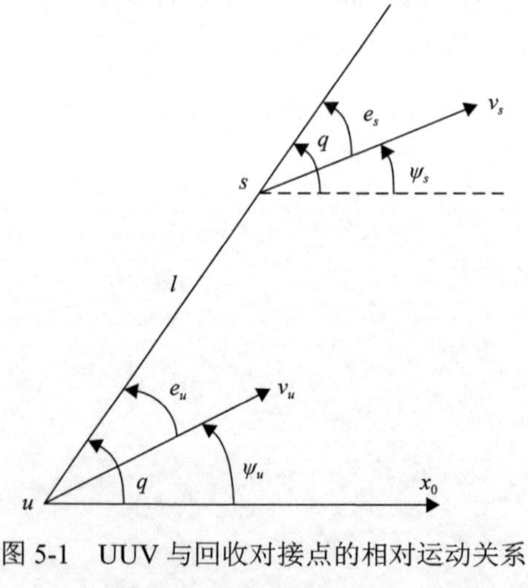

图 5-1　UUV 与回收对接点的相对运动关系

根据图 5-1 中 UUV 与潜艇的相对运动关系，在极坐标系下，二者相对距离 l 及视线角 q 随时间的变化率关系式可描述如下：

$$\begin{cases} \dfrac{\mathrm{d}l}{\mathrm{d}t} = v_s\cos(q-\psi_s) - v_u\cos(q-\psi_u) \\ \dfrac{\mathrm{d}q}{\mathrm{d}t} = \dfrac{1}{l}[v_u\sin(q-\psi_u) - v_s\sin(q-\psi_s)] \end{cases} \tag{5-1}$$

因为 $q = e_s + \psi_s = e_u + \psi_u$，代入式(5-1)可得

$$\begin{cases} \dfrac{\mathrm{d}l}{\mathrm{d}t} = v_s\cos e_s - v_u\cos e_u \\ \dfrac{\mathrm{d}q}{\mathrm{d}t} = \dfrac{1}{l}(v_u\sin e_u - v_s\sin e_s) \end{cases} \tag{5-2}$$

由上可知，若已知 v_s、e_s 及 v_u，则方程组(5-2)含有三个未知数：相对距离 l、视线角 q 和 UUV 的提前角 e_u。为求解上述方程，尚需补充一个关于导引方法的方程，分析三个待求未知量。由于确定 UUV 的提前角 e_u 是回收导引过程的关键，所以可依据确定 e_u 方法的不同将导引方法分类如下：

(1)零提前角导引(e_u=0)，即 UUV 沿视线角方向靠近潜艇，该导引方法通常称为尾追法或追踪法。

(2)常值提前角导引(e_u=定常数)，该导引方法通常称为固定提前角导引法。

(3)变提前角导引法，顾名思义 UUV 的提前角按一定规律变化。该方法包括多种导引方法，如平行接近法和比例导引法等。

综上可知，UUV 回收导引过程取决于两个因素：一个是回收对接点的运动；另一个是导引方法。为便于实现 UUV 自导引回收，可设定潜艇以匀速直航，因此 UUV 回收导引过程的关键即确定导引方法的应用及实现。

5.1.1　尾追法

设定潜艇以 v_s 沿某方向匀速直航，UUV 采用尾追法导引，则二者运动关系如图 5-2 所示。尾追法约束 e_u=0，因此 UUV 的速度向量始终指向对接点，即导引轨迹的切线始终与视线重合。

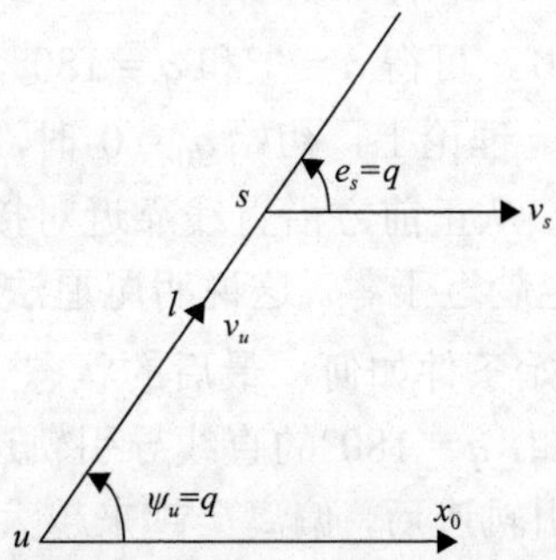

图 5-2　尾追法

将 e_u=0 与 e_s=q 代入式(5-2)，可得 UUV 采用尾追法回收的相对运动方程如下：

$$\begin{cases}\dfrac{\mathrm{d}l}{\mathrm{d}t}=v_s\cos q-v_u\\ \dfrac{\mathrm{d}q}{\mathrm{d}t}=-\dfrac{1}{l}v_s\sin q\end{cases} \tag{5-3}$$

导引过程实现的关键是 UUV 可用法向过载 n_a 是否满足导引过程需用法向过载 n_d 的需要，因此以下将推导二者数学表达式，首先用式(5-3)中方程二除方程一，整理后可得到如下：

$$\frac{\mathrm{d}l}{l}=\frac{p}{\sin q}\mathrm{d}q-\frac{\cos q}{\sin q}\mathrm{d}q \tag{5-4}$$

式中，p 为 UUV 与潜艇的速度比，简称速比，$p=v_u/v_s$。

对式(5-4)左右两边积分，可得如下：

$$\ln l=p\ln\tan\frac{q}{2}-\ln\sin q+\ln A \tag{5-5}$$

式中，A 是由初始条件决定的积分常数。

对式(5-5)进行等价变形，可得如下：

$$l=A\frac{(\sin q)^{p-1}}{(1+\cos q)^{p}} \tag{5-6}$$

令 $t=0$ 时，$l=l_0$、$q=q_0$，则 A 可表示如下：

$$A=l_0\frac{(1+\cos q_0)^{p}}{(\sin q_0)^{p-1}} \tag{5-7}$$

1. 导引过程预期

令方程(5-3)中 $\mathrm{d}q/\mathrm{d}t=0$，可得 $q=0°$和 $q=180°$，易知这是尾追法导引中唯一可能的两条直线导引轨迹。理论上，初始 $q_0=0°$时，UUV 从正后方沿直线靠近对接点；$q_0=180°$时，UUV 从正前方沿直线靠近对接点。由式(5-6)可知，如果 $p>1$，随着 l 趋近于零，q 也趋近于零。这说明尾追法导引过程后期趋近于 $q=0°$ 的直线导引轨迹，即不管初始条件如何，最后的状态一定是 UUV 绕到对接点的后方靠近。结合上述分析可知，$q=180°$的直线导引轨迹是不稳定的，因为当 UUV 稍微偏离 $a=180°$的直线导引轨迹后，偏离会越来越大，最终将转向 $q=0°$与对接点相遇。图 5-3 给出了尾追法导引时的相对导引轨迹示意。

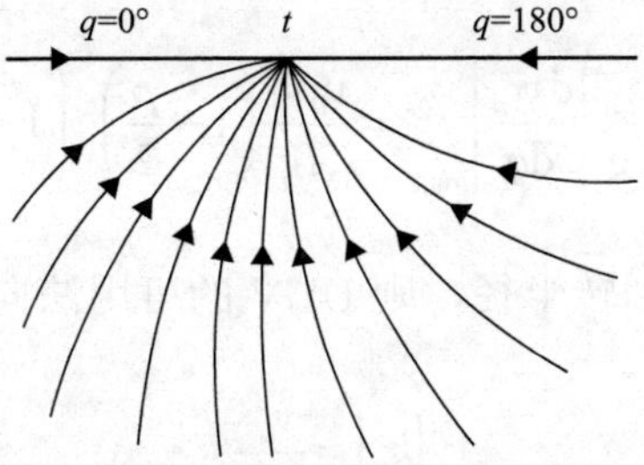

图 5-3　尾追法导引时的相对导引轨迹示意

2. 需用法向过载

对前述导引过程预期分析可知，尾追法导引时，无论初始条件如何，UUV 最后要从对接点正后方靠近，由此易知采用尾追法导引回收 UUV 时必须满足 $p>1$。

将式(5-6)及 $q=\psi_u$ 代入式(5-3)中，可得导引轨迹切线的旋转角速度如下：

$$\frac{\mathrm{d}\psi_u}{\mathrm{d}t}=-\frac{v_s}{A}\frac{(1+\cos q)^p}{(\sin q)^{p-2}} \tag{5-8}$$

由式(5-8)可得尾追法导引过程中的需用法向过载 n_d 如下：

$$n_d=-\frac{v_u}{g}\frac{\mathrm{d}\psi_u}{\mathrm{d}t}=\frac{v_u v_s}{Ag}\frac{(1+\cos q)^p}{(\sin q)^{p-2}} \tag{5-9}$$

由式(5-9)可知，n_d 与 $\mathrm{d}\psi_u/\mathrm{d}t$ 成正比，所以关于 n_d 的讨论可由 $\mathrm{d}\psi_u/\mathrm{d}t$ 代替。令 $q\to 0$（同 $l\to 0$），由式(5-8)可得 $\mathrm{d}\psi_u/\mathrm{d}t$ 的极限值如下：

$$\lim_{q\to 0}\frac{\mathrm{d}\psi_u}{\mathrm{d}t}=\begin{cases}0, & 1<p<2\\ -4v_s/A, & p=2\\ -\infty, & p>2\end{cases} \tag{5-10}$$

由式(5-9)可知，当 $p>2$ 时，导引轨迹切线旋转角速度(或导引过程需用法向过载)在 UUV 接近对接点时会趋于无限大；考虑到现实中 UUV 的可用法向过载有限，当出现这种情况时，UUV 将脱离尾追导引轨迹并做回旋运动，该圆弧的半径等于 UUV 的回转半径。

当 $1<p<2$ 时，可将式(5-8)对 q 求导并令其等于零求得最大需用法向过载。

$$\frac{\mathrm{d}\dot{\psi}_u}{\mathrm{d}q}=-\frac{v_s}{A}\frac{\mathrm{d}}{\mathrm{d}q}\left[\frac{(1+\cos q)^p}{(\sin q)^{p-2}}\right]=\frac{v_s(1+\cos q)^p}{A(\sin q)^{p-1}}(p-2\cos q)=0 \tag{5-11}$$

可得 $q=\arccos p/2$ 时对应的最大需用法向过载，将其代入式(5-9)可得

$$\left|n_d\right|_{\max} = \frac{v_u}{g}\left|\frac{\mathrm{d}\dot{\psi}_u}{\mathrm{d}q}\right|_{\max} = \frac{v_u v_s}{Ag}\left(1+\frac{p}{2}\right)^p\left(1-\frac{p^2}{4}\right)^{1-\frac{p}{2}} \tag{5-12}$$

若用 R 表示 UUV 的回转半径，则 UUV 的可用法向过载可表示如下：

$$\left|n_q\right| = \frac{v_u^2}{gR} \tag{5-13}$$

欲使 UUV 不脱离导引轨迹，应使 $\left|n_q\right| > \left|n_d\right|_{\max}$。进一步，由式(5-12)可以看出，因为式中包含与初始阵位相关的参量 A，若令 $\left|n_q\right| = \left|n_d\right|_{\max}$，可求得当 p 一定时，UUV 临界回收导引过程与初始阵位的关系，具体表述如下：

$$\begin{cases} l_0 = K\dfrac{(\sin q_0)^{p-1}}{(1+\cos q_0)^p} \\ K = \dfrac{R}{p}\left(1+\dfrac{p}{2}\right)^p\left(1-\dfrac{p^2}{4}\right)^{1-\frac{p}{2}} \end{cases} \tag{5-14}$$

由式(5-14)可以看出，初始阵位的边界与 K 有关，而 K 取决于速比 p 和 UUV 的回转半径 R。

5.1.2 固定提前角法

设定潜艇以 v_s 沿某方向匀速直航运动，UUV 采用固定提前角法（e_u 为常数）导引靠近潜艇回收对接装置，根据式(5-2)可得其数学描述如下：

$$\begin{cases} \dfrac{\mathrm{d}l}{\mathrm{d}t} = v_s\cos q - v_u\cos e_u \\ \dfrac{\mathrm{d}q}{\mathrm{d}t} = \dfrac{1}{l}(v_u\sin e_u - v_s\sin q) \\ q = e_u + \psi_u \end{cases} \tag{5-15}$$

1. 导引过程预期

式(5-15)中的第二式可写成：

$$\frac{\mathrm{d}q}{\mathrm{d}t} = \frac{v_s}{l}(p\sin e_u - \sin q) \tag{5-16}$$

由式(5-16)可知：当 $p|\sin e_u|>1$ 时，没有直线导引轨迹；当 $p|\sin e_u|=1$ 时，有一条直线导引轨迹，即 $\alpha=90°$；当 $p|\sin e_u|<1$ 时，有两条直线导引轨迹，可表示如下：

$$\begin{cases} q_1 = \arcsin(p\sin e_u) \\ q_2 = 180° - \arcsin(p\sin e_u) \end{cases} \tag{5-17}$$

因为 $p|\sin e_u| \geqslant 1$ 时，通常 UUV 提前角较大，当 UUV 接近回收对接装置时导引过程的需用法向过载很大，不适用于导引回收，故本章不做研究，以下仅讨论 $p|\sin e_u|<1$ 时的工况。

(1) 当 $q_1<q<q_2$ 时，$\mathrm{d}q/\mathrm{d}t<0$，这表明随着 UUV 接近对接点，视线角 q 逐渐减小，并在 $l\to 0$ 时趋近于 q_1。

(2) 当 $0<q<q_1$ 时，$\mathrm{d}q/\mathrm{d}t>0$，这表明随着 UUV 接近对接点，视线角 q 逐渐增大，并在 $l\to 0$ 时趋近于 q_1。

(3) 当 $q_2<q<\pi$ 时，$\mathrm{d}q/\mathrm{d}t>0$，这表明随着 UUV 接近对接点，视线角 q 逐渐增大，并会大于 π，迫使 UUV 运动到潜艇另一侧，可知此阵位范围不适于 UUV 回收导引。

上述分析如图 5-4 所示，除直线导引轨迹 $q=q_2$ 在前半球接近对接点，其他导引过程都在导引后半球接近对接点，并且切于直线 $q=q_1$，因为 $q=q_2$，导引过程不稳定，为保证回收导引的实现，阵位范围应限定在 $0<q<q_2$。

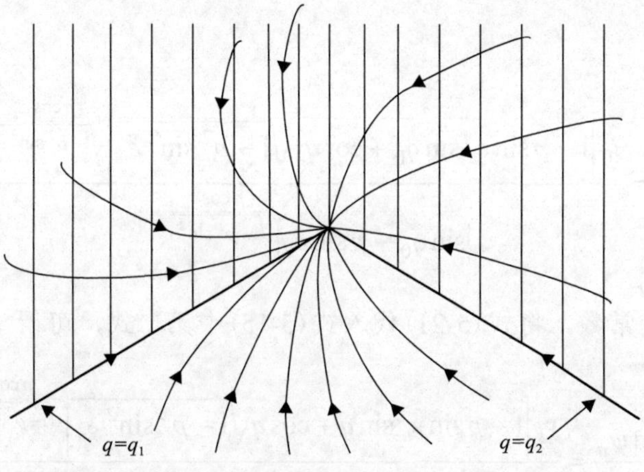

图 5-4　固定提前角法导引时的相对导引轨迹

若对接阶段要求 UUV 以姿态角 $\psi_u=c$ 靠近对接点，则可通过式(5-17)反推出固定提前角 e_u，具体方程如下：

$$e_u = \arcsin\frac{\sin(c+e_u)}{p} \tag{5-18}$$

2. 需用法向过载

用式(5-15)中第二式除第一式，得

$$\frac{\mathrm{d}l}{l} = \frac{\cos q - p\cos e_u}{-\sin q + p\sin e_u}\mathrm{d}q \tag{5-19}$$

对式(5-19)左右两边同时积分，可得

$$\ln\frac{l}{l_0} = \ln\left|\frac{\sin q - p\sin e_u}{\sin q_0 - p\sin e_u}\right| - \frac{p\cos e_u}{\sqrt{1-p^2\sin^2 e_u}}\ln\left|\frac{1-p\sin e_u\sin q + \cos q\sqrt{1-p^2\sin^2 e_u}}{-p\sin e_u + \sin q}\right|_{q_0}^{q} \tag{5-20}$$

对式(5-20)进行等价变形，可得 l 表达式如下：

$$l = \frac{A\left|\sin q - p\sin e_u\right|^{\frac{p\cos e_u}{\sqrt{1-p^2\sin^2 e_u}}-1}}{\left|1-p\sin e_u\sin q + \cos q\sqrt{1-p^2\sin^2 e_u}\right|^{\frac{p\cos e_u}{\sqrt{1-p^2\sin^2 e_u}}}} \tag{5-21}$$

式中，

$$A = \frac{l_0\left|1-p\sin e_u\sin q_0 + \cos q_0\sqrt{1-p^2\sin^2 e_u}\right|^{\frac{p\cos e_u}{\sqrt{1-p^2\sin^2 e_u}}}}{\left|\sin q_0 - p\sin e_u\right|^{\frac{p\cos e_u}{\sqrt{1-p^2\sin^2 e_u}}-1}}$$

因为 e_u 为定常数，将式(5-21)代入式(5-15)中第二式，可得

$$\frac{\mathrm{d}q}{\mathrm{d}t} = \frac{\mathrm{d}\psi_u}{\mathrm{d}t} = \frac{v_s\left|1-p\sin e_u\sin q + \cos q\sqrt{1-p^2\sin^2 e_u}\right|^{\frac{p\cos e_u}{\sqrt{1-p^2\sin^2 e_u}}}}{A\,\mathrm{sgn}(p\sin e_u - \sin q)\left|\sin q - p\sin e_u\right|^{\frac{p\cos e_u}{\sqrt{1-p^2\sin^2 e_u}}-2}} \tag{5-22}$$

由式(5-22)可得导引过程需用法向过载，具体如下：

$$n_d = -\frac{v_u}{g}\frac{\mathrm{d}\psi_u}{\mathrm{d}t} = \frac{v_u v_m}{Ag}\frac{\left|1 - p\sin e_u \sin q + \cos q\sqrt{1 - p^2\sin^2 e_u}\right|^{\frac{p\cos e_u}{\sqrt{1-p^2\sin^2 e_u}}}}{\operatorname{sgn}(p\sin e_u - \sin q)\left|\sin q - p\sin e_u\right|^{\frac{p\cos e_u}{\sqrt{1-p^2\sin^2 e_u}}-2}} \tag{5-23}$$

由式(5-23)可知：

当 $\dfrac{p\cos e_u}{\sqrt{1-p^2\sin^2 e_u}} < 2$ 时，$n_d \to 0$；

当 $\dfrac{p\cos e_u}{\sqrt{1-p^2\sin^2 e_u}} = 2$ 时，$n_d \to$ 常数；

当 $\dfrac{p\cos e_u}{\sqrt{1-p^2\sin^2 e_u}} > 2$ 时，$n_d \to \infty$。

综上分析可知，欲使UUV回收导引过程靠近对接点时的需用法向过载趋于0，需满足

$$\frac{p\cos e_u}{\sqrt{1-p^2\sin^2 e_u}} < 2 \tag{5-24}$$

式(5-24)可等价变换成如下形式：

$$p < \frac{2}{\sqrt{1+3\sin^2 e_u}} \tag{5-25}$$

由于对接回收导引过程要求 UUV 与对接点在后半球趋近于 $q = q_1$ 导引过程，所以还应限定 UUV 的速度大于潜艇的速度，即要求 $p > 1$。

综上所述可知，当 UUV 采用固定提前角法导引回收时，应使速比 p 满足如下条件：

$$\begin{cases} p\left|\sin e_u\right| \leqslant 1 \\ 1 < p < \dfrac{2}{\sqrt{1+3\sin^2 e_u}} \end{cases} \tag{5-26}$$

欲使 UUV 不脱离导引轨迹，还应使 $|n_a| > |n_d|_{\max}$，由此可得关于 UUV 初始阵位的限制方程，具体推导过程类似于尾追法。

5.1.3　平行接近法

在任何情况下(目标速度的大小和方向都可以变化)都保持视线平行于自身移

动的导引方法称为平行接近导引法。设定潜艇以 v_m 沿平行于水平基准方向运动，UUV 采用平行接近导引法靠近对接点的相对运动方程同式(5-15)，由平行接近导引法的定义易知，其约束方程为

$$\frac{\mathrm{d}q}{\mathrm{d}t}=0 \tag{5-27}$$

要满足导引过程中视线总是平行于自身移动，需使 UUV 和对接点的速度在垂直于视线方向的投影相等，即满足 $v_u\sin e_u=v_s\sin q=v_t\sin e_t$，其关系如图 5-5 所示。

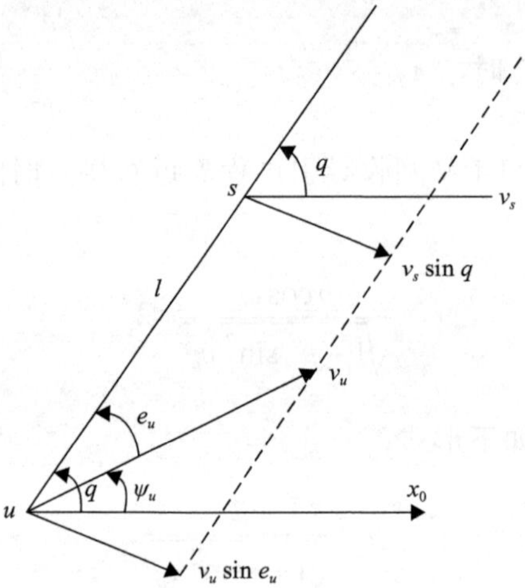

图 5-5　平行接近导引法

由式(5-27)可进一步得出平行接近导引时提前角与视线角的关系，如下：

$$\sin e_u=\frac{1}{p}\sin q \tag{5-28}$$

式(5-28)表明，当目标做匀速直线运动，UUV 采用平行接近法导引时，导引轨迹总是直线。已有研究证明，当速比 p 保持常数并大于 1 时，用平行接近法导引，UUV 导引过程的法向过载不超过目标的法向过载，由此可见平行接近导引法的突出优点是导引过程的法向过载小。

5.1.4　比例导引法

比例导引法是 UUV 导引轨迹切线的旋转角速度与视线的旋转角速度成正比的一种导引方法，其约束方程可表示如下：

$$\frac{\mathrm{d}\psi_u}{\mathrm{d}t}=k\frac{\mathrm{d}q}{\mathrm{d}t} \tag{5-29}$$

式中，k 是比例常数。

因为 $q=\psi_u+e_u$，式(5-29)还可写成如下：

$$\frac{\mathrm{d}e_u}{\mathrm{d}t}-\frac{1-k}{k}\frac{\mathrm{d}\psi_u}{\mathrm{d}t}=0 \tag{5-30}$$

对式(5-29)进行积分可得

$$\psi_u=k(q-q_0) \tag{5-31}$$

由式(5-31)分析可知，尾追法、固定提前角法和平行接近法都可以看作是比例导引法的特殊情况，具体如下：

(1) 当 $k=1$，$q_0=0$ 时，由式(5-31)可得 $q=\psi_u$，即 $e_u=0$，是尾追法。

(2) 当 $k=1$，$q_0\neq0$ 且为常数时，由式(5-31)可得 $q-\psi_u=q_0$，即 $e_u=a_0=$ 常数 $\neq0$，是固定提前角法。

(3) 当 $k\to\infty$ 时，由式(5-26)可得 $\mathrm{d}e_u/\mathrm{d}t\to(-\mathrm{d}\psi_u/\mathrm{d}t)$，因为 $\mathrm{d}q/\mathrm{d}t=\mathrm{d}\psi_u/\mathrm{d}t+\mathrm{d}e_u/\mathrm{d}t$，所以 $\mathrm{d}q/\mathrm{d}t\to0$，是平行接近法。

下面对比例接近法导引过程作一些简要的分析。

只有在目标做等速直线运动时，才有可能得到直线导引轨迹。如图 5-2 所示，当目标做等速直线运动时的相对运动方程为

$$\begin{cases}\dfrac{\mathrm{d}r}{\mathrm{d}t}=v_t\cos q-v\cos\eta\\ \dfrac{\mathrm{d}q}{\mathrm{d}t}=\dfrac{1}{r}(v\sin\eta-v_t\sin q)\\ q=\psi+\eta\end{cases} \tag{5-32}$$

约束方程为

$$\frac{\mathrm{d}\psi}{\mathrm{d}t}-a\frac{\mathrm{d}q}{\mathrm{d}t}=0 \tag{5-33}$$

当鱼雷做等速直线运动时，$\mathrm{d}\psi/\mathrm{d}t=0$，由约束方程(5-33)及相对运动方程(5-32)中的第二式可得直线导引轨迹的条件

$$\sin\eta=\frac{1}{p}\sin q \tag{5-34}$$

如果使提前角 η 满足

$$\sin\eta = \frac{1}{p}\sin q_0 \tag{5-35}$$

就能得到直线导引轨迹。设定潜艇以 v_s 沿平行于水平基准方向运动，UUV 采用比例导引的相对运动方程同式(5-15)，其约束方程为式(5-29)。由此推得的采用比例导引的直线导引轨迹条件同式(5-28)，即当目标做匀速直线运动，采用比例导引法且满足式(5-28)时，导引轨迹是直线，并且与平行接近法导引的直线导引轨迹相同。

用比例接近法导引时，鱼雷导引轨迹切线旋转角速度 $\mathrm{d}\psi/\mathrm{d}t$ 与视线的旋转角速度 $\mathrm{d}q/\mathrm{d}t$ 成正比，因此，如果导引过程是收敛的，说明导引过程的需用法向过载随着鱼雷接近目标而不断减小。反之，如果导引过程的需用法向过载随着鱼雷接近目标而不断增大，则认为导引过程是发散的。

视线的旋转角速度可描述为

$$\frac{\mathrm{d}q}{\mathrm{d}t} = \frac{1}{r}(v\sin\eta - v_t\sin q)$$

将上式两端对时间求导数

$$\frac{\mathrm{d}r}{\mathrm{d}t}\frac{\mathrm{d}q}{\mathrm{d}t} + r\frac{\mathrm{d}^2 q}{\mathrm{d}t^2} = v\cos\eta\frac{\mathrm{d}\eta}{\mathrm{d}t} - v_t\cos q\frac{\mathrm{d}q}{\mathrm{d}t} \tag{5-36}$$

又因为

$$\frac{\mathrm{d}\eta}{\mathrm{d}t} = (1-k)\frac{\mathrm{d}q}{\mathrm{d}t}$$

代入式(5-36)得

$$\begin{aligned}\frac{\mathrm{d}^2 q}{\mathrm{d}t^2} &= \frac{1}{r}\left(v\cos\eta - v_t\cos q - kv\cos\eta - \frac{\mathrm{d}r}{\mathrm{d}t}\right)\frac{\mathrm{d}q}{\mathrm{d}t} \\ &= -\frac{1}{r}\left(kv\cos\eta + 2\frac{\mathrm{d}r}{\mathrm{d}t}\right)\frac{\mathrm{d}q}{\mathrm{d}t}\end{aligned}$$

或者写成

$$\frac{\mathrm{d}^2 q}{\mathrm{d}t^2} + \frac{1}{r}\left(kv\cos\eta + 2\frac{\mathrm{d}r}{\mathrm{d}t}\right)\frac{\mathrm{d}q}{\mathrm{d}t} = 0 \tag{5-37}$$

式(5-37)是一个以 $\mathrm{d}q/\mathrm{d}t$ 为未知函数的微分方程。由该方程看出，$\mathrm{d}q/\mathrm{d}t$ 随时间衰减的条件是方程的系数必须大于零，从而得到导引过程收敛的条件为

$$kv\cos\eta + 2\frac{\mathrm{d}r}{\mathrm{d}t} > 0$$

可改写成

$$k > 2\frac{\mathrm{d}l}{\mathrm{d}t} \cdot \frac{1}{v_u \cos e_u} \tag{5-38}$$

由式(5-38)可知，只要比例常数 k 足够大，导引过程就是收敛的。从另一方面考虑，k 值也不宜太大，因为 UUV 导引轨迹切线旋转角速度与视线角的变化率成正比。如果 k 值选取过大，$\mathrm{d}q/\mathrm{d}t$ 的微小变化将引起 $\mathrm{d}\psi_u/\mathrm{d}t$ 的很大变化，从而需用法向过载就可能超过可用法向过载。

5.1.5　逐次变提前角导引法

对于多波束自导装置的 UUV，有可能采用提前角导引。逐次变提前角导引法就是被采用的一种。

如图 5-6 所示，设自导装置的水平波束由 7 个波瓣组成。开始导引时，声零轴位于中间波瓣(图中的 4 号波瓣)，当水平波束“抓住”潜艇对接点后，先以中间波瓣对准潜艇对接点(因为声零轴位于中间波瓣)，这时相当于零提前角导引(尾追法导引)。由于提前角等于零，在相对运动过程中对接点就会逐渐超前于 UUV，这样对接点就由 4 号波瓣进入 5 号波瓣。当对接点由 4 号波瓣进入 5 号波瓣后，UUV 提前角小了，自导装置就将声零轴从 4 号波瓣移到 3 号波瓣。当声零轴移到 3 号波瓣后，UUV 就以 3 号波瓣对准目标，这时 UUV 就由零提前角变为一个波瓣宽度的提前角(提前角的值等于一个波瓣所夹的角度)。如果这个提前角仍小于正确值，在对接点与 UUV 的相对运动过程中对接点还会超前于 UUV，于是对接点将从 3 号波瓣进入 4 号波瓣。当自导装置发现对接点由 3 号波瓣进入 4 号波瓣后，就将声零轴从 3 号波瓣移到 2 号波瓣，此时 UUV 以 2 号波瓣对准对接点。当 UUV 以 2 号波瓣对准对接点航行时，其提前角就由一个波瓣宽度增加到两个波瓣宽度，如此继续下去，直至目标停留在某一个波瓣内不再跑出为止，这说明提前角已经调整到正确值，即 UUV 的航向指向了相遇点。

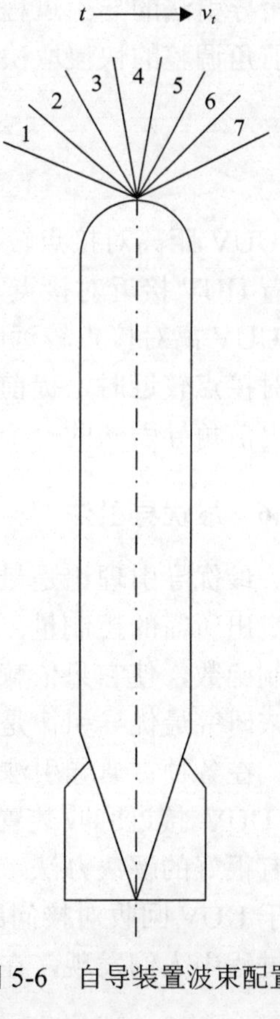

图 5-6　自导装置波束配置

如果潜艇对接点机动等原因使对接点与 UUV 在相对运动过程中落后于 UUV，那么这时原来处于 2 号波瓣内的对接点就会逐渐落入 1 号波瓣，当自导装置感受到对接点从 2 号波瓣进入 1 号波瓣后，就将声零轴从 2 号波瓣变为 3 号波瓣，从而将提前角减小了一个波瓣宽度。

由上面介绍的逐次变提前角导引法的工作原理可以看到，这种方法可使 UUV 在导向对接点的过程中逐步建立正确的提前角，从而将其航行方向对准相遇点(如果潜艇机动航行，则使 UUV 的航行方向对准瞬时相遇点)。因此，逐次变提前角导引法是一种在导引过程中由自导装置逐步建立平行接近导引关系的导引方法。当建立正确提前角以后，对接点就停留在某一波瓣(这个波瓣就是声零轴)内不动，从而保持视线的方向不变。

逐次变提前角法的导引过程与尾追法的导引过程相比存在如下优点：导引时间短，UUV 与对接点相遇时的舷角不等于零，增大了 UUV 与对接点相遇时目标的有效尺寸。前面已经讲过，平行接近法最突出的优点是导引过程的法向过载小，逐次变提前角导引法是否也具有这一优点呢？回答不是肯定的，特别是逐次变提前角导引法的导引过程随着 UUV 接近对接点需用法向过载有所增加。这是因为提前角调整的快慢取决于视线的旋转率，视线的旋转率为

$$\frac{\mathrm{d}q}{\mathrm{d}t}=\frac{1}{l}(v_u \sin e_u - v_s \sin e_s)$$

当 UUV 距离对接点较远时，相对距离 r 较大，视线的旋转率 $\mathrm{d}q/\mathrm{d}t$ 就比较小，随着 UUV 接近对接点，相对距离 r 就逐渐减小，视线的旋转率就逐渐增大，所以，当 UUV 离对接点较远时，提前角调整得缓慢，导引轨迹弯曲也就缓慢，当 UUV 离对接点较近时，提前角调整加快，导引轨迹的弯曲程度也随之加大，这是逐次变提前角导引法的一个重要缺点。

5.1.6 最优导引法

最优导引理论是最优控制理论的一个组成部分。最优导引律是根据实时状态决定出所需的控制量。从控制理论的观点看，确定一种导引律，就是综合出一种控制函数，使它只依赖于实时状态变量，因此用极大值原理及最优控制的综合方法来研究最优导引律是比较有效的。

在各种古典导引法中，影响 UUV 和潜艇回收装置对接精度的一个共同原因是 UUV 接近回收装置时导引过程的需用过载大，虽然这种现象已被认识，但是没有很好的解决办法，也不可能有更好的解决办法，原因是所有的古典导引法应用于 UUV 回收对接问题时，其着眼点基本上是“终点对接”。在研究最优导引律的过程中人们发现，在数学模型给出的状态空间中，存在一个所谓“零控状态”

以及由这些状态所组成的"零控曲面"（也称"零控制拦截流形"），如果回收对接系统处于这种状态，不加控制(实际上是进行微调)也能进行 UUV 的回收对接。因此，为了命中目标，只要把系统的状态导引到零控曲面上就可以了。这样做法的物理含义是尽快将受控对象的航向导引到对准预测相遇点(或称瞬时相遇点)的状态。到达这种状态后，只需对受控对象进行"微调"，减小了接近回收对接装置时 UUV 导引过程的需用过载，将全导引过程所必需的需用过载集中在导引过程的前部。以终点对接为直接目的的导引律称为"直接导引"或"直接方法"。以零控曲面为直接目的，然后间接达到终点对接的导引律称为"间接导引"或"间接方法"。间接方法不仅可以提高对接精度，有时还可以解决直接方法所难以解决的问题。

以下主要介绍最优垂直回收对接导引方法。

1) 模型建立

通常认为 UUV 的动态响应是一阶滞后环节。UUV 有较大的惯性，而且水下运动又有流体的附加惯性，如果全然不考虑动态响应的影响，势必影响对接精度。如果把实际的动态响应全部考虑到，就会使问题变得非常复杂，以致无法解决。

由于 UUV 在水下运动，水的阻尼远大于空气的阻尼，所以多数 UUV 的动态响应可以简化为一阶滞后环节，即

$$\begin{cases}\dot{\boldsymbol{x}}=\boldsymbol{v},\ \boldsymbol{x}(0)=\boldsymbol{x}_0\\ \dot{\boldsymbol{v}}=\boldsymbol{a}_T-\boldsymbol{a}_t,\ \boldsymbol{v}(0)=\boldsymbol{v}_0\\ \dot{\boldsymbol{a}}_T=-\dfrac{1}{\tau}\boldsymbol{a}_T+\dfrac{1}{\tau}\boldsymbol{u},\ \boldsymbol{a}_T(0)=\boldsymbol{a}_{T0}\end{cases} \tag{5-39}$$

式中，$\boldsymbol{x}$ 和 $\boldsymbol{v}$ 分别为相对位置矢量和相对速度矢量；$\boldsymbol{a}_T$ 和 $\boldsymbol{a}_t$ 分别为 UUV 和目标的加速度；τ 为 UUV 的时间常数；$\boldsymbol{u}$ 为由控制力产生的加速度，称为控制加速度。

式中 $\boldsymbol{a}_T-\boldsymbol{a}_t$ 是相对加速度。这个加速度包含两部分：一部分是控制加速度，即由控制力产生的加速度，它是由导引律控制进行调整的加速度，正是通过这部分加速度才能控制 UUV 导向潜艇回收对接装置；另一部分是客观环境随机加速度，例如水下环境随机干扰，也称为不定因数。所以，相对加速度由控制加速度和不确定因数组成。

虽然，为了对接精度，在建立动态方程时应该考虑 UUV 的动态响应，但是，如果把 UUV 的动态响应考虑周全，就会使问题变得无法解决。一般将 UUV 的动态响应简化为一阶环节，也有少量文献将其简化成二阶环节。在本章中将 UUV 的动态响应简化为一阶环节。

(1) 选择最小能量消耗指标

$$J=\frac{1}{2}\int_0^T(\boldsymbol{u}\cdot\boldsymbol{u})\mathrm{d}t \tag{5-40}$$

(2) 目标集：取零控曲面 L 及垂直对接，即

$$\text{L：}\begin{aligned} &\boldsymbol{x}(T)+\mu\boldsymbol{v}(T)=0, \quad \mu\geqslant 0 \\ &\boldsymbol{v}(T)\cdot\boldsymbol{v}_t(T)=-|\boldsymbol{v}_t(T)|^2 \end{aligned} \tag{5-41}$$

式中，μ 为剩余时间，即由零控状态到命中目标的时间。

零控曲面的含义是间接导引，即在 0～T 时间内将 UUV 导引到零控状态，而后在时刻导引 UUV 与潜艇回收对接装置进行对接，称为终端时间。式(5-41)的第二式等价于 $\boldsymbol{v}(T)\perp\boldsymbol{v}_t(T)$，即到了 T 时刻将 UUV 的航向导引到与回收对接装置航向平行，因此，式(5-41)的两个式子加在一起是在 0～T 时间内将 UUV 导引到其航向对准瞬时相遇点，且与回收对接装置航向平行，此后如果目标不机动，UUV 也不受到干扰，不加控制也能与回收对接装置进行准确对接。如果回收对接装置机动或者 UUV 受到干扰，只需进行“微调”，从而有利于提高对接精度。这种分两步走的方法，即先将 UUV 导引到零控状态，然后实现对接的方法称为间接导引法。如果不采用间接导引法，寻求最优对接导引方法的工作将遇到很大困难。

2) 最优导引律

哈密顿函数为

$$H=\psi_1^{\tau}\boldsymbol{v}+\psi_2^{\tau}(\boldsymbol{a}_T-\boldsymbol{a}_t)+\psi_3^{\tau}\left(-\frac{1}{\tau}\boldsymbol{a}_T+\frac{1}{\tau}\boldsymbol{u}\right)-\frac{1}{2}\boldsymbol{u}^{\tau}\boldsymbol{u} \tag{5-42}$$

共轭方程为

$$\begin{cases}\dot{\psi}_1=-\dfrac{\partial H}{\partial x}=0\\ \dot{\psi}_2=-\dfrac{\partial H}{\partial v}=\psi_1\\ \dot{\psi}_3=-\dfrac{\partial H}{\partial a_T}=-\psi_2+\dfrac{1}{\tau}\psi_3\end{cases} \tag{5-43}$$

边界条件为

$$\begin{cases}\psi_1(T)=\lambda\\ \psi_2(T)=\mu\lambda+\delta v_t(T)\\ \psi_3(T)=0\end{cases} \tag{5-44}$$

由 $\dfrac{\partial H}{\partial u}=0$ 可解出最优对接制导方法为

$$u^*(t)=\frac{1}{\tau}\psi_3(t) \tag{5-45}$$

求解共轭方程组(5-43)，并使其满足边条件(5-44)，可得到 $\psi_3(t)$，将其代

入式(5-45)得$u^*(t)$，再代入动态方程(5-39)求解，并令 $t=T$，且$T \ll \tau$，可得到最优垂直回收对接导引律

$$u^*(0)=u_1^*(0)+u_2^*(0) \tag{5-46}$$

5.2　回收导引过程规划

以潜艇为平台水下回收 UUV 时，就当前技术水平而言，辅助回收设备是必不可少的。本节针对该回收方式，设定潜艇以较低速度匀速直航，采用双鱼雷发射管辅以机械臂形式回收 UUV，UUV 由潜艇侧后方自主导引靠向机械臂对接装置，并对 UUV 的对接姿态有一定范围限制。下面将结合导引方法对 UUV 导引策略进行分析和规划。

5.2.1　导引策略分析

为便于后续分析研究，此处结合图 5-7 先给出具体题设：假设潜艇以速度 v_s 沿水平 Ox_0 方向匀速直航，UUV 定常直线运动时的航速为 v_u，并有$1<p<2$；潜艇回收 UUV 采用辅助机械臂设备，并假设机械臂伸出艇外部分位于潜艇侧平面，且伸出艇外的臂长为 L_b，对接点位于艇外机械臂端部，为尽可能地避免回收时 UUV 与潜艇发生碰撞，回收时机械臂向外侧张开一角度$\angle b$，由图易知$\angle c=\angle b$；要求 UUV 回收对接时与艇外机械臂保持垂直姿态。

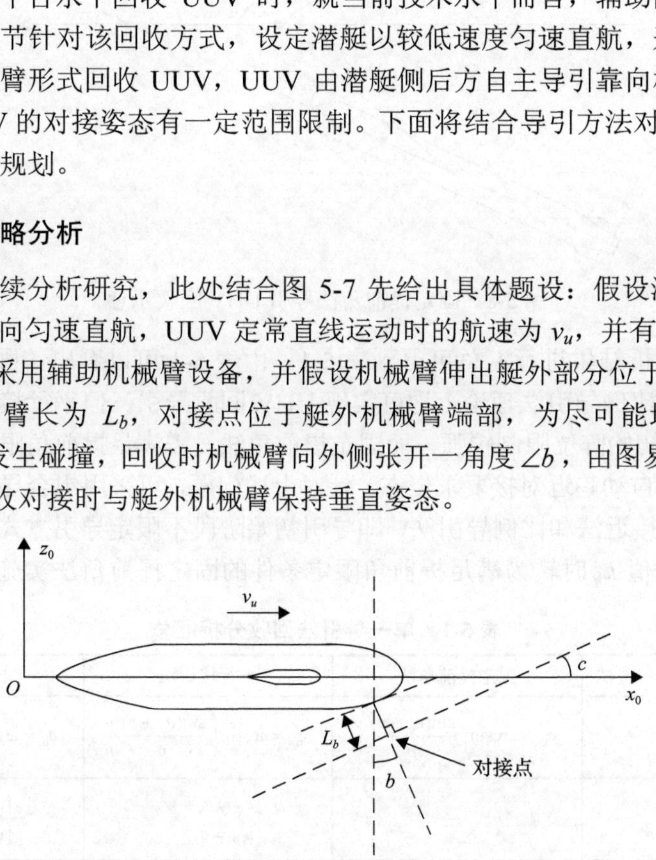

图 5-7　UUV 回收对接潜艇时姿态要求示意

1. 理论分析

首先考虑 UUV 采用单一导引方法实施回收。由前述理论知识可知，若 UUV 采用尾追法导引靠近对接点，则最终对接时的导引轨迹与 Ox_0 平行，即 UUV 对接时的姿态将趋于平行于 Ox_0，无法实现垂直于机械臂的要求；若采用固定提前角法，可根据方程(5-18)求解出固定提前角e_u，因为固定提前角法的导引过程最后会收敛

到 $q_1 = \arcsin(p\sin e_u)$，故可知采用固定提前角法用于 UUV 回收导引有理论可行性；若采用平行接近和比例导引法，要实现 UUV 以姿态角 c 完成对接，则初始条件应限定 UUV 位于 $q_1 = \arcsin(p\sin e_u)$ 的直线导引轨迹上，即以直线导引轨迹实现回收对接，由此可知有理论可行性。图 5-8 为固定提前角法导引 UUV 回收示意图。

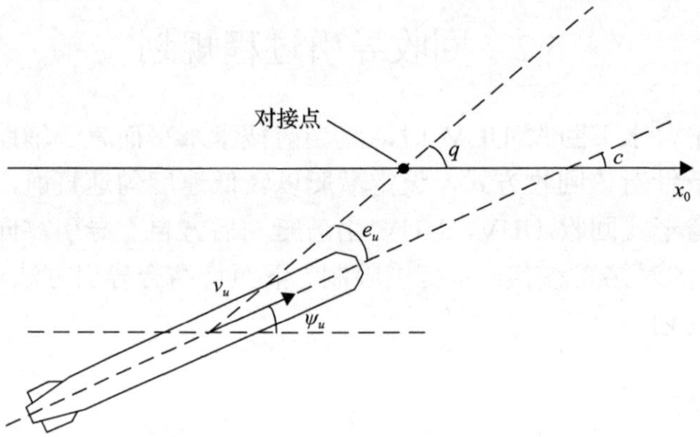

图 5-8　固定提前角法导引 UUV 回收示意

将上述分析结果进行汇总可得到表 5-1。由表 5-1 可以看出，固定提前角法、平行接近法和比例导引法理论上均可实现 UUV 回收导引，但平行接近法与比例导引法对 UUV 初始阵位限制较强，而固定提前角法只需满足提前角限定条件便可在最后导引过程自动趋近对接要求姿态。针对上述问题，可采用组合导引方式来改善尾追法、平行接近法和比例导引法，即导引初始阶段不限定导引方式，在距离对接点小于一设定值 L_0 时转为满足提前角限定条件的固定提前角法实施导引。

表 5-1　单一导引法回收分析汇总

导引方法	尾追法	固定提前角法	平行接近法	比例导引法
限定条件	—	$e_u = \arcsin\left(\dfrac{\sin(e_u + c)}{p}\right)$	$e_u = \arcsin\left(\dfrac{\sin(e_u + c)}{p}\right)$	$e_u = \arcsin\left(\dfrac{\sin(e_u + c)}{p}\right)$
初始阵位限定	—	—	$\begin{cases} a_0 = e_u + \psi_u \\ \psi_u = c \end{cases}$	$\begin{cases} a_0 = e_u + \psi_u \\ \psi_u = c \end{cases}$
理论可行性	×	√	√	√

2. 工程分析

对于声自导的 UUV，换能器基阵通常固定在 UUV 头部，可用其测量对接点相对于 UUV 的方位，因为尾追法与固定提前角法仅需要目标方位信息，所以实现起来较为容易；而比例导引法，不仅需要对接点方位角信息，还需要视线角及其变化率信息，采用“基阵+航行陀螺”组合的 UUV 可间接得到上述信息，但考虑到声自导波束较宽，约为 10°左右，用于 UUV 回收导引时会造成精度较差；对于平行接近法导引，潜艇与 UUV 速度大小可提前约定，潜艇航向角等信息同样需要 UUV 采用“基阵+航行陀螺”间接获得，其导引精度较差。

综上分析可知，采用单一固定提前角法或末端基于固定提前角法的组合导引法用于 UUV 回收导引有一定可行性。

5.2.2　初始阵位分析

采用固定提前角法导引回收 UUV，当 UUV 与潜艇速度比一定时，由方程(5-18)可以得到预定姿态角与固定提前角的关系，如图 5-9 所示。由图示可以看出，速比一定时，提前角随着预定姿态角的增大而增大。需要注意的是，由方程(5-18)得到的提前角还需满足式(5-22)。图 5-10 为 UUV 采用固定提前角法导引，速比 $p=1.5$，提前角 $e_u=18.63°$，初始距离 $l_0=1000\text{m}$ 时，不同初始阵位对应的理论导引过程极坐标图。

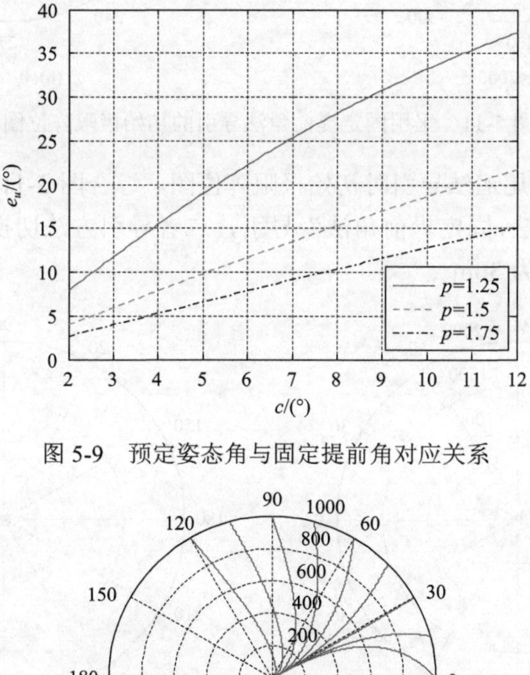

图 5-9　预定姿态角与固定提前角对应关系

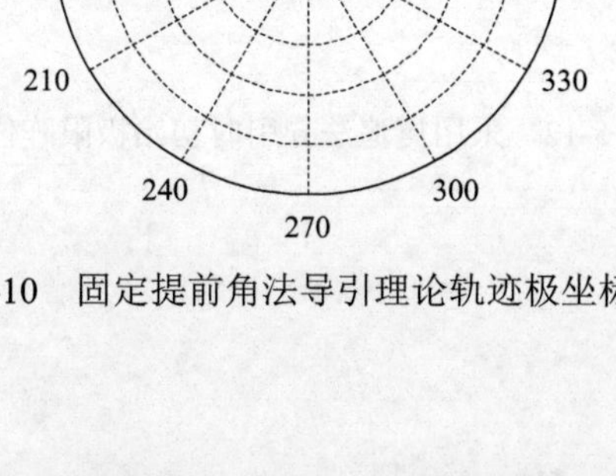

图 5-10　固定提前角法导引理论轨迹极坐标图

目前，UUV 声自导作用有效范围约为 2000m 水平，本节假设 UUV 声自导的有效范围为 2000m，由需用法向过载与可用法向过载的关系可计算得到固定提前角法导引的初始极限阵位，如图 5-11 所示。由图 5-11(b)可以看出，当初始间距约大于 90m 时，UUV 在潜艇侧后方均可实现对接。

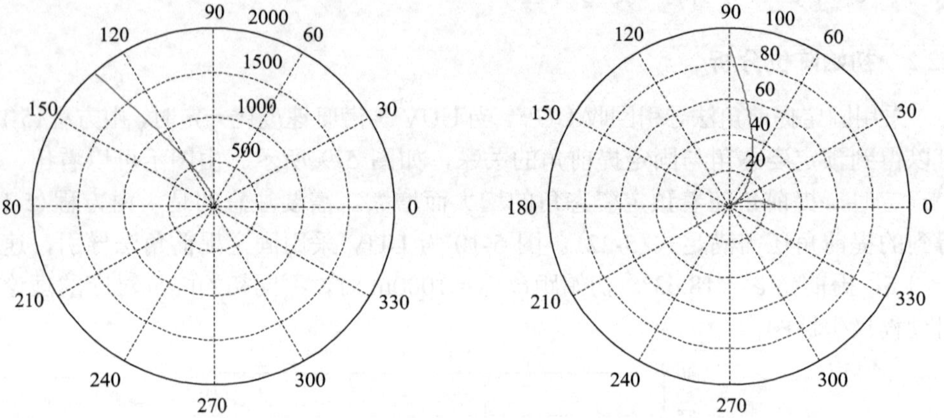

(a) l_0<2000m　　(b) $0<q_0<90°$

图 5-11　采用固定提前角法导引的初始极限阵位图

图 5-12 为采用尾追法导引时初始极限阵位图。综合图 5-11(b)与图 5-12(b)可知，当采用“尾追法+固定提前角法”导引，二者导引方法切换时，应确保 UUV 与潜艇间距离至少为 30m。

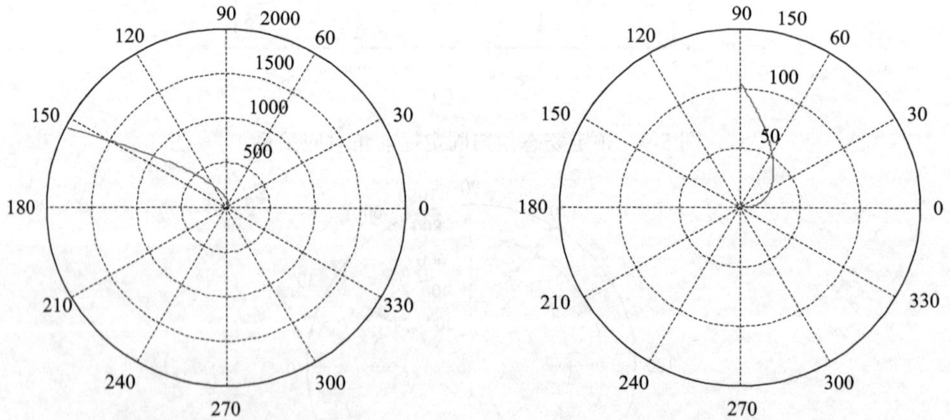

(a) l_0<2000m　　(b) $0<q_0<90°$

图 5-12　采用尾追法导引时初始极限阵位图

5.2.3　回收导引仿真的实现

回收导引仿真的实现主要是构建仿真模型，主要包括潜艇与 UUV 运动模型、潜艇绕流对 UUV 流体动力系数干扰模型、UUV 导引方法模型及 UUV 控制律模型。设定潜艇匀速直航，故其运动模型可由单一方程描述，而 UUV 运动模型参见第 4 章，UUV 导引方法模型可参见 5.1 节。由此可见，补充潜艇绕流对 UUV 流体动力系数干扰模型和 UUV 控制律模型即可实现回收导引仿真。

1. 潜艇绕流对 UUV 流体动力系数干扰模型

由第 2 章相关研究可知，潜艇绕流会对 UUV 流体动力系数产生一定干扰，且对 C_x 影响显著。对 C_x 干扰的主要因素包括：UUV 局部 Re（即 UUV 相对流体速度 v）、UUV 相对潜艇的纵向位置 Δx 和间距 Δs。因为 2.2 节相关研究已经表明 UUV 相对潜艇有小姿态角时对 C_x 干扰贡献很小，故此处忽略其影响。由第 2 章相关研究可知，局部 Re 对 C_x 起主要作用，间距 Δs 不同时的纵向位置 Δx 对 C_x 干扰变化规律相似，且三者因素耦合影响较小，可忽略耦合干扰，故构建潜艇绕流对 C_x 干扰模型如下：

$$C_x(v,\Delta s,\Delta x)=\left(1+0.01\times k(\Delta s)\Delta C_x(\Delta x)|_{\Delta s=1.5}\right)C_x(v) \tag{5-47}$$

式中，$C_x(v)$ 表示由局部 Re 决定的 UUV 阻力系数幅值，其拟合关系如图 5-13 所示；$\Delta C_x(\Delta x)|_{\Delta s=1.5}$ 表示 $\Delta s=1.5\text{m}$ 时，对应纵向位置 Δx 处对 C_x 干扰的百分比，其拟合关系如图 5-14 所示；$k(\Delta s)$ 表示对应 Δs 对 $\Delta C_x(\Delta x)$ 的影响系数，与 Δs 满足线性关系，且 $\Delta s=1.5\text{m}$ 时对应 $k(\Delta s)=1$，$\Delta s\geqslant 16\text{m}$ 时对应 $k(\Delta s)=0$。

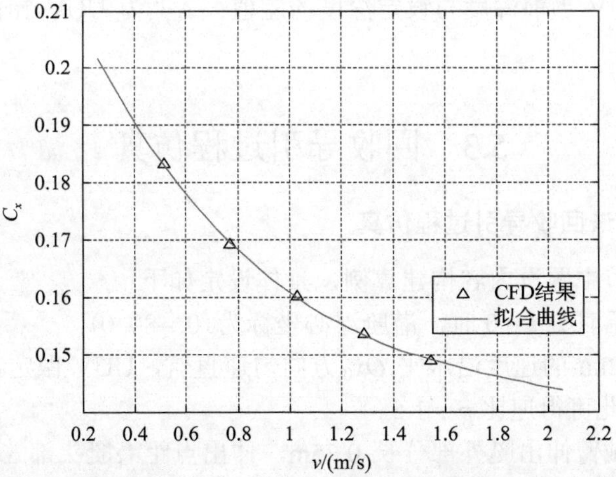

图 5-13　C_x 对应 v 的拟合曲线

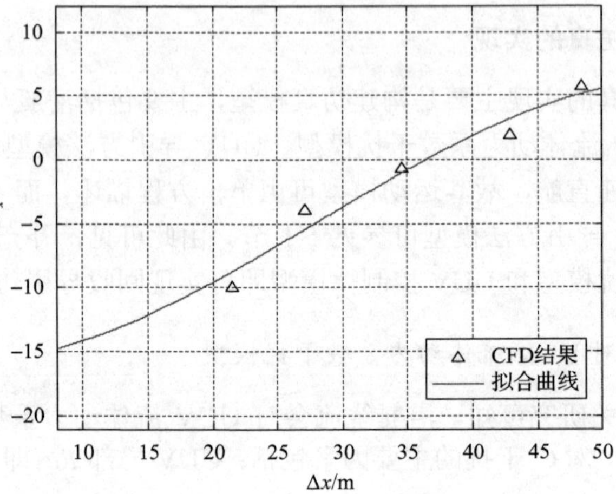

图 5-14　$\Delta C_x(\Delta x)|_{\Delta s=1.5}$ 对应 Δx 的拟合曲线

其他流体动力系数及 UUV 附加质量干扰模型拟合方法同 C_x，这里就不在赘述。

2. 控制律模型

UUV 的 δ_h、δ_v 和 δ_d 的常用控制律模型如下：

$$\begin{cases} \delta_h = k_y \Delta y + k_\theta \theta + k_r r \\ \delta_v = k_\psi \Delta \psi + k_q q \\ \delta_d = k_\varphi \varphi + k_p p \end{cases} \tag{5-48}$$

式中，Δy 为 UUV 当前深度与设定深度的差值；$\Delta\psi$ 为 UUV 当前偏航角与导引偏航角的差值。

5.3　回收导引过程仿真

5.3.1　单一导引法回收导引过程仿真

结合 5.2.1 节中题设内容构建算例，具体设定如下：

(1) 仿真初始时刻 $t = 0$ 时，潜艇浮心坐标为 (0, –80, 0)。

(2) 潜艇以 2kn 的速度沿水平 Ox_0 方向匀速直航，UUV 做定常直线运动时的航速为 3kn，由此可得速比 $p = 1.5$。

(3) 回收机械臂伸出艇外部分长 0.75m，伸出点距潜艇头部 $\Delta x = 5$m 处，机械臂向外侧张开 $\angle b = 10°$。

(4) UUV 回收对接时尽可能与艇外机械臂保持垂直姿态，最大偏差应不大于 2°。

仿真算例编号及各工况 UUV 初始参数汇总见表 5-2。

表 5-2　单一导引法仿真工况汇总

算例编号	UUV 初始参数	浮心坐标/m (x_0 , y_0 , z_0)	姿态/(°) (θ , ψ , φ)	速度/kn (u,v,w)	角速度/(rad/s) (p,q,r)	其他
1	尾追法	–500,–60,–500	0,0,0	3,0,0	0,0,0	—
2	固定提前角	–500,–60,–500	0,0,0	3,0,0	0,0,0	e_t =18.63
3	平行接近	–586.34,–80,–344.09	0,28.63,0	3,0,0	0,0,0	—
4	比例导引	–586.34,–80,–344.09	0,28.63,0	3,0,0	0,0,0	比例系数 k=4

对于算例 1、2，仿真初期，设定 UUV 以侧向偏航–1°航行，在其下降到与潜艇对接点深度差小于 1m 时，转换为侧向导引控制，由图 5-9 可查得固定提前角 e_t =18.63，具体仿真结果如图 5-15～图 5-30 所示。由图示结果可以看出，采用尾追法导引回收时，UUV 对接时偏航角趋近于 0°，不能满足回收时对 UUV 的姿态要求；采用固定提前角法导引回收时，UUV 对接时偏航角为–10.77°，可满足回收对接时对 UUV 的姿态要求，仿真结果同前述理论分析相符。此外，由仿真结果还可以看出，由于潜艇绕流干扰，在对接导引过程后期 UUV 的速度和角速度各分量均会受到一定程度影响，除对 UUV 轴向速度分量影响较大外，对其余运动参数影响较小。

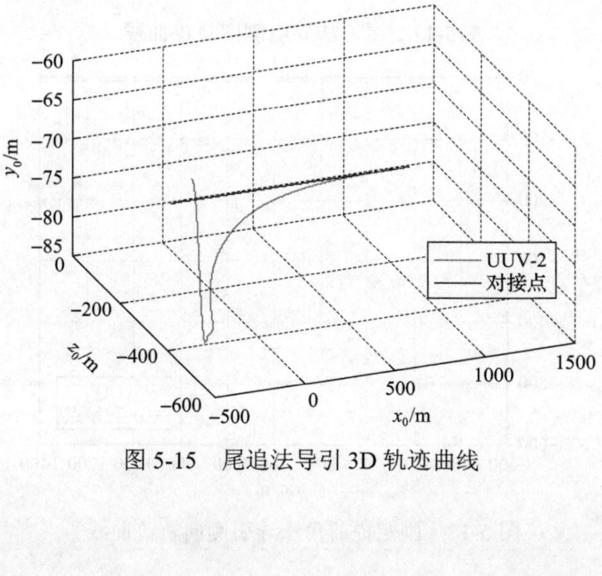

图 5-15　尾追法导引 3D 轨迹曲线

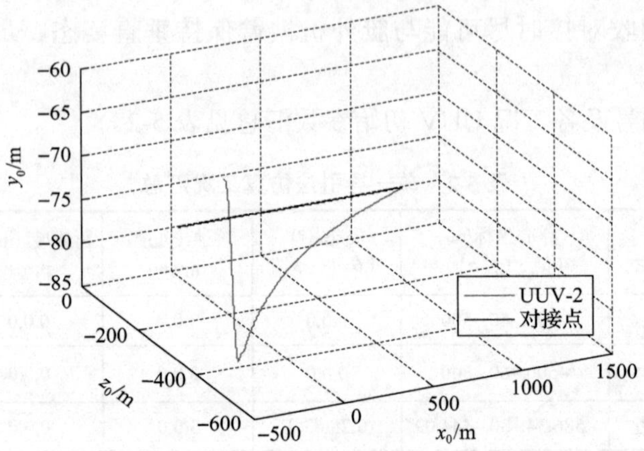

图 5-16　固定提前角法导引 3D 轨迹曲线

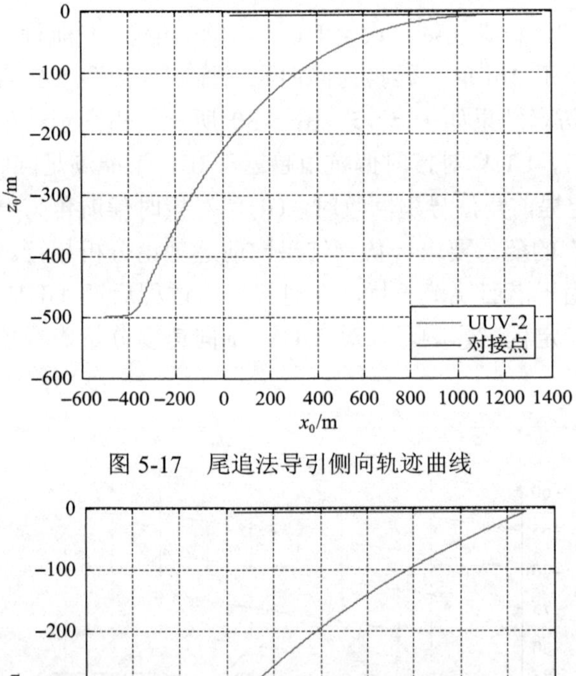

图 5-17　尾追法导引侧向轨迹曲线

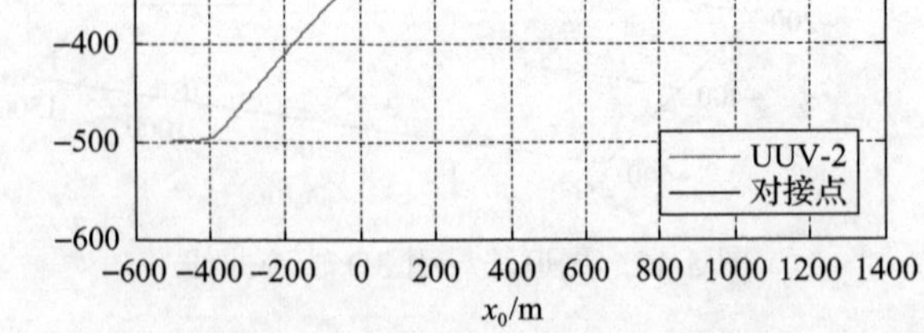

图 5-18　固定提前角法导引侧向轨迹曲线

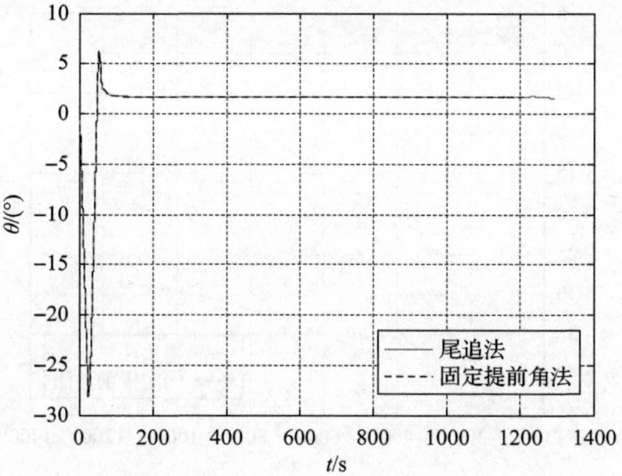

图 5-19　算例 1、2 中俯仰角随时间变化曲线

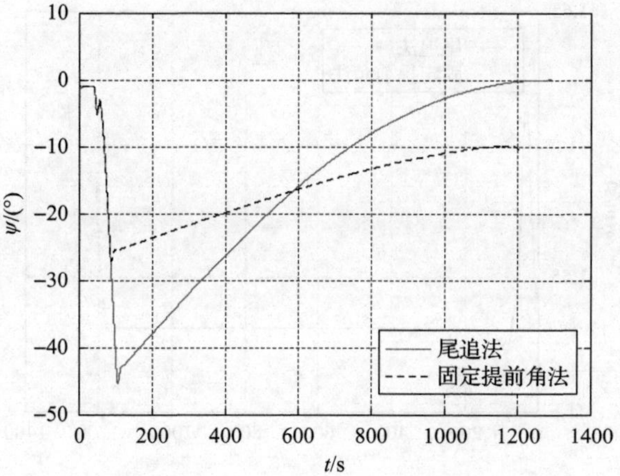

图 5-20　算例 1、2 中偏航角随时间变化曲线

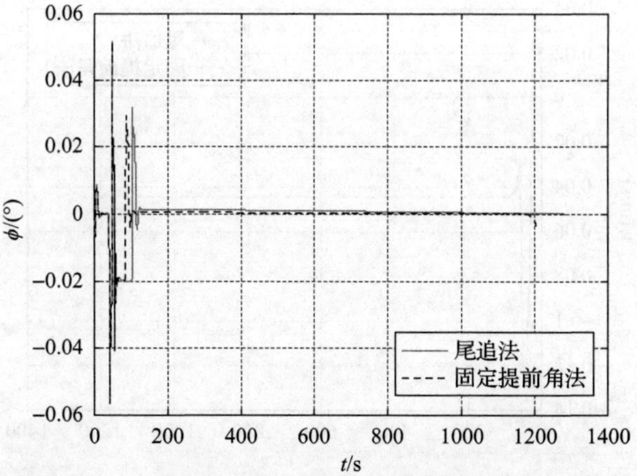

图 5-21　算例 1、2 中横滚角随时间变化曲线

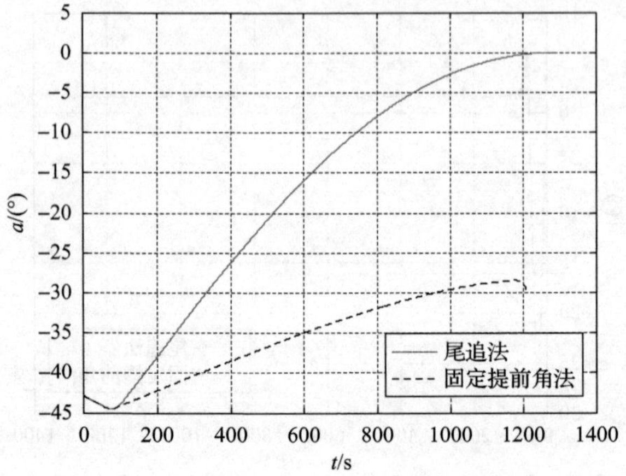

图 5-22　算例 1、2 中视线角随时间变化曲线

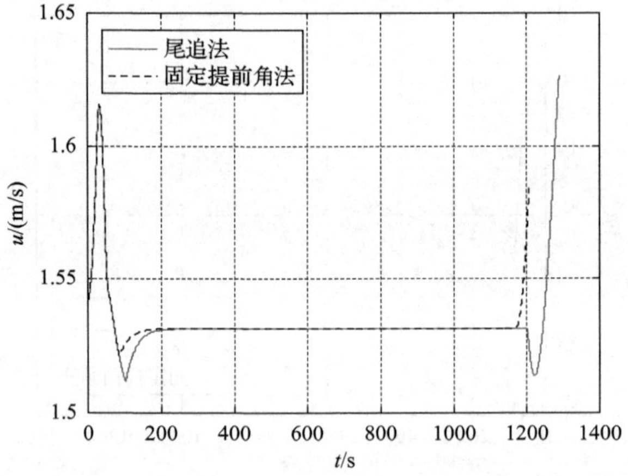

图 5-23　算例 1、2 中轴向速度随时间变化曲线

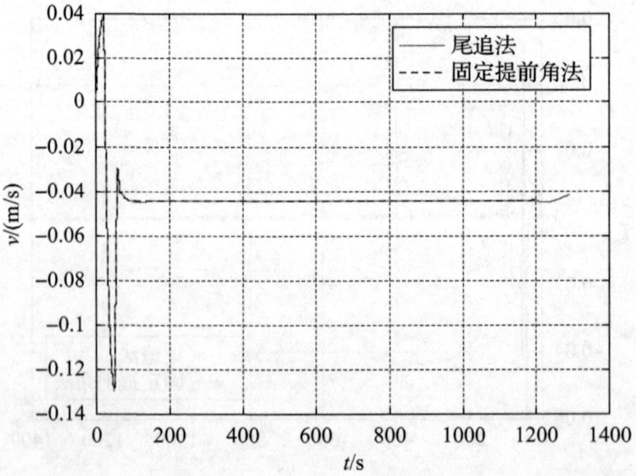

图 5-24　算例 1、2 中纵向速度随时间变化曲线

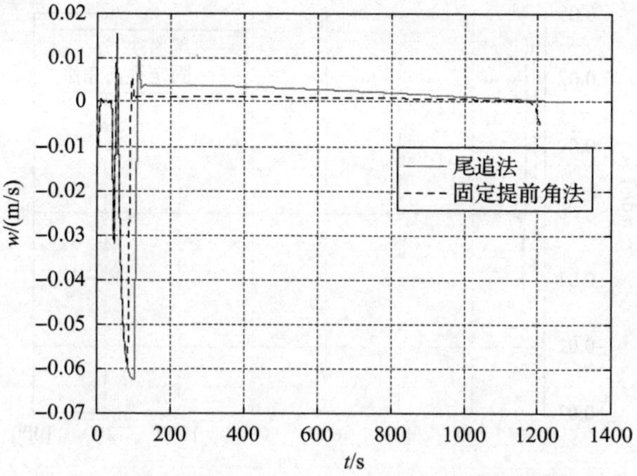

图 5-25　算例 1、2 中侧向速度随时间变化曲线

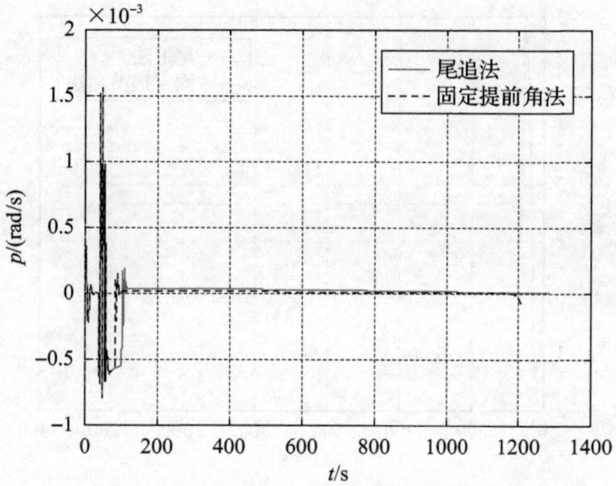

图 5-26　算例 1、2 中横滚角速度随时间变化曲线

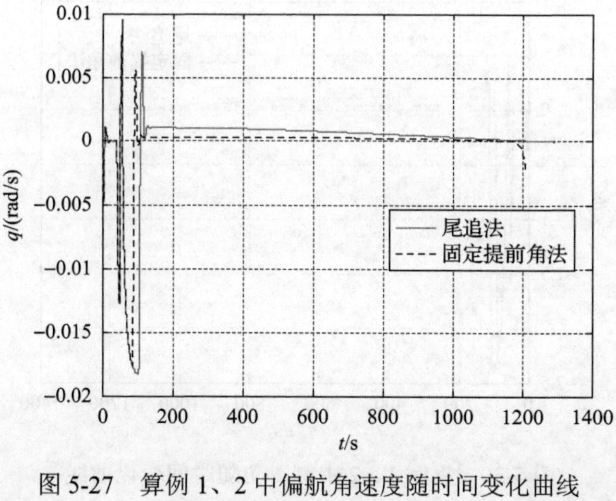

图 5-27　算例 1、2 中偏航角速度随时间变化曲线

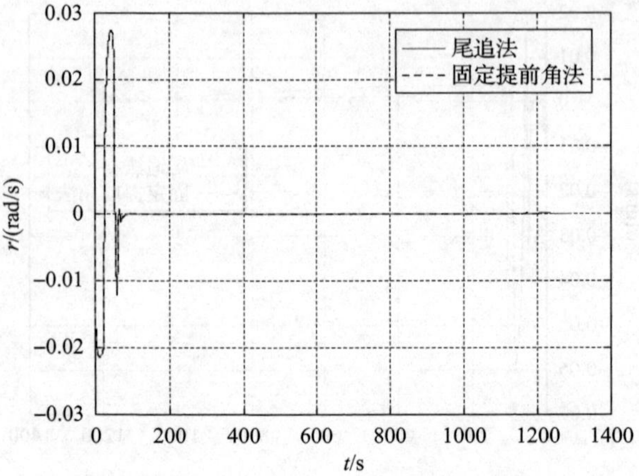

图 5-28　算例 1、2 中俯仰角速度随时间变化曲线

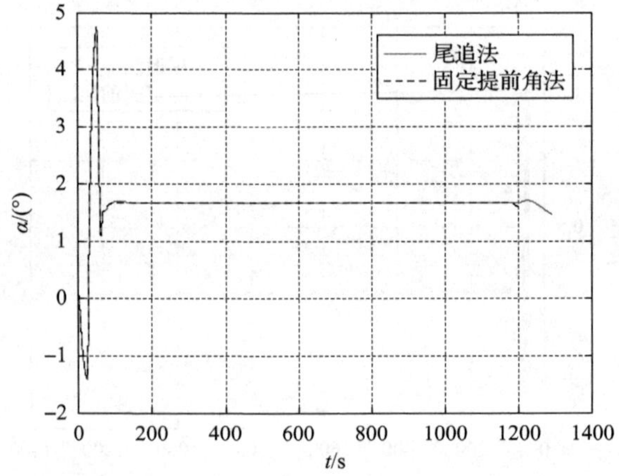

图 5-29　算例 1、2 中攻角随时间变化曲线

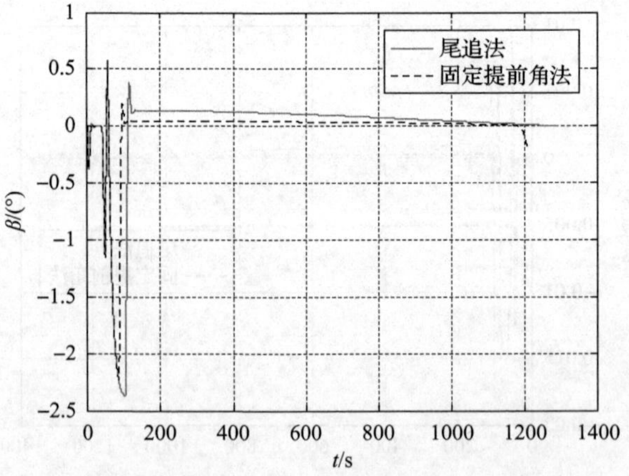

图 5-30　算例 1、2 中侧滑角随时间变化曲线

对于算例 3、4，由 5.2.1 节分析可知，采用平行接近法或比例导引法实现 UUV 按预定姿态对接时，需满足表 5-1 中初始条件要求，故设定 UUV 初始位置与对接点无深度差，具体仿真结果如图 5-31～图 5-40 所示。由图示结果可以看出，采用平行接近法导引回收时，UUV 对接时偏航角为–10.68°，满足回收对接时对 UUV 的姿态要求；采用比例导引法回收时，UUV 对接时偏航角为–10.67°，满足回收对接时对 UUV 的姿态要求。此外，两种方法所得导引过程及 UUV 各运动参数的变化规律相似，这与两种方法理论上对应同一理论导引过程的规划相符。

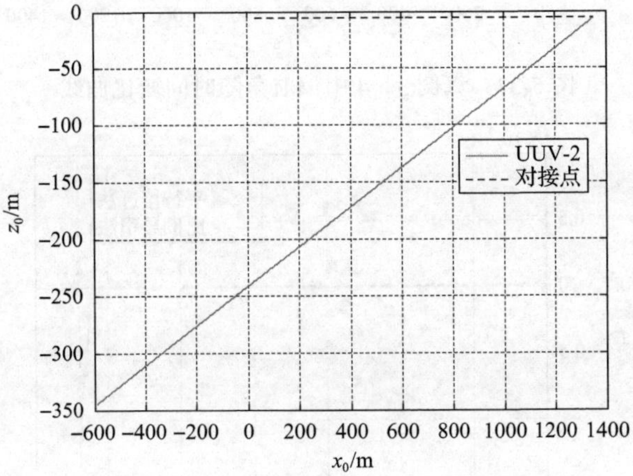

图 5-31　平行接近法侧向导引轨迹曲线

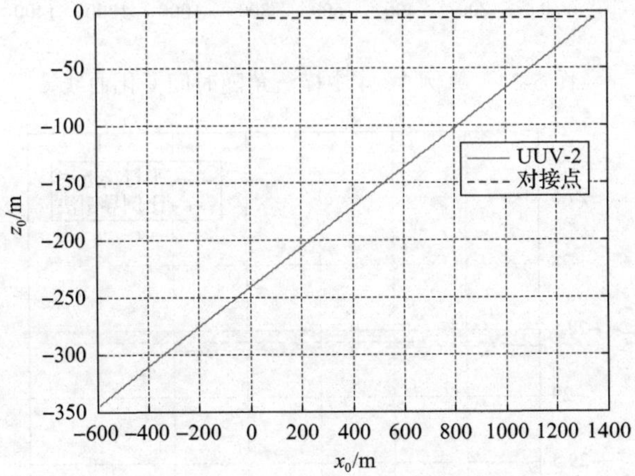

图 5-32　比例导引法侧向导引轨迹曲线

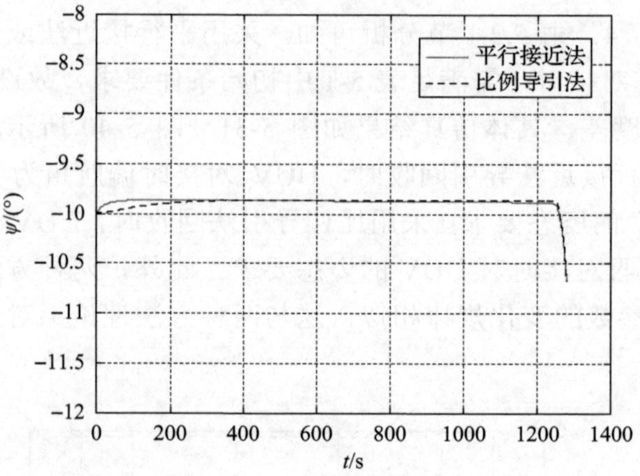

图 5-33　算例 3、4 中偏航角随时间变化曲线

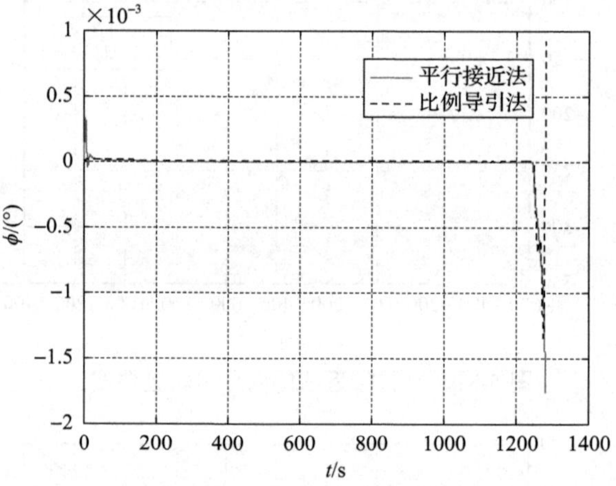

图 5-34　算例 3、4 中横滚角随时间变化曲线

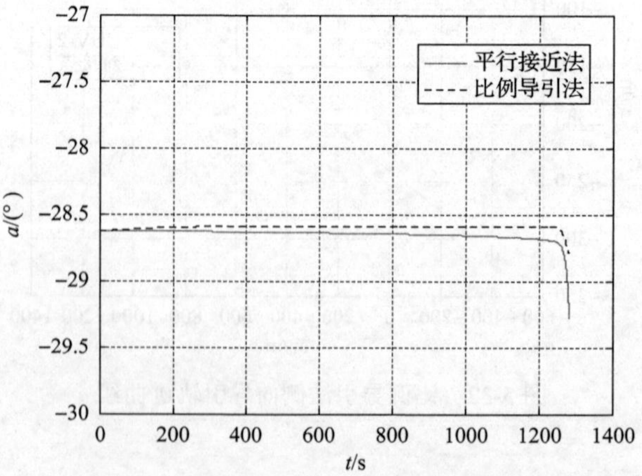

图 5-35　算例 3、4 中视线角随时间变化曲线

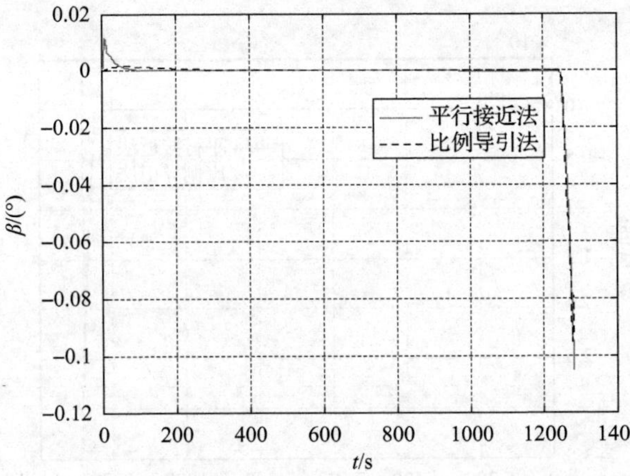

图 5-36　算例 3、4 中侧滑角随时间变化曲线

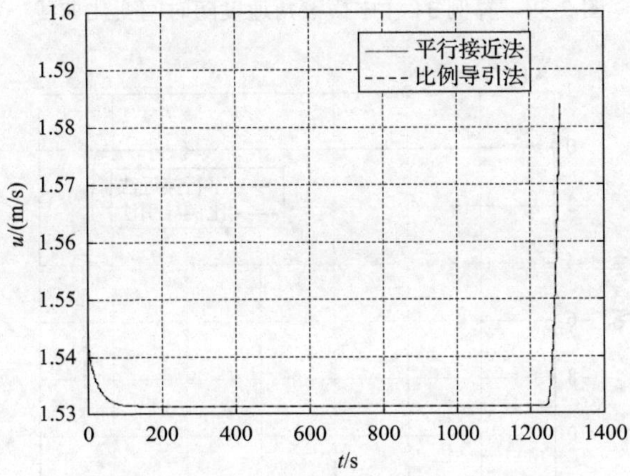

图 5-37　算例 3、4 中轴向速度随时间变化曲线

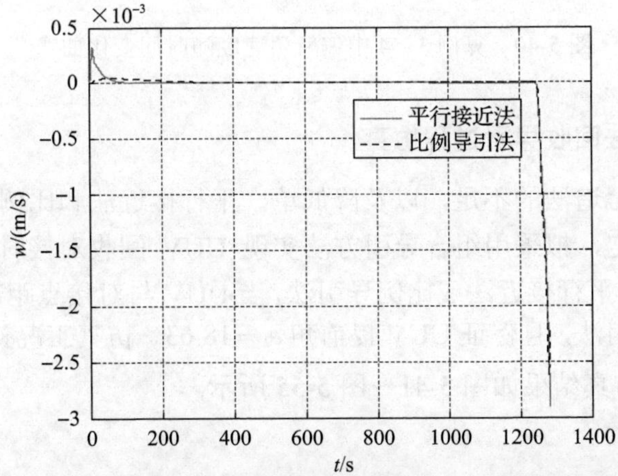

图 5-38　算例 3、4 中侧向速度随时间变化曲线

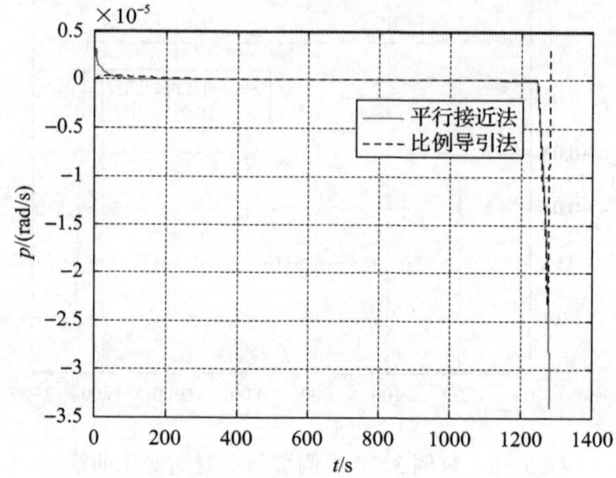

图 5-39 算例 3、4 中横滚角速度随时间变化曲线

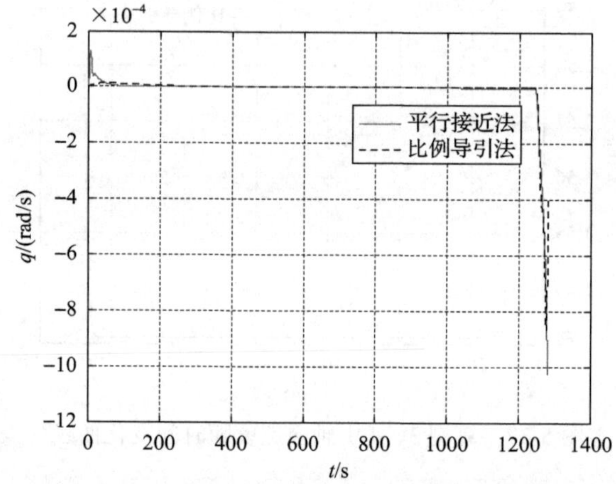

图 5-40 算例 3、4 中偏航角速度随时间变化曲线

5.3.2 组合导引法回收导引过程仿真

为改善单一尾追法的不足，以及降低单一平行接近法和比例导引法对回收初始阵位的苛刻限定，拟采用组合导引方法实现 UUV 回收对接时的姿态要求，即初始采用尾追法、平行接近法或比例导引法，当 UUV 与对接点距离小于 100m 时，转换为固定提前角法，且保证 UUV 提前角 $e_t = 18.63$。仿真工况初始条件同表 5-2 中算例 1，具体仿真结果如图 5-41～图 5-55 所示。

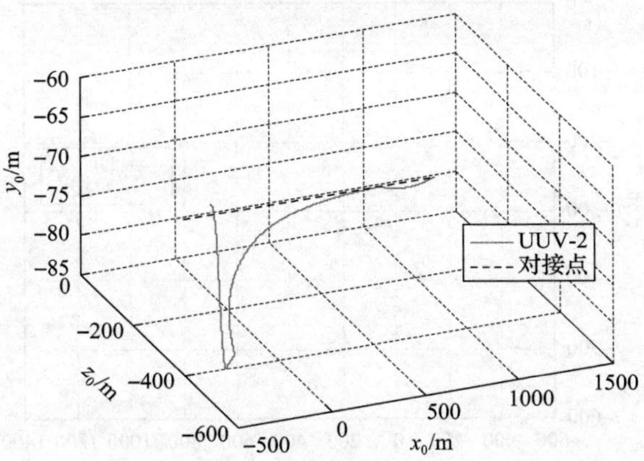

(a) 3D

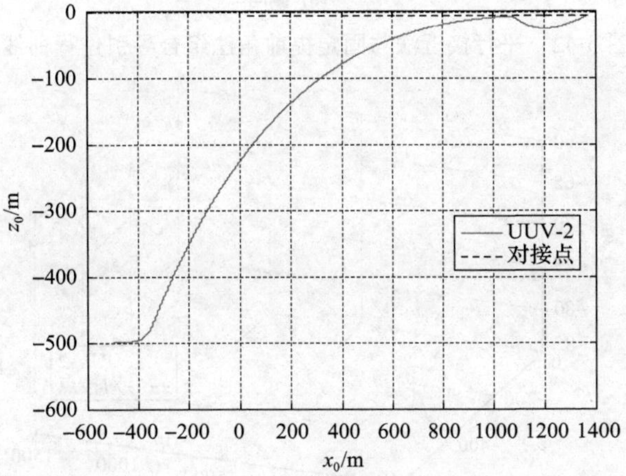

(b) 侧向

图 5-41　尾追法与固定提前角法组合导引过程曲线

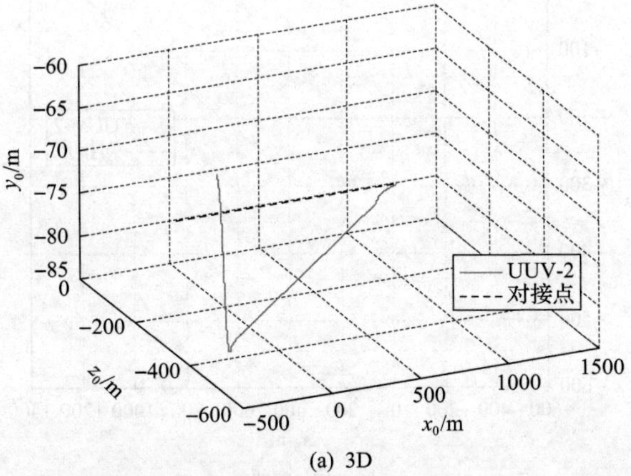

(a) 3D

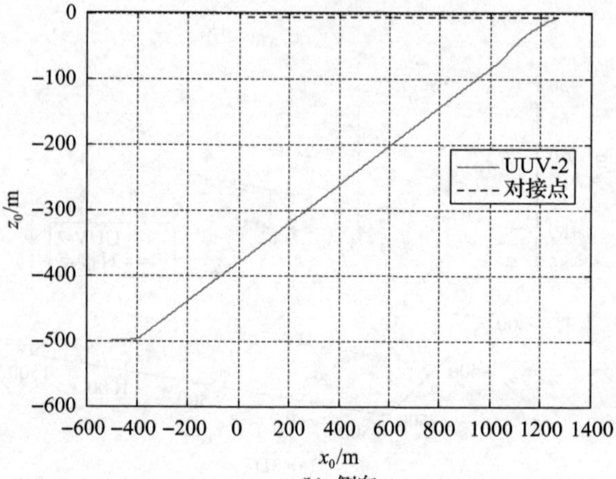

(b) 侧向

图 5-42　平行接近法与固定提前角法组合导引过程曲线

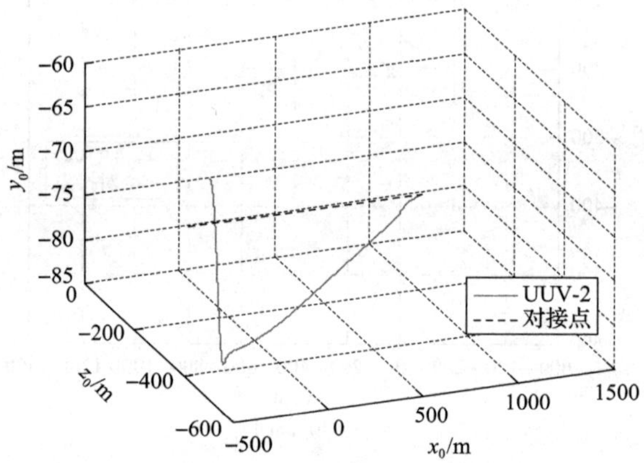

(a) 3D

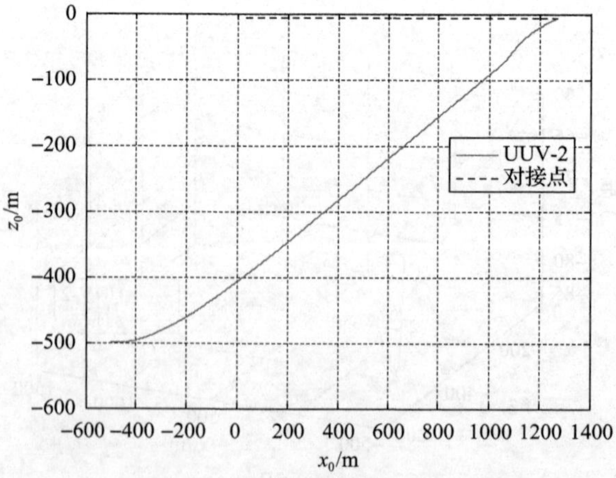

(b) 侧向

图 5-43　比例导引法与固定提前角法组合导引过程曲线

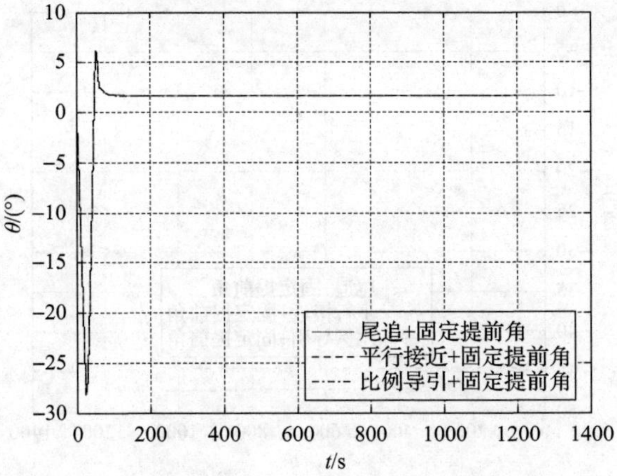

图 5-44　不同组合导引法情况下俯仰角随时间变化曲线

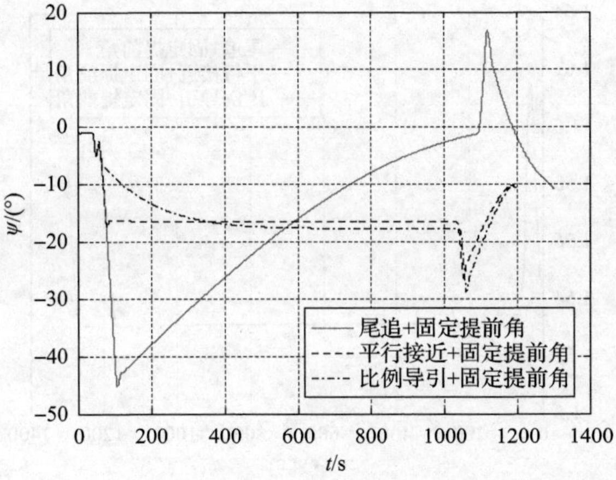

图 5-45　不同组合导引法情况下偏航角随时间变化曲线

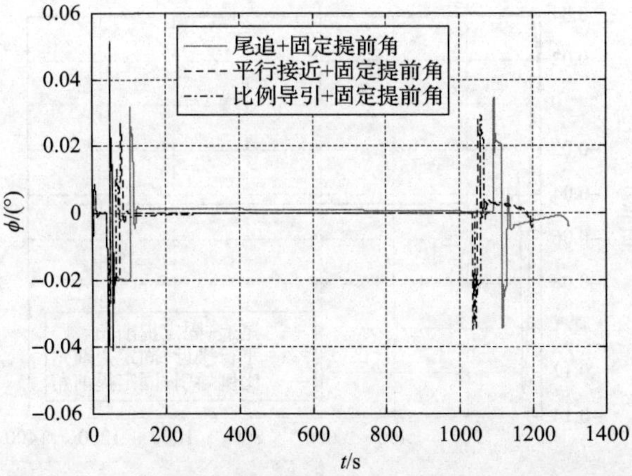

图 5-46　不同组合导引法情况下横滚角随时间变化曲线

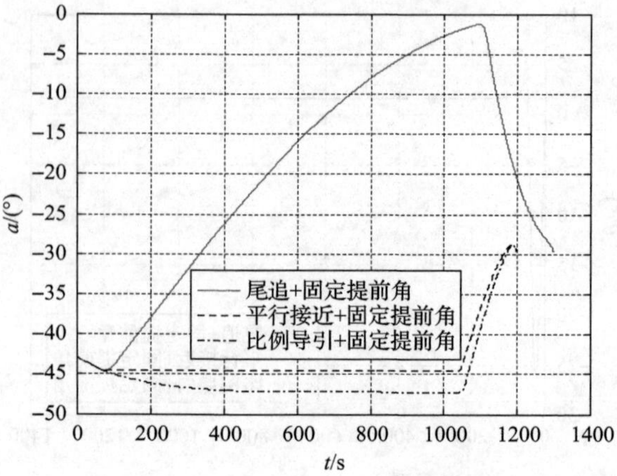

图 5-47　不同组合导引法情况下视线角随时间变化曲线

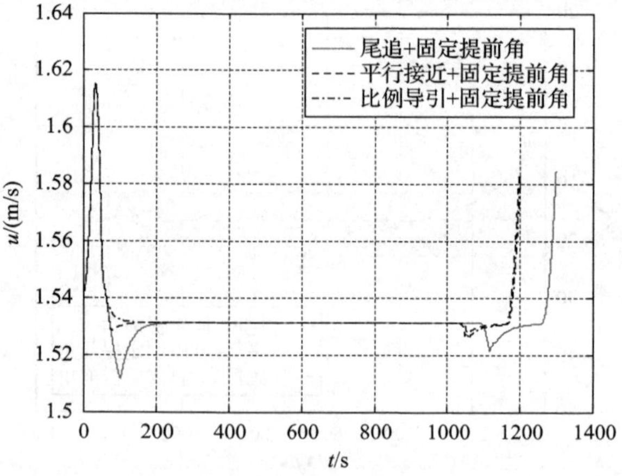

图 5-48　不同组合导引法情况下轴向速度随时间变化曲线

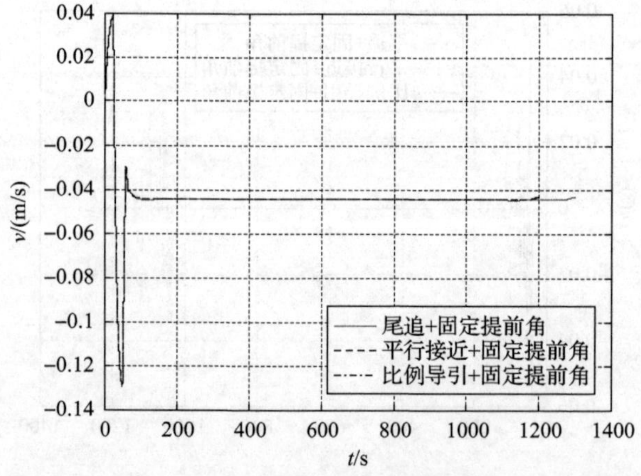

图 5-49　不同组合导引法情况下纵向速度随时间变化曲线

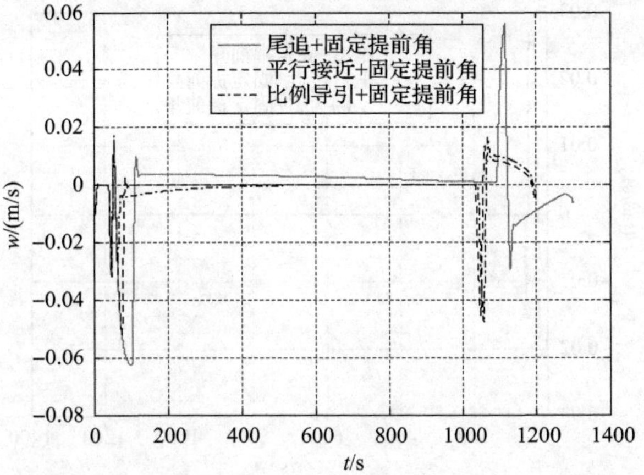

图 5-50　不同组合导引法情况下侧向速度随时间变化曲线

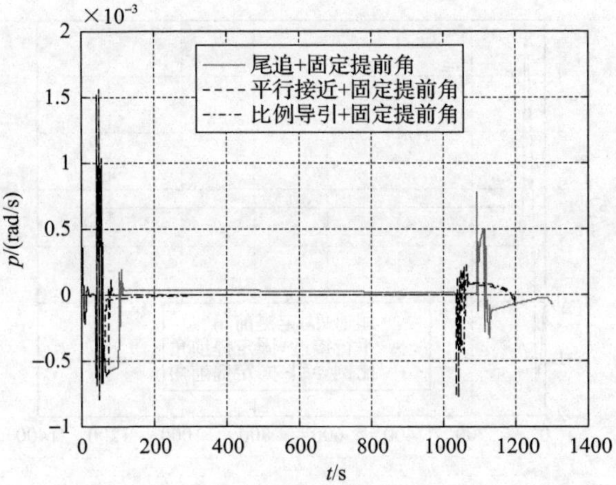

图 5-51　不同组合导引法情况下横滚角速度随时间变化曲线

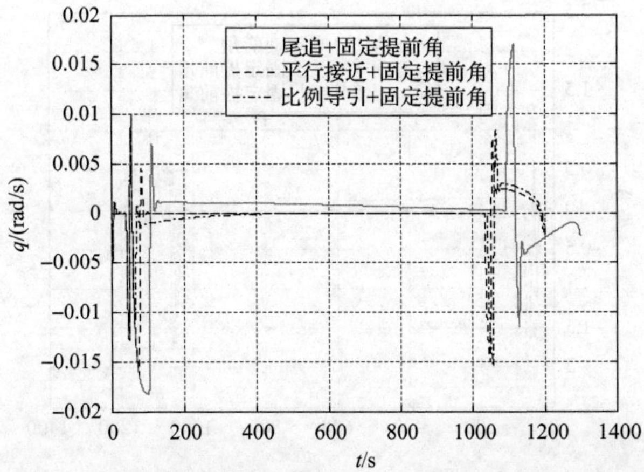

图 5-52　不同组合导引法情况下偏航角速度随时间变化曲线

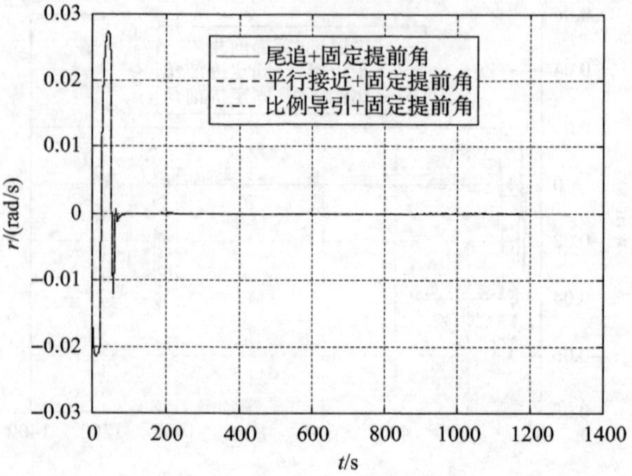

图 5-53　不同组合导引法情况下俯仰角速度随时间变化曲线

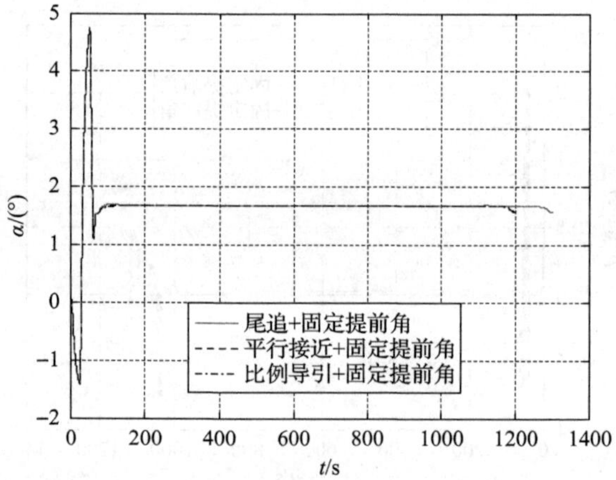

图 5-54　不同组合导引法情况下攻角随时间变化曲线

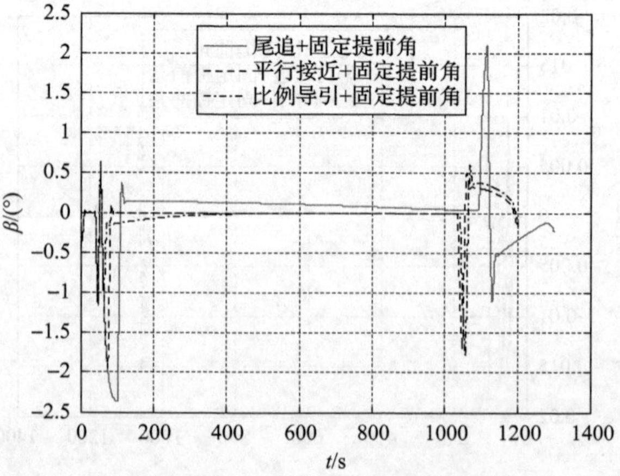

图 5-55　不同组合导引法情况下侧滑角随时间变化曲线

仿真结果显示：采用“尾追+固定提前角”组合导引回收时，UUV 对接时偏航角为−10.84°；采用“平行接近+固定提前角”组合导引回收时，UUV 对接时偏航角为−10.69°；采用“比例导引+固定提前角”组合导引回收时，UUV 对接时偏航角为−10.67°，三种组合导引法均可满足对 UUV 回收对接时的姿态要求。由此可见，无论初始选择何种导引方法，末段导引过程转为固定提前角法导引均可有效改善回收对接要求。

参 考 文 献

卢京潮. 2004. 自动控制原理[M]. 西安: 西北工业大学出版社.

潘光, 杜晓旭, 宋保维, 等. 2013. 鱼雷力学[M]. 西安: 陕西师范大学出版社.

阙志宏, 罗建等. 1994. 线性系统理论[M]. 西安: 西北工业大学.

徐德民, 吴旭光, 任章, 等. 2000. 鱼雷自动控制系统[M]. 西安: 西北工业大学出版社.

严卫生. 2005. 鱼雷航行力学[M]. 西安: 西北工业大学出版社.

杨智栋. 2015. UUV 水下回收非线性流体动力干扰及导引过程操纵性研究[D]. 西安: 西北工业大学.

詹致祥. 1995. 鱼雷制导规律及命中精度[M]. 西安: 西北工业大学出版社.

周德善. 2009. 鱼雷自导技术[M]. 北京: 国防工业出版社.

周杰, 周文林. 2011. 潜用 UUV 回收技术[J]. 四川兵工学报, 32(8): 45-47.

第 6 章　UUV 水下回收控制技术

UUV 水下回收技术主要分为声学导引回收技术、光学导引回收技术和电磁导引回收技术，三种导引方式各有特点。对于声学导引方法，其射程长、精度高，方案简单且实用，但易受到干扰物影响，稳定性较差，且声呐设备会暴露位置信息。光学引导系统成本低，便于实现，且回收过程中能使 UUV 自由精度达到厘米级，但光线强度随距离增大而迅速衰减，UUV 与母艇距离不能太远。电磁导引方法精度高，在一定海洋条件下具有鲁棒性，所依靠的电磁场信息更新速度快，在水下任何方向都不存在盲区，但是易受到其他磁场的干扰，作用距离较小，并且回收系统比较复杂。本章主要对基于声学导引方法和光学导引方法的 UUV 水下回收控制技术进行介绍。

6.1　基于声学定位系统的 UUV 水下回收控制技术

超短基线(USBL)水声定位器是目前 UUV 对接系统中广泛采用的传感器，用于完成 UUV 与对接站之间的相对定位。伍兹霍尔海洋研究所的 Odyssey 对接系统、REMUS 对接系统和蒙特利海洋研究所的 Bluefin 对接系统等均在对接站上安装水声应答器，以为 UUV 指示对接站的位置。

6.1.1　基于 USBL 系统的回坞定位

1. 基于双信标的 UUV 水平面定位

目前的水声定位对接系统中，采用一个信标标示对接站的位置，要求 UUV 已知对接站的绝对方位角，通过与 UUV 自身的航向角比较得到对接方位误差，实现 UUV 的回收对接。对接站方位角和 UUV 的航向测量对对接精度的影响很大，会带来对接误差。针对这种情况，采用在对接站平行安装两个信标的方法实现 UUV 的回收对接，如图 6-1 所示。

UUV 的头部安装有 USBL 收发器，回收站的两侧安装两个 USBL 应答器 B_1 和 B_2，UUV 上安装的收发器通过与回收站上的应答器 B_1 和 B_2 进行通信，可以测量出应答器 B_1 和 B_2 在 UUV 体坐标系 xOy 下的距离 L_i（$i=1,2$）和方位 μ_i（$i=1,2$）。UUV 根据测量得到的距离 L_i（$i=1,2$）和方位 μ_i（$i=1,2$），采用式(6-1)计算出应答器 B_1 和 B_2 在 UUV 体坐标系 xOy 下的位置坐标 $B_i=\left(x_{Ti},y_{Ti}\right)$（$i=1,2$）。

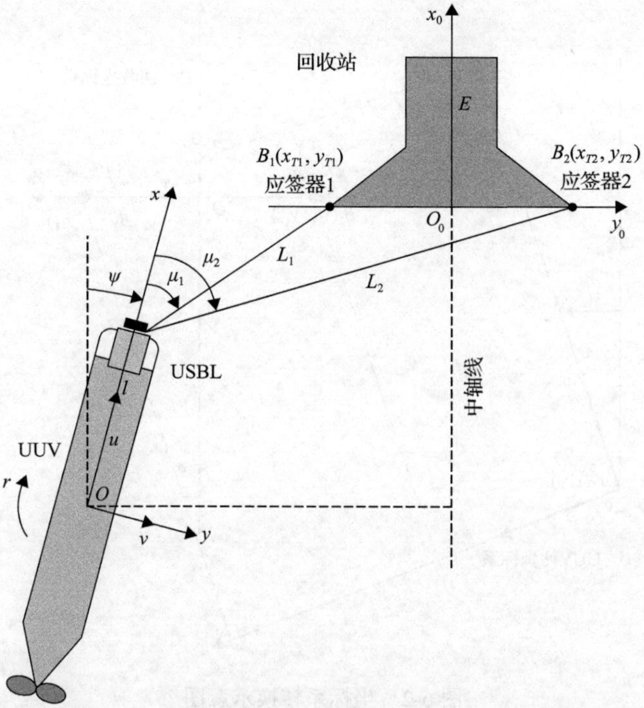

图 6-1　双信标下的 UUV 回收对接

$$\begin{bmatrix} x_{Ti} \\ y_{Ti} \end{bmatrix} = \begin{bmatrix} \cos\mu_i \\ \sin\mu_i \end{bmatrix} \begin{bmatrix} L_i \end{bmatrix} + \begin{bmatrix} l \\ 0 \end{bmatrix} \tag{6-1}$$

式中，l 为收发器到 UUV 浮心的距离，UUV 体坐标系位于 UUV 浮心上。

回收站上的应答器 B_1 和 B_2 的向量为 $\boldsymbol{B}_1\boldsymbol{B}_2 = \left(x_{T2} - x_{T1}, y_{T2} - y_{T1}\right)^{\mathrm{T}}$，应答器中点的位置坐标为 $\left(\dfrac{x_{T1} + x_{T2}}{2}, \dfrac{y_{T1} + y_{T2}}{2}\right)^{\mathrm{T}}$。由于回收站的入口矢量 $\boldsymbol{O}_0\boldsymbol{E}$ 与 $\boldsymbol{B}_1\boldsymbol{B}_2$ 垂直，即 $\boldsymbol{O}_0\boldsymbol{E} = \left(x_{T2} - x_{T1}, y_{T2} - y_{T1}\right)^{\mathrm{T}}$。如图 6-2 所示，根据应答器 B_1 和 B_2 在 UUV 体坐标系下的位置坐标 xOy 和 UUV 回收坐标系 $x_0O_0y_0$ 之间的夹角

$$\psi = \arctan\left(\frac{x_{T2} - x_{T1}}{y_{T2} - y_{T1}}\right) \tag{6-2}$$

利用式(6-3)可计算出 UUV 在回收坐标系 $x_0O_0y_0$ 下的位置坐标：

$$\begin{bmatrix} x \\ y \end{bmatrix} = -\begin{bmatrix} \cos\psi & -\sin\psi \\ \sin\psi & \cos\psi \end{bmatrix} \left(\frac{x_{T1} + x_{T2}}{2}, \frac{y_{T1} + y_{T2}}{2}\right)^{\mathrm{T}} \tag{6-3}$$

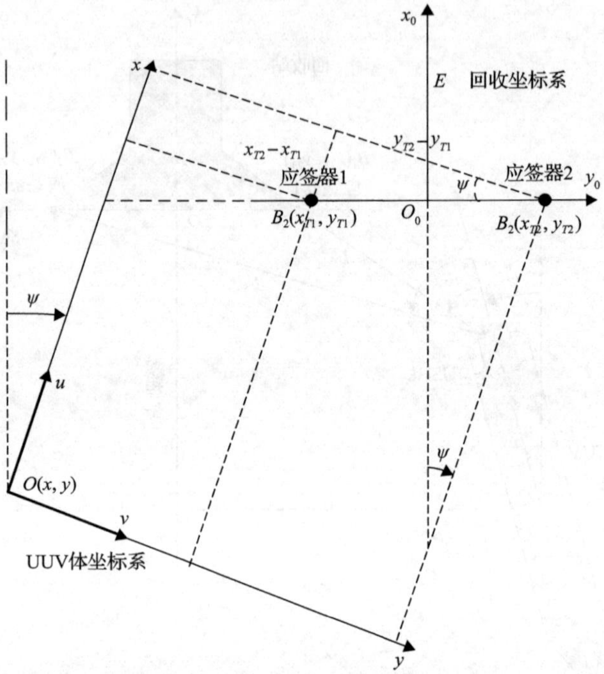

图 6-2　坐标系转换示意图

2. 基于多信标的 UUV 空间定位

当研究 UUV 的空间回收对接时，可通过在回收站上安装 4 个信标对 UUV 进行定位，其回收对接的示意图如图 6-3 所示。设 4 个信标在回收坐标系下的坐标依次为 $P_1(0,b,0)$、$P_2(0,-b,0)$、$P_3(0,0,b)$、$P_4(b,0,0)$。

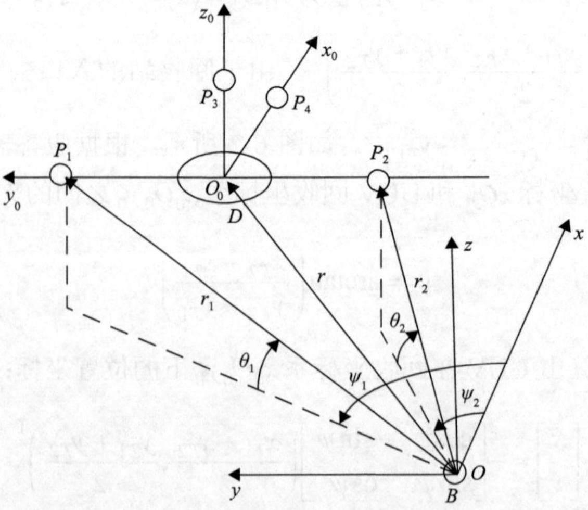

图 6-3　多信标下的 UUV 空间回收对接示意图

要实现对 UUV 的空间定位，不仅要确定 UUV 在回收坐标系下的坐标，而且要确定 UUV 的姿态角。

首先确定 UUV 在回收坐标系下的坐标。通过 UUV 头部安装的 USBL 收发器可测量得到应答器 P_1 和 P_2 的距离 L_1、L_2，方位角 θ_1、θ_2、ψ_1 和 ψ_2。可通过下列公式计算出应答器 P_1 和 P_2 在 UUV 体坐标系 xOy 下的位置坐标 $P_i'(x_{Ti}, y_{Yi}, z_{Ti})(i=1,2)$。

$$\begin{cases} L_i \sin\theta_i = z_{Ti} \\ L_i \cos\theta_i \cos\psi_i = x_{Ti}, \quad i=1,2 \\ L_i \cos\theta_i \sin\psi_i = y_{Ti} \end{cases} \tag{6-4}$$

因此，向量 $\boldsymbol{r}_1$ 和 $\boldsymbol{r}_2$ 分别为 (x_{T1}, y_{Y1}, z_{T1})、(x_{T2}, y_{Y2}, z_{T2})，

$$\boldsymbol{r}' = -\frac{1}{2}(\boldsymbol{r}_1 + \boldsymbol{r}_2) \tag{6-5}$$

式中，$\boldsymbol{r}'$ 为 UUV 在回收坐标系下的坐标。

然后，求解 AUV 的姿态角。体坐标系到回收坐标系的坐标变换矩阵为 $\boldsymbol{R}_b^n$，由于

$$\boldsymbol{R}_b^n P_i'(x_{Ti}, y_{Ti}, z_{Ti}) = P_i - P_{UUV}, \quad i=1,2,3,4 \tag{6-6}$$

式中，$P_i'(x_{Ti}, y_{Ti}, z_{Ti})\,(i=1,2,3,4)$ 是应答器 P_1、P_2、P_3 和 P_4 在 UUV 体坐标系 xOy 下的位置坐标；P_i 是应答器 P_1、P_2、P_3 和 P_4 在回收坐标系 $x_0O_0y_0$ 下的位置坐标；P_{UUV} 为 UUV 在回收坐标系下的位置坐标。

令坐标变换矩阵为

$$\boldsymbol{R}_b^n = \boldsymbol{T} = \begin{bmatrix} T_{11} & T_{12} & T_{13} \\ T_{21} & T_{22} & T_{23} \\ T_{31} & T_{32} & T_{33} \end{bmatrix} \tag{6-7}$$

式(6-6)中四个式子相互作差可得

$$\begin{cases} \boldsymbol{R}_b^n \begin{bmatrix} x_{T1} - x_{T2} \\ y_{T1} - y_{T2} \\ z_{T1} - z_{T2} \end{bmatrix} = P_1 - P_2 \\ \boldsymbol{R}_b^n \begin{bmatrix} x_{T1} - x_{T3} \\ y_{T1} - y_{T3} \\ z_{T1} - z_{T3} \end{bmatrix} = P_1 - P_3 \\ \boldsymbol{R}_b^n \begin{bmatrix} x_{T1} - x_{T4} \\ y_{T1} - y_{T4} \\ z_{T1} - z_{T4} \end{bmatrix} = P_1 - P_4 \end{cases} \tag{6-8}$$

由于坐标 $P_i'(x_{Ti},y_{Ti},z_{Ti})\,(i=1,2,3,4)$ 通过测量可得到，坐标 $P_i(i=1,2,3,4)$ 已知，那么通过式(6-8)中三个式子可解得 T_{11}、T_{21} 和 T_{31}。

已知 $T_{11}=\cos\theta\cos\psi$，$T_{21}=\sin\psi\cos\theta$，$T_{31}=-\sin\theta$，所以

$$\theta=\arcsin(-T_{31}) \tag{6-9}$$

$$\psi_{主}=\arctan\left(\frac{T_{21}}{T_{11}}\right) \tag{6-10}$$

航向角解算真值表如表 6-1 所示。根据应答器 P_1、P_2、P_3 和 P_4 体坐标系下的坐标和回收坐标系下的坐标之间的转化关系，可求解出 T_{11}、T_{21}、T_{31}，因此，可以求出航向角 ψ 和俯仰角 θ 。

表 6-1　航向角解算真值表

T_{11}	T_{21}	ψ
$\to 0$	+	90°
$\to 0$	−	90°
+	+	$\psi_{主}$
+	−	$\psi_{主}$
−	+	$\psi_{主}+180°$
−	−	$\psi_{主}-180°$

6.1.2　基于偶极势场的回坞导引与控制

目前，UUV 回坞导引方法主要有如下几种：

(1)基于横向跟踪控制的回坞导引方法。该方法首先需要定义一条 UUV 回收的中轴线，然后 UUV 根据当前位置与中轴线之间的距离偏差来控制 UUV 沿中轴线航行，最终实现 UUV 的回收。该方法的主要缺点是不适合初始位置在侧面或后面的情况，也不适用于 UUV 的动态回收。

(2)基于人工势场的回坞导引方法。该方法采用传统的人工势场法，产生一条可到达回收站的无碰航路，然后控制 UUV 沿航路航行，从而实现 UUV 的回收。该方法的主要缺点是存在着局部极小点，即 UUV 在靠近回收站时同时受到引力和斥力，合力可能为零，一旦 UUV 陷入局部极小点就会出现回收站不可达问题，且在狭窄区域易发生路径抖动等现象。

(3)基于模糊理论的 UUV 回收运动方法。依据模糊控制理论的基础，并根据控制对象的特点，制定模糊控制规则，设计出模糊控制器，对 UUV 的回收运动

过程进行控制。该方法的主要缺点是模糊控制规则的获取以及输入模糊变量论域和隶属函数的确定都是实验分析和操作人员经验的汇总，受人为主观因素的影响较大。

针对上述方法的不足之处，本章提出一种基于偶极势场的 UUV 回坞导引方法。偶极势场是一种 N 维的虚拟势场，类似于物理学中磁偶极子所产生的磁场。在电偶极子电场线模型的启发下，Panagou 等提出利用偶极势场进行移动机器人的运动控制。针对安装应答器的回收站，采用基于偶极势场的回坞导引方法，对 UUV 的自主回收问题进行了研究。采用自适应非奇异终端滑模控制，保证姿态角跟踪控制的鲁棒性和自适应性。仿真结果表明，回坞导引算法是有效的。

1)偶极势场的基本原理

物理上电偶极子是一对距离很近的等量异种点电荷。电量为 q_0 的电偶极子，它的电偶极矩 $\boldsymbol{p}=q_0\boldsymbol{l}$，其中 $\boldsymbol{l}$ 是从负电荷到正电荷的矢量。先以偶极子的中点为原点建立直角坐标系 $Oxyz$（其中 z 轴与 $\boldsymbol{p}$ 平行），再以 z 轴为测量 ς 角的起点建立球坐标系，如图 6-4 所示。在球坐标系中，偶极子电场的轴对称性保证场强 $\boldsymbol{E}$ 与 θ 角无关，即 $\boldsymbol{E}$ 只依赖于 e 和 ς，所以空间中任意一点 A 的场强为

$$\boldsymbol{E}(e,\varsigma)=E_e\boldsymbol{e}+E_\varsigma\boldsymbol{\varsigma} \tag{6-11}$$

式中，

$$E_e=\frac{2p\cos\vartheta}{4\pi\varepsilon_0e^3},\quad E_\varsigma=\frac{p\sin\varsigma}{4\pi\varepsilon_0e^3}$$

$\boldsymbol{e}$、$\boldsymbol{\varsigma}$、$\boldsymbol{\vartheta}$ 分别沿 e、ς、ϑ 增长的方向（$\boldsymbol{e}$ 沿径向向外，$\boldsymbol{\varsigma}$ 沿经线向下，$\boldsymbol{\vartheta}$ 沿纬线向右），ε_0 为常量。

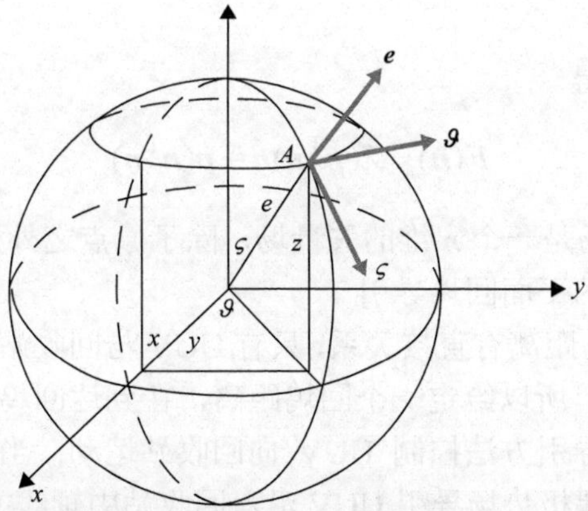

图 6-4　球坐标系中的电场

根据电场线的定义有

$$\frac{\mathrm{d}e}{e\mathrm{d}\varsigma}=\frac{E_e}{E_\varsigma}\Rightarrow\frac{\mathrm{d}e}{e\mathrm{d}\varsigma}=\frac{2\cos\varsigma}{\sin\varsigma}\Rightarrow\frac{1}{e}\mathrm{d}e=\frac{2\cos\varsigma}{\sin\varsigma}\mathrm{d}\varsigma \tag{6-12}$$

其中，$e=R\sin^2\varsigma$，R 是一个与电场线有关的常量。因此，当场点相对于原点的距离趋近于 0，即 $e\to 0$ 时，那么 $\sin\varsigma\to 0$，所以 $\varsigma=0,\pm\pi$，即电偶极子的电场线以垂直于电偶极矩的方向趋近于原点，如图 6-5 所示。

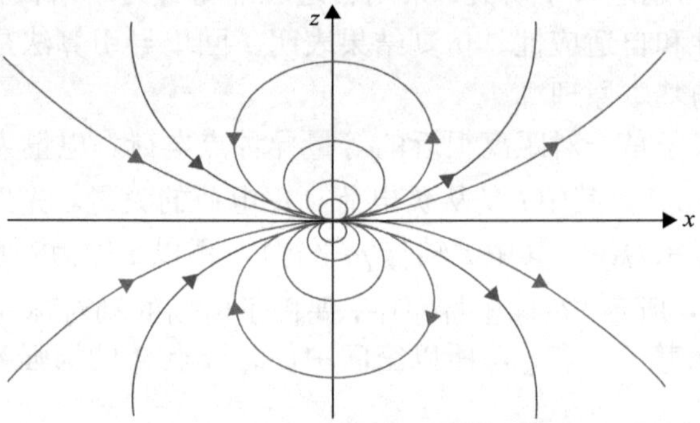

图 6-5 偶极子场的电场线图

在电偶极子电场的启发下，Panagou 等提出了如下的控制策略：电偶极矩 $\boldsymbol{p}$ 的目标位置为 $r_G=[x_G,\ y_G]^{\mathrm{T}}$，它的期望方向为 θ_G，所以电场线以 $\theta_G=\pm\tau\pi$、$\tau=0,1$ 趋近于目标位置 r_G。由式(6-11)提出类似的偶极势场：

$$F(\boldsymbol{n})=\lambda(\boldsymbol{p}^{\mathrm{T}}\boldsymbol{n})\boldsymbol{n}-\boldsymbol{p}+\boldsymbol{p}\exp^{-\|\boldsymbol{n}\|^2} \tag{6-13}$$

式中，定义常量 $\lambda\geqslant 2$；$\boldsymbol{p}$ 为电偶极矩；$\boldsymbol{n}$ 为系统的位置矢量；$\|\boldsymbol{n}\|$ 为 $\boldsymbol{n}$ 的欧几里得范数。

简化公式后，可得

$$F(\boldsymbol{n})=\lambda(\boldsymbol{p}^{\mathrm{T}}\boldsymbol{n})\boldsymbol{n}-\boldsymbol{p}(\boldsymbol{n}^{\mathrm{T}}\boldsymbol{n}) \tag{6-14}$$

式(6-14)表示偶极势场是一个 n 维的矢量场，除了原点之外处处非零。

2)基于偶极势场的平面回坞导引

USBL 测量误差与距离有直接关系，只有 UUV 与回收站的距离小于一定值时才能保证测量的精度。所以给定一个回坞距离，在到达回坞距离之前，即回坞准备阶段，采用航路点导引方法控制 UUV 向回收站运动；当回坞距离到达之后，进入回坞阶段，利用偶极势场导引 UUV 沿着回收站中轴线方向航行至回收站中，如图 6-6 所示。

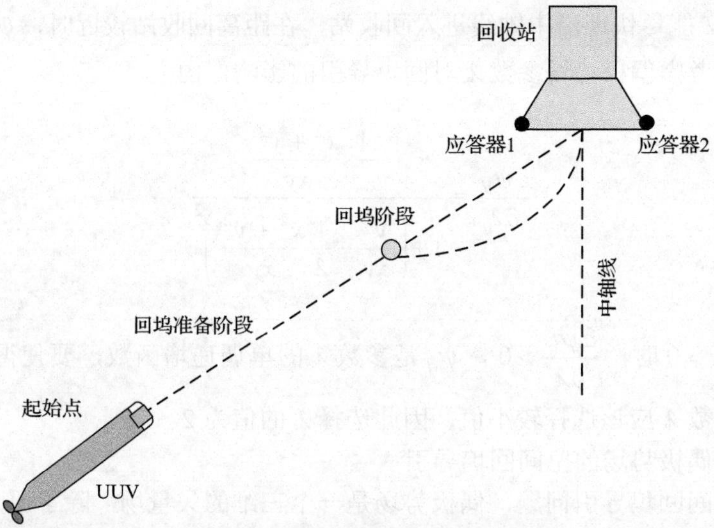

图 6-6　UUV 的回收过程示意图

考虑平面回坞导引问题，偶极势场是一个二维的矢量场，除了原点之外处处非零。$F(\boldsymbol{n})=\lambda(\boldsymbol{p}^{\mathrm{T}}\boldsymbol{n})\boldsymbol{n}-\boldsymbol{p}(\boldsymbol{n}^{\mathrm{T}}\boldsymbol{n})$，其中，电偶极矩 $\boldsymbol{p}=[p_x,\ p_y]^{\mathrm{T}}$，$\boldsymbol{n}$ 为系统的位置矢量。偶极势场最大的特点是在偶极势场空间中任意一点的运动都沿着势场线的切线方向。而且两个应答器在偶极势场中的位置与电偶极子在电场中的位置一致。

假设回收站上两个应答器的坐标分别为 $(0,-0.5)$ 和 $(0,0.5)$，则 $\boldsymbol{p}=[0,\ 1]^{\mathrm{T}}$。$\boldsymbol{n}=[x,\ y]^{\mathrm{T}}$ 为 UUV 的位置坐标，代入式(6-14)则有

$$\begin{cases} F_{nx}=\lambda xy \\ F_{ny}=(\lambda-1)y^2-x^2 \end{cases} \tag{6-15}$$

考虑侧向速度 v 对 UUV 的影响，其速度矢量的方向为 $\psi+\arctan\left(\dfrac{v}{u}\right)$。于是，选取航向角指令为

$$\psi_d=\arctan\left(\frac{F_{ny}}{F_{nx}}\right)-\arctan\left(\frac{v}{u}\right) \tag{6-16}$$

即

$$\psi_d=\arctan\left(\frac{y^2}{xy}-\frac{1}{\lambda}\frac{x^2+y^2}{xy}\right)-\arctan\left(\frac{v}{u}\right)$$

为了使 UUV 能尽快地沿中轴线进入回收站，在距离回收站较近时，ψ_d 的值应该越小越好。考虑偶极势场参数 λ 对回坞导引的影响，由

$$\frac{\partial \psi_d}{\partial \lambda}=\frac{\dfrac{1}{\lambda^2}\dfrac{x^2+y^2}{xy}}{1+\left(\dfrac{y^2}{xy}-\dfrac{1}{\lambda}\dfrac{x^2+y^2}{xy}\right)^2}$$

可知，当 $xy>0$ 时，$\dfrac{\partial \psi_d}{\partial \lambda}>0$，$\psi_d$ 是参数 λ 的单调递增函数，要使得 ψ_d 越小，偶极势场参数 λ 应该选择较小值，因此选择 λ 的值为 2。

3) 基于偶极势场的空间回坞导引

考虑空间回坞导引问题，偶极势场是一个三维的矢量场，除了原点之外处处非零。$F(\boldsymbol{n})=\lambda(\boldsymbol{p}^{\mathrm{T}}\boldsymbol{n})\boldsymbol{n}-\boldsymbol{p}(\boldsymbol{n}^{\mathrm{T}}\boldsymbol{n})$，其中，电偶极矩 $\boldsymbol{p}=[p_x,\ p_y,\ p_z]^{\mathrm{T}}$，$\boldsymbol{n}$ 为系统的位置矢量。水平面的两个应答器在偶极势场中的位置与电偶极子在电场中的位置一致。

假设回收站上四个应答器的坐标分别为 $(0,1,0)$、$(0,-1,0)$、$(0,0,1)$ 和 $(1,0,0)$，则电偶极矩 $\boldsymbol{p}=\begin{bmatrix}0\\2\\0\end{bmatrix}$。取常量 $\lambda=2$，$\boldsymbol{n}=\begin{bmatrix}x\\y\\z\end{bmatrix}$，可得

$$F(\boldsymbol{n})=\begin{bmatrix}4xy\\2y^2-2x^2-2z^2\\4yz\end{bmatrix} \tag{6-17}$$

三维偶极势场在各个轴上的分量如图 6-7 所示，假设期望的横滚角为零，可以计算出期望的航向角和俯仰角。

$$\begin{cases}\psi_d=\arctan\dfrac{F_x}{F_y}\\ \theta_d=\arctan\dfrac{F_z}{\sqrt{{F_x}^2+{F_y}^2}}\end{cases} \tag{6-18}$$

使用自适应非奇异终端滑模跟踪控制设计控制律，使得横滚角 $\phi\to 0$，俯仰角 $\theta\to\theta_d$，航向角 $\psi\to\psi_d$。

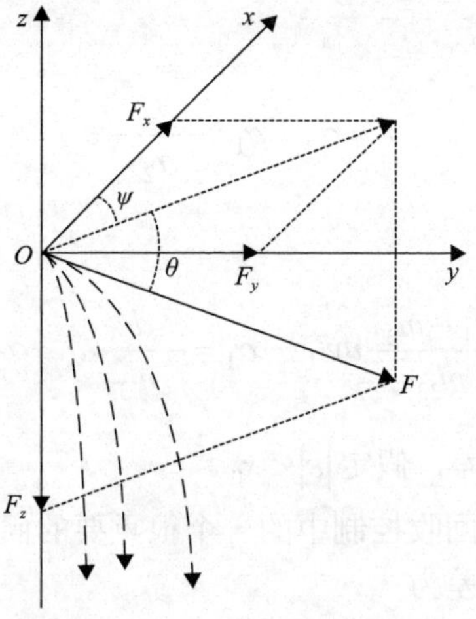

图 6-7　三维偶极势场示意图

6.1.3　自适应非奇异终端滑模跟踪控制

滑模变结构控制是一类特殊的非线性控制方法，它通过设计系统到达的滑模动态来保证系统的动态性能。因其对参数不确定和外界干扰不灵敏、鲁棒性好、物理实现简单，已被广泛应用于各类非线性系统控制中。传统滑模变结构控制采用线性滑模面的设计，在系统到达滑模面之后，要达到状态渐近地收敛到系统的平衡点的目的，选择恰当的滑模面参数矩阵来实现；但是，有限时间内状态不能收敛到零。因此，可以采用非线性的函数来设计滑模面，使得系统的性能得到改善，在有限时间内状态就可以渐近收敛到系统的平衡点，所以设计的滑模控制器具有较高的稳态跟踪精度；更重要的是在此基础上提出了一种非奇异的终端滑模变结构控制方法，克服了普通终端滑模变结构控制设计中存在的奇异问题，且具有较高的稳态精度，特别适用于高速、高精度控制。

采用终端滑模控制方法可实现系统状态的有限时间收敛，获得比传统滑模控制方法更好的收敛性能。Zak 和 Venkataraman 等提出并发展了终端滑膜控制方法，将其应用到机械臂等二阶非线性系统的控制问题中。但是终端滑模控制方法存在奇异区域，在奇异区域控制作用将趋于无穷大。通常的解决方法是间接的，如 Yu 等采用了在奇异区域将终端滑模面切换成线性滑模面的方法。非奇异终端滑模控制方法具有较好的控制性能，在机械臂、电机控制等领域得到了广泛的应用。这一方法可用于实现 UUV 的航向角和俯仰角跟踪控制，由于两个欧拉角的模型具有相似性，这里仅研究航向角跟踪控制。

欠驱动 UUV 回坞导引，可通过航向控制实现。假设 UUV 速度变化不大，并且考虑到航向角加速度方面未建模的不确定项和近似误差，航向角速率模型

可以简化为

$$\dot{r}=\alpha_0+\alpha_1 r+\frac{\delta_r}{\alpha_2}+\varepsilon \tag{6-19}$$

式中，

$$\alpha_0=\frac{m_{11}-m_{22}}{m_{33}}uv,\quad \alpha_1=-\frac{d_{33}}{m_{33}},\quad \alpha_2=\frac{m_{33}}{N_\delta}$$

ε包括不确定项和近似误差，假定$|\varepsilon|<x_0$。

航向角的跟踪控制是回收控制中的一个很重要的问题，是保证导引效果的关键。定义航向角的跟踪误差为

$$\psi_e=\psi-\psi_d \tag{6-20}$$

并假设$\dot{\psi}_d=\ddot{\psi}_d=0$。

定义非奇异滑动面为

$$s=\psi_e+\frac{1}{\beta}r^{g/q} \tag{6-21}$$

式中，常量$\beta>0$，$g>q>0$且为奇数，$1<g/q<2$。

选择舵角为

$$\delta_r=-\alpha_2\left[\alpha_0+\alpha_1 r+\beta\frac{q}{g}r^{2-g/q}+(x_0+\eta)\mathrm{sgn}(s)\right] \tag{6-22}$$

式中，$\eta>0$是常量。由式(6-22)可以得到：

$$\begin{aligned}\dot{s}&=\dot{\psi}_e+\frac{1}{\beta}\frac{g}{q}r^{g/q-1}\dot{r}\\&=r+\frac{1}{\beta}\frac{g}{q}r^{g/q-1}\left(\alpha_0+\alpha_1 r+\frac{\delta_r}{\alpha_2}+\varepsilon\right)\\&=\frac{1}{\beta}\frac{g}{q}r^{g/q-1}[\varepsilon-(x_0+\eta)\mathrm{sgn}(s)]\end{aligned} \tag{6-23}$$

定义李雅普诺夫函数为

$$V=\frac{1}{2}s^2 \tag{6-24}$$

其导数

$$\dot{V}=s\dot{s}=\frac{1}{\beta}\frac{g}{q}r^{g/q-1}[\varepsilon s-(x_0+\eta)\operatorname{sgn}(s)s] \tag{6-25}$$

由于$1<\dfrac{g}{q}<2$，$0<\dfrac{g}{q}-1<1$，则当$r\neq 0$时$r^{g/q-1}>0$，

$$\dot{V}=s\dot{s}\leqslant\frac{1}{\beta}\frac{g}{q}r^{g/q-1}(-\eta\,|\,s\,|)=-\eta'\,|\,s\,|<0 \tag{6-26}$$

式中，$\eta'=\dfrac{1}{\beta}\dfrac{g}{q}r^{g/q-1}\eta>0$。所以当$r\neq 0$时，控制器满足李雅普诺夫函数稳定条件。

将式(6-22)代入式(6-19)可得

$$\dot{r}=\varepsilon-\beta\frac{q}{g}r^{2-g/q}-(x_0+\eta)\operatorname{sgn}(s) \tag{6-27}$$

当$r=0$时，$\dot{r}=\varepsilon-(x_0+\eta)\operatorname{sgn}(s)$。当$s>0$时，$\dot{r}\leqslant-\eta$；当$s<0$时，$\dot{r}\geqslant\eta$。因此，$r=0$不是一个终端吸引子。假设$r=0$的附近存在一个$\kappa(\kappa>0)$邻域，有$|r|<\kappa$，在此邻域内，当$s>0$时，$\dot{r}\leqslant-\eta$，当$s<0$时，$\dot{r}\geqslant\eta$，所以状态轨迹不可能停留在$(\psi\neq 0,r=0)$，必将穿过$r=0$。当$s>0$时，状态轨迹$r=\kappa$到$r=-\kappa$，当$s<0$时，状态轨迹$r=\kappa$到$r=-\kappa$。其他区域$|r|>\kappa$，由$r\neq 0$知，$\dot{V}<0$，满足滑模可到达条件。系统的相轨迹如图 6-8 所示。因此，ψ-r相平面上任意一点能够在有限时间内到达滑模面$s=0$。

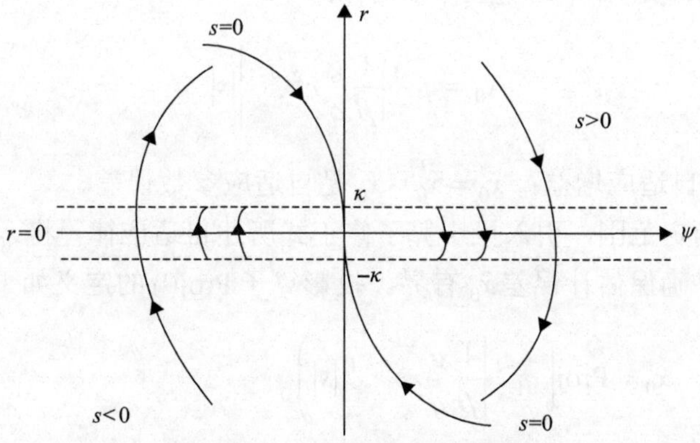

图 6-8　航向跟踪控制系统的相轨迹图

设 $s(0)\neq 0$ 到 $s(0)=0$ 的时间为 t_r，则有

$$t_r \leqslant \begin{cases} \dfrac{2\left|r(0)-\operatorname{sgn}(s(t))r(t_{r1})\right|}{\eta}+\dfrac{\left|s(t_{r1})\right|}{\eta''}, & r(0)\operatorname{sgn}(s(0))\geqslant 0 \\ \dfrac{\left|s(0)\right|}{\eta'''}, & r(0)\operatorname{sgn}(s(0))<0 \end{cases} \tag{6-28}$$

其中，

$$\eta''=\frac{1}{\beta}\frac{g}{q}r^{g/q-1}(t_{r1})\eta\,,\quad \eta'''=\frac{1}{\beta}\frac{g}{q}r^{g/q-1}(0)\eta\,,\quad r(t_{r1})=\left(-\frac{1}{2}\frac{g}{\beta q}\eta\right)^{q/(2q-g)}$$

当系统到达滑动面 $s=0$ 后，则有 $s=\psi_e+r^{g/q}/\beta=0$，即 $\mathrm{d}r/\mathrm{d}t=-r^{g/q}/\beta$，两边求定积分，可得

$$\frac{g}{(g-q)}\left(\psi_e(t_r)^{(g-q)/g}\right)=-\beta t_c$$

所以系统从滑动面到达原点的时间为

$$t_c=\frac{g}{\beta(g-q)}\psi_e(t_r)^{(g-q)/g}$$

由于存在未建模的不确定项和近似误差 ε，x_0 难以精确求取，取得太大会影响控制效果，取得太小将不能保证滑动模态的存在。为此，本节使用自适应控制方法来调整不确定项和近似误差 ε。假设 x_0 的范围已知，即 $\forall t>0$，$x_{0\min}\leqslant x_0\leqslant x_{0\max}$。$\hat{x}_0$ 是 x_0 的估计值，由如下自适应律来估计：

$$\dot{\hat{x}}_0=q_1^{-1}\left|\frac{1}{\beta}\frac{g}{q}r^{g/q-1}\right|\left|s\right| \tag{6-29}$$

式中，$q_1>0$ 是自适应增益；$\tilde{x}_0=\hat{x}_0-x_0$ 是自适应参数误差。

若已知不确定范围，引入投影算子修正式所述自适应律，将 $\hat{x}_0$ 限制在一个确定的范围内，以确保估计误差 $\tilde{x}_0$ 有界。投影算子 $\operatorname{Proj}(\cdot)$ 的定义如下：

$$\begin{aligned}\dot{\hat{x}}_0&=\operatorname{Proj}\left(q_1^{-1}\left|\frac{1}{\beta}\frac{g}{q}r^{g/q-1}\right|\left|s\right|\right)\\&=\begin{cases}0, & x_0=x_{0\min}\text{或}x_0=x_{0\max}\\ q_1^{-1}\left|\dfrac{1}{\beta}\dfrac{g}{q}r^{g/q-1}\right|\left|s\right|, & x_{0\min}<x_0<x_{0\max}\end{cases}\end{aligned} \tag{6-30}$$

可以证明投影算子 Proj(·) 具有以下性质：

性质 1：对于自适应函数 $q_1^{-1}\left|\frac{1}{\beta}\frac{g}{q}r^{g/q-1}\right||s|$，若初始估计值满足 $x_{0\min} \leqslant \hat{x}_0|_{t=0} \leqslant x_{0\max}$，则此后的任意时刻参数估计都将处于预先确定的范围内，即 $\forall t>0$，$x_{0\min} \leqslant \hat{x}_0 \leqslant x_{0\max}$。

选择舵角

$$\delta_{r1} = -\alpha_2\left[\alpha_0 + \alpha_1 r + \beta\frac{q}{g}r^{2-g/q} + (\hat{x}_0+\eta)\operatorname{sgn}(s)\right] \tag{6-31}$$

定义李雅普诺夫函数为 $V_1 = \frac{1}{2}s^2 + \frac{1}{2}q_1\tilde{x}_0{}^2$，其导数

$$\begin{aligned}\dot{V}_1 &= s\dot{s} + q_1\tilde{x}_0\dot{\tilde{x}}_0\\ &= s\left[r + \frac{g}{\beta q}r^{g/q-1}\left(\alpha_0+\alpha_1 r+\frac{\delta_{r1}}{\alpha_2}+\varepsilon\right)\right] + q_1\tilde{x}_0\dot{\tilde{x}}_0\\ &\leqslant s\left[r + \frac{g}{\beta q}r^{g/q-1}\left(\alpha_0+\alpha_1 r+\frac{\delta_{r1}}{\alpha_2}+x_0\right)\right] + q_1\tilde{x}_0\dot{\tilde{x}}_0\end{aligned}$$

代入式(6-30)和式(6-31)，可得到

$$\dot{V}_1 \leqslant -\eta\frac{g}{\beta q}r^{g/q-1}|s| < 0$$

类似式(6-27)的分析，可以得到 ψ-r 的相平面内任意一点，都可以在有限时间内到达滑模面 $s=0$。

6.1.4　仿真分析

本节采用已有 UUV 的模型参数对本章提出的基于偶极势场的回坞导引控制进行仿真分析，验证本章提出的基于偶极势场的回坞导引控制的有效性，并分别考虑平面回坞和空间回坞的情况；在平面回坞中考虑了测量误差、初始位置以及参数 λ 对回坞效果的影响。

1. 平面回坞导引控制仿真分析

UUV 起始点坐标为 $(-100,-100)$，初始航向角为 $0°$，前向速度为 1m/s，取 $\lambda=2$，$\beta=0.5$，$\eta=0.1$，$p/q=1.5$。USBL 的测量误差会对控制效果产生影响，该误差与斜距有关。本节中 USBL 的定位精度为 0.5% 斜距，若要求测量误差小于 0.4m，那么回坞距离应小于 80m。仿真结果如图 6-9～图 6-13 所示。

从图 6-9 中可以看出，当 UUV 与应答器的距离小于 80m 时，进入回坞阶段；在自适应非奇异终端滑模控制下，UUV 能够以较光滑的轨迹、较短的时间航行到回收站。在回坞阶段，UUV 沿中轴线进入回收站。从图 6-10 中可以看出，UUV 的 x 坐标和 y 坐标最终都收敛到零。UUV 航行过程中航向角变化，如图 6-11 所示，实际航向角和指令航向角之间的误差很小，特别是在回坞阶段，误差只有 3°左右，可以完成回坞任务。图 6-12 描绘了 UUV 航行过程中垂直舵角的变化情况，从图中可以看出垂直舵角一直在限制的±20°之间，只有在进入回坞阶段时的很短时间内达到最小舵角−20°。图 6-13 描绘了 UUV 航行过程中航向角速度的变化情况，从图中可以看出 UUV 航向角速度的值不是很大，UUV 具有良好的机动性。

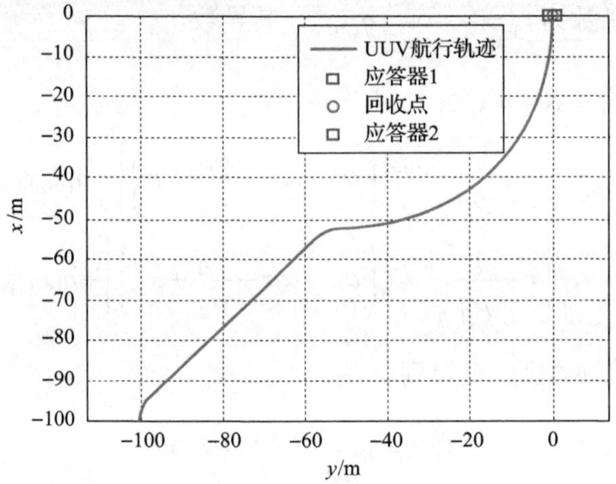

图 6-9　UUV 平面回坞航行轨迹图

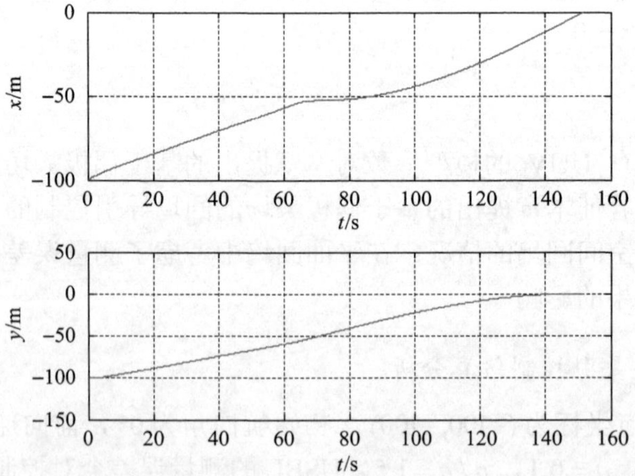

图 6-10　UUV 平面回坞航行坐标变化图

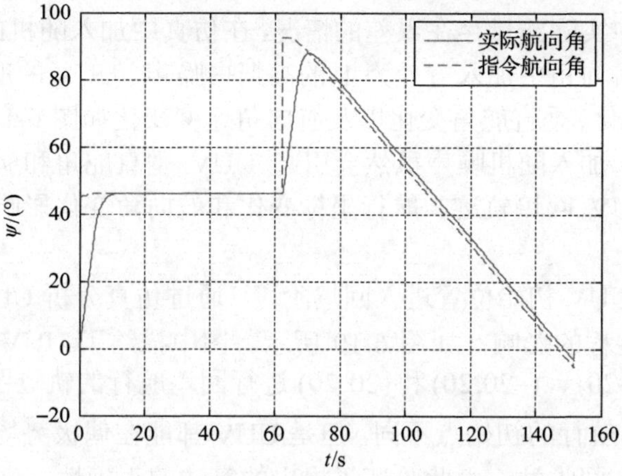

图 6-11　UUV 平面回坞过程中航向角变化图

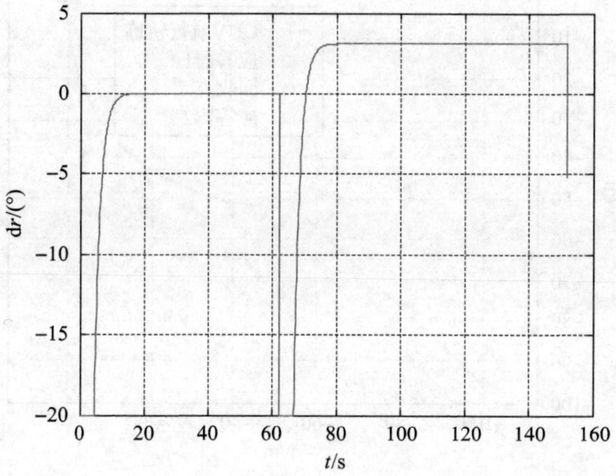

图 6-12　UUV 平面回坞过程中垂直舵角变化图

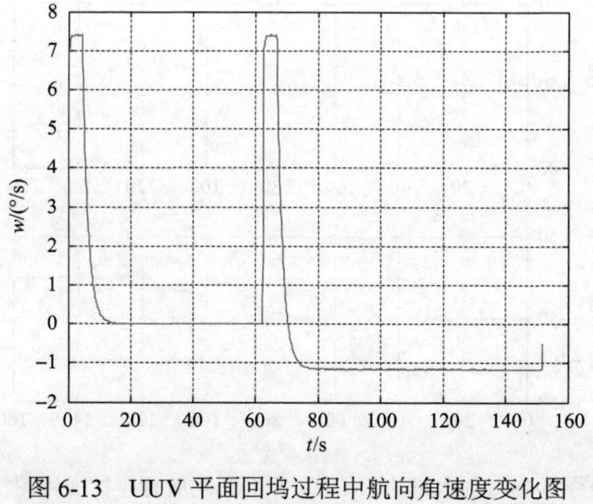

图 6-13　UUV 平面回坞过程中航向角速度变化图

针对在工程中实际测量存在误差的情况，在仿真中加入随机的方位噪声干扰，即在计算得到的航向角中加入方差为 1°的高斯白噪声。UUV 的航行轨迹、航行坐标变化、航向角变化、垂直舵角变化以及航向角速度变化如图 6-14～图 6-18 所示。从图中可以看出，加入随机噪声虽然会引起 UUV 垂直舵角和航向角速度的微小抖动，但是对 UUV 回坞轨迹、航行坐标变化和航向角变化影响很小，说明了导引算法的有效性。

选择不同的 UUV 初始位置进入回坞阶段，通过仿真分析 UUV 初始位置的选取对 UUV 回坞过程的影响，如图 6-19 所示。图中描绘了 UUV 以不同的初始点 (−20,−20)、(20,−20)、(−20,20) 和 (20,20) 进行回坞航行的轨迹图。由图可知，虽然 UUV 进入回坞航行的初始点不同，但是 UUV 都能在偶极势场导引下沿回收站中轴线的方向进入回收站。由此验证了提出的算法的正确性。

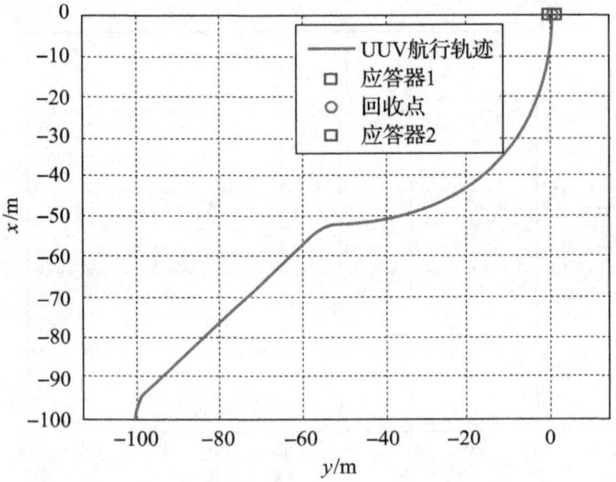

图 6-14　加入噪声后 UUV 平面回坞航行轨迹图

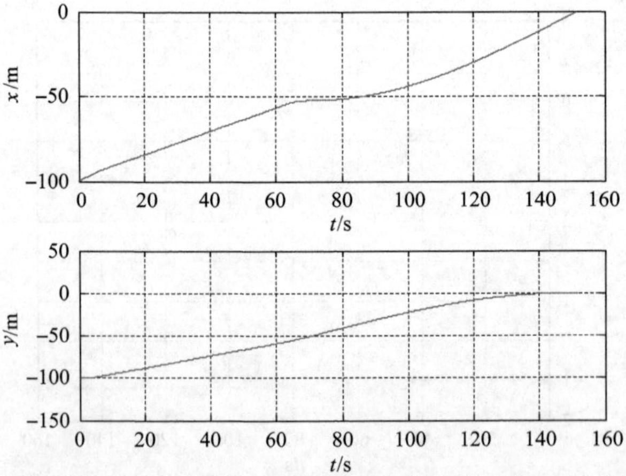

图 6-15　加入噪声后 UUV 平面回坞航行坐标变化图

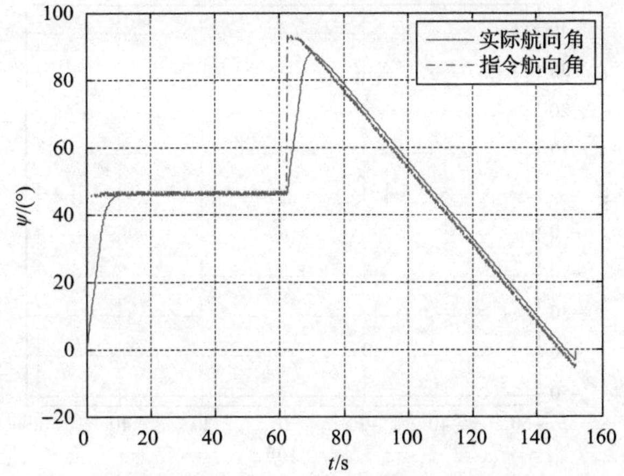

图 6-16　加入噪声后 UUV 平面回坞过程中航向角变化图

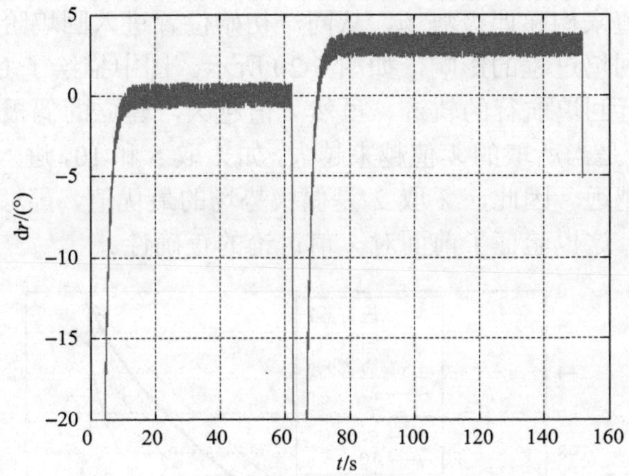

图 6-17　加入噪声后 UUV 平面回坞过程中垂直舵角变化图

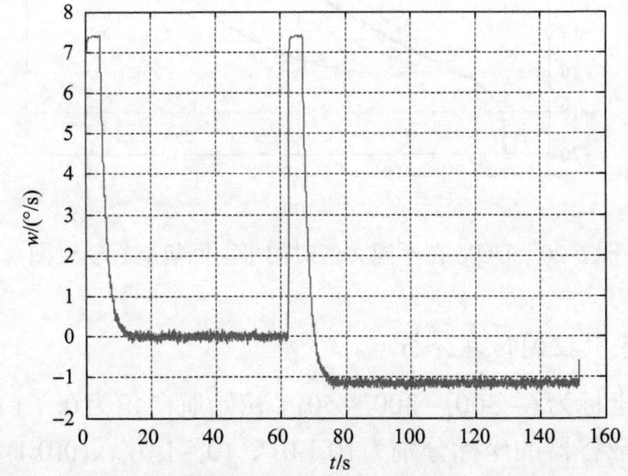

图 6-18　加入噪声后 UUV 平面回坞过程中航向角速度变化图

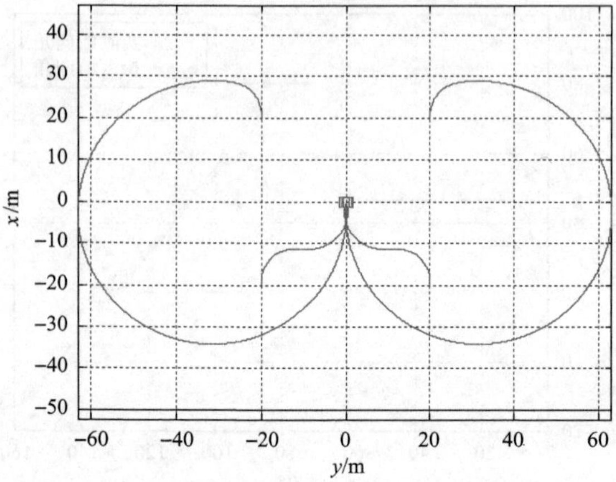

图 6-19 UUV 在不同初始点时的平面回坞航行轨迹图

选择不同 λ 值来构建偶极势场，从同一初始位置进入回坞阶段，通过仿真分析 λ 值的选取对回坞过程的影响，如图 6-20 所示。图中描绘了 UUV 在不同 λ 值的偶极势场中进行回坞航行的轨迹。虽然 λ 值越大，建立的偶极势场使 UUV 越快进入回收站，但是当所取的 λ 值越来越大，如 λ 取 5 和 10，进入回收站时，UUV 偏离中轴线越来越远。因此，λ 取 2 是偶极势场的最优值，能够使得 UUV 沿中轴线进入回收站，这也验证了前面对 λ 值讨论的正确性。

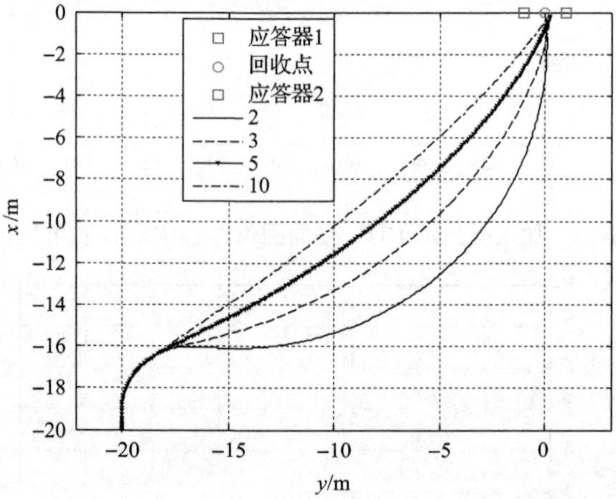

图 6-20 UUV 在不同 λ 值时的平面回坞航行轨迹图

2. 空间回坞导引控制仿真分析

UUV 起始点坐标为 $(-300,-300,-50)$，初始航向角为 0°，前向速度为 3m/s，常量 $\lambda=2$，四个应答器的坐标分别为 (0,1,0)、(0,−1,0)、(0,0,1) 和 (1,0,0)，回收点的坐标为 (0,0,0)。仿真结果如图 6-21～图 6-26 所示。

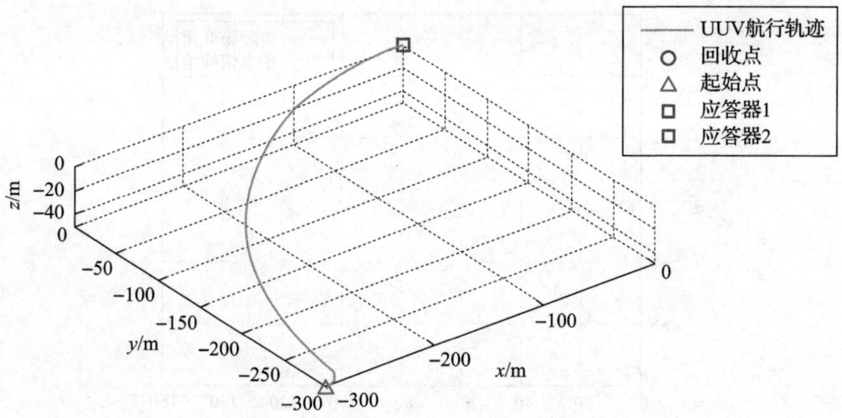

图 6-21　UUV 空间回坞航行轨迹图

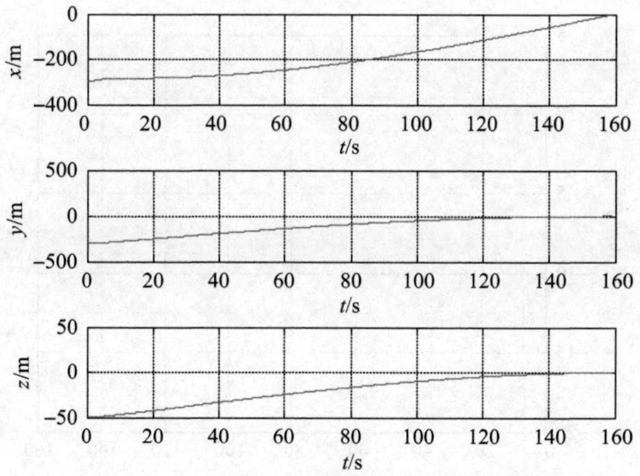

图 6-22　UUV 空间回坞航行坐标变化图

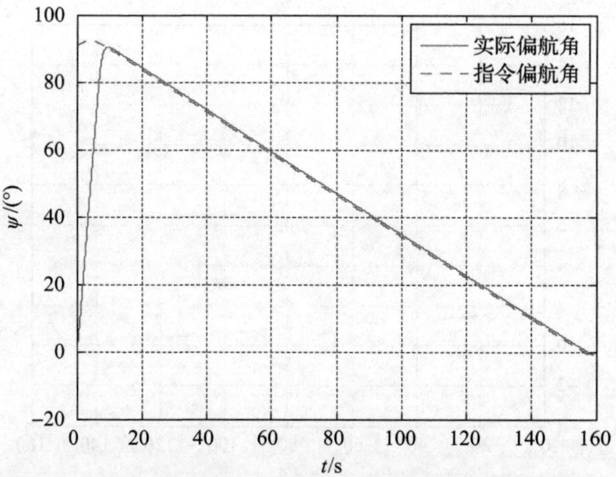

图 6-23　UUV 空间回坞航行过程中航向角变化图

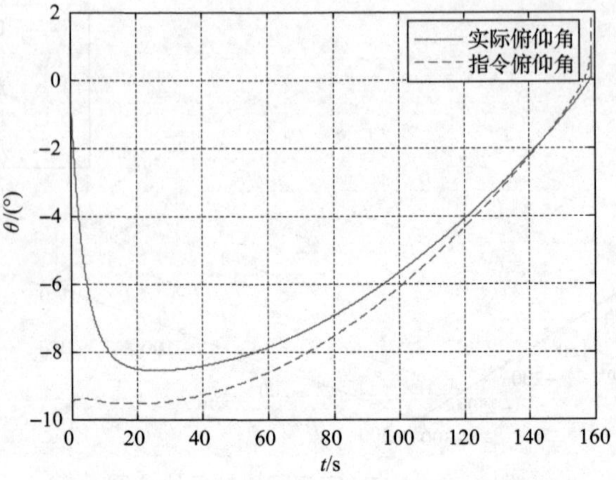

图 6-24　UUV 空间回坞航行过程中俯仰角变化图

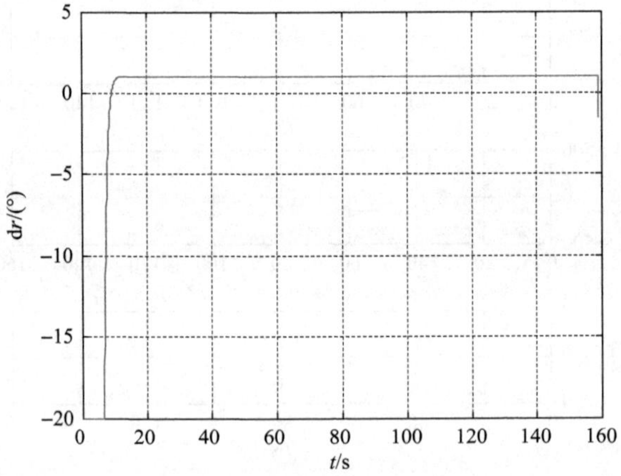

图 6-25　UUV 空间回坞航行过程中垂直舵角变化图

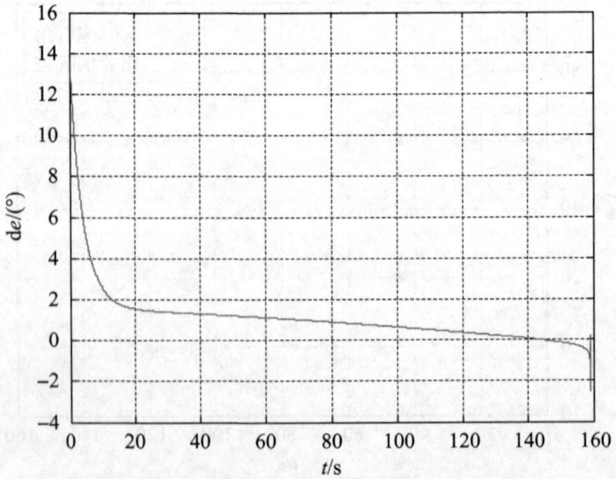

图 6-26　UUV 空间回坞航行过程的水平舵角变化图

从图 6-21 中可以看出，在自适应非奇异终端滑模控制下，UUV 能够以较光滑的轨迹、较短的时间航行到回收站。在回坞阶段，UUV 沿中轴线进入回收站。从图 6-22 可以看出，UUV 的 x 坐标、y 坐标和 z 坐标最终都收敛到零。从图 6-23 可以看出，实际航向角和指令航向角之间的误差很小，可以完成回坞任务。从图 6-24 可以看出，虽然航行过程中实际俯仰角和指令俯仰角之间有一定误差，但是最终实际俯仰角还是跟踪上了指令俯仰角，可以完成回坞任务。而由图 6-22 和图 6-23 可以看出，舵角一直在限制的±20° 之间，只有在进入回坞阶段时的很短时间内达到最小舵角–20°。

针对在工程中实际测量存在误差的情况，在仿真中加入随机的方位噪声干扰，即在计算得到的航向角和俯仰角中加入方差为 0.2° 的高斯白噪声。UUV 的航行轨迹、航行坐标变化、航向角变化、俯仰角变化、垂直舵角变化以及水平舵角变化如图 6-27～图 6-32 所示。从图中可以看出，加入随机噪声虽然会引起 UUV 俯仰角、垂直舵角和水平舵角的微小抖动，但是对 UUV 回坞轨迹、航行坐标变化和航向角变化影响很小，证实了导引算法的有效性。

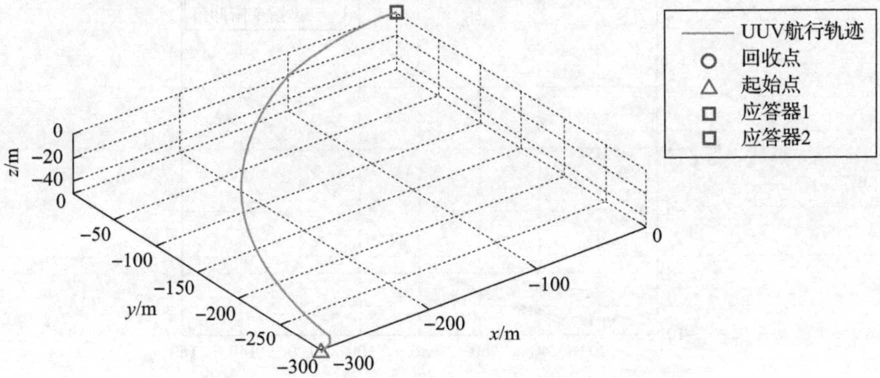

图 6-27　加入噪声后 UUV 空间回坞航行轨迹图

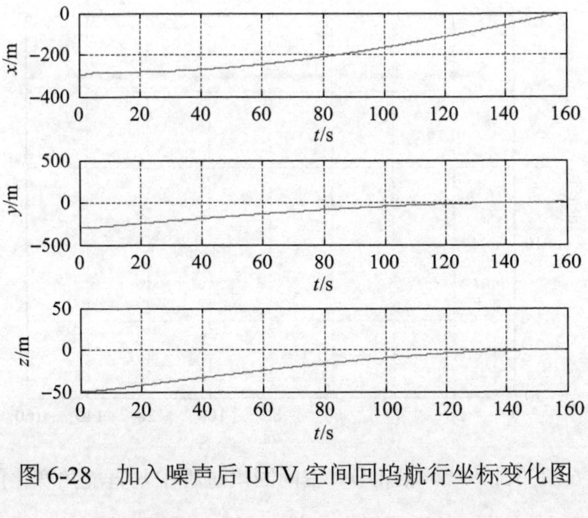

图 6-28　加入噪声后 UUV 空间回坞航行坐标变化图

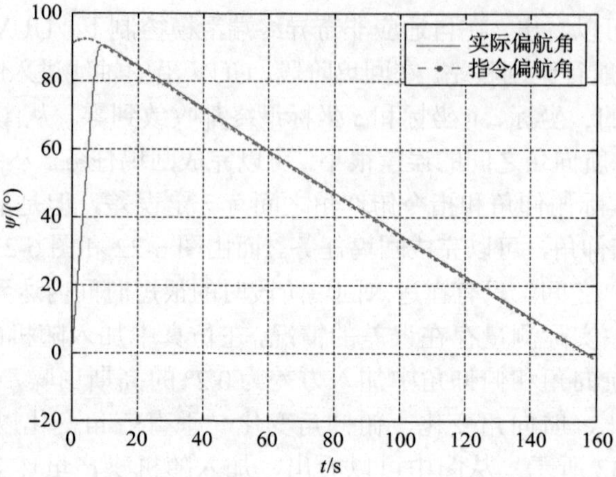

图 6-29　加入噪声后 UUV 空间回坞过程中航向角变化图

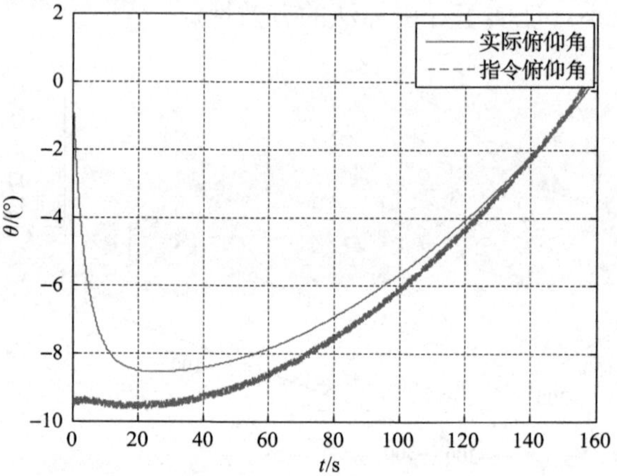

图 6-30　加入噪声后 UUV 空间回坞过程中俯仰角变化图

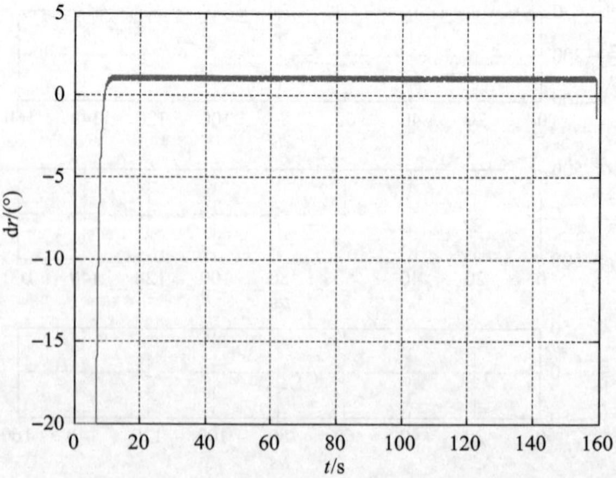

图 6-31　加入噪声后 UUV 空间回坞过程中垂直舵角变化图

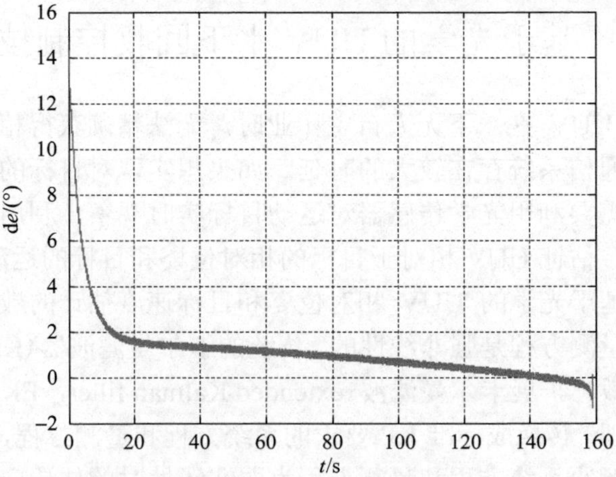

图 6-32　加入噪声后 UUV 空间回坞过程中水平舵角变化图

选择不同 λ 值来构建偶极势场，从同一初始位置进入回坞阶段，通过仿真分析 λ 值的选取对回坞过程的影响，如图 6-33 所示。图中描绘了 UUV 在不同 λ 值的偶极势场中进行空间回坞航行的轨迹。虽然 λ 值越大，建立的偶极势场会促使 UUV 越快进入回收站，但是当所取的 λ 值越来越大，如 λ 取 3 和 5，进入回收站时，UUV 偏离中轴线越来越远。所以，λ 取 2 是偶极势场的最优值，能够使得 UUV 沿中轴线进入回收站，这与在平面回坞中对 λ 值的讨论是一致的。

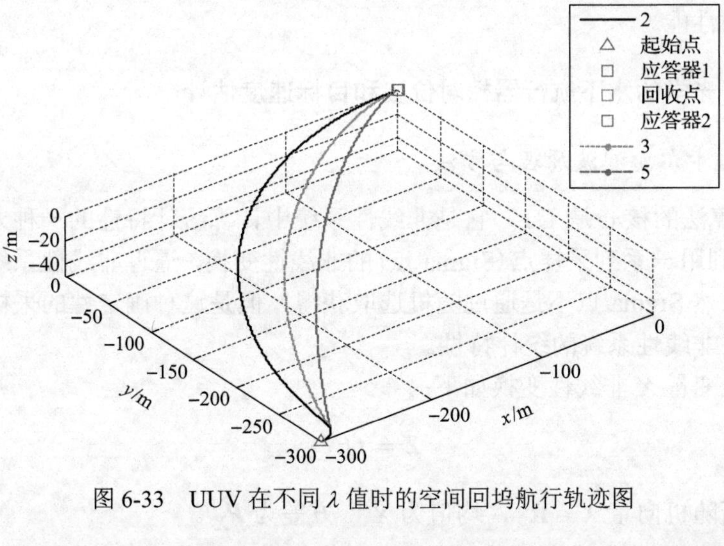

图 6-33　UUV 在不同 λ 值时的空间回坞航行轨迹图

6.2　基于光学的 UUV 水下回收控制技术

基于光学的 UUV 在水下无人自主作业时，无法精确获得相对于特征目标的位姿，同时水声通信系统存在较大的时延。如果想实现对目标的跟踪，或者近距离精准作业，则需要利用光学传感器对运动目标实时观察，利用图像信息和自身传感器信息融合，估计 UUV 相对于目标的相对位姿和目标的运动状态。

本节将建立基于光学的 UUV 相对位姿和目标速度估计的数学模型，该模型中的系统方程和量测方程是强非线性的。传统的卡尔曼滤波器(Kalman filter，KF)仅对线性系统有效。扩展卡尔曼滤波(extended Kalman filter，EKF)是对非线性系统进行线性化处理，转换成标准 KF 要求的系统方程和量测方程，再运用 KF 算法进行滤波，从而解决系统方程和量测方程为弱非线性时的估计问题。无迹卡尔曼滤波(unscented Kalman filter，UKF)和标准的 KF 都属于线性最小方差估计，二者之间不同的是最佳增益矩阵的求取。相较于 EKF 近似函数的方法，UKF 采用近似非线性函数的概率密度分布，在强非线性系统的滤波应用比近似函数更加准确。由于要进行无迹变换(unscented transform，UT)，UKF 是以计算量增大为代价，减小强非线性系统的估计误差。

由于传统的 UUV 搭载的传感器(深度传感器、姿态传感器、多普勒测速仪)量测值均为相对地面坐标系的测量值，目标跟踪问题中水下航行器的相对位姿以及目标运动状态的估计是设计控制律的一个非常关键的因素。本节中将通过 UKF 算法来估计 UUV 的相对位姿和目标运动速度，最后通过仿真实验分析和评估状态估计器的性能。

6.2.1　基于光学的水下航行器相对位姿和目标速度估计

1. 无迹卡尔曼滤波原理与方法

UKF 算法的核心是 UT，它是非线性系统中计算统计特性的一种方法。通过 UT 变换，利用一系列采样点(Sigma 点)的非线性变换，逼近非线性系统的概率密度分布，虽然 Sigma 点不是通过随机选取获得，但是这种确定性的采样方法同样可以包含了非线性系统的统计特性。

设随机变量 $\boldsymbol{X}$ 非线性变换如下：

$$\boldsymbol{Z} = \boldsymbol{f}(\boldsymbol{X}) \tag{6-32}$$

式中，高斯随机向量 $\boldsymbol{X} \in \mathbf{R}^n$，均值为 $\bar{X}$，方差为 $\boldsymbol{P}_X$。

通过 UT 变换可以得到 $2n$+1 个 Sigma 点向量 χ_i 和相应的权值 W_i 为

$$\chi_0 = \bar{\boldsymbol{X}}, \qquad i=0 \tag{6-33}$$

$$\chi_i = \bar{\boldsymbol{X}} + \left(\sqrt{(n+\lambda)\boldsymbol{P_X}}\right)_i, \qquad i=1,\cdots,n \tag{6-34}$$

$$\chi_i = \bar{\boldsymbol{X}} - \left(\sqrt{(n+\lambda)\boldsymbol{P_X}}\right)_{i-n}, \qquad i=n+1,\cdots,2n \tag{6-35}$$

$$W_i = \lambda/(n+\lambda), \qquad i=0 \tag{6-36}$$

$$W_i = \lambda\Big/\sqrt{2(n+\lambda)}, \qquad i=1,\cdots,2n \tag{6-37}$$

式中，比例因子 $\lambda=\alpha^2(n+\kappa)-n$，其中 $0\leqslant\alpha\leqslant 1$。当状态变量为单变量时，选择 $\kappa=2$；当状态变量为多变量时，选择 $\kappa=3-n$。$\left(\sqrt{(n+\lambda)\boldsymbol{P_X}}\right)_i$ 表示矩阵 $\sqrt{(n+\lambda)\boldsymbol{P_X}}$ 的第 i 列，$\sum_{i=0}^{2n} W_i = 1$。

$\boldsymbol{Z}$ 的均值和协方差为

$$\boldsymbol{Z}_i = \boldsymbol{f}(\chi_i), \quad i=0,1,\cdots,2n \tag{6-38}$$

$$\bar{\boldsymbol{Z}} = \sum_{i=0}^{2n} W_i \boldsymbol{Z}_i \tag{6-39}$$

$$\boldsymbol{P}_z = \sum_{i=0}^{2n} W_i \left(\boldsymbol{Z}_i - \bar{\boldsymbol{Z}}\right)\left(\boldsymbol{Z}_i - \bar{\boldsymbol{Z}}\right)^{\mathrm{T}} \tag{6-40}$$

经过 UT 变换得到的 Sigma 点集有以下性质：Sigma 点集的样本方差 χ 与随机变量 $\boldsymbol{X}$ 的方差相同；Sigma 点集合具有与 $\boldsymbol{X}$ 分布相同的高阶奇次中心矩。

设离散非线性系统的方程为式(6-41)，量测方程为式(6-42)：

$$\boldsymbol{X}(k+1) = \boldsymbol{\varphi}(\boldsymbol{X}(k), \boldsymbol{W}(k), k) \tag{6-41}$$

$$\boldsymbol{Z}(k+1) = \boldsymbol{h}(\boldsymbol{X}(k+1), \boldsymbol{V}(k+1), k+1) \tag{6-42}$$

式中，$\boldsymbol{X}(k)\in R^n$ 是状态向量；$\boldsymbol{Z}(k+1)\in R^m$ 是量测向量；$\boldsymbol{W}(k)$ 和 $\boldsymbol{V}(k+1)$ 分别是噪声为高斯白噪声的系统噪声和量测噪声，且两者互不相关。

UKF 算法的具体步骤如下：

(1) 设置初值

$$\hat{\boldsymbol{X}}(0) = E\left[\boldsymbol{X}(0)\right] \tag{6-43}$$

$$\boldsymbol{P}(0)=E\left\{\left[\boldsymbol{X}(0)-\hat{\boldsymbol{X}}(0)\right]\left[\boldsymbol{X}(0)-\hat{\boldsymbol{X}}(0)\right]^{\mathrm{T}}\right\} \tag{6-44}$$

(2) 当 $k>1$ 时，计算 $2n+1$ 个 Sigma 点：

$$\begin{aligned}\boldsymbol{\chi}(k-1)=\Big\{&\hat{\boldsymbol{X}}(k-1),\hat{\boldsymbol{X}}(k-1)+\left[\sqrt{(n+\lambda)\boldsymbol{P}(k-1)}\right]_i,\\&\hat{\boldsymbol{X}}(k-1)+\left[\sqrt{(n+\lambda)\boldsymbol{P}(k-1)}\right]_i\Big\}\end{aligned} \tag{6-45}$$

其中，$i=1,2,\cdots,n$。

(3) 时间更新。

状态预测值为

$$\boldsymbol{\chi}\left(\frac{k}{k-1}\right)=\boldsymbol{\varphi}\left[\boldsymbol{\chi}(k-1)\right] \tag{6-46}$$

状态预测值均值为

$$\bar{\hat{\boldsymbol{X}}}(k)=\sum_{i=0}^{2n}W_i\boldsymbol{\chi}_i\left(\frac{k}{k-1}\right) \tag{6-47}$$

状态预测误差矩阵为

$$\bar{\boldsymbol{P}}(k)=\sum_{i=0}^{2n}W_i\left[\boldsymbol{\chi}_i\left(\frac{k}{k-1}\right)-\bar{\hat{\boldsymbol{X}}}(k)\right]\left[\boldsymbol{\chi}_i\left(\frac{k}{k-1}\right)-\bar{\hat{\boldsymbol{X}}}(k)\right]^{\mathrm{T}}+\boldsymbol{Q}_k \tag{6-48}$$

由状态预测值得到量测值为

$$\boldsymbol{Z}\left(\frac{k}{k-1}\right)=\boldsymbol{h}\left[\boldsymbol{\chi}\left(\frac{k}{k-1}\right)\right] \tag{6-49}$$

由状态预测值得到量测值均值为

$$\bar{\hat{\boldsymbol{Z}}}(k)=\sum_{i=0}^{2n}W_i\boldsymbol{Z}_i\left(\frac{k}{k-1}\right) \tag{6-50}$$

(4) 量测更新。

计算更新的状态方差：

$$\boldsymbol{P}_{\bar{z}(k)\bar{z}(k)}=\sum_{i=0}^{2n}W_i\left[\boldsymbol{Z}_i\left(\frac{k}{k-1}\right)-\bar{\hat{\boldsymbol{Z}}}(k)\right]\left[\boldsymbol{Z}_i\left(\frac{k}{k-1}\right)-\bar{\hat{\boldsymbol{Z}}}(k)\right]^{\mathrm{T}}+\boldsymbol{R}_k \tag{6-51}$$

$$\boldsymbol{P}_{\bar{X}(k)\bar{z}(k)}=\sum_{i=0}^{2n}W_i\left[\boldsymbol{\chi}_i\left(\frac{k}{k-1}\right)-\bar{\hat{\boldsymbol{X}}}(k)\right]\left[\boldsymbol{Z}_i\left(\frac{k}{k-1}\right)-\bar{\hat{\boldsymbol{Z}}}(k)\right]^{\mathrm{T}} \tag{6-52}$$

卡尔曼增益为

$$\boldsymbol{K}(k)=\boldsymbol{P}_{\bar{X}(k)\bar{z}(k)}\boldsymbol{P}_{\bar{z}(k)\bar{z}(k)}^{-1} \tag{6-53}$$

计算状态滤波值

$$\hat{\boldsymbol{X}}(k)=\hat{\bar{\boldsymbol{X}}}(k)+\boldsymbol{K}(k)\left[\boldsymbol{Z}(k)-\hat{\bar{\boldsymbol{Z}}}(k)\right] \tag{6-54}$$

求解状态后验方差阵

$$\boldsymbol{P}(k)=\bar{\boldsymbol{P}}(k)-\boldsymbol{K}(k)\boldsymbol{P}_{\bar{z}(k)\bar{z}(k)}\boldsymbol{K}^{\mathrm{T}}(k) \tag{6-55}$$

2. 基于光学的水下航行器跟踪模型

基于光学的水下航行器跟踪系统的示意图，如图 6-34 所示。

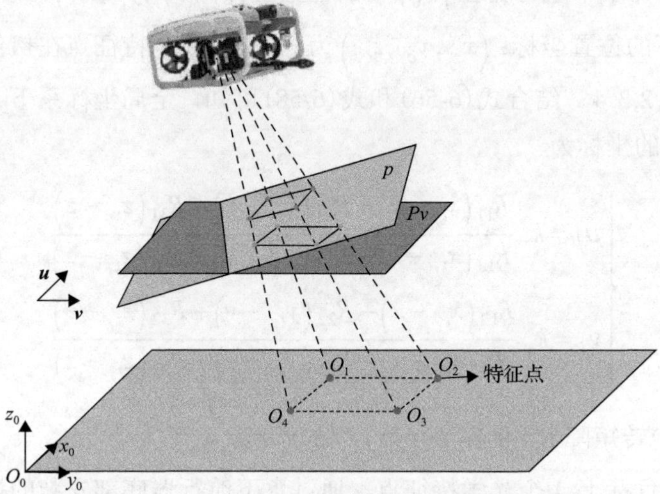

图 6-34　水下航行器跟踪运动目标系统示意图

$\{O_0\}$ 是全局坐标系，全局坐标系下的 4 个光学特征点分别为 O_1、O_2、O_3 和 O_4。本节中假设 4 个特征点构成的特征平面将垂直向下运动，即沿着 z 轴负方向运动。假设 $\mu_0=0$，$v_0=0$，那么可知

$$\begin{cases}\mu=k_x\dfrac{x_c}{z_c}\\ v=k_y\dfrac{y_c}{z_c}\end{cases} \tag{6-56}$$

假设水下航行器的载体系和下视摄像机的摄像机坐标系重合，摄像机坐标系下的点到全局坐标系下的旋转矩阵 $\boldsymbol{R}_c^{O_0}$ 为

$$\boldsymbol{R}_c^{O_0}=\begin{pmatrix}\cos\theta\cos\varphi & \sin\psi\sin\theta\cos\varphi-\cos\psi\sin\varphi & -\cos\psi\sin\theta\cos\varphi-\sin\psi\sin\varphi \\ \sin\varphi\cos\theta & \sin\psi\sin\theta\sin\varphi+\cos\psi\cos\varphi & -\cos\psi\sin\theta\sin\varphi+\sin\psi\cos\varphi \\ \sin\theta & -\cos\theta\sin\psi & \cos\theta\cos\psi\end{pmatrix} \tag{6-57}$$

做匀速直线运动的特征点转换到摄像机坐标系下的坐标为

$$\begin{bmatrix}x_{c_j}\\ y_{c_j}\\ z_{c_j}\end{bmatrix}=\left(\boldsymbol{R}_c^{O_0}\right)^{\mathrm{T}}\begin{bmatrix}x_{t_j}-x\\ y_{t_j}-y\\ z_{t_j}-z\end{bmatrix}=\boldsymbol{R}_{O_0}^{c}\begin{bmatrix}x_{t_j}-x\\ y_{t_j}-y\\ z_{t_j}-z\end{bmatrix} \tag{6-58}$$

式中，(x,y,z) 为水下航行器在 $\{O_0\}$ 下的位置坐标；$\left(x_{t_j},y_{t_j},z_{t_j}\right)$ 为 t 时刻第 j 个特征点在 $\{O_0\}$ 下的位置坐标；$\left(x_{c_j},y_{c_j},z_{c_j}\right)$ 为 t 时刻第 j 个特征点在摄像机坐标系下的坐标，$j=1,2,3,4$。结合式(6-56)和式(6-58)可知，全局坐标系下 4 个特征点在图像坐标系下的坐标为

$$\begin{cases}\mu_j=k_x\dfrac{R_{11}\left(x_{t_j}-x\right)+R_{21}\left(y_{t_j}-y\right)+R_{31}\left(z_{t_j}-z\right)}{R_{13}\left(x_{t_j}-x\right)+R_{23}\left(y_{t_j}-y\right)+R_{33}\left(z_{t_j}-z\right)}\\[2ex] v_j=k_y\dfrac{R_{12}\left(x_{t_j}-x\right)+R_{22}\left(y_{t_j}-y\right)+R_{32}\left(z_{t_j}-z\right)}{R_{13}\left(x_{t_j}-x\right)+R_{23}\left(y_{t_j}-y\right)+R_{33}\left(z_{t_j}-z\right)}\end{cases} \tag{6-59}$$

式中，R_{ij} 是旋转矩阵 $\boldsymbol{R}_{O_0}^{c}$ 的第 i 行第 j 列的元素。

选取移动目标上 4 个光学特征点，通过水下航行器底部安装的摄像机来获取 4 个特征点在图像坐标系中的坐标，再结合姿态传感器、多普勒传感器测得的水下航行器的角速度和线速度，利用 UKF 算法来估计水下航行器相对于移动目标的相对位姿(相对位置和相对欧拉角)和目标运动速度。

设该模型的非线性离散系统的系统方程和量测方程为

$$\begin{cases}\boldsymbol{X}(k)=\boldsymbol{\varphi}(\boldsymbol{X}(k-1),k)+\boldsymbol{W}(k-1)\\ \boldsymbol{Z}(k)=\boldsymbol{h}(\boldsymbol{X}(k),k)+\boldsymbol{V}(k)\end{cases} \tag{6-60}$$

式中，$\boldsymbol{X}(k)=\left[\Delta x,\Delta y,\Delta z,\Delta\phi,\Delta\theta,\Delta\psi,u,v,w,p,q,r,u_d,v_d,w_d\right]_k^{\mathrm{T}}$ 表示在 k 时刻的系统状态向量，其中 $\Delta x=x-x_o$，(x,y,z) 为水下航行器的位置坐标，(x_o,y_o,z_o) 为四个特征

点的位置坐标，$\Delta x,\Delta y,\Delta z$ 分别为全局坐标系下水下航行器相对于跟踪目标的相对位置，$\Delta\phi,\Delta\theta,\Delta\psi$ 分别为全局坐标系下水下航行器相对于跟踪目标的相对姿态角，u,v,w 分别为水下航行器的三个方向的线速度，p,q,r 分别为水下航行器三个姿态角的角速度，u_t,v_t,w_t 分别为目标在全局坐标系下的三个方向的线速度。而 $\boldsymbol{Z}(k)$ 为 k 时刻水下航行器传感器(光学传感器、姿态传感器、多普勒传感器)的量测值，系统噪声 $\boldsymbol{W}(k-1)\sim N\left(0,\boldsymbol{Q}(k-1)\right)$，$\boldsymbol{W}(k-1)\in\mathbf{R}^{15}$，量测噪声 $\boldsymbol{V}(k)\sim N\left(0,\boldsymbol{R}(k)\right)$，$\boldsymbol{V}(k)\in\mathbf{R}^{14}$。

由于位置的测量是在全局坐标系下，速度的测量是在航行器的载体坐标系下，因此水下航行器的相对位置坐标为

$$\begin{bmatrix}\Delta x(k)\\ \Delta y(k)\\ \Delta z(k)\end{bmatrix}=\begin{bmatrix}\Delta x(k-1)\\ \Delta y(k-1)\\ \Delta z(k-1)\end{bmatrix}+\boldsymbol{R}_c^{O_0}T\begin{bmatrix}u(k-1)\\ v(k-1)\\ w(k-1)\end{bmatrix}-T\begin{bmatrix}u_d(k-1)\\ v_d(k-1)\\ w_d(k-1)\end{bmatrix} \tag{6-61}$$

假设被跟踪目标角速度为零，在俯仰角和横滚角较小时，近似有

$$\begin{bmatrix}\Delta\phi(k)\\ \Delta\theta(k)\\ \Delta\psi(k)\end{bmatrix}=\begin{bmatrix}\Delta\phi(k-1)\\ \Delta\theta(k-1)\\ \Delta\psi(k-1)\end{bmatrix}+T\begin{bmatrix}p(k-1)\\ q(k-1)\\ r(k-1)\end{bmatrix} \tag{6-62}$$

该模型的系统方程可以简化为

$$\boldsymbol{\varphi}(\boldsymbol{X}(k-1),k)=\begin{bmatrix}\begin{bmatrix}\Delta x(k-1)\\ \Delta y(k-1)\\ \Delta z(k-1)\end{bmatrix}+T\boldsymbol{R}_c^{O_0}(k-1)\begin{bmatrix}u(k-1)\\ v(k-1)\\ w(k-1)\end{bmatrix}-\begin{bmatrix}u_t(k-1)\\ v_t(k-1)\\ w_t(k-1)\end{bmatrix}\\ \begin{bmatrix}\phi(k-1)\\ \theta(k-1)\\ \psi(k-1)\end{bmatrix}+T\begin{bmatrix}p(k-1)\\ q(k-1)\\ r(k-1)\end{bmatrix}\\ u(k-1)\\ v(k-1)\\ w(k-1)\\ p(k-1)\\ q(k-1)\\ r(k-1)\\ u_t(k-1)\\ v_t(k-1)\\ w_t(k-1)\end{bmatrix} \tag{6-63}$$

该模型中可测量的量为 4 个移动特征点的图像坐标和水下航行器的速度(线速度和角速度)，易得量测方程如下：

$$h(k)=\begin{bmatrix}\mu_j(k) & v_j(k) & u(k) & v(k) & w(k) & p(k) & q(k) & r(k)\end{bmatrix}^{\mathrm{T}} \tag{6-64}$$

其中，j=1, 2, 3, 4，代表 4 个光学特征点。

3. 基于光学的水下航行器相对位姿和目标速度估计仿真与分析

仿真实验中，取 4 个特征点作为光学特征目标并在全局坐标系下平移运动。为了保证光学目标始终保持在摄像机的视野内，水下航行器在光学特征目标的上方做螺旋运动，通过水下航行器上安装的下视摄像机观察光学特征点，获得光学特征点在图像坐标系下的坐标，结合航行器上安装的其他传感器测得航行器的速度信息来估计水下航行器的相对位姿和目标速度。

设定水下航行器在全局坐标系下的真实运动轨迹为

$$x(t)=(3-0.02t)\sin(0.02\pi t)$$

$$y(t)=(3-0.02t)\cos(0.02\pi t)$$

$$z(t)=-20+0.6t$$

$$\phi(t)=\frac{10\pi}{180}\sin(0.02\pi t)\text{，}\ \theta(t)=\frac{10\pi}{180}\sin(0.02\pi t)\text{，}\ \psi(t)=\frac{10\pi}{180}\sin(0.02\pi t)$$

4 个运动的光学特征点 t 时刻在全局坐标系下的坐标分别为

$$O_1(0.25,0.25,0.5t)\quad O_2(0.25,-0.25,0.5t)$$

$$O_3(-0.25,-0.25,0.5t)\quad O_4(-0.25,0.25,0.5t)$$

设定 UKF 算法的初始状态为

$$\hat{\boldsymbol{X}}(0)=\left[1,1,-10,\frac{10\pi}{180},\frac{-10\pi}{180},\frac{10\pi}{180},0,0,0,0,0,0,0,0,0,0\right]^{\mathrm{T}}$$

$$\boldsymbol{P}(0)=\mathrm{diag}\left\{10,\ 10,\ 10,\ \frac{10\pi}{180},\ \frac{10\pi}{180},\ \frac{10\pi}{180},\ 1,\ 1,\ 1,\ \frac{\pi}{180},\ \frac{\pi}{180},\ \frac{\pi}{180},1,1,1\right\}$$

系统噪声为

$$\boldsymbol{Q}=\mathrm{diag}\left\{0.1,0.1,0.1,\frac{0.1\pi}{180},\frac{0.1\pi}{180},\frac{0.1\pi}{180},1,1,1,\frac{\pi}{180},\frac{\pi}{180},\frac{\pi}{180},1,1,1,1,1,1\right\}^2$$

量测噪声为

$$\boldsymbol{R}=\operatorname{diag}\left\{4,4,4,4,4,4,4,4,0.01,0.01,0.01,\frac{\pi}{180},\frac{\pi}{180},\frac{\pi}{180}\right\}^2$$

摄像机的焦距 $k_x=k_y=100$ 像素，仿真实验中采样周期 $T=0.01\,\mathrm{s}$，仿真时间是 150s，仿真结果如图 6-35～图 6-42 所示。

如图 6-35 所示，虚拟航行器螺旋运动的螺旋半径逐渐减小，由于运动过程中航行器垂直方向（z 轴方向）分速度大于特征目标的运动速度，所以整个运动过程中航行器逐渐接近做匀速直线运动的特征目标。由于摄像机存在视场角，摄像机的视野范围有限，摄像机与光学特征点间的距离不能为零，所以模拟的航行器运动一直追近特征目标，仿真周期内避免目标丢失。

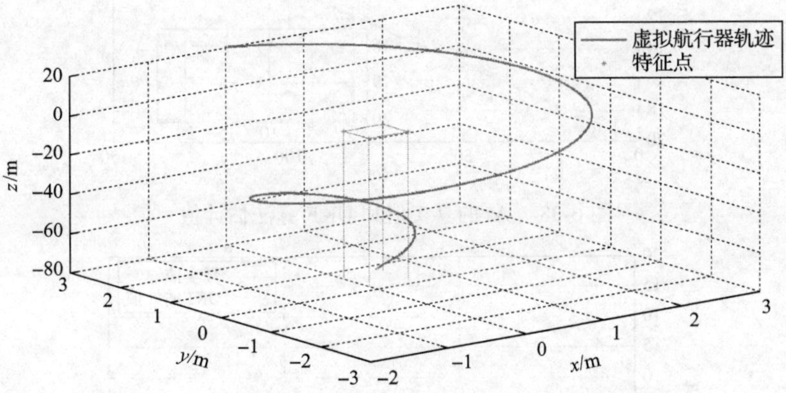

图 6-35　水下航行器和特征目标在全局系下的运动轨迹

由图 6-36～图 6-41 可知，在 100s 左右，用 UKF 算法可以估计出航行器相对于移动目标的位置和欧拉角。随着仿真时间变长，水下航行器与光学特征目标的距离越来越小，估计误差也越来越小，产生估计误差的主要原因是系统方程模型

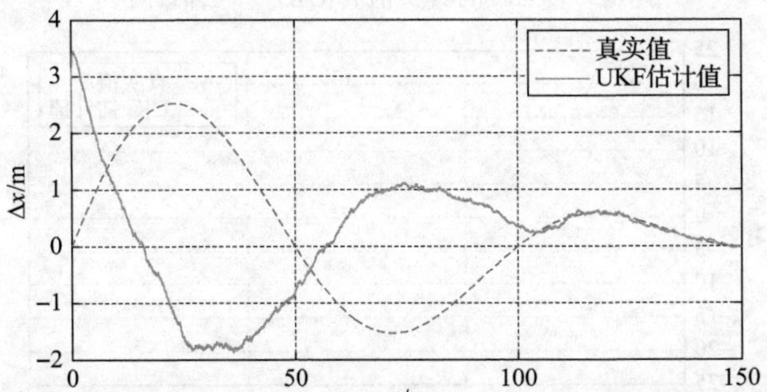

图 6-36　Δx 的真实值和 UKF 算法估计值

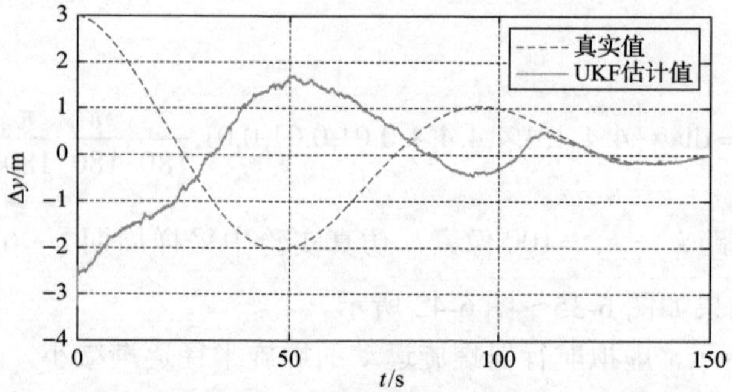

图 6-37　Δy 的真实值和 UKF 算法估计值

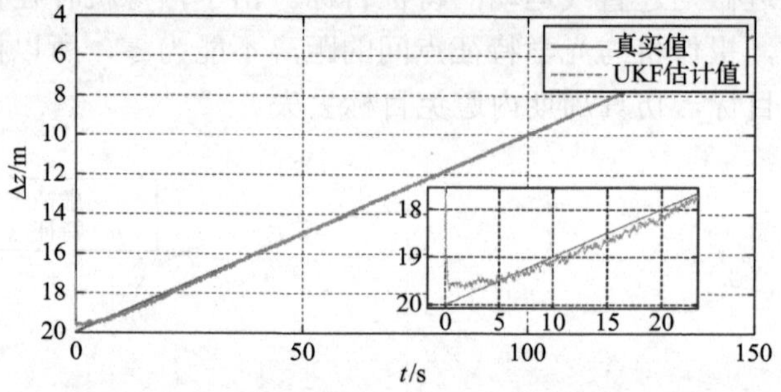

图 6-38　Δz 的真实值和 UKF 算法估计值

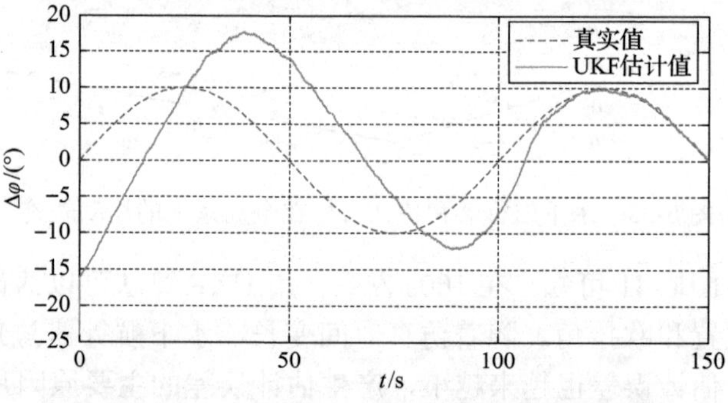

图 6-39　Δφ 的真实值和 UKF 算法估计值

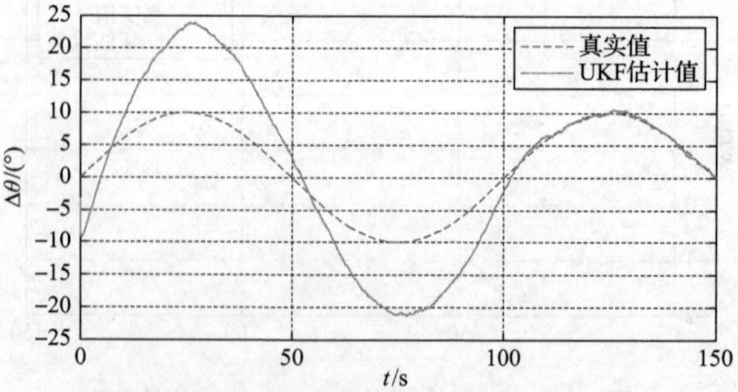

图 6-40　Δθ 的真实值和 UKF 算法估计值

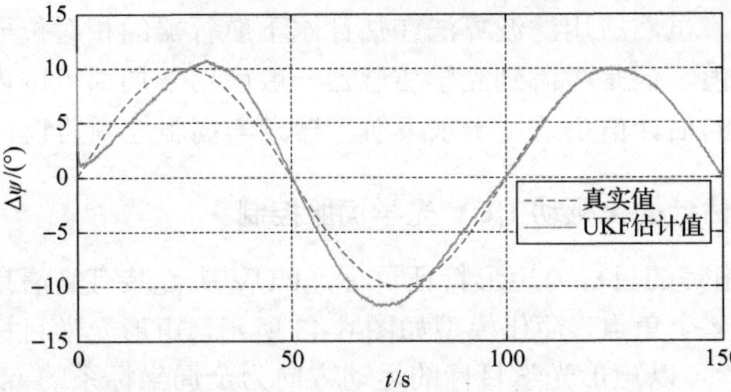

图 6-41　$\Delta\psi$ 的真实值和 UKF 算法估计值

的不精确。仿真刚开始时，航行器与光学特征目标间的垂直距离最远，在水平面上的运动半径最大，航行器与光学特征点间的距离最大，导致了图像量测的误差增大，随着仿真的进行，航行器与光学特征点间的垂直距离在减小，水平面上的运动半径也在减小，估计效果也在逐渐变好。仿真结果表明，距离对 UKF 的结果有很大的影响。

如图 6-42 所示，在三维全局空间内，目标匀速直线运动的真实值为 $\boldsymbol{V}=[v_x, v_y, v_z]^{\mathrm{T}}$，UKF 算法估计值为 $\hat{\boldsymbol{V}}=[\hat{v}_{xd}, \hat{v}_{yd}, \hat{v}_{zd}]^{\mathrm{T}}$，10s 以后，$v_x$ 为 0m/s，v_y 为 0m/s，v_z 为 0.5m/s，与目标速度保持一致，该算法能有效地估计出目标运动的线速度，该跟踪模型中，目标运动模型精确已知，估计值能很快收敛于其真实值。

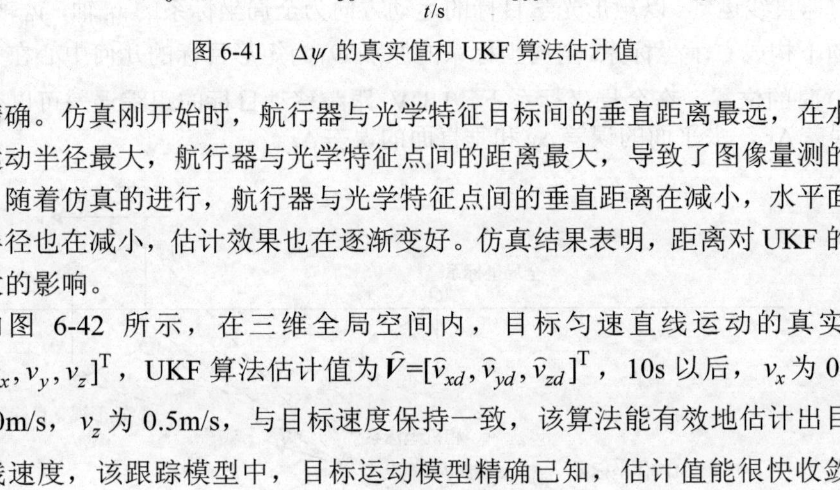

图 6-42　目标速度的真实值和 UKF 算法估计值

仿真示例中给出的是虚拟航行器轨迹，在实际应用中，一般将光学伺服控制应用于水下航行器近距离无人作业，且水下航行器低速运行，姿态角也不会频繁大幅度发生变化。虽然应用滤波算法在估计水下航行器的相对位姿时需要较长时间才能满足真实值，但是考虑到光学传感器一般应用于局部范围内近距离目标，所以该滤波算法的估计值仍适用于水下航行器光学伺服控制器设计。

6.2.2 基于位姿估计的欠驱动 UUV 光学伺服控制

假设 UUV 跟踪的目标为矩形特征目标，UUV 头部装有高清摄像机，可以检测出特征目标的 4 个角点，简化模型如图 6-43 所示，矩形光学目标在某一水平面内做匀速直线运动。以矩形光学目标的运动方向为全局坐标系的 x_0 轴，y_0 轴向右，z_0 轴向下构成右手坐标系，全局坐标系的原点 O_0 为矩形目标的几何中心在初始时刻 $t=0$ 时的位置。在全局坐标系下，UUV 跟踪移动目标的跟踪误差可以分解为轴向误差 Δx、水平面的误差 Δy 和垂直面的误差 Δz。

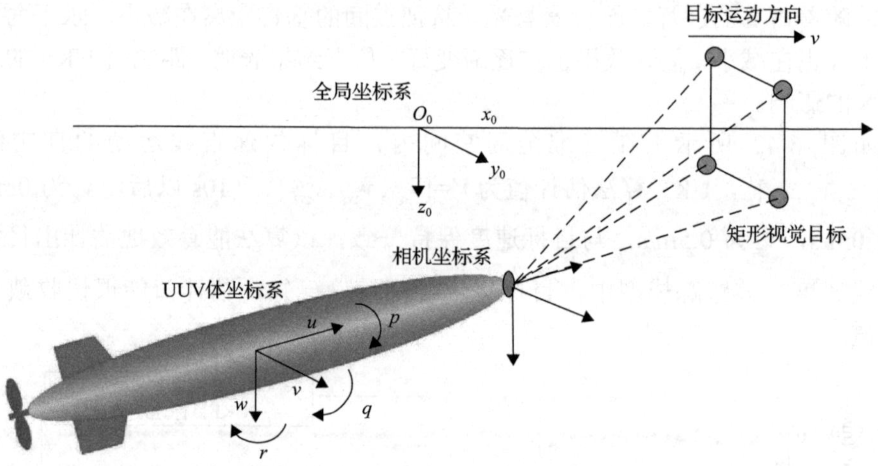

图 6-43 UUV 跟踪对接目标模型简图

UUV 在三维空间跟踪移动目标有如下假设：

(1) 忽略 UUV 的横滚运动。

(2) UUV 重心与摄像机的安装位置距离恒定不变，且在摄像机标定时已做处理，假定摄像机系跟 UUV 载体坐标系重合；

(3) UUV 在整个运动过程中，目标始终保持在视野之内；

(4) 目标沿 x_0 轴做水平匀速直线运动。

1. 空间运动分解

基于位姿估计的 UUV 光学伺服跟踪控制问题定义为，寻找控制输入前向推力 X、力矩 M 和 N，使航迹跟踪误差 Δy 和 Δz 收敛到零，使 Δx 和姿态角 $\Delta\varphi$、$\Delta\theta$、$\Delta\psi$ 趋近于期望值。

定义 UUV 的轴向状态向量为 $\boldsymbol{x}_A=[x \quad u]^{\mathrm{T}}$，垂直面的状态向量为 $\boldsymbol{x}_V=[z \quad w \quad \theta \quad q]^{\mathrm{T}}$ 和水平面的状态向量为 $\boldsymbol{x}_H=[y \quad v \quad \psi \quad r]^{\mathrm{T}}$。UUV 在三维空间运动分解为轴向运动、垂直面运动和水平面运动。

轴向运动模型 $\sum_A$ 为

$$\sum_A:\begin{bmatrix}\Delta\dot{x}\\ \dot{u}\end{bmatrix}=\begin{bmatrix}u\\ \dfrac{m_{22}}{m_{11}}vr-\dfrac{d_{11}}{m_{11}}u+\dfrac{1}{m_{11}}X\end{bmatrix} \tag{6-65}$$

垂直面运动模型 $\sum_V$ 为

$$\sum_V:\begin{bmatrix}\Delta\dot{z}\\ \dot{w}\\ \dot{\theta}\\ \dot{q}\end{bmatrix}=\begin{bmatrix}-u\sin\theta+w\cos\theta\\ \dfrac{m_{11}}{m_{33}}uq-\dfrac{d_{33}}{m_{33}}w\\ q\\ -\dfrac{m_{11}-m_{33}}{m_{55}}uw-\dfrac{d_{55}}{m_{55}}q+\dfrac{1}{m_{55}}M\end{bmatrix} \tag{6-66}$$

水平面运动模型 $\sum_H$ 为

$$\sum_H:\begin{bmatrix}\Delta\dot{y}\\ \dot{v}\\ \dot{\psi}\\ \dot{r}\end{bmatrix}=\begin{bmatrix}u\sin\psi\cos\theta+v\cos\psi+w\sin\theta\sin\psi\\ -\dfrac{m_{11}}{m_{22}}ur-\dfrac{d_{22}}{m_{22}}v\\ \dfrac{1}{\cos\theta}r\\ \dfrac{m_{11}-m_{22}}{m_{66}}uv-\dfrac{d_{66}}{m_{66}}r+\dfrac{1}{m_{66}}N\end{bmatrix} \tag{6-67}$$

图 6-44 为基于位姿估计的 UUV 移动目标光学伺服跟踪控制系统框图，UUV 的光学传感器采集图像信息，利用 UKF 算法，估计 UUV 的相对位姿和目标的速度，然后利用级联系统理论，分别设计 UUV 的轴向跟踪控制器、垂向跟踪控制器和水平面跟踪控制器，UUV 系统的输入为 X、M、N。

2. 轴向运动的稳定控制

分析 UUV 轴向运动模型式(6-65)，利用反演设计的方法，设定稳定的轴向推力 X，使系统跟踪目标期望的终态为 $[\Delta x_d \quad u_d]^{\mathrm{T}}$。其中 Δx_d 为 UUV 相对于移动目标在全局坐标系下的距离，u_d 为 UUV 跟踪的目标的速度。

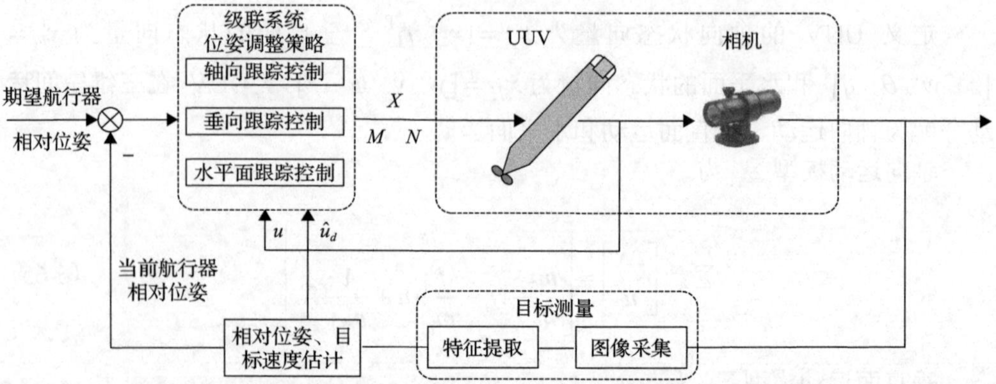

图 6-44　基于位姿估计的 UUV 移动目标光学伺服跟踪控制系统框图

设计轴向运动控制律如下：

$$\dot{u} = k_x(\Delta x_d - \Delta x) + k_u(u_d - u) \tag{6-68}$$

将式(6-68)代入式(6-65)得

$$k_x(\Delta x_d - \Delta x) + k_u(u_d - u) = \frac{m_{22}}{m_{11}}vr - \frac{d_{11}}{m_{11}}u + \frac{1}{m_{11}}X \tag{6-69}$$

$$X = m_{11}k_x(\Delta x_d - \Delta x) + m_{11}k_u(u_d - u) + d_{11}u - m_{22}vr \tag{6-70}$$

其中，系数 k_x、k_u 决定了系统的动态特性。

用 UKF 算法估计值 $\hat{u}_d$ 代替真实值 u_d，则式(6-70)可以写为

$$X = m_{11}k_x(\Delta x_d - \Delta x) + m_{11}k_u(\hat{u}_d - u) + d_{11}u - m_{22}vr \tag{6-71}$$

3. 垂直面运动的稳定控制

分析 UUV 垂直面的运动模型式(6-66)，考虑俯仰角 θ 可以看作是相对深度 Δz 的虚拟控制，寻找俯仰角的期望角度 θ_d 及其期望角速度 q_d，满足当 $\theta \equiv \theta_d$、$q \equiv q_d$ 时，Δz 和 w 是全局一致渐近稳定的，然后设计控制输入 M 使俯仰角的跟踪误差全局一致稳定，最后应用级联系统理论，证明所设计的伺服控制器在垂直面跟踪的全局稳定性。

选择期望的俯仰角为

$$\theta_d = \arctan(k_\theta \Delta z) \tag{6-72}$$

定义期望的俯仰角速度为

$$q_d \triangleq \dot{\theta}_d = \frac{k_\theta}{1+k_\theta^2 z^2}(-u\ \sin\theta + w\cos\theta) \tag{6-73}$$

式(6-72)、式(6-73)中，$k_\theta > 0$ 为控制参数。

定义俯仰角的角度跟踪误差和角速度跟踪误差分别为

$$\theta_e = \theta - \theta_d\ ,\ \ q_e = q - q_d \tag{6-74}$$

定义位置跟踪向量 $\boldsymbol{x}_{V1} = [\Delta z \quad w]^{\mathrm{T}}$，俯仰角跟踪误差向量 $\boldsymbol{x}_{V2} = [\theta_e \quad q_e]^{\mathrm{T}}$。

对于 $\omega_d, \omega_e \in \mathbf{R}$ 有

$$\begin{aligned}\sin(\omega_d + \omega_e) &= \sin\omega_d + \omega_e \int_0^1 \cos(\omega_d + s\omega_e)\mathrm{d}s \\ &= \sin\omega_d + \omega_e \eta_c(\omega_d, \omega_e)\end{aligned} \tag{6-75}$$

$$\begin{aligned}\cos(\omega_d + \omega_e) &= \cos\omega_d - \omega_e \int_0^1 \sin(\omega_d + s\omega_e)\mathrm{d}s \\ &= \cos\omega_d + \omega_e \eta_s(\omega_d, \omega_e)\end{aligned} \tag{6-76}$$

式中，

$$\eta_c(\omega_d, \omega_e) = \int_0^1 \cos(\omega_d + s\omega_e)\mathrm{d}s\ ,\quad \eta_s(\omega_d, \omega_e) = -\int_0^1 \sin(\omega_d + s\omega_e)\mathrm{d}s$$

显然，$|\eta_c(\omega_d, \omega_e)| < 1$，$|\eta_s(\omega_d, \omega_e)| < 1$。

将 $\theta = \theta_e + \theta_d$，$q = q_e + q_d$ 代入式(6-66)中，则垂直面模型可以写成如下级联形式：

$$\begin{aligned}\sum\nolimits_{V1}: \begin{bmatrix}\Delta\dot{z} \\ \dot{w}\end{bmatrix} &= \begin{bmatrix} -u\sin\theta_d + w\cos\theta_d \\ -\dfrac{d_{33}}{m_{33}}w + \dfrac{m_{11}u}{m_{33}}\dfrac{k_\theta}{1+k_\theta^2\Delta z^2}(-u\sin\theta_d + w\cos\theta_d)\end{bmatrix} \\ &\quad + \begin{bmatrix} g_{\Delta z,\theta_e} & 0 \\ g_{w,\theta_e} & g_{w,q_e}\end{bmatrix}\begin{bmatrix}\theta_e \\ q_e\end{bmatrix}\end{aligned} \tag{6-77}$$

$$\sum\nolimits_{V2}: \begin{bmatrix}\dot{\theta}_e \\ \dot{q}_e\end{bmatrix} = \begin{bmatrix} q_e \\ -\dfrac{m_{11}-m_{33}}{m_{55}}uw - \dfrac{d_{55}}{m_{55}}q + \dfrac{1}{m_{55}}M - \ddot{\theta}_d\end{bmatrix} \tag{6-78}$$

其中，

$$g_{\Delta z,\theta_e} = -u\eta_c(\theta_d, \theta_e) + w\eta_s(\theta_d, \theta_e) \tag{6-79}$$

$$g_{w,\theta_e} = \frac{m_{11}u}{m_{33}} \frac{k_\theta}{1+k_\theta^2 \Delta z^2} g_{\Delta z,\theta_e} \tag{6-80}$$

$$g_{w,q_e} = \frac{m_{11}}{m_{33}} u \tag{6-81}$$

式(6-77)中系统$\sum_{V1}$可以看作是式(6-82)中系统$\sum_{V1,n}$受到了式(6-78)中系统$\sum_{V2}$的干扰。

$$\sum_{V1,n} : \begin{bmatrix} \Delta\dot{z} \\ \dot{w} \end{bmatrix} = \begin{bmatrix} -u\sin\theta_d + w\cos\theta_d \\ -\frac{d_{33}}{m_{33}} w + \frac{m_{11}u}{m_{33}} \frac{k_\theta}{1+k_\theta^2 \Delta z^2} (-u\sin\theta_d + w\cos\theta_d) \end{bmatrix} \tag{6-82}$$

式(6-82)中若系数满足式(6-83)，则系统(6-82)是全局一致渐近稳定的。

$$k_\theta < \frac{d_{33}}{3m_{11}u} \tag{6-83}$$

证明：选取李雅普诺夫函数为

$$V_{\Delta z} = \frac{\lambda_{\Delta z}}{2} \Delta z^2 + \frac{1}{2} w^2 \tag{6-84}$$

其中，$\lambda_{\Delta z} > 0$，对式(6-84)求导，并选择满足

$$\lambda_{\Delta z} > \frac{m_{11}}{m_{33}} u^2 k_\theta^2 \tag{6-85}$$

$$\begin{aligned} \dot{V}_{\Delta z} \leqslant & -\frac{uk_\theta \lambda_{\Delta z}}{2} \frac{\Delta z^2}{\sqrt{1+(k_\theta \Delta z)^2}} - \frac{d_{33}}{2m_{33}} w^2 \\ & -\frac{uk_\theta \lambda_{\Delta z}}{2} \left(\frac{\Delta z}{\sqrt{1+(k_\theta \Delta z)^2}} \right)^2 - \left(\frac{d_{33}}{2m_{33}} - \frac{m_{11}}{m_{33}} uk_\theta \right) w^2 + \lambda_{\Delta z} |w| \frac{|\Delta z|}{\sqrt{1+(k_\theta \Delta z)^2}} \end{aligned} \tag{6-86}$$

当满足式(6-87)和式(6-88)时，

$$k_\theta < \frac{d_{33}}{2m_{11}u} \tag{6-87}$$

$$uk_\theta \left(\frac{d_{33}}{m_{33}} - \frac{2m_{11}}{m_{33}} uk_\theta \right) > \lambda_{\Delta z} \tag{6-88}$$

解得

$$-\frac{uk_\theta\lambda_{\Delta z}}{2}\left(\frac{\Delta z}{\sqrt{1+(k_\theta\Delta z)^2}}\right)^2-\left(\frac{d_{33}}{2m_{33}}-\frac{m_{11}}{m_{33}}uk_\theta\right)w^2+\lambda_{\Delta z}|w|\frac{|\Delta z|}{\sqrt{1+(k_\theta\Delta z)^2}}\leqslant 0 \tag{6-89}$$

为使不等式(6-88)成立，保证 $\lambda_{\Delta z}$ 存在，则应满足

$$uk_\theta\left(\frac{d_{33}}{m_{33}}-\frac{2m_{11}}{m_{33}}uk_\theta\right)>\frac{m_{11}}{m_{33}}u^2k_\theta^2 \tag{6-90}$$

解得

$$k_\theta<\frac{d_{33}}{3m_{11}u} \tag{6-91}$$

得到

$$\dot{V}_{\Delta z}\leqslant-\frac{uk_\theta\lambda_{\Delta z}}{2\sqrt{1+(k_\theta\Delta z)}}\Delta z^2-\frac{d_{33}}{2m_{33}}w^2 \tag{6-92}$$

因为式(6-84)中 $V_{\Delta z}$ 正定且 $\dot{V}_{\Delta z}$ 负定，同时 $V_{\Delta z}$ 是径向无界的，所以系统(6-82)是全局一致渐近稳定。

式(6-78)中系统 $\sum_{V2}$，采用反馈线性化技术，选择控制律为

$$M=m_{55}\ddot{\theta}_d-k_{M1}m_{55}\theta_e-k_{M2}m_{55}q_e+(m_{11}-m_{33})uw+d_{55}q \tag{6-93}$$

式中，$k_{M1}>0$，$k_{M2}>0$，该系统是全局渐近稳定的。

当系数 k_θ 满足不等式(6-91)，在式(6-93)控制律的控制下，UUV 在垂直面的跟踪误差是全局一致渐近稳定的，证明如下：

(1) 系统(6-82)是全局一致渐近稳定的，式(6-84)～式(6-92)中已证明，条件 1 成立。

(2) 关联项

$$\begin{aligned}\boldsymbol{g}(\boldsymbol{x}_{V1},\boldsymbol{x}_{V2})&\leqslant\left\|\begin{bmatrix}u & 0\\ \frac{m_{11}}{m_{33}}u^2k_\theta & \frac{m_{11}}{m_{33}}u\end{bmatrix}\right\|+\left\|\begin{bmatrix}w & 0\\ \frac{m_{11}}{m_{33}}uk_\theta w & 0\end{bmatrix}\right\|\\&\leqslant u\sqrt{1+\left(\frac{m_{11}}{m_{33}}uk_\theta\right)^2+\left(\frac{m_{11}}{m_{33}}\right)^2}+\|\boldsymbol{x}_{V1}\|\sqrt{1+\left(\frac{m_{11}}{m_{33}}uk_\theta\right)^2}\end{aligned} \tag{6-94}$$

条件 2 成立。

(3) 在式(6-93)的控制下，系统 $\sum_{V2}$ 全局渐近稳定，满足条件 3。因此，级联系统(6-77)和式(6-78)是全局一致渐近稳定的。

(4) 水平面运动的稳定控制。

考虑 UUV 水平面运动模型(6-67)，参考垂直面误差跟踪控制的设计方法，选择期望的航向角

$$\psi_d = -\arctan\left(k_\psi \Delta y\right) \tag{6-95}$$

ψ 为 Δy 的控制输入，其中 $k_\psi > 0$，偏航角跟踪误差为

$$\psi_e = \psi - \psi_d \tag{6-96}$$

将式(6-96)代入式(6-67)中可得

$$\begin{aligned}\Delta\dot{y} &= u\sin\psi_d + v\cos\psi_d + u\psi_e\eta_c\left(\psi_d,\psi_e\right) + v\psi_e\eta_s\left(\psi_d,\psi_e\right) \\ &\quad + \left(u\sin\psi\frac{\cos\theta-1}{\theta} + w\frac{\sin\theta}{\theta}\sin\psi\right)\theta \\ &= u\sin\psi_d + v\cos\psi_d + g_{\Delta y,\psi_e}\psi_e + g_{\Delta y,\theta}\theta\end{aligned} \tag{6-97}$$

式中，

$$g_{\Delta y,\theta} = u\sin\psi\frac{\cos\theta-1}{\theta} + w\frac{\sin\theta}{\theta}\sin\psi \tag{6-98}$$

$$g_{\Delta y,\psi_e} = u\eta_c\left(\psi_d,\psi_e\right) + v\eta_s\left(\psi_d,\psi_e\right) \tag{6-99}$$

偏航角跟踪误差的导数为

$$\dot{\psi}_e = \frac{r}{\cos\theta} + \frac{k_\psi}{1+\left(k_\psi\Delta y\right)^2}\left(u\sin\psi + v\cos\psi + g_{\Delta y,\theta}\theta\right) \tag{6-100}$$

定义期望偏航角速度为

$$r_d \triangleq -\frac{k_\psi\cos\theta}{1+\left(k_\psi\Delta y\right)^2}(u\sin\psi + v\cos\psi) \tag{6-101}$$

并定义

$$r_e \triangleq \frac{r-r_d}{\cos\theta} \tag{6-102}$$

于是式(6-100)可写为

$$\dot{\psi}_e = r_e + g_{\psi_e,\theta}\theta \tag{6-103}$$

其中，

$$g_{\psi_e,\theta} = \frac{k_\psi}{1+\left(k_\psi \Delta y\right)^2} g_{\Delta y,\theta} \tag{6-104}$$

偏航角速度跟踪误差 r_e 的导数为

$$\begin{aligned}\dot{r}_e &= \left(\frac{m_{11}-m_{22}}{m_{66}}uv - \frac{d_{66}}{m_{66}}r + \frac{1}{m_{66}}N - \dot{r}_d\right)\frac{1}{\cos\theta} - r_e \tan\theta q \\ &= \left(\frac{m_{11}-m_{22}}{m_{66}}uv - \frac{d_{66}}{m_{66}}r + \frac{1}{m_{66}}N - \dot{r}_d\right)\frac{1}{\cos\theta} + g_{r_e,q} q\end{aligned} \tag{6-105}$$

其中，

$$g_{r_e,q} = -r_e \tan\theta$$

将式(6-106)代入式(6-67)中

$$r = r_e \cos\theta + r_d \tag{6-106}$$

可得

$$\begin{aligned}\dot{v} &= \frac{m_{11}}{m_{22}} \frac{uk_\psi}{1+\left(k_\psi \Delta y\right)^2}\left(u\sin\psi_d + v\cos\psi_d + g_{\Delta y,\psi_e}\psi_e\right) - \frac{d_{22}}{m_{22}}v - \frac{m_{11}}{m_{22}}ur_e\cos\theta \\ &= \frac{m_{11}}{m_{22}} \frac{uk_\psi}{1+\left(k_\psi \Delta y\right)^2}\left(u\sin\psi_d + v\cos\psi_d\right) - \frac{d_{22}}{m_{22}}v + g_{v,\psi_e}\psi_e + g_{v,r_e}r_e\end{aligned} \tag{6-107}$$

其中，

$$g_{v,\psi_e} = \frac{m_{11}}{m_{22}} \frac{uk_\psi}{1+\left(k_\psi \Delta y\right)^2} g_{\Delta y,\psi_e} \tag{6-108}$$

$$g_{v,r_e} = -\frac{m_{11}}{m_{22}} u\cos\theta \tag{6-109}$$

将式(6-97)和式(6-107)整理为级联系统形式

$$\sum\nolimits_{H1}:\begin{bmatrix}\Delta\dot{y}\\ \dot{v}\end{bmatrix}=\begin{bmatrix}u\sin\psi_d+v\cos\psi_d\\ \dfrac{m_{11}}{m_{22}}\dfrac{uk_\psi}{1+(k_\psi\Delta y)^2}(u\sin\psi_d+v\cos\psi_d)-\dfrac{d_{22}}{m_{22}}v\end{bmatrix}$$
$$+\begin{bmatrix}g_{\Delta y,\psi_e} & 0\\ g_{v,\psi_e} & g_{v,r_e}\end{bmatrix}\begin{bmatrix}\psi_e\\ r_e\end{bmatrix}+\begin{bmatrix}0 & 0 & g_{\Delta y,\theta} & 0\\ 0 & 0 & 0 & 0\end{bmatrix}\begin{bmatrix}\Delta z\\ w\\ \theta\\ q\end{bmatrix} \tag{6-110}$$

对于系统

$$\sum\nolimits_{H1,n}:\begin{bmatrix}\Delta\dot{y}\\ \dot{v}\end{bmatrix}=\begin{bmatrix}u\sin\psi_d+v\cos\psi_d\\ \dfrac{m_{11}}{m_{22}}\dfrac{uk_\psi}{1+(k_\psi\Delta y)^2}(u\sin\psi_d+v\cos\psi_d)-\dfrac{d_{22}}{m_{22}}v\end{bmatrix} \tag{6-111}$$

当 k_ψ 满足式(6-112)，系统(6-111)是全局一致渐进稳定的。

$$k_\psi<\frac{d_{22}}{3m_{11}u} \tag{6-112}$$

将系统(6-100)和式(6-105)写作级联系统形式

$$\sum\nolimits_{H2}:\begin{bmatrix}\dot{\psi}_e\\ \dot{r}_e\end{bmatrix}=\begin{bmatrix}r_e\\ \left(\dfrac{m_{11}-m_{22}}{m_{66}}uv-\dfrac{d_{66}}{m_{66}}r+\dfrac{1}{m_{66}}N-\dot{r}_d\right)\dfrac{1}{\cos\theta}\end{bmatrix}$$
$$+\begin{bmatrix}0 & 0 & g_{\psi_e,\theta} & 0\\ 0 & 0 & 0 & g_{r_e,q}\end{bmatrix}\begin{bmatrix}\Delta z\\ w\\ \theta\\ q\end{bmatrix} \tag{6-113}$$

可以将系统(6-113)看作是系统(6-114)受到全局渐近稳定的系统 $\sum_V$ 干扰。

$$\sum\nolimits_{H2,n}:\begin{bmatrix}\dot{\psi}_e\\ \dot{r}_e\end{bmatrix}=\begin{bmatrix}r_e\\ \left(\dfrac{m_{11}-m_{22}}{m_{66}}uv-\dfrac{d_{66}}{m_{66}}r+\dfrac{1}{m_{66}}N-\dot{r}_d\right)\dfrac{1}{\cos\theta}\end{bmatrix} \tag{6-114}$$

设计系统 $\sum_{H2,n}$ 的控制输入 N，采用反演设计，定义下面的李雅普诺夫函数：

$$V_\psi=\frac{1}{2}\psi_e^2+\frac{m_{66}}{2}\left(r_e-\alpha_{r_e}\right)^2 \tag{6-115}$$

式中，

$$\alpha_{r_e} = -k_{N1}\psi_e \tag{6-116}$$

$k_{N1} > 0$为控制参数。

对V_ψ求导

$$\dot{V}_\psi = -k_{N1}\psi_e^2 + \left(r_e - \alpha_{r_e}\right)\left(\frac{(m_{11}-m_{22})uv - d_{66}r + N - m_{66}\dot{r}_d}{\cos\theta} + m_{66}k_{N1}r_e + \psi_e\right) \tag{6-117}$$

选择控制律

$$N = \cos\theta\left(-k_{N2}\left(r_e - \alpha_{r_e}\right) + \left(-(m_{11}-m_{22})uv + d_{66}r + m_{66}\dot{r}_d\right)\right) - m_{66}k_{N1}r_e - \psi_e \tag{6-118}$$

使得

$$\dot{V}_\psi = -k_{N1}\psi_e^2 - k_{N2}\left(r_e - \alpha_{r_e}\right)^2 \tag{6-119}$$

负定。

在控制输入式(6-118)作用下，级联系统是全局一致渐近稳定的。

6.2.3　基于位姿估计的欠驱动 UUV 光学伺服控制仿真与分析

通过 UKF 算法估计 UUV 的相对位姿和目标速度，其中，Δz 作为垂直面的跟踪误差，Δy 作为水平面的跟踪误差。UUV 的初始状态选择为

$$x(0) = -2\,,\quad y(0) = 1\,,\quad z(0) = 2$$

$$\theta(0) = 0\,,\quad \psi(0) = 0\,,\quad \varphi(0) = 0$$

$$u(0) = 0.5\,,\quad v(0) = 0.5\,,\quad w(0) = 0$$

$$p(0) = 0\,,\quad q(0) = 0\,,\quad r(0) = 0$$

UUV 的操纵舵角实际不可能超过其安全上限，本节中最大舵角设定为 30°。

UKF 算法的初始状态为

$$\hat{\boldsymbol{X}}(0) = \left[0,-2,2,0,0,\pi/4,0,0,0,0,0,0,0,0,0\right]^{\mathrm{T}}$$

$$\boldsymbol{P}(0) = \mathrm{diag}\left\{10,\ 10,\ 10,\ \frac{10\pi}{180},\frac{10\pi}{180},\frac{10\pi}{180},1,\ 1,\ 1,\ \frac{\pi}{180},\frac{\pi}{180},\frac{\pi}{180},1,1,1\right\}$$

设定 4 个特征点 t 时刻在全局坐标系下的运动坐标分别为

$$O_1(t,0.25,0.25)\text{，}\quad O_2(t,0.25,-0.25)$$

$$O_3(t,-0.25,-0.25)\text{，}\quad O_4(t,-0.25,0.25)$$

欠驱动 UUV 跟踪目标的期望终态为

$$\Delta x=-2\text{，}\quad \Delta y=0\text{，}\quad \Delta z=0$$

$$\Delta\varphi=0\text{，}\quad \Delta\theta=0\text{，}\quad \Delta\psi=0$$

摄像机的焦距 $f_x=f_y=40$ 像素，采样周期 $T=0.01\,\text{s}$，仿真时间设定为 300s，仿真结果如图 6-45～图 6-51 所示。

如图 6-45 所示，从仿真结果可以看出，在三维空间内，当 UUV 存在侧向速度及航向角偏差的情况下，设计的基于位姿估计的欠驱动 UUV 仍能按照期望的位置和姿态跟踪匀速直线运动的特征目标，验证了提出的光学伺服跟踪控制律的有效性。

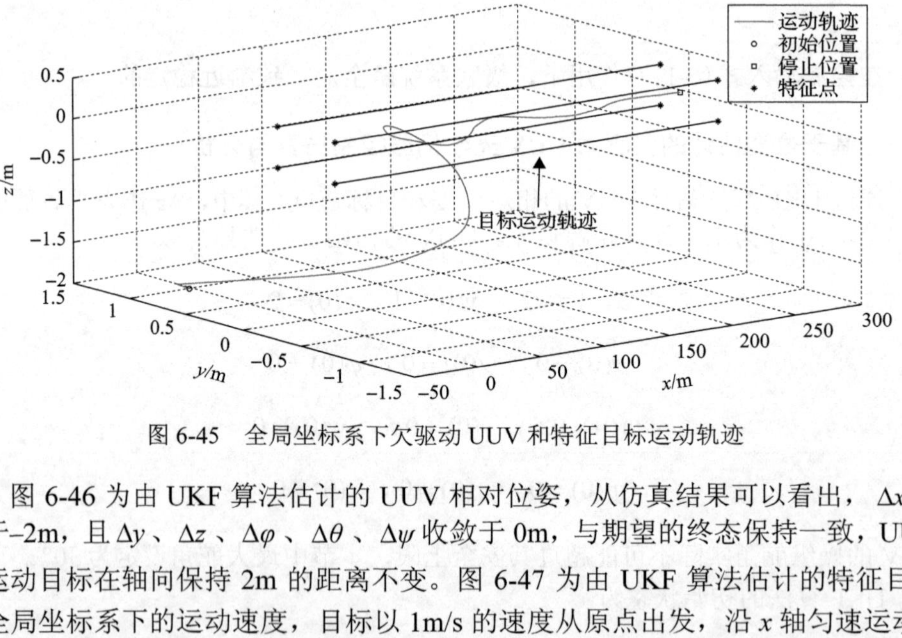

图 6-45　全局坐标系下欠驱动 UUV 和特征目标运动轨迹

图 6-46 为由 UKF 算法估计的 UUV 相对位姿，从仿真结果可以看出，Δx 收敛于–2m，且 Δy、Δz、$\Delta\varphi$、$\Delta\theta$、$\Delta\psi$ 收敛于 0m，与期望的终态保持一致，UUV 与运动目标在轴向保持 2m 的距离不变。图 6-47 为由 UKF 算法估计的特征目标在全局坐标系下的运动速度，目标以 1m/s 的速度从原点出发，沿 x 轴匀速运动，从仿真结果可以看出，30s 后估计值与真实值误差接近于 0，仿真实验说明利用 UKF 算法估计的相对位姿和目标的运动速度可以作为 UUV 光学伺服跟踪控制的输入，有较好的实时性。

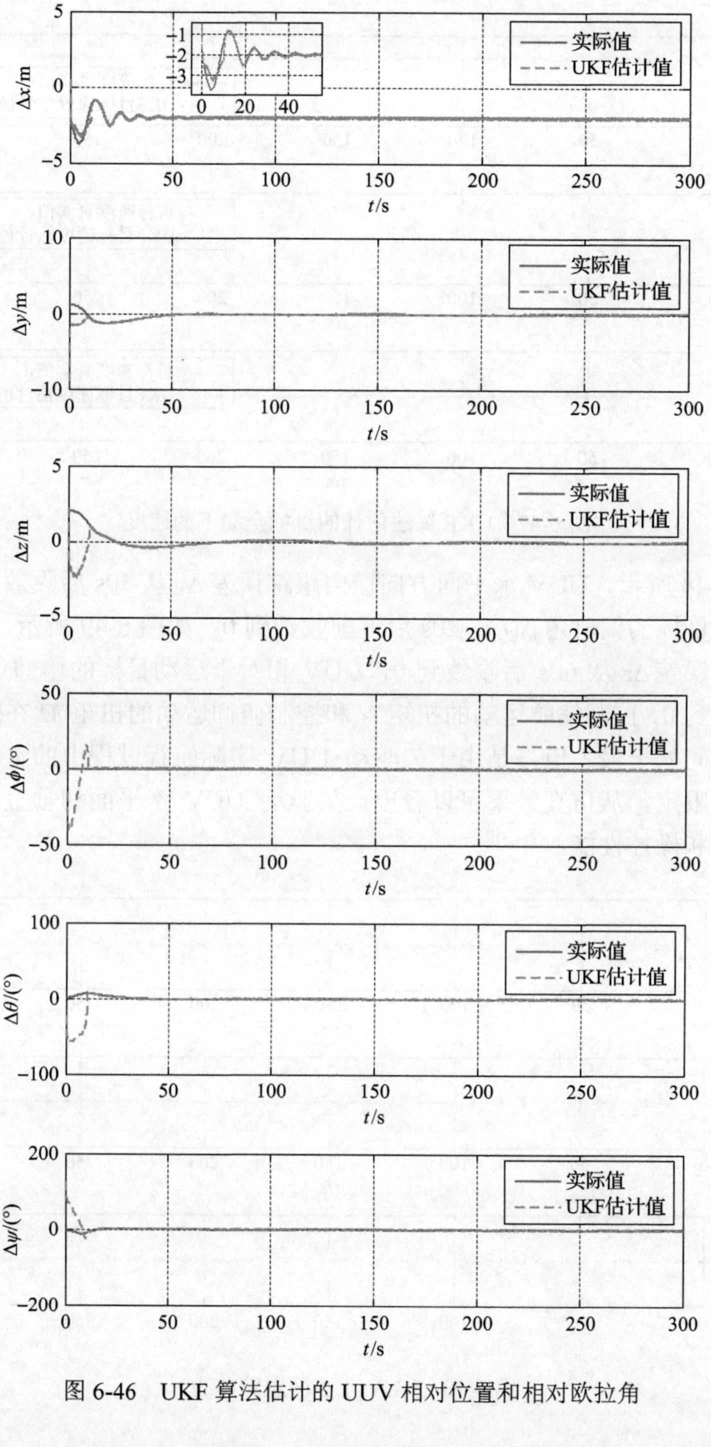

图 6-46　UKF 算法估计的 UUV 相对位置和相对欧拉角

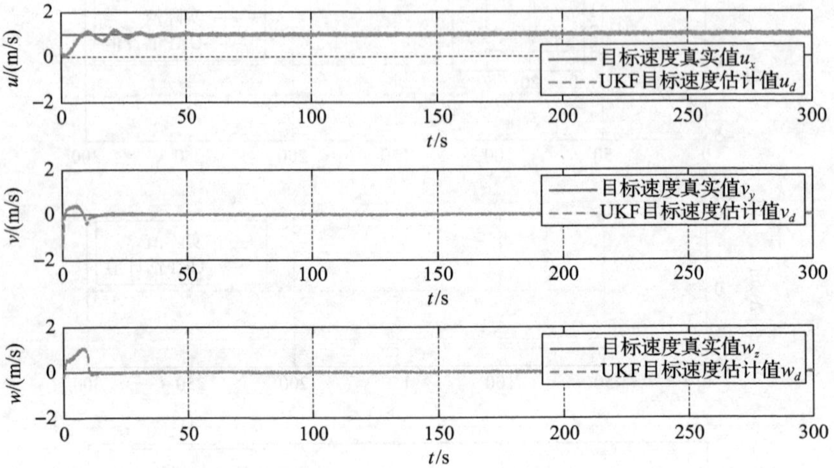

图 6-47　UKF 算法估计的目标全局下的速度

如图 6-48 所示，UUV 水平面方向横向跟踪误差 Δy 从 50s 后收敛到 0，UUV 相对于运动目标的偏航角 $\Delta\psi$ 在 20s 后逐渐收敛到 0。如图 6-49 所示，UUV 垂直面方向跟踪误差 Δz 从 60s 后收敛到 0，UUV 相对于运动目标的俯仰角 $\Delta\theta$ 在 40s 后逐渐收敛到 0，控制偏航运动的扭矩 $\boldsymbol{N}$ 和控制俯仰运动的扭矩 $\boldsymbol{M}$ 在刚开始的阶段有短暂时间处于最大值，是由于欠驱动 UUV 实际航行过程中的水平舵角和垂直舵角都有限定，从仿真效果可以看出，欠驱动 UUV 水平面和垂直面具有良好的跟踪性能和操控性能。

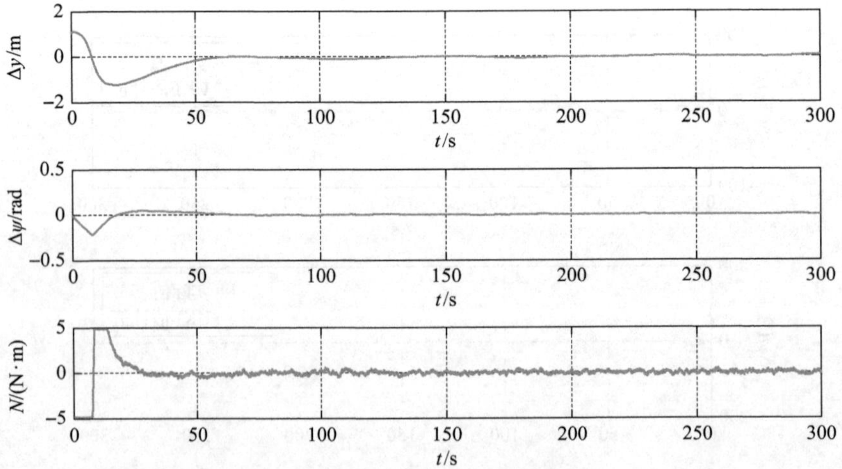

图 6-48　UUV 水平面跟踪曲线

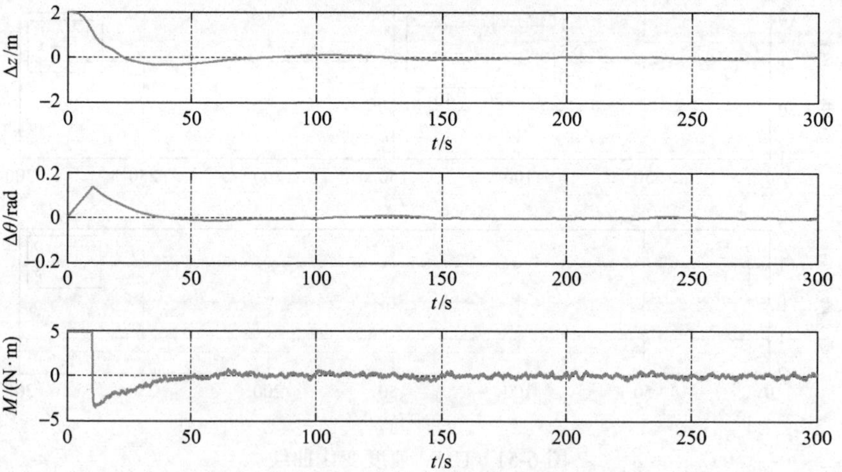

图 6-49　UUV 垂直面运动曲线

如图 6-50 所示，UUV 轴向相对于运动目标的距离 Δx 在 50s 后趋近于–2m，前向速度 u 趋近于 1m/s，前向推力同时保持一个稳定的值，提供恒定的推力，航行器与目标保持相对静止，有利于动态运动过程中近距离相对作业，从仿真结果可以看出，本章提出的前向控制律是有效的。

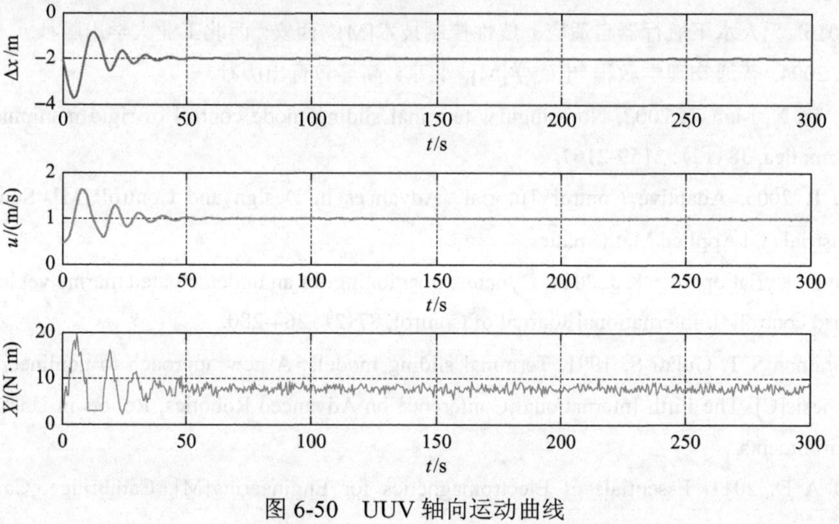

图 6-50　UUV 轴向运动曲线

如图 6-51 所示，UUV 航行过程中，线速度、角速度在稳定后都趋近于一个稳定值，进一步验证了本章提出的基于位置的欠驱动 UUV 光学伺服跟踪控制律的有效性。

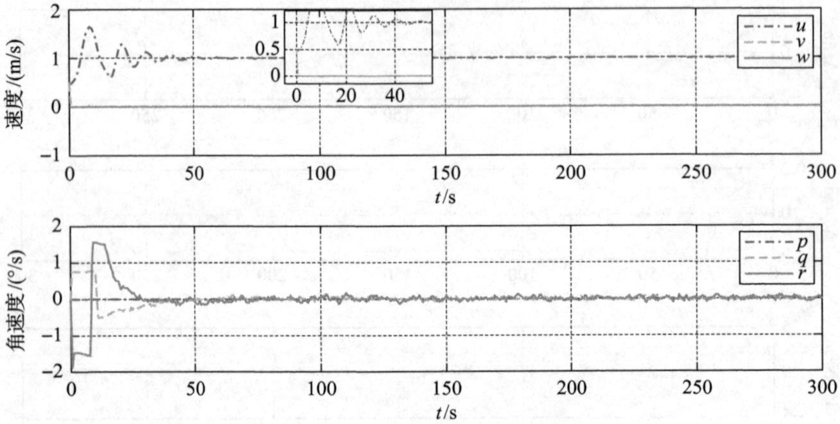

图 6-51　UUV 速度变化曲线

参考文献

蔡远利, 李慧洁. 2018. 终端滑模控制研究与发展现状[C]. 第 19 届中国系统仿真技术及其应用学术年会.

冯勇, 鲍晟, 余星火. 2002. 非奇异终端滑模控制系统的设计方法[J]. 控制与决策, 17(2): 194-198.

高剑. 2016. 无人水下航行器自适应非线性控制技术[M]. 西安: 西北工业大学出版社.

梁灿彬. 2004. 普通物理学教程 电磁学[M]. 北京: 高等教育出版社.

Feng Y, Yu X, Man Z. 2002. Non-singular terminal sliding mode control of rigid manipulators[J]. Automatica, 38(12): 2159-2167.

Ioannou P. 2006. Adaptive Control Tutorial (Advances in Design and Control)[M]. Society for Industrial and Applied Mathematics.

Panagou D, Kyriakopoulos K J. 2014. Dynamic positioning for an underactuated marine vehicle using hybrid control[J]. International Journal of Control, 87(2): 264-280.

Venkataraman S T, Gulati S. 1991. Terminal sliding models: A new approach to nonlinear control synthesis[C]. The Fifth International Conference on Advanced Robotics, Robots in Unstructured Environments.

Wolf D A D. 2011. Essentials of Electromagnetics for Engineering[M]. Cambridge: Cambridge University Press.

Zak M. 1988. Terminal attractors for addressable memory in neural network [J]. Physics Letters A, 133(1-2): 18-22.

第 7 章 波浪对 UUV 水下回收的影响

回收平台实施回收作业时一般处于近水面，UUV 在近水面运动中不可避免地要受到一些海洋表面层因素的影响，因此在求解回收平台运动绕流流场的同时必须考虑近水面波浪对回收平台流场的影响。本章给出 UUV 波浪扰动力数学模型，针对复杂海洋环境下波浪对 UUV 回收过程的影响展开研究。

7.1 波 浪 概 述

7.1.1 波浪

波浪力是船舶与海洋工程结构物的重要外载荷之一，因此波浪模拟是进行海洋工程结构物试验的首要条件，其准确性直接影响到物理模型试验的正确性。海洋工程水池中模拟波浪的装置为造波机，通常使用的是单(双)板式造波机和多单元蛇形造波机。前者可以模拟规则波和二维长峰不规则波(均为二维波浪)。后者功能较为全面，除可以模拟规则波、长峰不规则波外，还可以模拟短峰波——三维波。

波浪模拟是数值波浪水池的核心试验能力，国内外各研究机构高度重视，并将其作为自身水池长期研究发展的技术重点。他们开展了大量的理论和试验应用研究，都毫无例外地在各自配备的各具特色的造波系统基础上开发了具备自主知识产权的造波和分析软件。随着海洋工程对复杂海洋环境模拟要求的日益提高，以及机械电子制造技术、控制技术及信息技术的迅猛发展，从 20 世纪 90 年代中期开始，造波理论与实践逐步深化发展，各国新建水池均装备了具有三维造波能力、功能更为完整的多单元造波机。

7.1.2 波浪理论

在海洋工程中，波浪是影响船舶与海洋工程结构物运动与载荷的重要因素。海上的波浪是指海洋中的水体在受到外界(自然界或人类)的扰动下所产生的一种起伏现象。引发海浪的因素很多，如天体间的引力、地震引发的海啸、海底火山爆发、水流冲击、船舶行进等，但在海洋上形成波浪的主要因素是风——也就是空气流动吹动海面的水形成波浪。

海浪的形成和发展主要受到以下物理因素的影响：重力、引力、表面张力和地球转动等。波浪的周期范围很广，如恒星、行星等天体作用力引发的波周期可达数月，月球引发的潮汐波为 12 个小时，海啸为数十分钟，涌浪为数十秒到十数秒，风浪为数秒，而张力波则不足 1s。风浪是海洋工程中出现机率最大、影响最大、分布最广的波浪形式，因而成为海洋工程研究的重点之一。海洋工程研究的风浪主要分为以下三种。

(1) 风浪，在风的作用下直接产生，表面不规则的海浪，是波浪的主要表现形式。

(2) 涌浪，指由其他海域的风浪经过长时间的传播，或当地的风急剧下降等因素造成风浪中的短周期波成分降低，而形成的形态和排列比较规则的波浪。

(3) 近岸浪，指远海的波浪传递到近海后，在水深较浅的海域受到海底/海岸影响而使波形等参数发生改变的波浪。

自开始探索海洋以来，人类就密切关注波浪，并开展了长期的测量和分析。然而直到二战后，高质量的自动化仪表的出现，才使得大规模、系统化、长期观测波浪结果的源源不断地提供出来。然而长期的波浪记录也表明，在实际波浪中，尤其是恶劣海况中波高较高、波陡较大的波浪的高程分布往往会出现偏离高斯分布的情况。人们研究发现，在各个波系间实际上存在非线性的相互作用，随着波高增加，波陡增加，以及受到水底、水流、风等的影响，波浪的非线性显示愈加强烈。因此，海洋工程研究中需要考虑非线性波浪的影响。

7.1.3 风力、海浪等级表

表 7-1 给出了风力、海浪等级。

表 7-1 风力、海浪等级表

风级和符号	名称	风速/m	陆地物象	海面波浪	浪高/m
0	无风	0.0～0.2	烟直上	平静	0.0
1	软风	0.3～1.5	烟示风向	微波峰无飞沫	0.1
2	轻风	1.6～3.3	感觉有风	小波峰未破碎	0.2
3	微风	3.4～5.4	旌旗展开	小波峰顶破裂	0.6
4	和风	5.5～7.9	吹起尘土	小浪白沫波峰	1.0
5	劲风	8.0～10.7	小树摇摆	中浪折沫峰群	2.0
6	强风	10.8～13.8	电线有声	大浪到个飞沫	3.0
7	疾风	13.9～17.1	步行困难	破峰白沫成条	4.0
8	大风	17.2～20.7	折毁树枝	浪长高有浪花	5.5
9	烈风	20.8～24.4	小损房屋	浪峰倒卷	7.0
10	狂风	24.5～28.4	拔起树木	海浪翻滚咆哮	9.0
11	暴风	28.5～32.6	损毁普遍	波峰全呈飞沫	11.5
12	飓风	32.5～	摧毁巨大	海浪滔天	14.0

7.2　基于势流理论的波浪力计算

在海洋工程中，海浪是作用在海洋运动物体上的最主要的外力之一。人们很早以前就开始了对于海浪作用的研究。目前一般是从两个领域进行研究。一个领域是对液体的波动从流体力学的角度加以研究，研究液体内部各质点的运动状态，这种研究一般包括线性波浪理论和非线性波浪理论两大类。另一个领域是将海面波动看作是一个随机过程，研究其随机性，从而揭示海浪内部波动能量的分布特性，从统计意义上对液体内部各质点的运动状态进行描述，研究其对海洋运动物体的作用。

7.2.1　海浪线性自由面条件

考虑理想流体，不计自由表面上的张力，流动是无旋的。表面波的条件包括运动学条件和动力学条件两部分。运动学条件是指自由表面上的流体质点恒在自由面上。设自由面上某流体质点的轨迹是 $x = x(t), y = y(t), z = z(t)$，用 $F(x, y, z, t) = 0$ 表示 t 时刻自由面的方程。于是，运动学条件的数学表达式为

$$F[x(t), y(t), z(t), t] \equiv 0 \tag{7-1}$$

两边对时间 t 求导，得

$$\frac{\mathrm{d}F}{\mathrm{d}t} = \frac{\partial F}{\partial t} + \frac{\partial F}{\partial x}\cdot\frac{\mathrm{d}x}{\mathrm{d}t} + \frac{\partial F}{\partial y}\cdot\frac{\mathrm{d}y}{\mathrm{d}t} + \frac{\partial F}{\partial z}\cdot\frac{\mathrm{d}z}{\mathrm{d}t} = 0 \tag{7-2}$$

$\mathrm{d}x/\mathrm{d}t, \mathrm{d}y/\mathrm{d}t, \mathrm{d}z/\mathrm{d}t$ 是流体质点的三个分速度，是速势 $\boldsymbol{\Phi}$ 的梯度 $\nabla\boldsymbol{\Phi}$ 的三个分量，即

$$\frac{\partial \boldsymbol{\Phi}}{\partial x} = \frac{\mathrm{d}x}{\mathrm{d}t},\quad \frac{\partial \boldsymbol{\Phi}}{\partial y} = \frac{\mathrm{d}y}{\mathrm{d}t},\quad \frac{\partial \boldsymbol{\Phi}}{\partial z} = \frac{\mathrm{d}z}{\mathrm{d}t} \tag{7-3}$$

于是

$$\frac{\partial F}{\partial t} + \frac{\partial F}{\partial x}\cdot\frac{\partial \boldsymbol{\Phi}}{\partial x} + \frac{\partial F}{\partial y}\cdot\frac{\partial \boldsymbol{\Phi}}{\partial y} + \frac{\partial F}{\partial y}\cdot\frac{\partial \boldsymbol{\Phi}}{\partial y} = 0，\ 在 F = 0 上 \tag{7-4}$$

如果自由面的方程用波面起伏的显式表示，即

$$y = \eta(x, z, t) \tag{7-5}$$

则 $F = y - \eta(x, z, t)$，此时运动条件(7-4)成为

$$\frac{\partial \boldsymbol{\Phi}}{\partial y}=\frac{\partial \eta}{\partial t}+\frac{\partial \boldsymbol{\Phi}}{\partial x}\cdot\frac{\partial \eta}{\partial x}+\frac{\partial \boldsymbol{\Phi}}{\partial z}\cdot\frac{\partial \eta}{\partial z},\quad \text{在 } y=\eta(x,z,t) \text{ 上} \tag{7-6}$$

在小振幅的假定下，波面起伏不大，波陡也很小，$\boldsymbol{\Phi}_x,\boldsymbol{\Phi}_y,\boldsymbol{\Phi}_z,\eta_x,\eta_y,\eta_z$ 等都认为是一阶无穷小。当在线性范围内讨论问题时，上式右端的两个乘积项都是二阶无穷小，可略去不计，由此得到线性自由面运动学条件为

$$\frac{\partial \boldsymbol{\Phi}}{\partial y}=\frac{\partial \eta}{\partial t},\quad \text{在 } y=\eta(x,z,t) \text{ 上} \tag{7-7}$$

下面用伯努利方程描述动力学条件。假设大气压力在自由面上处处相同，取其为零，则有

$$\frac{\partial \boldsymbol{\Phi}}{\partial t}+\frac{1}{2}\nabla\boldsymbol{\Phi}\cdot\nabla\boldsymbol{\Phi}+gy=0,\quad y=\eta \tag{7-8}$$

即在波面上有

$$\eta=-\frac{1}{g}\left(\frac{\partial \boldsymbol{\Phi}}{\partial t}+\frac{1}{2}\nabla\boldsymbol{\Phi}\cdot\nabla\boldsymbol{\Phi}\right) \tag{7-9}$$

用泰勒公式并略去高阶量，得到线性动力学条件

$$\eta=-\frac{1}{g}\cdot\frac{\partial \boldsymbol{\Phi}}{\partial t},\quad y=0 \tag{7-10}$$

7.2.2　线性波理论

线性波理论在一般工程实践中通常采用二元进行波理论(Airy 波理论)。二元进行波是适合线性自由面条件(7-7)和式(7-10)的最简单的解。它适用于相对波高 $H/d \leqslant 1$（一般在 0.04 以下，其中 H 为波高，d 为水深）及 Ursell 数 $U_R=\eta_0/L(L/d)^3 \leqslant 1$（其中 η_0 为波峰顶在水面以上的升高，L 为波长）的情况。

所谓 U_R 数，首先是由 Korteweg 和 de Vries 提出的，它与非线性波浪理论中的二阶项和一阶项之比值成正比，因此当 U_R 数逐渐增大时，非线性的二阶项将逐渐占据较大比重，这样即使对相对波高 H/d 较小的情况，线性波浪理论也不适用，而需要考虑采用非线性理论。

二元进行波是一种简化了的最简单的波动，其水面呈现简谐形式的起伏，水质点以固定的圆频率做简谐振动，同时波形以一定的速度向前传播，波浪中线(平分波高的中线)与静水面相重合。

二元进行波理论基于以下假定得到：①流体是无黏性不可压缩的均匀流体；②流体做有势运动；③重力是唯一外力；④流体自由表面上的压强等于大气压强；⑤海底为水平的固体边界；⑥波高相对于波长是无限小，流体质点的运动速度是缓慢的。

计二元进行波的圆频率为 ω ，相速度为 v_p ，波面方程为 $y=\eta(x,t)$ ，则

$$\eta(x,t)=A\cos(kx-\omega t+\varepsilon) \tag{7-11}$$

取波的传播方向为 x 轴的正向，A 为波幅，ε 是任意的相角，适当选取坐标原点的位置可使 $\varepsilon=0$ 。相速度 $v_p=\omega/k$ ，参数

$$k=\frac{\omega}{v_p} \tag{7-12}$$

是波数，表示 x 轴上 2π 距离内波的个数，于是波长为 $\lambda=2\pi/k$ 。

用 $\boldsymbol{\Phi}$ 表示相应的流体速势。速势与 z 无关，于是 $\boldsymbol{\Phi}=\boldsymbol{\Phi}(x,y,t)$ 。考虑水深为无穷的情况，$\boldsymbol{\Phi}$ 的定解条件如下：

$$\begin{cases}\nabla^2\boldsymbol{\Phi}=0, \quad y>0\\ \dfrac{\partial\boldsymbol{\Phi}}{\partial y}=\dfrac{\partial\eta}{\partial t},\eta=-\dfrac{1}{g}\cdot\dfrac{\partial\boldsymbol{\Phi}}{\partial t}, \quad y=0\\ \nabla\boldsymbol{\Phi}\to 0, \quad y\to-\infty\end{cases} \tag{7-13}$$

由线性动力学条件和式(7-11)，可知 $\boldsymbol{\Phi}$ 取下面的形式：

$$\boldsymbol{\Phi}(x,y,t)=F(y)\sin(kx-\omega t+\varepsilon) \tag{7-14}$$

$$F(0)=\frac{gA}{\omega} \tag{7-15}$$

再由运动学条件，可得

$$F'(0)=\omega A \tag{7-16}$$

用拉普拉斯方程决定式(7-14)中的未知函数 $F(y)$ ，即

$$F''(y)-k^2F(z)=0 \tag{7-17}$$

上式的通解为

$$F(y)=\alpha\mathrm{e}^{ky}+\beta\mathrm{e}^{-ky} \tag{7-18}$$

由底部条件可知 $\beta=0$，再用条件式(7-15)得 $\alpha=gA/\omega$，最后剩下条件式(7-16)，即 $\alpha k=\omega A$，亦即波数 k 与频率 ω 应满足下述关系式：

$$k=\frac{\omega^2}{g} \tag{7-19}$$

于是，得到线性速势的解析表达式为

$$\boldsymbol{\Phi}(x,y,t)=\frac{gA}{\omega}\mathrm{e}^{ky}\sin(kx-\omega t+\varepsilon) \tag{7-20}$$

波以相速度 v_p 传播，但流体质点却以低得多的速度运动，其速度为 (u,v,w)，即

$$\begin{cases} u=\dfrac{\partial\boldsymbol{\Phi}}{\partial x}=\omega A\mathrm{e}^{ky}\cos(kx-\omega t+\varepsilon) \\ v=\dfrac{\partial\boldsymbol{\Phi}}{\partial y}=\omega A\mathrm{e}^{ky}\sin(kx-\omega t+\varepsilon) \\ w=\dfrac{\partial\boldsymbol{\Phi}}{\partial z}=0 \end{cases} \tag{7-21}$$

$$v_b=\sqrt{u^2+v^2+w^2}=A\omega\mathrm{e}^{ky} \tag{7-22}$$

根据式(7-10)可得波自由表面

$$\eta(x,t)=-\frac{1}{g}\frac{\partial\boldsymbol{\Phi}}{\partial t}\Big|_{y=0}=A\cos(kx-\omega t) \tag{7-23}$$

由式(7-23)可知，二元进行波波形为余弦曲线，故又称为余弦波。由于正弦曲线和余弦曲线只差某一个相位，所以余弦波有时也称为正弦波。由式(7-19)还可得到波形传播速度 c 为

$$c=\frac{\omega}{k}=\sqrt{\frac{g\lambda}{2\pi}} \tag{7-24}$$

周期 τ 为

$$\tau=\frac{2\pi}{\omega}=\sqrt{\frac{2\pi\lambda}{g}} \tag{7-25}$$

图 7-1 中的 h 为波高，$h=2A$。

波浪方向是指波浪的传播方向，图 7-1 中的波浪方向为 x 轴正向。一般情况下，波浪的方向用其与地面坐标系 x 轴正向的夹角 γ 来表示，如图 7-2 所示。

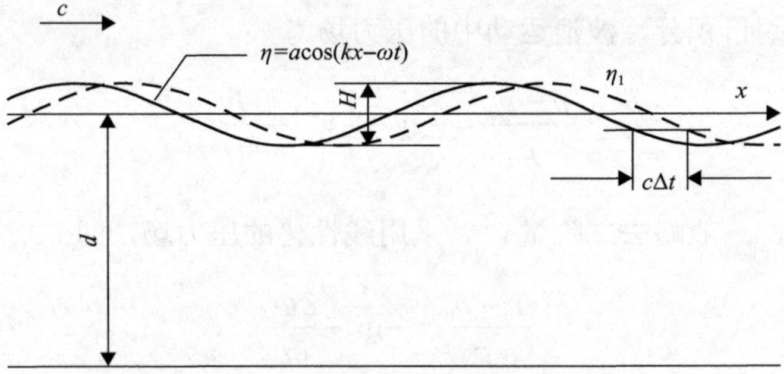

图 7-1　二元进行波自由表面形状

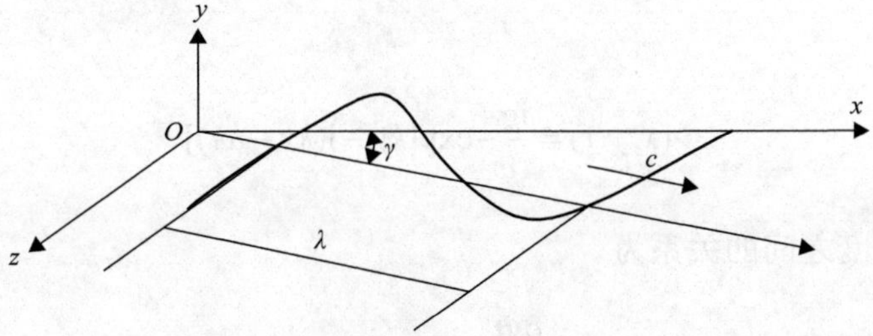

图 7-2　波浪方向

利用坐标转换可得到不同方向的波浪在 $Oxyz$ 坐标系中的表达式，即

$$\begin{aligned}\boldsymbol{\Phi}(x,y,z,t,\gamma) &= \frac{gA}{\omega}\mathrm{e}^{ky}\sin(kx'-\omega t) \\ &= \frac{gA}{\omega}\mathrm{e}^{ky}\sin[k(x\cos\gamma+z\sin\gamma)-\omega t]\end{aligned} \tag{7-26}$$

$$\eta(x,t) = A\cos(k(x\cos\gamma+z\sin\gamma)-\omega t) \tag{7-27}$$

流体质点的轨迹坐标为

$$\begin{cases} x = x_0 - A\mathrm{e}^{ky_0}\sin(kx_0-\omega t) \\ y = y_0 + A\mathrm{e}^{ky_0}\cos(kx_0-\omega t) \end{cases} \tag{7-28}$$

流体质点轨迹方程为

$$(x-x_0)^2+(y-y_0)^2 = A^2\mathrm{e}^{2ky_0} \tag{7-29}$$

可见，对于二元进行波的波浪运动，流体质点以角速度 ω 沿半径为 $A\mathrm{e}^{ky_0}$ 的圆周顺时针转动。在自由表面（$y_0=0$）上的圆周半径为 A，随着在自由表面下的深度的增加（$y_0<0$），其半径呈指数迅速减小。因此，波浪运动的一个重要特点是表面性，在水下深处流体质点基本上是静止的。

根据拉格朗日积分，波浪运动中的压力场为

$$\frac{p-p_0}{\rho}=-gy-\frac{1}{2}v^2-\frac{\partial \boldsymbol{\Phi}}{\partial t} \tag{7-30}$$

在波浪研究中，一般略去二阶量 v^2，采用线性化的压力场，即

$$\frac{p-p_0}{\rho}=-gy-\frac{\partial \boldsymbol{\Phi}}{\partial t} \tag{7-31}$$

波浪的速势也经常以复数的形式(简称复势)表示，对应于式(7-20)的速势 $\boldsymbol{\Phi}$ 的复势为

$$\boldsymbol{\Phi}(x,y,t)=\frac{\mathrm{i}gA}{\omega}\exp[ky-\mathrm{i}(kx-\omega t)] \tag{7-32}$$

复势与速度之间的关系为

$$\frac{\partial \boldsymbol{\Phi}}{\partial x}=v_x-\mathrm{i}v_y \tag{7-33}$$

以上是无限深度的二元进行波，对于海底深度为 H_0 的有限深度二元进行波，其速势为

$$\boldsymbol{\Phi}_H(x,y,t)=\frac{gA}{\omega}\frac{\cosh(y+H_0)}{\cosh kH_0}\mathrm{e}^{ky}\sin(kx-\omega t) \tag{7-34}$$

波自由表面

$$\eta(x,t)=-\frac{1}{g}\frac{\partial \boldsymbol{\Phi}}{\partial t}\Big|_{y=0}=A\cos(kx-\omega t) \tag{7-35}$$

7.2.3 随机波理论

自然界中的波浪是一种非常复杂的物理现象。波浪是由风产生的，由于风速风向多变，海面附近的风场结构复杂，波面对风场具有反作用，再加上波浪内部涡动、波面破碎等因素，波浪成为一种高度不规则和不可重复的现象。也就是说，波浪是随时间与空间变化的，具有很强的随机性，一般用概率理论进行研究。

描述海洋实际不规则波浪的一种常用的方法是利用不同方向、不同参数的规则平面波进行叠加。波长等波浪参数与圆周频率 ω 有关，假设波系中每个波浪的相位都以相同的概率在 0～2π 间随机分布，于是不规则波浪可用下式描述，即

$$\eta(x,z,t)=\mathrm{Re}\left\{\iint \mathrm{d}A(\omega,\gamma)\exp\left[-\mathrm{i}k(x\cos\gamma+y\sin\gamma)+\mathrm{i}\omega t\right]\right\} \tag{7-36}$$

将式(7-36)平方后再取平均值，得到平均能量密度，有

$$\overline{\eta^2}=\frac{1}{2}\iint \mathrm{d}A(\omega,\gamma)\mathrm{d}A^*(\omega,\gamma)\equiv\int_0^\infty\int_0^{2\pi}S(\omega,\gamma)\mathrm{d}\gamma\mathrm{d}\omega \tag{7-37}$$

自由表面单位面积上波系的总平均能量为

$$\bar{E}=\rho g\int_0^\infty\int_0^{2\pi}S(\omega,\gamma)\mathrm{d}\gamma\mathrm{d}\omega \tag{7-38}$$

式中，$S(\omega,\gamma)$ 称为谱能密度，把它沿所有的波方向积分，得到频谱 $S(\omega)$，即

$$S(\omega)=\int_0^{2\pi}S(\omega,\gamma)\mathrm{d}\gamma \tag{7-39}$$

实际中，频谱大多用半经验公式计算，对于充分发展的波浪 $S(\omega)$ 的经验公式为

$$S(\omega)=\frac{A}{\omega^p}\exp\left(-\frac{B}{\omega^q}\right) \tag{7-40}$$

这种谱形式的主要优点是结构简单，使用方便。由于谱中包含了四个量 A、B、p、q 可供调整，在利用大量的观测资料来拟合时，具有较大的弹性。但其缺点是理论上没有很充分的根据，且谱矩的阶数受到限制，从而影响对谱的性质进行深入的研究。

1. P-M 谱

1964 年，Pierson 和 Moskowitz 对在北大西洋上 1955～1960 年的观测资料进行谱分析，并将这些谱无因次化后进行拟合，求得

$$\begin{cases}A=C_1g^2\\ B=C_2\left(\dfrac{g}{v_w}\right)^4\\ p=5,\quad q=4\end{cases} \tag{7-41}$$

于是得到 Pierson-Moskowitz(P-M 谱)的表达式：

$$S(\omega)=\frac{C_1g^2}{\omega^5}\exp\left[-C_2\left(-\frac{g}{v_w\omega}\right)^4\right] \tag{7-42}$$

式中，C_1 和 C_2 为两个无量纲常数，$C_1 = 0.0081$，$C_2 = 0.74$；v_w 为风速，取自静水面以上 19.5m 处；g 为重力加速度。

P-M 谱适用于充分成长的无限风区，是迄今应用得最广泛的一种海浪谱。

图 7-3 是以四级海况 $v_w = 20\text{kn}$ 为例的 P-M 波浪谱。可以看出 P-M 波浪谱是窄频带的，则在微分区间 $(A, A+\mathrm{d}A)$ 内，波幅 A 的概率为 $p(A)\mathrm{d}A$，其标准化的概率密度函数 p 可以表示为

$$p(\xi) = \xi \exp\left(-\frac{\xi^2}{2}\right) \tag{7-43}$$

式中，ξ 为标准化波幅，$\xi = A / m_0^{1/2}$；m_0 为谱的总能量，$m_0 = \int_0^\infty S(\omega)\mathrm{d}\omega$。

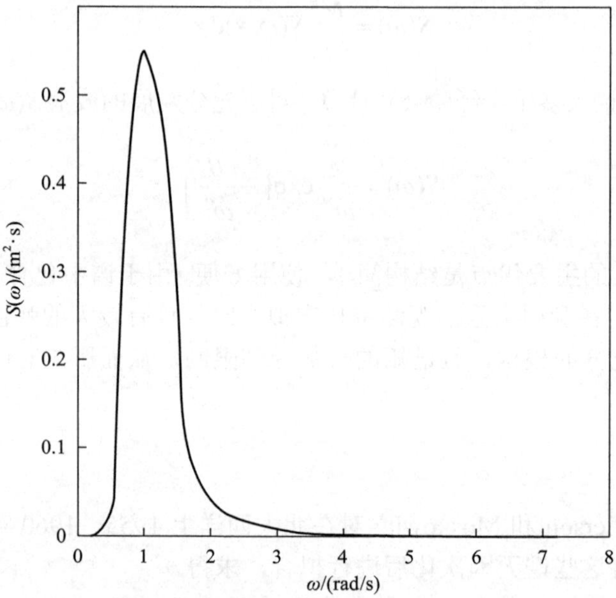

图 7-3　P-M 波浪谱

利用概率密度函数(7-43)可以导出波高 $H = 2A$ 的统计资料。平均波高为

$$\bar{H} = 2\int_0^\infty Ap(\xi)\mathrm{d}\xi = (2m_0)^{1/2} \tag{7-44}$$

对于 UUV 来说，这里考虑的是较大的波浪，波高一般采用有义波高 $\bar{H}_{1/3}$，它是所有较大的波浪中最高的1/3部分的均值，可由下式计算：

$$\bar{H}_{1/3} = 2\int_{\xi_0}^\infty Ap(\xi)\mathrm{d}\xi \Big/ \int_{\xi_0}^\infty p(\xi)\mathrm{d}\xi = 4.0m_0^{1/2} \tag{7-45}$$

式中，积分下限 ξ_0 由下式决定：

$$\int_{\xi_0}^{\infty} p(\xi)\,\mathrm{d}\xi = \frac{1}{3} \tag{7-46}$$

谱的平均频率 ϖ 定义为波幅以正斜率通过零的次数，有

$$\varpi = \left(\frac{m_2}{m_0}\right)^{1/2} \tag{7-47}$$

式中，m_2 为谱矩，定义为

$$m_2 = \int_0^{\infty} \omega^2 S(\omega)\,\mathrm{d}\omega \tag{7-48}$$

当采用 P-M 谱时，式(7-45)与式(7-47)分别为

$$\overline{H}_{1/3} = \frac{2v_w^2}{g}\left(\frac{C_1}{C_2}\right)^{\frac{1}{2}} \tag{7-49}$$

$$\varpi = \frac{g}{v_w}(\pi C_2)^{\frac{1}{4}} \tag{7-50}$$

对于适用于无限风距的海浪谱，还有布氏谱、斯科特谱、六参数谱、达布歇尔谱等，此处不予详述。

2. JONSWAP 谱和 Wallops 谱

在 1968～1969 年，英国、荷兰、美国、德国等国家的有关单位实施了“联合北海波浪计划”(简称 JONSWAP)，从丹麦、德国交界处的舒尔脱(Sylt)岛沿西北方向布置一个测波断面深入北海达 160km，沿断面共布置 13 个测站，最大水深为 50m 采用小浮子式、水下压力式等五种观测仪器观测波浪。由测得的 2500 个谱导得有限风距的风浪谱：

$$S(\omega) = \alpha g^2 \frac{1}{\omega^5} \exp\left[-\frac{5}{4}\left(\frac{\omega_m}{\omega}\right)^4\right] \gamma^{\exp[-(\omega-\omega_m)^2/(2\sigma^2\omega_m^2)]} \tag{7-51}$$

或

$$S(f) = \frac{\alpha g^2}{(2\pi)^4} \frac{1}{f^5} \exp\left[-\frac{5}{4}\left(\frac{f_m}{f}\right)^4\right] \gamma^{\exp[-(f-f_m)^2/(2\sigma^2 f_m^2)]} \tag{7-52}$$

式中，α 为能量尺度参考；γ 为谱峰升高因子；ω_m 和 f_m 为谱峰频率。

峰形参数 $\sigma=\sigma_a$（当 $\omega \leqslant \omega_m$ 时），$\sigma=\sigma_b$（当 $\omega > \omega_m$ 时），因此该谱共有五个参量，他们都随各个谱而变化。对于平均的 JONSWAP 谱：

$$\begin{cases}\gamma=3.3\\ \sigma_a = 0.07; \sigma_b = 0.09\\ \alpha = 0.076(\overline{X})^{-0.22}; \overline{X} = 10^{-1} \sim 10^5\\ \omega_m = 22(g/U)(\overline{X})^{-0.33} \text{ 或 } f_m = 0.35(g/U)(\overline{X})^{-0.33}\end{cases} \tag{7-53}$$

无因次风区长度

$$\overline{X}=gX/U^2 \tag{7-54}$$

此处 X 为风区长度，U 为 10m 高度处的风速。

日本光易恒教授根据实测资料得

$$\begin{cases}\gamma=7.0(\overline{X})^{-0.143}\\ \alpha = 0.0817(\overline{X})^{-0.268}\\ \omega_m = 18.35(g/U)(\overline{X})^{-0.33} \text{ 或 } f_m = 2.92(g/U)(\overline{X})^{-0.33}\end{cases} \tag{7-55}$$

σ 值仍如式(7-53)中所示。

实际上，峰高因子 γ 是一个随机变量，原观测值介于 1～7。根据观测资料的统计分析，在表 7-2 中给出了 5 个 γ 值及其相应的权重。所以对于同一种风况可能产生一族五组 JONSWAP 谱。但另一些观测者曾测得 $\gamma > 10$。

表 7-2　JONSWAP 谱族的 γ 值及权重

γ 值	权重
1.75	0.081
2.64	0.256
3.30（平均 JONSWAP 谱）	0.326
3.96	0.256
4.85	0.081

利用式(7-53)或式(7-55)，JONSWAP 谱可变成两个参数——风距和风速的函数。在工程实用上，如果已知有效波高和风距，可用下式计算深水等效风速：

$$U = kX^{-0.615} H_s^{1.08} \tag{7-56}$$

常数 k 见表 7-3。

JONSWAP 谱是由中等风况和有限风距情况测得的。多数使用经验表明，此谱和实测结果是符合的，而且适用于不同成长阶段的风浪，因此日益得到广泛的应用。

表 7-3　不同 γ 时的 k 值

γ 值	k 值	
	X /nmile U /kn	X /km U /(m/s)
1.75	128.1	96.2
2.64	117.6	88.3
3.30	111.4	83.7
3.96	106.6	80.1
4.85	101.7	76.4

1981 年，美国 Huang 等基于理论研究和美国航空航天局(NASA) Wallops 飞行中心风浪流水槽的实验资料，提出一个通用的二参数谱，称为 Wallops 谱。他们认为此谱适用于波浪发展、成熟和衰减各个阶段。合田把它改进成下列形式，建议用于工程设计：

$$S(f)=\beta_W H_{1/3}^2 T_p^{1-m} f^{-m}\exp\left[-\frac{m}{4}(T_p f)^{-4}\right] \tag{7-57}$$

式中，

$$\begin{cases}\beta_W=\dfrac{0.06238m^{(m-1)/4}}{4^{(m-5)/4}\Gamma[(m-1)]}[1-0.7458(m+2)^{-1.057}]\\ T_p=\dfrac{T_{H_{1/3}}}{1-0.238(m-1.5)^{-0.684}} \quad 或 \quad T_p=\dfrac{\overline{T}}{1-1.259(M-0.5)^{-1.072}}\end{cases} \tag{7-58}$$

式中，m 和 β_W 为两个参数，改变 m 即可改变谱的宽窄形状，β_W 用于调整谱面积，使之等于波浪总能量。形状参数 m 和 JONSWAP 型谱中的 γ 一样，其选用依靠工程师的经验和判断。一般小的无因次风距 gX/U^2 和大的 γ 或 m 值相关，而大的无因次风距 gX/U^2 值导致 γ =1 或 m=5。但在浅水，上述谱中采用 m=3 或 4 是合适的。

7.2.4　运动物体的波浪扰动力一般计算模型

下面将基于势流理论建立一般运动物体在波浪中运动时受到波浪扰动力的数学模型。这里，一般运动物体包括潜体和浮体。

根据通量变化率公式，有

$$\frac{\mathrm{d}}{\mathrm{d}t}\iint\limits_{s(t)} \boldsymbol{q}\cdot\boldsymbol{n}\mathrm{d}s=\iint\limits_{s(t)}\left[\frac{\partial \boldsymbol{q}}{\partial t}+(\nabla\cdot\boldsymbol{q})\nabla\Phi+\nabla\times(\boldsymbol{q}\times\nabla\Phi)\right]\cdot\boldsymbol{n}\mathrm{d}s \tag{7-59}$$

易知

$$\nabla\times(\boldsymbol{q}\times\nabla\Phi)=-(\nabla\cdot\boldsymbol{q})\nabla\Phi+(\nabla\boldsymbol{\Phi}\cdot\nabla)\boldsymbol{q}-(\boldsymbol{q}\cdot\nabla)\nabla\Phi \tag{7-60}$$

于是，通量变化率公式成为

$$\frac{\mathrm{d}}{\mathrm{d}t}\iint\limits_{s(t)} \boldsymbol{q}\cdot\boldsymbol{n}\mathrm{d}s=\iint\limits_{s(t)}\left[\frac{\partial \boldsymbol{q}}{\partial t}+(\nabla\Phi\cdot\nabla)\boldsymbol{q}-(\boldsymbol{q}\cdot\nabla)\nabla\Phi\right]\cdot\boldsymbol{n}\mathrm{d}s \tag{7-61}$$

在式中分别取 $\boldsymbol{q}$ 为 $\Phi\boldsymbol{i},\Phi\boldsymbol{j},\Phi\boldsymbol{k}$，得到三个关系式，再在三个式子上分别乘以 $\boldsymbol{i},\boldsymbol{j},\boldsymbol{k}$，再相加，得

$$\begin{aligned}\boldsymbol{F}&=-\rho\iint\limits_{s(t)}\left[\frac{\partial\Phi}{\partial t}+\frac{1}{2}\nabla\Phi\cdot\nabla\Phi+gy\right]\boldsymbol{n}\mathrm{d}s\\&=-\rho\frac{\mathrm{d}}{\mathrm{d}t}\iint\limits_{s(t)}\Phi\boldsymbol{n}\mathrm{d}s-\rho\iint\limits_{s(t)}\left[\Phi\frac{\partial}{\partial n}(\nabla\Phi)-\frac{1}{2}(\nabla\Phi)^2\boldsymbol{n}\right]\mathrm{d}s-\rho g\iint\limits_{s(t)}y\boldsymbol{n}\mathrm{d}s\end{aligned} \tag{7-62}$$

根据斯托克斯公式，上式可以改写为下面的形式

$$\begin{aligned}\boldsymbol{F}=&-\rho\iint\limits_{s(t)}\Phi\boldsymbol{n}\mathrm{d}s-\frac{\rho}{2}\iint\limits_{s(t)}\left[\Phi\frac{\partial}{\partial n}(\nabla\Phi)-\nabla\Phi\frac{\partial\Phi}{\partial n}\right]\mathrm{d}s\\&-\rho g\iint\limits_{s(t)}y\boldsymbol{n}\mathrm{d}s-\frac{\rho}{2}\int\limits_{l(t)}\mathrm{d}\boldsymbol{l}\times(\Phi\nabla\Phi)\end{aligned} \tag{7-63}$$

其中，$l(t)$ 是波面与物体的交线，其方向与法线 $\boldsymbol{n}$ 构成右手系。上述受力公式为近场公式，计算只要在物面上进行即可。如果运动物体是不出水的潜体，则式(7-63)右端的最后一项不出现。式(7-63)右端倒数第二项为运动物体在水中受到的浮力。式(7-63)右端第一项为运动物体在无界流体中受到的力。因此，计算运动物体受到的波浪力主要是求解式(7-63)右端第二项，如果运动物体浮出水面的话，还要计算右端的最后一项。

7.2.5　运动物体在规则波中线性响应的定解条件

设物体在微幅规则波作用下做六自由度运动，取直角坐标系 $Oxyz$。xOz 平面

与未扰动的静水面重合，y 轴垂直向上并且通过物体平均位置的中心。假设物体有对称面 xOy。用 η_1,η_2,η_3 分别表示物体在 x,y,z 轴方向的平移，用 η_4,η_5,η_6 分别表示物体绕 x,y,z 轴方向平移的角位移。

入射波是规则波，把入射波的波幅和物体的运动 $\eta_j\,(j=1,2,\cdots,6)$ 作为一阶无穷小，下面计算时只保留到一阶无穷小，略去二阶和更高阶的无穷小，即寻求问题的线性解，此时可应用叠加原理。

入射波的一阶速势为

$$\boldsymbol{\Phi}_0=\mathrm{Re}\left\{\varphi_0\mathrm{e}^{-\mathrm{i}\omega t}\right\}$$

$$\varphi_0=\frac{gA}{\mathrm{i}\omega}\cdot\frac{\cosh[k_0(y+h)]}{ch(k_0h)}\mathrm{e}^{\mathrm{i}k_0(x\cos\beta+z\sin\beta)},\quad k_0\cdot\tanh(k_0h)=\frac{\omega^2}{g} \tag{7-64}$$

式中，A 为波幅；k_0 为波数；β 为入射波的传播方向与 x 轴正方向的夹角。当水深 h 是无限时，相应的速势为

$$\varphi_0=\frac{gA}{\mathrm{i}\omega}\mathrm{e}^{k_0y}\mathrm{e}^{\mathrm{i}k_0(x\cos\beta+z\sin\beta)},\quad k_0=\frac{\omega^2}{g} \tag{7-65}$$

物体在上述规则波作用下做微幅运动，记物体的 j 态速度为

$$\dot{\eta}_j=\mathrm{Re}\left\{u_j\mathrm{e}^{-\mathrm{i}(\omega t+a_j)}\right\}=\mathrm{Re}\left\{v_j\mathrm{e}^{-\mathrm{i}\omega t}\right\} \tag{7-66}$$

式中，u_j 为 j 态简谐运动的振幅；v_j 为含有相位差 a_j 的复振幅：

$$v_j=u_j\mathrm{e}^{-\mathrm{i}a_j} \tag{7-67}$$

v_j 的实部和虚部分别记为 v_{jc} 和 v_{js}，则物体的 j 态速度为

$$\dot{\eta}_j=v_{jc}\cos\omega t+v_{js}\sin\omega t \tag{7-68}$$

记总的速势为 $\boldsymbol{\Phi}(x,y,z,t)$，把时间因素和空间因素分离可得

$$\boldsymbol{\Phi}(x,y,z,t)=\mathrm{Re}\left\{\varphi(x,y,z)\mathrm{e}^{-\mathrm{i}\omega t}\right\} \tag{7-69}$$

在下面的叙述中，经常省略取实部的符号 Re。下面列出空间部分 φ 的定解条件。在流场中 φ 适合拉普拉斯方程：

$$\nabla^2\varphi=0 \tag{7-70}$$

线性自由面条件为

$$\frac{\partial\varphi}{\partial y}-\nu\varphi=0,\quad y=0\text{上},\quad \nu=\frac{\omega^2}{g} \tag{7-71}$$

在物体的沾湿表面 $s(t)$ 上有物面条件

$$\frac{\partial\varphi}{\partial n}=\boldsymbol{v}\cdot\boldsymbol{n},\quad s(t)\text{上} \tag{7-72}$$

式中，$\boldsymbol{v}$ 为物体运动的线速度；$\boldsymbol{n}$ 为沾湿表面 $s(t)$ 上的单位法线向量，指向物体的内部。由于沾湿表面随时间变化，而且往往是待定的，只有物体的平均沾湿表面 s_H 与时间无关，$s(t)$ 与 s_H 之间的距离是一阶无穷小，即物体的位移。因此，当把瞬时沾湿表面上的流体法向速度改换为平均沾湿表面上相应点的流体法向速度时，其差别是高阶无穷小，可以把 $s(t)$ 上的物面条件改换到与时间无关的平均沾湿表面上，即取如下所示的物面条件：

$$\mathrm{Re}\left\{\frac{\partial}{\partial n}\left(\varphi \mathrm{e}^{-\mathrm{i}\omega t}\right)\right\}=(\dot{\eta}_T+\dot{\eta}_R\times\boldsymbol{r})\cdot\boldsymbol{n},\quad s_H\text{上} \tag{7-73}$$

其中，$\dot{\eta}_T$ 为平移速度，$\dot{\eta}_R$ 为旋转角速度，分别为

$$\begin{cases}\dot{\eta}_T=\dot{\eta}_1\boldsymbol{i}+\dot{\eta}_2\boldsymbol{j}+\dot{\eta}_3\boldsymbol{k}\\ \dot{\eta}_R=\dot{\eta}_4\boldsymbol{i}+\dot{\eta}_5\boldsymbol{j}+\dot{\eta}_6\boldsymbol{k}\end{cases} \tag{7-74}$$

$\boldsymbol{r}$ 为位置向量，由于

$$(\dot{\eta}_R\times\boldsymbol{r})\cdot\boldsymbol{n}=\dot{\eta}_R\cdot(\boldsymbol{r}\times\boldsymbol{n}) \tag{7-75}$$

所以物面条件可以改写为

$$\mathrm{Re}\left\{\frac{\partial}{\partial n}\left(\varphi \mathrm{e}^{-\mathrm{i}\omega t}\right)\right\}=\sum_{j=1}^{6}\dot{\eta}_j n_j,\quad s_H\text{上} \tag{7-76}$$

再注意到 $\dot{\eta}_j=\mathrm{Re}\left\{v_j\mathrm{e}^{-\mathrm{i}\omega t}\right\}$，就得到与时间 t 无关的物面条件

$$\frac{\partial\varphi}{\partial n}=\sum_{j=1}v_j n_j,\quad s_H\text{上} \tag{7-77}$$

在底部有边界条件

$$\frac{\partial\varphi}{\partial y}=0,\quad y=-h\quad\text{或}\quad\nabla\varphi=0,\quad y\to-\infty \tag{7-78}$$

在水平无穷远处有远方条件

$$\lim_{r\to\infty}\sqrt{r}\left(\frac{\partial\varphi}{\partial r}-\mathrm{i}k_0\varphi\right)=0 \tag{7-79}$$

从总速势中分出入射波部分，记

$$\varphi=\varphi_0+\varphi_p \tag{7-80}$$

则扰动势 φ_p 在物面 s_H 上适合下面的物面条件：

$$\frac{\partial\varphi_p}{\partial n}=\sum_{j=1}^{6}v_j n_j-\frac{\partial\varphi_0}{\partial n},\quad s_H\text{上} \tag{7-81}$$

由此可见，根据叠加原理，可以把扰动势分解为七个组成部分：

$$\varphi_p=\sum_{j=1}^{6}v_j\varphi_j+\varphi_7 \tag{7-82}$$

其中，φ_j（$j=1,2,\cdots,7$）都和时间无关，φ_j（$j=1,2,\cdots,6$）被称为辐射势，φ_7 被称为绕射势。

辐射势和绕射势的定解条件为

$$\nabla^2\varphi_j=0,\quad\text{流场内},\quad j=1,2,\cdots,7 \tag{7-83}$$

$$\frac{\partial\varphi_j}{\partial y}-\nu\varphi_j=0,\quad y=0,\ \nu=\frac{\omega^2}{g},\quad j=1,2,\cdots,7 \tag{7-84}$$

$$\frac{\partial\varphi_j}{\partial y}=0,\quad y=-h\text{或}\nabla\varphi_j\to 0,\quad y\to-\infty,\quad j=1,2,\cdots,7 \tag{7-85}$$

$$\frac{\partial\varphi_j}{\partial n}=n_j,\quad j=1,2,\cdots,7,\quad \frac{\partial\varphi_7}{\partial n}=-\frac{\partial\varphi_0}{\partial n},\quad s_H\text{上} \tag{7-86}$$

$$\varphi_j=O\left(\frac{1}{\sqrt{\rho}}\mathrm{e}^{\mathrm{i}k_0\rho}\right),\quad j=1,2,\cdots,7 \tag{7-87}$$

在有限水深情况下，k_0 是满足色散关系 $k\cdot\tan(kh)=-\nu,\nu=\omega^2/g$ 的正根。无限水深时，$k_0=\nu$。总速势为

$$\boldsymbol{\Phi}(x,y,z,t)=\mathrm{Re}\left\{(\varphi_0+\varphi_7)\mathrm{e}^{-\mathrm{i}\omega t}+\sum_{j=1}^{6}v_j\varphi_j\mathrm{e}^{-\mathrm{i}\omega t}\right\} \tag{7-88}$$

在得到三维物体的诸辐射势 φ_j（$j=1,2,\cdots,7$）和绕射势 φ_7 的情况下，运用伯努利方程(只保留一阶项)可写出作用于物体的一阶动压力

$$p(x,y,z,t)=-\rho\frac{\partial\boldsymbol{\Phi}}{\partial t}=\mathrm{Re}\left\{\mathrm{i}\rho\omega(\varphi_0+\varphi_7+\sum_{j=1}^{6}v_j\varphi_j)\mathrm{e}^{-\mathrm{i}\omega t}\right\} \tag{7-89}$$

物体受到的流体动力 (F_1,F_2,F_3) 和动力矩 (F_4,F_5,F_6) 为

$$F_k=\iint_{s_H}pn_k\mathrm{d}s=\mathrm{Re}\left\{(f_{0k}+f_{7k}+\sum_{j=1}^{6}T_{kj}v_j)\mathrm{e}^{-\mathrm{i}\omega t}\right\} \tag{7-90}$$

其中，

$$f_{0k}=\mathrm{i}\rho\omega\iint_{s_H}\varphi_0 n_k\mathrm{d}s \tag{7-91}$$

$$f_{7k}=\mathrm{i}\rho\omega\iint_{s_H}\varphi_7 n_k\mathrm{d}s \tag{7-92}$$

$$T_{kj}=\mathrm{i}\rho\omega\iint_{s_H}\varphi_j n_k\mathrm{d}s \tag{7-93}$$

式中，$\boldsymbol{n}=(n_1,n_2,n_3)$ 是 s_H 的单位法线向量，指向物体内部；$\boldsymbol{r}$ 是位置向量，$\boldsymbol{r}\times\boldsymbol{n}=(n_4,n_5,n_6)$；$f_{0k}$ 是入射波的力(矩)，f_{7k} 是绕射波的力(矩)，这二者之和 $f_{0k}+f_{7k}$ 是物体在规则波中受到的波浪激励力(矩)，其中 f_{0k} 占主要成分，称为弗劳德-克雷洛夫(Froude-Kriloff)力(矩)；T_{kj} 为物体做单位速度 j 态运动时受到的 k 方向辐射力(矩)。

7.2.6 UUV 波浪扰动力数学模型

根据 UUV 在航行时处于水面之下，且为细长回转体外形的特点，运用上节运动物体在规则波中响应的定解条件，建立 UUV 波浪扰动力计算数学模型。

采用二元余弦波模型，并把其复势式(7-32)改写为

$$\varPhi'=A\mathrm{e}^{\mathrm{i}(\omega t+\varepsilon)}\phi_0 \tag{7-94}$$

其中，

$$\phi_0=\frac{\mathrm{i}g}{\omega}\exp(kz'-\mathrm{i}kx') \tag{7-95}$$

该复势是在图 7-2 中地面坐标系中定义的，其原点位于无波浪时的静止水面上，即 $y'=0$，对应于无浪时水的自由表面。而在本书中所选用的 UUV 运动参考系为地面坐标系 $Ox_0y_0z_0$，为了确定任一时刻 UUV 与波浪的相互位置关系，需要在 $Ox_0y_0z_0$ 坐标系中重新定义波浪的各种参数。

设地面坐标系 $Ox_0y_0z_0$ 的原点距无波浪时水面的距离为 H，当原点在水下时，H 取正值，在水面以上时，取负值。由于波浪是周期性的，在波浪传播方向，UUV 与波浪的相对位置可以利用在时间零点的波浪初始相位 ε_0 来确定。波浪在地面坐标系 $Ox_0y_0z_0$ 中的方向角用 γ 来表示，于是有波浪复势在地面坐标系 $Ox_0y_0z_0$ 中的表达式，即

$$\Phi' = A\exp[\mathrm{i}(\omega t+\varepsilon_0)\phi_0'] \tag{7-96}$$

$$\phi_0{}' = \frac{\mathrm{i}g}{\omega}\exp[-k(y_0+H)-\mathrm{i}k(x_0\cos\gamma+z_0\sin\gamma)] \tag{7-97}$$

当研究 UUV 在波浪中运动时，波浪的方向角 γ 一般称为入射角，并且按波浪方向与 UUV 运动方向的关系，把波浪分为随浪（$\gamma=0°$）、迎浪（$\gamma=180°$）、横浪（$\gamma=90°, 270°$）、首斜浪（$90°<\gamma<180°, 180°<\gamma<270°$）及尾斜浪（$0°<\gamma<90°$, $270°<\gamma<360°$）。

由于 UUV 的动力学方程是在 UUV 体坐标系中建立的，为了研究方便，这里将波浪复势转换到体坐标系中，有

$$\boldsymbol{p} = T_1\boldsymbol{r}+\boldsymbol{x}_{0B} \tag{7-98}$$

式中，$\boldsymbol{p}=[x_0,y_0,z_0]^{\mathrm{T}}$ 为在地面坐标系中表示的位置坐标；$\boldsymbol{r}=[x,y,z]^{\mathrm{T}}$ 为在 UUV 体坐标系中表示的位置坐标；$\boldsymbol{x}_{0B}=[x_{0B},y_{0B},z_{0B}]^{\mathrm{T}}$ 为 UUV 体坐标原点在地面坐标系中的坐标；T_1 为 UUV 体坐标系到地面坐标系的转化矩阵。

此时，式(7-88)与式(7-89)改写为

$$\Phi = A\mathrm{e}^B\phi_0 \tag{7-99}$$

式中，

$$B = -ky_{0B}+\mathrm{i}(\omega t+\varepsilon_0-kx_{0B}\cos\gamma-kz_{0B}\sin\gamma) \tag{7-100}$$

$$\begin{aligned}\phi_0 = \frac{\mathrm{i}g}{\omega}\exp\{&k(x\sin\theta+y\cos\theta\cos\varphi-z\cos\theta\sin\varphi-H)\\&-\mathrm{i}k\cos\gamma[x\cos\psi\cos\theta+y(\sin\psi\sin\varphi-\cos\psi\sin\theta\cos\varphi)\\&+z(\sin\varphi\cos\psi\sin\theta+\cos\phi\sin\psi)]\\&-\mathrm{i}k\sin\gamma[-x\sin\psi\cos\theta+y(\cos\varphi\sin\psi\sin\theta+\sin\varphi\cos\psi)\\&+z(\cos\varphi\cos\psi-\sin\phi\sin\theta\sin\psi)]\}\end{aligned} \tag{7-101}$$

当 UUV 在波浪中运动时，波浪对 UUV 产生扰动作用，UUV 对波浪产生散射作用，从而产生一个衍射势流场，因此，当计算波浪对 UUV 产生的作用力时，所用的流场应是波浪流场与衍射流场叠加后的流场。衍射流场复势 Φ'' 为

$$\Phi'' = A\mathrm{e}^{B}\phi_7 \tag{7-102}$$

ϕ_7 与 ϕ_0 的关系为

$$\left.\frac{\partial \phi_7}{\partial n}\right|_{S_B} = -\left.\frac{\partial \phi_0}{\partial n}\right|_{S_B} \tag{7-103}$$

式中，S_B 为 UUV 的沾湿表面积；n 为 UUV 表面的外法线方向。

因此，由波浪产生的扰动流场 Φ 为

$$\Phi = \Phi' + \Phi'' = A\mathrm{e}^{B}(\phi_0 + \phi_7) \tag{7-104}$$

根据线性化的拉格朗日积分，并考虑到动坐标系，得到波浪产生的压力场，即

$$p = -\rho\,\mathrm{Re}\left(\frac{\partial \Phi}{\partial t} - \boldsymbol{v}\cdot\nabla\Phi\right) \tag{7-105}$$

式中，$\boldsymbol{v}$ 为动坐标系的牵连速度，即 UUV 的速度。

由式(7-104)与式(7-105)，并考虑到 $\dot{\boldsymbol{v}} = [\dot{x}_{0B}, \dot{y}_{0B}, \dot{z}_{0B}]^{\mathrm{T}}$，得到

$$p = -\rho\,\mathrm{Re}\left\{\mathrm{i}\omega A\mathrm{e}^{B}(\phi_0 + \phi_7)\right\} \tag{7-106}$$

把压力 p 在 UUV 沾湿表面 S_B 上积分，就可得到波浪力 F_w 和波浪力矩 M_w，即

$$F_w = -\iint_{S_B} p\boldsymbol{n}\,\mathrm{d}S \tag{7-107}$$

$$M_w = -\iint_{S_B} p\boldsymbol{r}\times\boldsymbol{n}\,\mathrm{d}S \tag{7-108}$$

以上两式中，$\boldsymbol{n}$ 为 UUV 表面的单位外法线矢量；$\boldsymbol{r}$ 为 UUV 体坐标系至 UUV 表面任一点的矢径。

把式(7-107)写成分量形式，并代入式(7-106)得

$$F_{wx} = \mathrm{Re}\left\{\rho\mathrm{i}\omega A\mathrm{e}^{B}\iint_{S_B}(\phi_0 + \phi_7)n_x\,\mathrm{d}S\right\} \tag{7-109}$$

$$F_{wy} = \mathrm{Re}\left\{\rho \mathrm{i}\omega A\mathrm{e}^{B} \iint_{S_B} (\phi_0 + \phi_7) n_y \,\mathrm{d}S\right\} \tag{7-110}$$

$$F_{wz} = \mathrm{Re}\left\{\rho \mathrm{i}\omega A\mathrm{e}^{B} \iint_{S_B} (\phi_0 + \phi_7) n_z \,\mathrm{d}S\right\} \tag{7-111}$$

同理，把式(7-108)写成分量形式，代入式(7-106)得

$$M_{wx} = \mathrm{Re}\left\{\rho \mathrm{i}\omega A\mathrm{e}^{B} \iint_{S_B} (\phi_0 + \phi_7)(yn_z - zn_y) \,\mathrm{d}S\right\} \tag{7-112}$$

$$M_{wy} = \mathrm{Re}\left\{\rho \mathrm{i}\omega A\mathrm{e}^{B} \iint_{S_B} (\phi_0 + \phi_7)(zn_x - xn_z) \,\mathrm{d}S\right\} \tag{7-113}$$

$$M_{wz} = \mathrm{Re}\left\{\rho \mathrm{i}\omega A\mathrm{e}^{B} \iint_{S_B} (\phi_0 + \phi_7)(xn_y - yn_x) \,\mathrm{d}S\right\} \tag{7-114}$$

利用式(7-103)，式(7-109)～式(7-114)以及格林公式

$$\iint_{S_B} \left(\phi_j \frac{\partial \phi_7}{\partial n} - \phi_7 \frac{\partial \phi_j}{\partial n}\right) \mathrm{d}S = 0, \quad j = 1, 2, \cdots, 6 \tag{7-115}$$

式(7-109)～式(7-114)可以合并为

$$F_{Mwj} = \mathrm{Re}\left\{\rho \mathrm{i}\omega A\mathrm{e}^{B} \iint_{S_B} \left(\phi_0 \frac{\partial \phi_j}{\partial n} - \phi_j \frac{\partial \phi_0}{\partial n}\right) \mathrm{d}S\right\}, \quad j = 1, 2, \cdots, 6 \tag{7-116}$$

式中，

$$F_{Mw1} = F_{wx}, \quad F_{Mw2} = F_{wy}, \quad F_{Mw3} = F_{wz},$$

$$F_{Mw4} = M_{wx}, \quad F_{Mw5} = M_{wy}, \quad F_{Mw6} = M_{wz}$$

7.3　基于 N-S 方程的波浪力计算

目前模拟海洋波浪的研究手段主要有物理模型实验与数值模拟等。物理模型实验主要是通过在波浪水槽中进行的实验来研究波浪，采用粒子图像测速(particle image velocimetry)实验对流场进行跟踪；数值模拟则是建立数值模型，通过 Phoenics、CFX、FLUENT 等 CFD 软件来进行离散计算。数值模拟可以节约人力、物力、财力和时间，而且数值模拟可重复性好，条件易于控制，比实验更灵活，

此外在海洋结构物的分析和设计中，一般来说，解析解只适用于简单几何形状或线性波浪问题，因而数值解法更有普遍意义。如果能够对高阶非线性波进行计算模拟，那么就可以用数值波浪水池模拟各种条件下、特别是极端波况下的波浪运动特性。

数值波浪水池的主要任务是研究各种海洋工程结构物在复杂海洋环境中的运动与载荷，准确地模拟各种复杂海洋环境成为海洋工程研究中的热点和难点之一。风、浪、流等环境因素是海洋环境模拟的重点。其中波浪的准确性尤为重要，难度也较高，而本章的研究工作就主要集中在海洋工程水池中波浪的模拟上。

7.3.1 海浪数学模型的建立

1. 线性双叠加模型

根据海浪谱和线性随机海浪理论，将实际海浪看作是不同频率、不同传播方向、不同的波高和不同初始相位正弦波叠加的结果，把海浪现象视为随机过程，并研究其特征量的统计特性是随机海浪研究的主要手段。随机过程的一阶分布(或一阶联合分布)函数只能描述其一阶统计(或联合统计)性质，要描述其二阶统计性质则需要二阶分布函数。平稳海况下的海浪被视为平稳的具有各态历经性的随机过程，其波动可以被看作由无限多个振幅不等、频率不等、初始相位不等的简单余弦波叠加而成。常见的数学模型有 Longuet-Higgins 模型及双叠加法模型等。其中，Longuet-Higgins 模型仅模拟了主风方向的海浪；双叠加模型在 Longuet-Higgins 模型的基础上，将实际海浪视为不同方向上的波浪混合而成：

$$\zeta(x,y,t)=\sum_{m=1}^{M}\sum_{n=1}^{N}a_{mn}\cos\left[k_{mn}\left(x\cos\theta_{mn}+y\sin\theta_{mn}\right)-\omega_{mn}t+\varepsilon_{mn}\right] \tag{7-117}$$

式中，ζ 为波高；a_{mn} 为组成波的振幅；k_{mn} 为组成波的波数；θ_{mn} 为组成波的方向角；ω_{mn} 为组成波的频率；ε_{mn} 为组成波的初始相位，各组成波的参数可以根据选定的海浪谱来获得。其中各参数的意义介绍如下。

1) 波幅 a_{mn}

根据波动理论，一个波动的平均能量正比于波动的振幅的平方，在双叠加模型中，$\sum\limits_{\omega}^{\omega+\Delta\omega}\sum\limits_{\theta}^{\theta+\Delta\theta}\frac{1}{2}a_n^2=s(\omega,\theta)\cdot\Delta\omega_n\Delta\theta_n$，故 a_{mn} 近似等于 $\sqrt{2S(\omega,\theta)\cdot\Delta\omega_n\cdot\Delta\theta_n}$ 。

为了使模拟的海浪波峰比较尖锐，不同 k.R 值得到不同的波形，选取 k.R=0.7。

2) 角频率 ω_{mn}

JONSWAP 谱频率特别高和频率特别低的组成波的能量都很小，设其分别占总能量的 3%，为了方便，计算时可以不考虑这些组成波的影响。

$$\frac{\int_0^{\omega_{\min}} S(\omega)\mathrm{d}\omega}{\int_0^{\infty} S(\omega)\mathrm{d}\omega}=\frac{\int_{\omega_{\max}}^{\infty} S(\omega)\mathrm{d}\omega}{\int_0^{\infty} S(\omega)\mathrm{d}\omega}=0.03 \tag{7-118}$$

可以根据公式(7-116)确定各组成波的下限频率 $\omega_{\min}$ 和上限频率 $\omega_{\max}$，利用等分能量的方法来选取频率，能量等分是选择 $\omega_0,\omega_1,\cdots,\omega_m$，使各圆频率间隔对应的靶谱面积相等，即 $E(\omega_i)-E(\omega_{i-1})=$常数，其中 $E(\omega_i)$ 为累计谱，$E(\omega_i)=\int_{\omega_l}^{\omega_i} S(\omega)\mathrm{d}\omega$，这样做符合观测海浪的分布特性，可以减少分频数，以降低计算量而不致严重丧失模拟精度。

3) 波数 k_{mn}

根据线性波理论，波数 k 与圆频率 ω 满足色散关系(diaperson relation)，即

$$\omega^2=gk\tanh(kD)=gk\frac{\mathrm{e}^{kD}-\mathrm{e}^{-kD}}{\mathrm{e}^{kD}+\mathrm{e}^{-kD}}$$

式中，g 为重力加速度；D 为水深。当水深 D 大于波长一半时，$k_{mn}=\omega_{mn}^2/g$。

4) 方向角 θ_{mn}

方向角表示单元波的传播方向与 x 轴的夹角，按照等分方向的方法在 $[-\pi/2,\pi/2]$ 间均匀选取。

5) 初始相位 ε_{mn}

利用混合同余法，初始相位 ε_{mn} 在 $[0,2\pi]$ 随机选取。

6) 频率分割数 M 和方向分割数 N

一般来说，M、N 越大，波浪细节越丰富，波面越光滑，但同时会增大计算量，对波浪的实时绘制产生影响。通过实验发现，M、N 均取 10 为实时性与视觉逼真性之间的一个比较好的拟合点(随 PC 机配置不同而有差异)。

2. 修正的线性双叠加模型

三角函数在计算机中的运算非常耗时，为了提高计算速度，通常主要考虑如何减少三角函数的计算次数，利用各组成波的相位成一等差数列的特性，采用余弦函数的求和公式，通过前两个时刻的余弦值来求出下一时刻余弦值。

$$
\begin{aligned}
& a_{mn}\cos\left[\omega_{mn}t_{i+1}-k_{mn}\left(x\cos\theta_{mn}+y\sin\theta_{mn}\right)+\xi_{mn}\right] \\
& +a_{mn}\cos\left[\omega_{mn}t_{i-1}-k_{mn}\left(x\cos\theta_{mn}+y\sin\theta_{mn}\right)+\xi_{mn}\right] \\
& =2\times a_{mn}\cos\left[\omega_{mn}t_{i}-k_{mn}\left(x\cos\theta_{mn}+y\sin\theta_{mn}\right)+\xi_{mn}\right]
\end{aligned}
\tag{7-119}
$$

这样，对每个组成波而言，只要计算出每点在前两个时刻的函数值，后续时刻的函数值可以用减法和乘法运算得到，而不用去计算余弦值，从而减少余弦函数的计算次数，在一定程度上提高了运算的速度。这样的加速算法可以显著的提高程序效率，但这只是对一个波而言的，对于不同频率的波，余弦项随时间不再满足等差数列的条件，所以，必须对每一个波单独计算，再将各个波的作用相叠加，就得到某点在下一个时刻的高度。

3. 三维次摆线波叠加模型

利用次摆线波模拟海浪波形的方法拓展到三维，同时借鉴基于海浪谱的线性叠加方法，采用多个不同方向、不同频率和不同初始相位的随机波叠加的方法来建立三维海浪模型。利用次摆线波建立的波形相对来说是比较规则的，为了体现海浪的随机性，对网格点的位置进行扰动，当然也可以沿网格法线方向进行扰动或沿时间进行扰动。同时，为了避免由于扰动过大而导致相邻两帧图像出现不连续的现象或由于扰动过小而不能体现海浪的随机性，对扰动量的大小建立了控制模型：

$$
\begin{cases}
X=X_0+\displaystyle\sum_{m=1}^{M}\sum_{n=1}^{N}\frac{K_{mn}}{k_{mn}}R_{mn}\sin\left[K_{mn}\left(X_0\cos\theta_{mn}+Y_0\sin\theta_{mn}\right)-\omega_{mn}t-\varepsilon_{mn}\right]\times\cos\theta_{mn} \\
Y=Y_0+\displaystyle\sum_{m=1}^{M}\sum_{n=1}^{N}\frac{K_{mn}}{k_{mn}}R_{mn}\sin\left[K_{mn}\left(X_0\cos\theta_{mn}+Y_0\sin\theta_{mn}\right)-\omega_{mn}t-\varepsilon_{mn}\right]\times\sin\theta_{mn} \\
Z=Z_0+\displaystyle\sum_{m=1}^{M}\sum_{n=1}^{N}R_{mn}\cos\left[K_{mn}\left(X_0\cos\theta_{mn}+Y_0\sin\theta_{mn}\right)-\omega_{mn}t-\varepsilon_{mn}\right] \\
\quad +R\times\mathrm{Turbulence3D}(X(t),Y(t),Z(t),m,n)
\end{cases}
\tag{7-120}
$$

式中的组成波的频率 ω_{mn} 仍采用线性双叠加模型中等分能量的方法来确定，方向角按照等分方向的方法在 $[-\pi/2,\pi/2]$ 均匀选取；振幅 R_{mn} 按中波动的平均能量与振幅的二次方近似成正比的关系来确定，波数 k_{mn} 的确定与线性双叠加模型中的有所不同，为了使模拟的海浪波峰比较尖锐，不同 k.R 值得到不同的波形，选取 $\mathrm{k.R}=0.7$；初始相位 $\varepsilon_{mn}=\lambda\cdot\Delta z\cdot\Delta t$。$\mathrm{Turbulence3D}(X(t),Y(t),Z(t),m,n)$ 为随机扰动项根据某时刻的坐标 $(X(t),Y(t),Z(t))$ 以及方向 m、n 的不同随机确定，值大概

在 $[-0.1, 0.1]$ 范围扰动；频率分割数和方向分割数 M 、N 也均取 10。

另外，为了提高模型的解算速度，前面提到的余弦求和的方法同样可以用到该模型中来，令

$$\begin{cases} X_{m,n}^{*} = R_{mn}\sin\left[K_{mn}\left(X_0\cos\theta_{mn} + Y_0\sin\theta_{mn}\right) - \omega_{mn}t - \varepsilon_{mn}\right] \\ Z_{m,n}^{*} = R_{mn}\cos\left[K_{mn}\left(X_0\cos\theta_{mn} + Y_0\sin\theta_{mn}\right) - \omega_{mn}t - \varepsilon_{mn}\right] \end{cases} \tag{7-121}$$

则式(7-120)可表示为

$$\begin{cases} X = X_0 + \sum_{m=1}^{M}\sum_{n=1}^{N}\frac{K_{mn}}{k_{mn}}X_{m,n}^{*}\times\cos\theta_{mn} \\ Y = Y_0 + \sum_{m=1}^{M}\sum_{n=1}^{N}\frac{K_{mn}}{k_{mn}}X_{m,n}^{*}\times\sin\theta_{mn} \\ Z = Z_0 + \sum_{m=1}^{M}\sum_{n=1}^{N}Z_{m,n}^{*} + R\times\text{Turbulence3D}(X(t),Y(t),Z(t),m,n) \end{cases} \tag{7-122}$$

可以按照式(7-121)给出的余弦求和公式分别计算不同频率的 $X_{m,n}^{*}$ 、$Z_{m,n}^{*}$ ，然后利用式(7-122)计算不同时刻每个顶点的三维坐标，这样与直接利用式(7-120)计算相比减少了余弦函数的计算次数，极大地提高了运算的速度。

7.3.2　三维区域的波浪模拟

波浪的数值模拟过程包括了对造波边界的设置、VOF 模型的应用以及数值计算过程中时间步控制等诸多问题。一方面在模拟过程中要保证数值波浪的品质，从而在充分发展的波浪计算域中能够正确分析其对 UUV 的影响；另一方面计算网格又不能过多，否则对于现行计算来说，计算工作量将是巨大的，时间也会很长。

考虑所要模拟波浪的波形参数，建立 150m×60m×60m 的三维计算区域。采用非结构化网格进行区域划分，在三维区域进行波浪的数值模拟。模拟过程中要考虑重力的影响，同时考虑流体的黏性。

1. 模型的网格划分

计算模型的示意图为图 7-4，左侧突出区域为造波区域，通过造波板造波；整个区域的左侧下半部分为来流入口，右侧为来流出口，计算区域的三维模型图为图 7-5。在网格划分的过程中，本模型采用四面体网格，对网格的划分如图 7-6 所示。

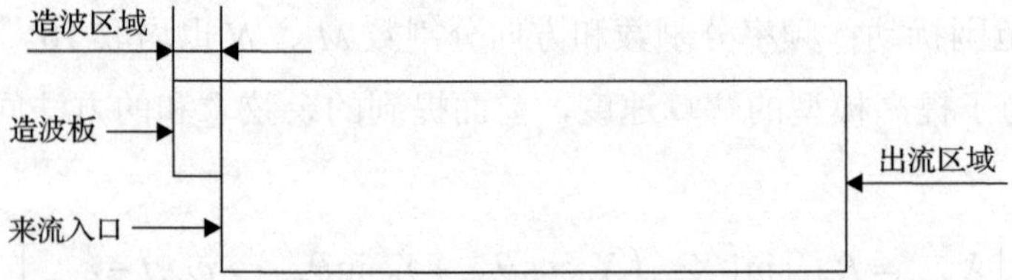

图 7-4　计算区域示意图

图 7-5　计算区域三维模型图

图 7-6　计算区域网格划分图

2. 模型的边界条件及参数设置

图 7-4 中，将左侧边界设置为速度入口，右侧边界设置为自由出流边界。由于计算域上部的气流运动对造波过程的影响较小，所以可以将上边界设置为壁面。这虽然与实际情况中的无限宽广自由大气不符，但在计算域较大的情况下可以近似代替。

在初始时刻设置 150m×50m×60m 的区域为液体，流场中气液两相物性参数如表 7-4 所示。通过前面所建立的波浪数值模型编写相应的 UDF 文件，从而控制造波源处的速度变化。造波过程中涉及气液交接面即自由表面的处理问题，本模型选择 VOF 模型作为处理该问题的方法，并且考虑流体的重力。

表 7-4　流场计算物性参数表

名称	物理量符号	数值	单位
水密度	ρ	998.2	kg/m^3
水动力黏度	μ	0.001003	kg/(m·s)
空气密度	ρ	1.225	kg/m^3
空气动力黏度	μ	1.7894×10^{-5}	kg/(m·s)

3. 多相流模型

由于本次计算中涉及两种不同的流体——空气和水，所以这是一个多相流的问题。所谓相就是指物质的形态，多相流就是指在流体流动中存在两种或者两种以上的流体物质。

在 FLUENT 中，共有三种欧拉-欧拉多相流模型（multiphase model），即 VOF（Volume of fluid）模型、Mixture（混合）模型和欧拉模型。其中 Mixture 模型主要用于模拟各相有不同速度的多相流，但是假定了在小尺度空间上局部的平衡，主要用于沉降、气旋分离器、低载荷作用下的多粒子流动、泡状流等；欧拉模型主要用于模拟多相分离流及相互作用的相。而 VOF 模型通过求解单独的动量方程和处理穿过区域的每一流体的容积比来模拟两种或者三种不能混合的液体。典型的应用主要包括水流、波浪、溃坝的稳态和瞬态处理。

在三种多相流模型中，VOF 处理自由液面较为便捷，而本章计算的是水池中的波面，也就是空气和水之间的自由液面，故采用 VOF 方法进行求解。此外，还需要引入流体体积分数的输运方程

$$\begin{cases}\dfrac{1}{\rho_q}\left[\dfrac{\partial}{\partial t}\alpha_q\rho_q+\nabla\cdot\left(\alpha_q\rho_q\boldsymbol{v}_q\right)\right]=S_{\alpha_q}+\sum\limits_{p=1}^{n}\left(\bar{m}_{pq}-\bar{m}_{qp}\right)\\ \sum\limits_{q=1}^{2}\alpha_q=1\end{cases}\tag{7-123}$$

这里 $\bar{m}_{pq}$ 是由 p 相到 q 相的质量流量，$\bar{m}_{qp}$ 是由 q 相到 p 相的质量流量。默认情况下，源项 S_{α_q} 为零。在本章的计算中，此处 $q=1$ 表示空气相，$q=2$ 表示水相，其中，$\alpha_q=1$ 表示单元全部为 q 相流体占据；$\alpha_q=0$ 表示单元无 q 相流体；$0<\alpha_q<1$ 表示单元为交界面单元。

对流体体积分数的输运方程进行离散可得

$$\frac{\alpha_q^{n+1}\rho_q^{n+1}-\alpha_q^n\rho_q^n}{\Delta t}+\sum_f\left(\rho_q U_f^n\alpha_{q,f}^n\right)=\sum_{p=1}^{n}\left(\bar{m}_{pq}-\bar{m}_{qp}\right)+S_{\alpha_q}\tag{7-124}$$

$n+1$ 为当前时间步，n 为前一时间步，$\alpha_{q,f}$ 为第 q 相体积分数，可由一阶迎风差分格式计算得到，V 为网格体积，U_f 为基于法向速度得到的体积流量。

VOF 方法的基本原理是通过研究网格单元中流体和网格体积比的函数 α_q 来确定自由面的位置。本章采用精确度较高的几何重构方法进行自由面的计算，该方法可以用于非结构网格，应用较广，它假设在每一个网格内两种流体的交界面是线性的，由此线性面计算通过网格面的流体流量。

几何重构的第一步是计算交界面在网格内相对于网格中心的位置。第二步由速度矢量和交界面的位置确定通过网格面的流体流量。第三步由前两步的结果计算每一个网格的体积分数。

VOF 方法在每一时间步内根据各网格内的流体体积分数将网格标记为流体网格（$\alpha_q=1$）、空网格（$\alpha_q=0$）或自由面网格（$0<\alpha_q<1$）。根据自由面网格内的 α_q 重构自由面几何形状；然后利用离散后的传输方程确定体积分数 α_q 得到下一个时间步的自由面形状，基于交错网格或同位网格求解不可压流体的 N-S 方程，得到下一个时间步流域内各点的速度值和压力值，如此循环，求出流体在各个时刻的运动情形。

4. 波浪数学模型在 UDF 中的实现

UDF，即用户自定义函数，是用户自编的程序，它可以被动态地连接到 FLUENT 求解器上来提高求解器性能。用户自定义函数用 C 语言编写，使用 DEFINE 宏来定义。UDF 中可使用标准 C 语言的库函数，也可使用预定义宏(FLUENT Ine.提供)，通过这些预定义宏可以获得 FLUENT 求解器得到的数据。UDF 使用时可以被当作解释函数或编译函数，解释函数在运行时读入并解释，而编译 UDF 则在编译时被嵌入共享库中并与 FLUENT 连接。UDF 有多种用途，它的一些功能如下：定制边界条件，定义材料属性，定义表面和体积反应率，定义 FLUENT 输运方程中的源项，用户自定义标量输运方程 UDS 中的源项扩散率函数等。UDF 功能较多，本节主要展示利用 UDF 模拟海洋波浪的方法。

根据上述数学模型，调用 UDF 中的宏 PROFILE，宏 PROFILE 是用来定义一个自定义的边界轮廓，作为空间坐标或时间函数变化。

UDF 程序流程框图如图 7-7 所示，程序框图如图 7-8 所示。编写随机波海浪模型 x 方向的 UDF 函数(y、z 方向与之类似)如下：

```
#include "udf.h"          /*udf文件必须包含的头文件*/
#include<math.h>          /*math.h头文件包含很多数学公式*/
#define H 1.0             /*波高*/
#define M 10              /*叠加波的个数*/
```

```
#define N 10            /*叠加波的个数*/
#define g 9.81          /*重力加速度*/
#define pi 3.14         /*圆周率的值*/
#define delta 0.0001    /*步长*/
DEFINE_PROFILE(x_velocity,thread,index)  /*DEFINE_PROFILE宏用来定义一个自定义的边界轮廓,作为空间坐标或时间函数变化。x_velocity是udf的名称,thread,index是由FLUENT求解器传递给你的udf的变量。thread是指向所应用的边界条件的线程的指针，index是由FLUENT求解器传递给你的udf的变量，从而使你的函数明白需要操作的变量*/
{
int i,j,ii,jj,iii;      /*循环变量*/
real a=0;               /*udf中变量一般是实数形*/
real b=0;               /*a,b是海浪波谱方向谱中参数*/
real omega=0;           /*积分过程中的频率参量，循环判断条件*/
real ds1=0;             /*存储每个频率下的波的能量值*/
real s1=0;              /*频谱面积*/
real s2=0;              /*计算频率上下限时的中间频谱面积*/
real www=0;             /*计算各频率点时的频率循环变量*/
real sss;               /*计算各频率时的能量累积值*/
real ss;                /*ss是单位能量*/
real w1,w2;             /*频率上下限*/
real w[M*N],ww[M][N],ee[M][N],sita[M][N];  /*ww[M][N]组成波的频率，ee[M][N]组成波的初始相位，sita[M][N]组成波的方向角*/
real S[M][N],A[M][N],kk[M][N];             /*S[M][N]频率为ww[M][N]的能量，A[M][N]波幅，kk[M][N]组成波数*/
real x[ND_ND];                 /*位置矢量，ND_ND是一个宏，在二维求解器中是2，三维中是3*/
cell_t ce;                     /*定义基本网格单元*/
real t = CURRENT_TIME;         /*宏计算当前时间*/
real u = 0;
t=RP_Get_Real("flow-time");    /*计算初始时刻到当前时刻的时间*/
a=8.1*pow(10,-3)*g;
b=3.11/(H*H);                  /*a,b是海浪波谱方向谱中参数*/
for(omega=0.0001; omega<10; omega+=delta) /*计算波动总能量*/
```

```
{
ds1=a/(pow(omega,2))*exp(-b*pow(omega,5));
s1=s1+ds1*delta;
            }
for(omega=0.0001;omega<10;omega+=delta)/*计算组成频率下限 w1*/
            {
ds1=a/(pow(omega,2))*exp(-b*pow(omega,5));
s2=s2+ds1*delta;
                if(s2>0.03*s1)
                  { w1=omega;
                    break;
                  }
            }
for(omega=10;omega>1;omega-=delta)   /*计算组成频率上限 w2*/
          {
ds1=a/(pow(omega,2))*exp(-b*pow(omega,5));
s2=s2+ds1*delta;
                if(s2>0.03*s1)
                  { w2=omega;
                    break;
                  }
             }
ss=0.94*s1 /(double)(M*N); /*能量等分，ss 是单位能量*/
w[0] = w1;
for(ii=0; ii<M*N ; ii++)      /*能量等分，通过每次积分值为单位能量来确定各
频率值，存在 w[]中*/
{
sss=0;
for(www=w[ii]; www<w2; www+=delta)
{
sss=sss+a/(pow(omega,2))*exp(-b*pow(omega,5))*delta;
if(sss>ss)
{
w[ii+1]=www;
www=w2;
```

```
}
}
}
for(ii=0; ii<M; ii++)
for(jj=0; jj<N; jj++)
{
ww[ii][jj] = w[ii*N + jj];
}
for(ii=0; ii<M; ii++)            /*计算波数，存在 kk[][]中*/
for(jj=0; jj<N; jj++)
{
kk[ii][jj]=ww[ii][jj]*ww[ii][jj]/g;
}
for(ii=0; ii<M; ii++)           /*初始相位*/
for(jj=0; jj<N; jj++)
{
ee[ii][jj] = 2*3.14*rand()/32767;
}
for(ii=0; ii<M; ii++)           /*方向角*/
for(jj=0; jj<N; jj++)
{
sita[jj][ii] = 3.14/2 +(ii-1)*3.14/N;
}
for(i=0; i<M; i++)
for(j=0; j<N; j++)
{
S[i][j] = a/(pow(ww[i][j],2))*exp(-b*pow(ww[i][j],5));
if(j<N-1)
A[i][j]= sqrt(2.0*(S[i][j])*(ww[i][j+1]-ww[i][j])*3.14/N);
else if((j=N-1) && (i!=M-1))
A[i][j]= sqrt(2.0*(S[i][j])*(ww[i+1][0]-ww[i][j])*3.14/N);
else
A[i][j]= sqrt(2.0*(S[i][j])*(ww[M-1][N-1]-ww[M-1][N-2])*3.14/N);
}
```

```
begin_c_loop(ce,thread)   /* begin_c_loop，end_c_loop完成对单元线中单元所做的操作，定义包含在{ }中。当想查找控制区单元线的单元时，应用的 loop 全嵌套在thread_loop_c中。遍历宏定义中所有单元格 */
        {
         C_CENTROID(x,ce,thread);      /*获取单元格的中心*/
        for(i=0;i<M;i++)              /*计算 x 方向速度分量*/
        {for(j=0;j<N;j++)
        {u=u-0.7*ww[i][j]*cos(-ww[i][j]*t+kk[i][j]*(x[0]*cos(sita[i][j])+
x[1]*sin(sita[i][j]))-ee[i][j])*cos(sita[i][j]);
  }
        }
      F_PROFILE(ce,thread,index) = u;      /*当要生成边界条件的外形或存储新的变量值时，自动调用这一函数。将计算的 x 方向速度分量返回给网格单元*/
        }
      end_c_loop(ce,thread)
  }
```

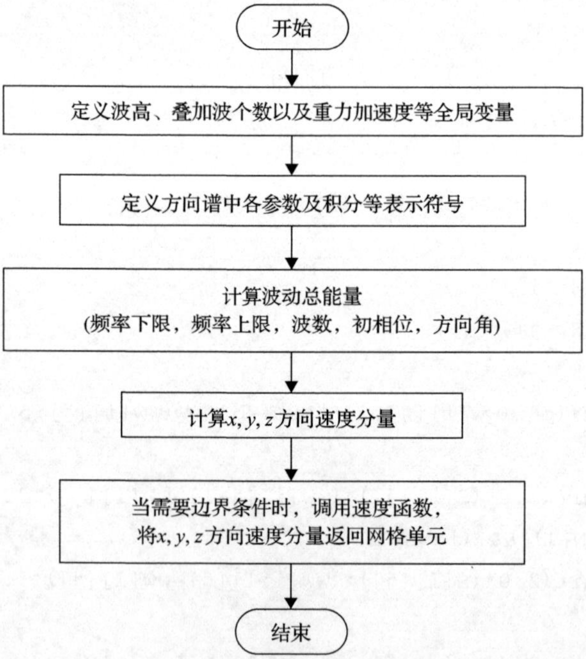

图 7-7　UDF 程序流程框图

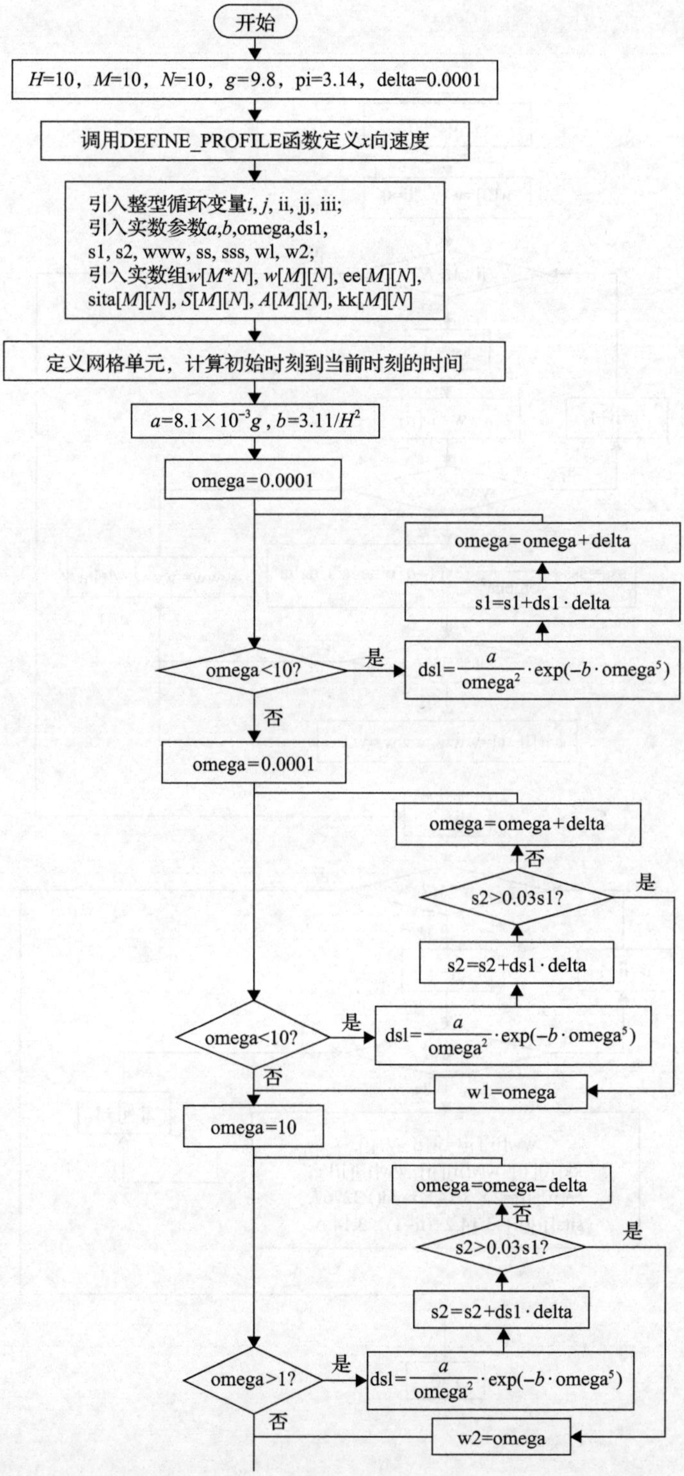

开始
H=10，M=10，N=10，g=9.8，pi=3.14，delta=0.0001
调用DEFINE_PROFILE函数定义x向速度
引入整型循环变量i, j, ii, jj, iii;
引入实数参数a,b,omega,ds1,
s1, s2, www, ss, sss, wl, w2;
引入实数组w[M*N], w[M][N], ee[M][N],
sita[M][N], S[M][N], A[M][N], kk[M][N]
定义网格单元，计算初始时刻到当前时刻的时间
a=8.1×10^-3 g , b=3.11/H^2
omega=0.0001
omega=omega+delta
s1=s1+ds1 · delta
omega<10?
是
dsl=a/omega^2 · exp(−b · omega^5)
否
omega=0.0001
omega=omega+delta
否
s2>0.03s1?
是
s2=s2+ds1 · delta
omega<10?
是
dsl=a/omega^2 · exp(−b · omega^5)
否
w1=omega
omega=10
omega=omega−delta
否
s2>0.03s1?
是
s2=s2+ds1 · delta
omega>1?
是
dsl=a/omega^2 · exp(−b · omega^5)
否
w2=omega

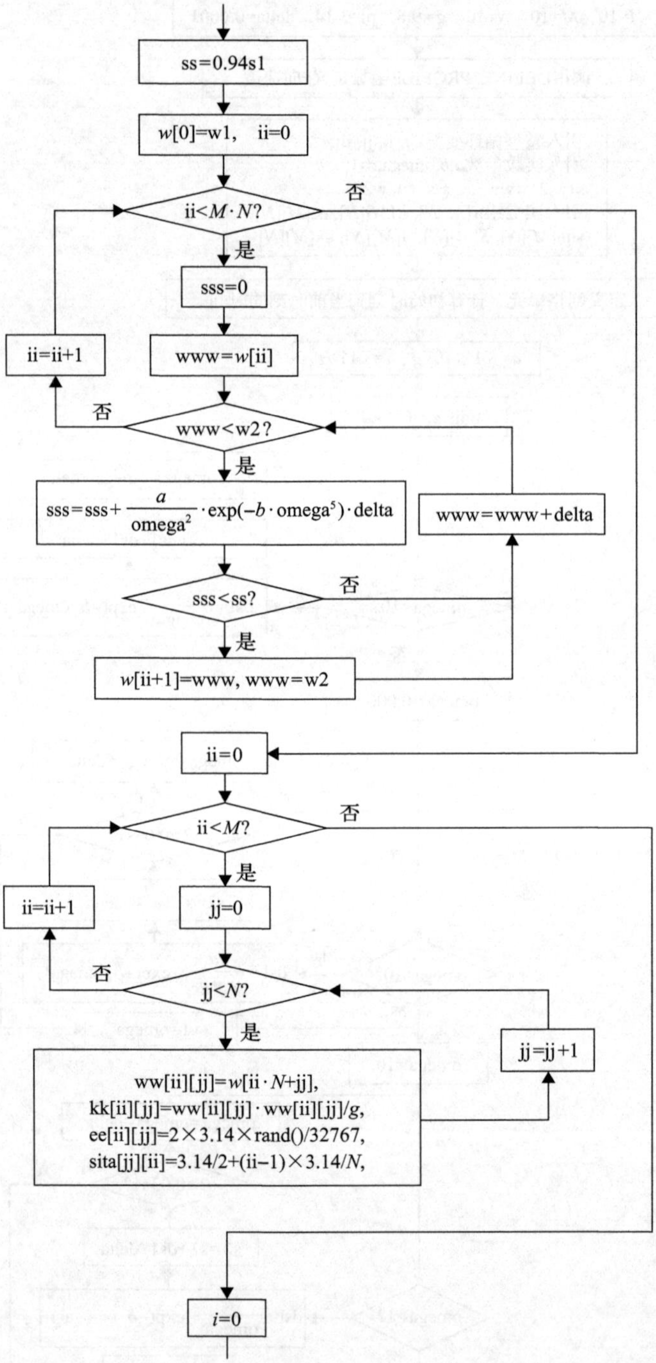

ss=0.94s1
w[0]=w1, ii=0
ii<M·N?
是
否
sss=0
www=w[ii]
ii=ii+1
www<w2?
否
是
sss=sss+a/omega²·exp(−b·omega⁵)·delta
www=www+delta
sss<ss?
否
是
w[ii+1]=www, www=w2
ii=0
ii<M?
否
是
jj=0
ii=ii+1
jj<N?
否
是
ww[ii][jj]=w[ii·N+jj],
kk[ii][jj]=ww[ii][jj]·ww[ii][jj]/g,
ee[ii][jj]=2×3.14×rand()/32767,
sita[jj][ii]=3.14/2+(ii−1)×3.14/N,
jj=jj+1
i=0

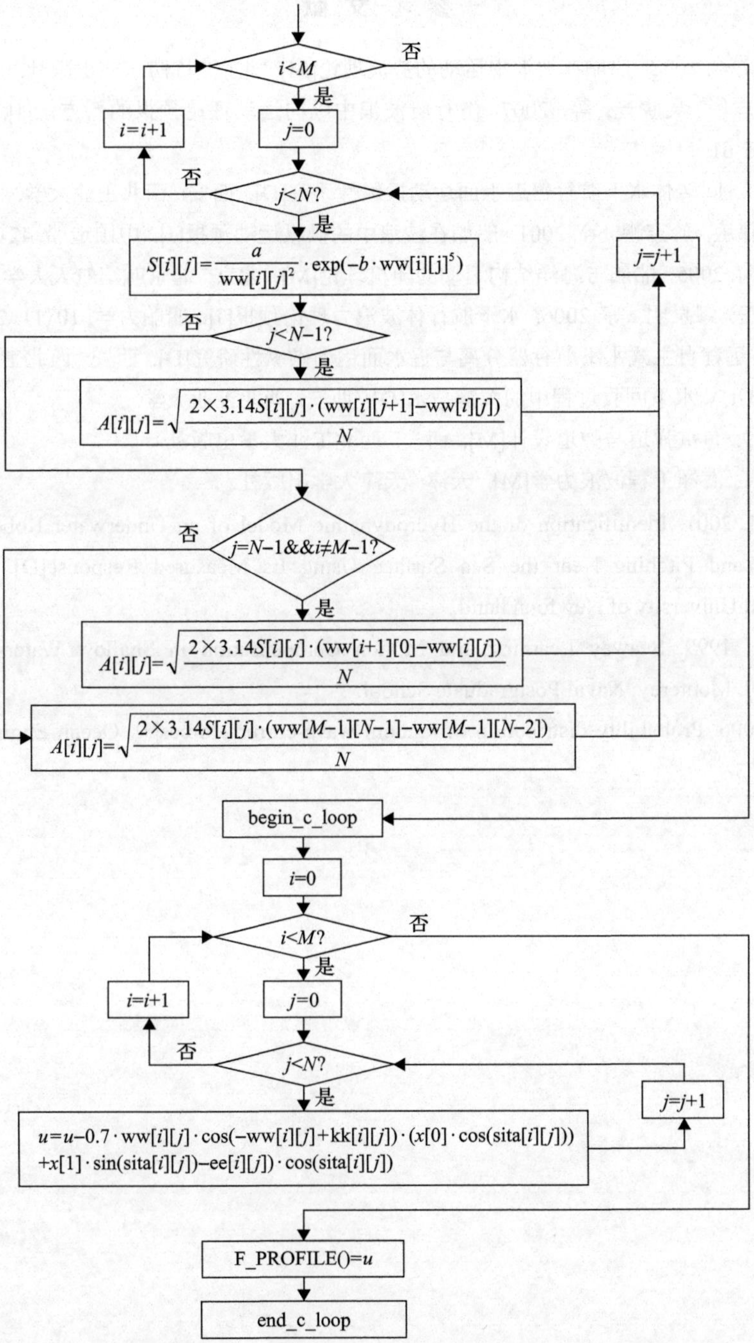
i<M
否
是
i=i+1
j=0
否
j<N?
是
S[i][j]= a / ww[i][j]^2 · exp(−b · ww[i][j]^5)
j=j+1
否
j<N−1?
是
A[i][j]= √(2×3.14S[i][j] · (ww[i][j+1]−ww[i][j]) / N)
否
j=N−1&&i≠M−1?
是
A[i][j]= √(2×3.14S[i][j] · (ww[i+1][0]−ww[i][j]) / N)
A[i][j]= √(2×3.14S[i][j] · (ww[M−1][N−1]−ww[M−1][N−2]) / N)
begin_c_loop
i=0
否
i<M?
是
i=i+1
j=0
否
j<N?
是
j=j+1
u=u−0.7 · ww[i][j] · cos(−ww[i][j]+kk[i][j]) · (x[0] · cos(sita[i][j]))
+x[1] · sin(sita[i][j])−ee[i][j]) · cos(sita[i][j])
F_PROFILE()=u
end_c_loop

图 7-8　程序框图

参 考 文 献

戴遗山, 段文洋. 2008. 船舶在波浪中运动的势流理论[M]. 北京: 国防工业出版社.

董文才, 刘志华, 吴晓光, 等. 2007. 滑行艇波浪中纵向运动理论预报的新方法[J]. 船舶力学, 11(1): 55-61.

杜晓旭. 2008. 回转体水下航行器近水面运动操纵性研究[D]. 西安: 西北工业大学.

范佘明, 祝伟敏, 於家鹏, 等. 2001. 船舶在波浪中的操纵运动预报[J]. 中国造船, 42(2): 26-33.

黄祥鹿, 范菊. 2005. 船舶与海洋结构运动的随机理论[M]. 北京: 北京航空航天大学出版社.

匡晓峰, 汪玉, 缪泉明, 等. 2006. 水下航行体波浪力理论预报[J]. 船舶力学, 10(1): 28-35.

潘瑛. 2004. 远程自主式水下航行器分离与近水面运动操纵性研究[D]. 西安: 西北工业大学.

王培. 2011. UUV 水下回收过程中的关键技术[D]. 西安: 西北工业大学.

张宇文. 1999. 鱼雷弹道与弹道设计[M]. 西安: 西北工业大学出版社.

竺艳蓉. 1991. 海洋工程波浪力学[M]. 天津: 天津大学出版社.

Ayman B M. 2001. Identification of the Hydrodynamic Model of an Underwater Robotic Vehicle Heaving and Pitching Near the Sea Surface Using Its Measured Response[D]. St. John's: Memorial University of Newfoundland.

Jeffery S R. 1999. Seaway Learning and Motion Compensation in Shallow Waters for Small UUVs[D]. Monterey: Naval Postgraduate School.

Song J B. 2006. Probability distribution of random wave-current forces[J]. Ocean Engineering, 33: 2435-2453.

第 8 章　UUV 水下回收流体动力测试实验

UUV 水下回收流体动力参数的确定往往需要经过相应的流体动力实验。本章依托西北工业大学拖曳水池，设计 UUV 水下回收流体动力测试装置及实验方案，开展不同速度、不同流体动力角回收条件下的 UUV 水下回收流体动力测试实验，收集并处理相关实验数据，与已有理论研究进行对比得出结论，为 UUV 水下回收研究提供有效实验数据支持。

8.1　流体动力测试装置设计要求

8.1.1　流体动力测试装置的总体要求

当 UUV 相对于回收装置以一定的航行速度和流体动力角靠近回收装置时，随着 UUV 与回收装置之间距离的不断减小，回收装置的极限流域必然会对 UUV 运动产生不可忽略的影响，UUV 受到的流体动力干扰将呈非线性增加，测量出 UUV 在回收过程中所受到的非线性流体动力/力矩干扰规律，从而为研究 UUV 回收过程中所受到的流体动力干扰提供实验数据支持。因此，要求流体动力测试装置总体要求如下：

(1) 具备对 UUV 所受到的流体动力/力矩精确测量的能力；

(2) UUV 对接回收装置具备位置调节能力；

(3) UUV 连接设备对 UUV 有深度调节能力与流体动力角调节能力；

(4) 具备对 UUV 实验数据动态及实时测量与记录的能力。

同时，流体动力测试装置还要满足测试系统的通用性、安装可行性、操作简便性以及测试结果准确性，所以提出以下流体动力测试装置的设计准则：

(1) 传感器能够实现六分力/力矩的测量；

(2) 传感器与 UUV 的安装简单可靠，全浸没状态下测试，UUV 流体动力测试结果受传感器等测试安装装置的流体干扰的影响尽可能小；

(3) UUV 流体动力角调节机构简便可靠；

(4) 模块化设计，便于安装、拆卸和维修；

(5) 测试系统可以用于其他类型航行器的水下测试实验。

8.1.2　流体动力测试装置总体设计方案

UUV 水下回收流体动力测试实验装置设计是依托西北工业大学航海学院无

人水下运载技术工业和信息化部重点实验室中的拖曳水池。其中，流体动力测试实验装置的悬挂机构搭建在拖曳水池的池壁上，回收管安装在悬挂机构上且可以调节回收管的入水深度、相对池壁的距离和水平角度；UUV 模型悬挂在拖车平台上，并通过姿态调整机构装置来调节 UUV 模型的入水深度和流体动力角，通过改变拖车的前进速度来仿真模拟 UUV 以不同的速度及流体动力角在水下航行及回收过程中所受到力及力矩的变化规律与大小，并通过力学传感器进行实验数据的记录(见图 8-1)。

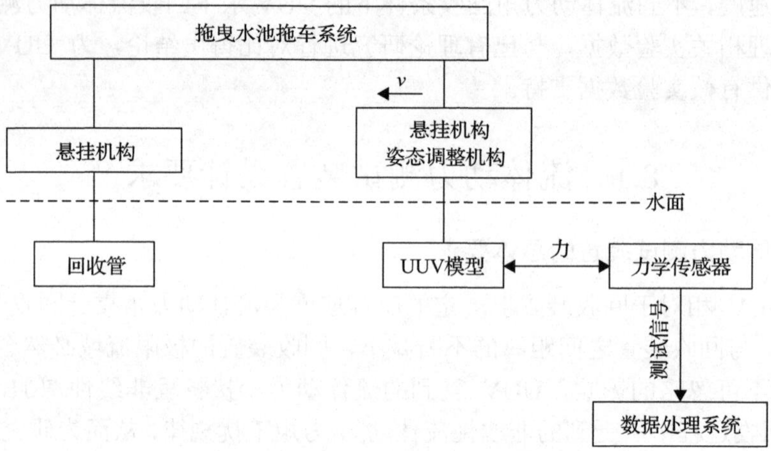

图 8-1　流体动力测试装置总体设计方案

8.2　流体动力测试装置模型设计

8.2.1　UUV 模型及回收管模型设计

UUV 实验模型的建造采用了水动力性能较好的回转体模型。其中，UUV 航行器总长 1850mm，直径为 200mm(见图 8-2)。

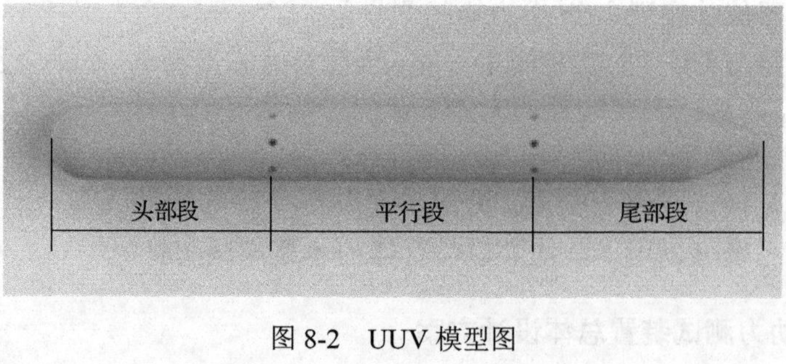

图 8-2　UUV 模型图

回收管等截面段内径为 240mm，外径为 250mm，对接管总长 3000mm，等截面段长 2000mm，渐扩段长 1000mm，渐扩角 30°（见图 8-3）。

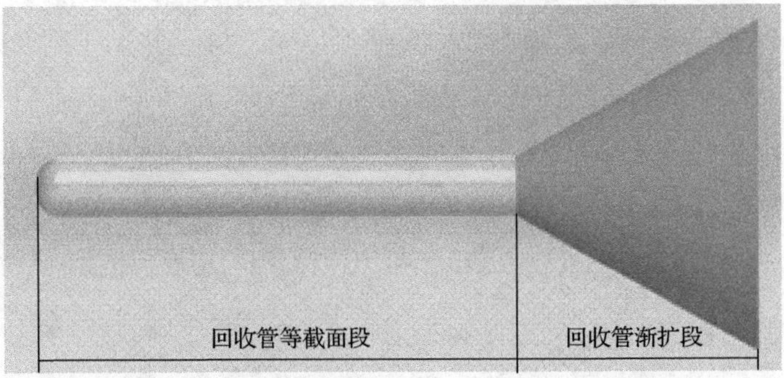

图 8-3　回收管模型图

8.2.2　力学传感器的选择及静校

1. 力学传感器选择

根据设计准则，传感器需具有测量三维正交力（F_x、F_y、F_z）和三维正交力矩（M_x、M_y、M_z）的能力，因此需要选择六分力/力矩传感器。目前，六分力传感器广泛应用于机械加工、智能化机器人、汽车等行业，如智能化机器人作业时通过六分力天平感知与外界环境的相互作用力。六分力传感器应用技术日趋成熟，适合本实验力及力矩的测试要求。

UUV 在以 0°流体动力角进管过程中，理论上只有阻力，其他方向的力和力矩都为 0；以小流体动力角进管时，除阻力以外的其他方向的力和力矩虽不为零，但数值较小，所以选择传感器时主要考虑阻力的大小。本模型取 $S = 0.0314\text{m}^2$，$\rho = 1004\text{kg/m}^3$，UUV 航行过程中受到的阻力可由公式（8-1）计算可得：

$$D = \frac{1}{2} C_{xS} \rho v_\infty^2 S \tag{8-1}$$

式中，D 为 UUV 所受阻力；S 为 UUV 最大横截面积；C_{xS} 为以 S 为特征面积的阻力系数；ρ 为流体介质密度；v_∞ 为 UUV 航行速度。

根据相关研究文献的理论计算结果，本实验装置中的力学传感器选择了型号为 FT18263（Delta IP68/SI-165-15）的 ATI 传感器（见图 8-4）。其 Z 轴方向与测试时 UUV 模型阻力方向一致，Z 轴最大力为 $F_z = 495\text{N}$，其他方向的力/力矩测量范围见表 8-1。该传感器适用于水下环境，最大水深为 10m。

图 8-4　ATI 传感器

表 8-1　ATI 传感器测量范围

F_x /N	F_y /N	F_z /N	T_x / (N · m)	T_y / (N · m)	T_z / (N · m)
165	165	495	15	15	15

2. 力学传感器静校实验

1) 实验目的

通过对力学传感器进行静态校准，得出传感器真实的输入与输出值及响应曲线，为之后的 UUV 水下回收流体动力测试实验所得数据提供校正的依据，保证测量实验数据的准确性和统一性。

2) 实验原理

力学传感器输入-输出之间的工作特性，总是存在着非线性、滞后和不重复性，对力学传感器进行静态校正，就是建立输入量与输出量之间的对应关系。实验测量获得输入值与输出值后，进行数据处理，对所有点进行曲线拟合，一般情况下找出一条直线 $y=kx+b$，使拟合得到的数据与实际数据之间误差的平方和为最小，则该拟合直线作为标定工作直线。

3) 实验设备

传感器校正实验的主要设备有 ATI 传感器、NET-BOX、砝码、固定板、试验台、笔记本电脑等(见图 8-5)。

4) 模型建立

(1) 建立坐标系。

定义传感器静校坐标系 $Oxyz$，坐标原点取在传感器+Z 轴方向受力面的几何中心(见图 8-6)。

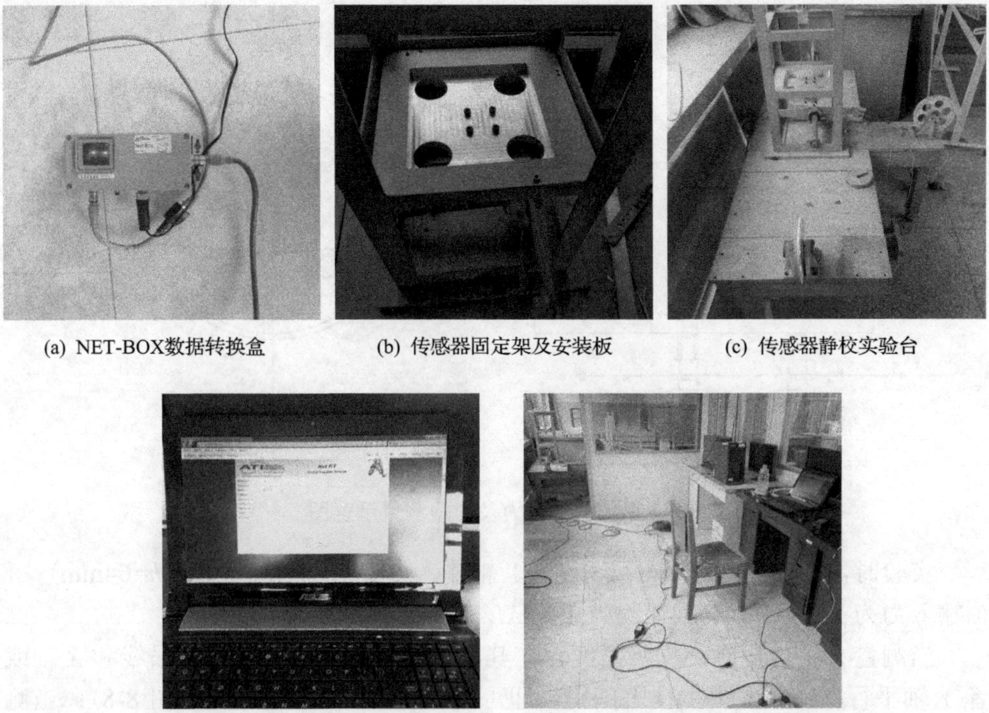

(a) NET-BOX数据转换盒　(b) 传感器固定架及安装板　(c) 传感器静校实验台

(d) 传感器专用测试软件界面　(e) 实验室

图 8-5　传感器校正实验的主要设备

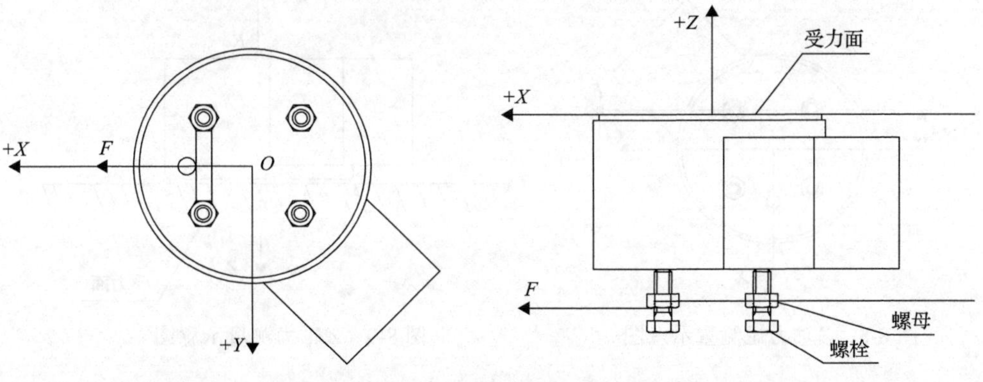

图 8-6　传感器静校坐标系

(2) 力及力矩的测量。

当测量 X 轴或 Y 轴的力及力矩时，在 $-Z$ 轴方向受力面的装孔上装配四对螺栓螺母，钢丝吊线套在其中相邻两个螺栓上并与 X 轴或 Y 轴垂直，使拉出的吊线和 $X(Y)$ 轴平行，在吊线下端挂上砝码，即可进行 $X(Y)$ 轴力和力矩的测量(见图 8-7)。

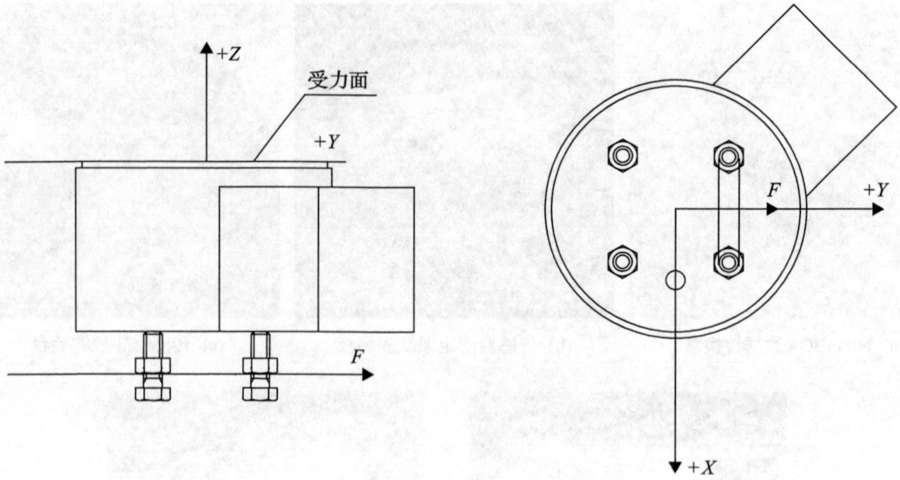

图 8-7　$X(Y)$ 轴力及力矩测量示意图

实验时，X 轴输入力为 $F_{X\text{输入}}=F$，Y 轴输入力矩为 $M_{Y\text{输入}}=F\times h$（h=64mm）；Y 轴输入力为 $F_{Y\text{输入}}=F$，Y 轴输入力矩为 $M_{X\text{输入}}=F\times h$（h=64mm）。

当测量 Z 轴力矩时，钢丝吊线套在其中一个螺栓上，使拉出的吊线和 X 轴或者 Y 轴平行，在吊线下端挂上砝码，即可进行 Z 轴力矩的测量（见图 8-8）；当测量 Z 轴力时，将传感器放在水平面上进行测量（见图 8-9）。

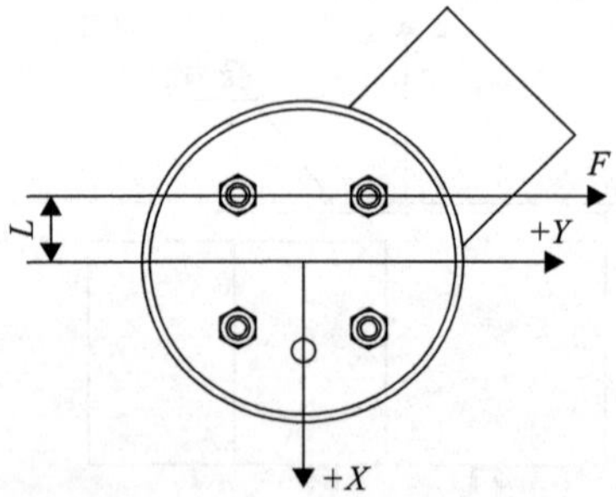

图 8-8　Z 轴力矩测量示意图

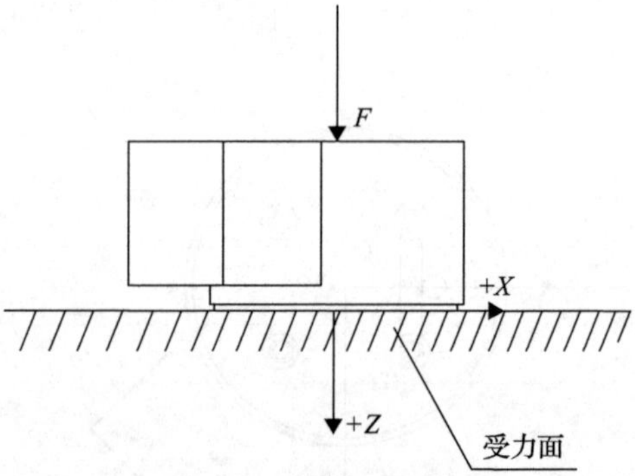

图 8-9　Z 轴力测量示意图

实验时，Z 轴输入力矩为 $M_{Z\text{输入}}=F\times L$（L=22mm）；Z 轴输入力为 $F_{Z\text{输入}}=F$。

5）实验流程

（1）连接六分力传感器、NET-BOX、适配器笔记本，给 NET-BOX 供电并打开测试软件，六分力传感器在安装过程中需全程监测其受力情况，以防安装时超出传感器量程（见图 8-10）。

（2）将固定板安装在实验台上，六分力传感器安装在固定板上（见图 8-11）。

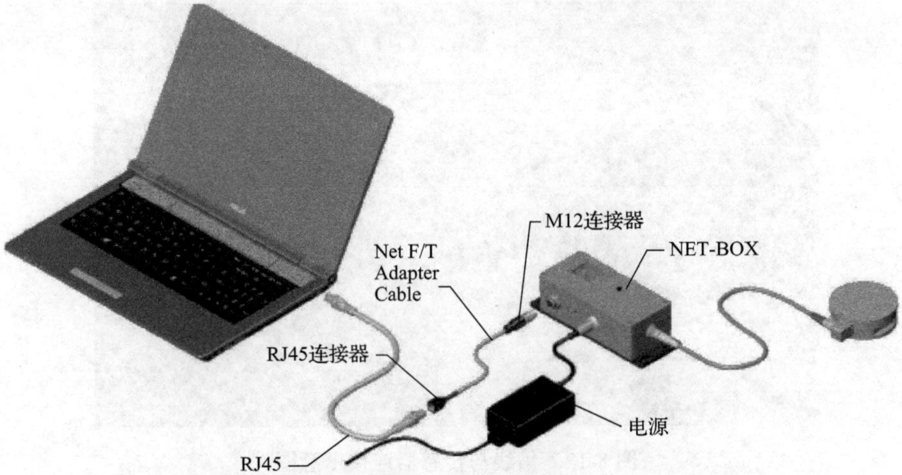

图 8-10　六分力传感器、NET-BOX、适配器、笔记本连线示意图

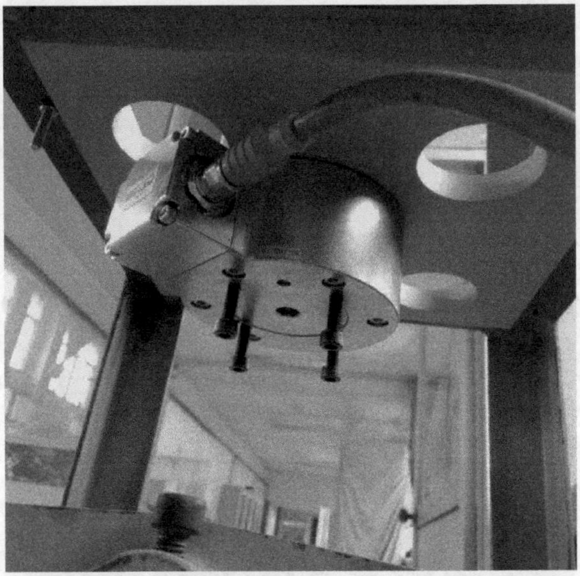

图 8-11　六分力传感器安装在实验台固定板上示意图

(3)将砝码吊线连接到六分力传感器上，实验过程必须保证砝码吊线水平拉直，吊线调平后再次检查实验设备安装情况(见图 8-12)。

(4)测量开始之前，首先将六分力传感器清零，然后测量传感器的三个坐标方向上的力(F_x、F_y、F_z)和绕三个坐标的力矩(M_x、M_y、M_z)，记录砝码值和传感器输出值。加砝码时，先加 0.25kg 砝码，加完后再使用 0.5kg 砝码，最后使用 1kg 砝码，需要的话再使用 2kg 砝码。

图 8-12　吊线与传感器连接示意图

(5)卸载实验装置，卸载六分力传感器时同样需测试软件监测其受力情况。

(6)处理并分析实验数据。

(7)得出结论。

8.2.3　流体动力测试系统装置设计

1. 力学传感器连接装置设计

根据实验设计原理，力学传感器需安装在 UUV 尾部，并与 UUV 共同固定在拖车升降杆上。因此，设计了力学传感器与 UUV 的连接件，以及与升降杆固定装置(见图 8-13)。

图 8-13　力学传感器与 UUV 和升降杆装配图

1—UUV；2—力学传感器与 UUV 连接件；3—力学传感器；4—力学传感器与升降杆固定装置

2. 升降杆装置设计

测试系统的升降装置主要用来调节 UUV 入水深度以对准对接管，同时，升降装置需便于操作。根据以上功能需求，选择了 SWL 5T M-1 B-II 1500 FZ 型号涡轮丝杆升降机(见图 8-14)。

该型号升降机理论最大承载能力为 5t，实际最大承载能力为 2.5t 左右，丝杠行程为 1500mm，具有运行平稳、无噪音、结构紧凑、安装方便、动力源广泛、小动力输入大推力输出等优点，当升降机运行过程发生故障时，升降机能自锁停止运动，安全可靠。

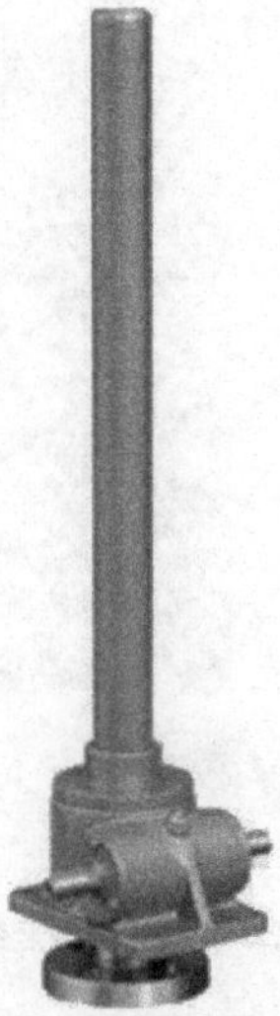

图 8-14　SWL 5T M-1 B-II 1500 FZ 型号涡轮丝杆升降机

为满足操作简单可靠的设计准则，升降机同时配有三相 380V 电机和手摇轮，既能满足升降速度要求，又能满足靠近预定高度时精调 UUV 的需求。涡轮丝杆升降机和三相异步电机安装在拖曳水池拖车系统上，为便于安装、拆卸和替换其他机构，对升降机和电机进行模块化安装。

当拖车带动 UUV 模型运动时，由于 UUV 模型惯性、周围流体扰动和丝杠刚度不够等，连接杆会发生摆动，会影响测试系统测试精度。因此，在拖车连接件(见图 8-15)的下部又增加设计了防摆动装置(见图 8-16)。

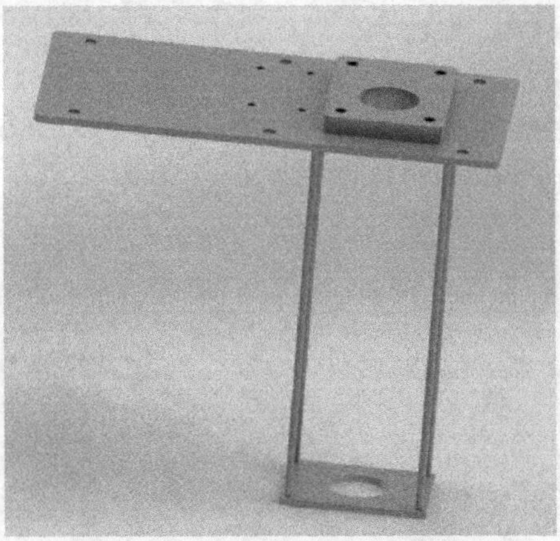

图 8-15　连接件示意图

图 8-16　升降机、连接件和拖车安装示意图

由于 UUV 模型为光体，实验中采用改变侧滑角替换攻角的改变。UUV 侧滑角调节装置安装及工作原理为：蜗轮丝杆升降机下端安装法兰，该法兰为非标准件，

法兰中央和丝杠下部螺纹配合，法兰凸起部分沿直径方向有螺纹通孔；与非标准法兰配合的下法兰是 DN25 平焊法兰，该法兰与传感器固定件焊接。改变侧滑角时，松动两个锁紧螺钉，转动法兰到指定角度，再上紧两个锁紧螺钉(见图 8-17)。

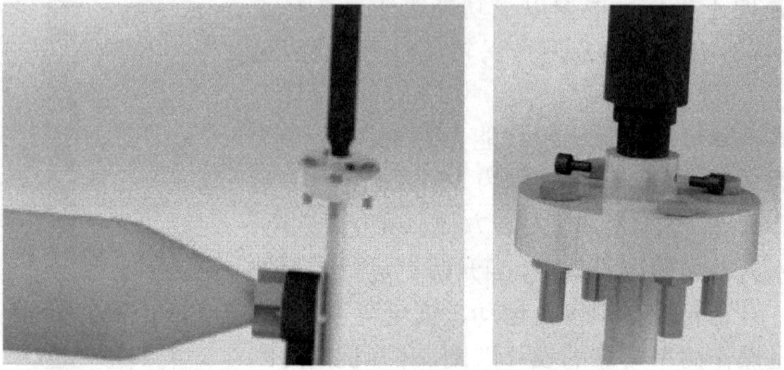

图 8-17　UUV 侧滑角调节装置图

3. 回收管悬挂结构设计

悬挂装置主要由连接杆、卡紧装置两部分组成(见图 8-18)。连接杆与卡紧装置之间使用螺栓连接(见图 8-19)。卡紧装置主要由两对 U 型卡和四根螺杆组成。两对 U 型卡通过螺栓对接管夹紧，同时，为了加强回收管的稳定性，使用四根 M10 螺杆将 U 型卡连接起来(见图 8-20)。

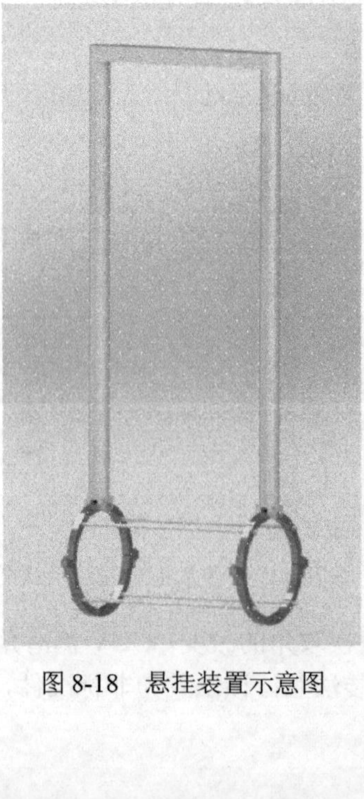

图 8-19　连接杆与卡紧装置连接示意图

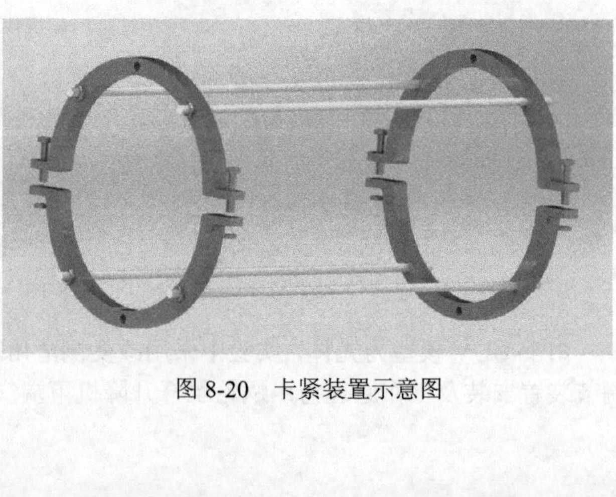

图 8-18　悬挂装置示意图

图 8-20　卡紧装置示意图

4. 流体动力测试装置最终设计方案

按照初步方案，设计了各个模块：UUV 模型、对接管模型、力学传感器型号选择及安装、升降装置以及对接管悬挂模块。最终，将以上各个模块装配组合，给出了水下回收流体动力测试装置(见图 8-21)。

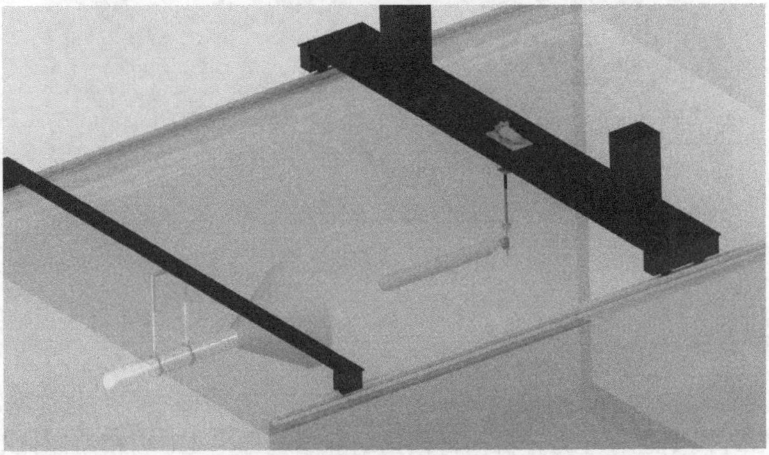

图 8-21　总体设计方案示意图

8.3　水下回收流体动力测试装置水池实验

8.3.1　实验目的

UUV 水下回收靠近对接管是从无限流域到极限流域的运动过程，UUV 和对接管的流场相互干扰，从而使 UUV 的流体动力呈非线性。UUV 的非线性流体动力回收过程，增大了 UUV 水下回收难度。

因此，进行 UUV 水下回收流体动力测试实验，实验中 UUV 模型以不同速度和不同流体动力角的回收条件运动，收集并处理相关实验数据，与已有理论研究进行对比得出结论，为航行器水下回收理论研究和水下回收控制研究提供有效实验数据支持。

8.3.2　实验设备

本实验的主要设备有西北工业大学航海学院拖曳水池、拖车系统、F/T 六自由度传感器、NET-BOX、UUV 光体模型、UUV 对接管等(见图 8-22)。其中，拖曳水池长 180m、宽 7m、深 6m，水深 5.5m；拖车系统包括升降机等。

图 8-22　实验设备图

8.3.3　实验原理

测量 UUV 模型回收时的流体动力是该测试实验的核心，因此首先定义坐标系，对 UUV 模型进行受力分析，再根据动静法推导出 UUV 模型流体动力/力矩解算公式。

1. 定义坐标系

1) 雷体坐标系 $Oxyz$

坐标原点 O 取在 UUV 模型浮心处，Ox 轴处于 UUV 模型对称面内，与 UUV 模型几何对称轴一致，指向 UUV 模型头部；Oy 轴处于 UUV 模型纵对称面内，垂直于 Ox 轴，指向上方；Oz 轴垂直于 xOy 平面，从 UUV 模型尾部观察，Oz 轴指向右方。该坐标系用于描述 UUV 模型在流场中的姿态及辨识 UUV 模型流体动力学系数。

2) 速度坐标系 $Ox_1y_1z_1$

坐标原点 O 取在 UUV 模型浮心处，Ox_1 轴与 UUV 模型重心轨迹的切线一致，其正方向为 UUV 模型重心运动瞬时速度矢量 v 的方向；Oy_1 轴处于 UUV 模型纵对称面内，垂直于 Ox_1 轴，指向上方；Oz_1 轴垂直于 x_1Oy_1 平面，按右手坐标法则确定其方向。该坐标系用于描述流体动力角。

3) 测量坐标系 $O_cx_cy_cz_c$

坐标原点取在 FT 六分力传感器受力面中心处，O_cy_c 轴竖直向下，O_cz_c 轴垂直于传感器受力面，指向传感器外侧，O_cx_c 轴与 O_cy_c 轴、O_cz_c 轴构成右手系。该坐标系用于建立静力平衡方程和推算流体动力/力矩解算公式。

4) 地面坐标系 $O_o x_o y_o z_o$

坐标原点 O_o 取在地面适当位置，$O_o x_o$ 轴与 UUV 模型进管路线平行，指向 UUV 模型进管方向，$O_o y_o$ 轴垂直于地面并指向上方；$O_o z_o$ 轴垂直于 $x_o O_o y_o$ 平面，按右手系法则确定方向。该坐标系用于描述 UUV 模型在流场中运动与姿态。

2. 定义运动参数

(1) UUV 模型的重心和浮心在 $O_c x_c y_c z_c$ 中的矢径分别为 $r_U = \left(x_U, y_U, z_U\right)^{\mathrm{T}}$，$r_{BU} = \left(x_{BU}, y_{BU}, z_{BU}\right)^{\mathrm{T}}$。

(2) 描述 UUV 模型的空间姿态用雷体坐标系与地面坐标系之间的三个欧拉角：俯仰角 θ、偏航角 ψ、横滚角 ϕ。

雷体坐标系到地面坐标系的坐标转换矩阵为

$$C_{x_0}^{x} = C(\phi)C(\theta)C(\psi) \tag{8-2}$$

(3) 描述 UUV 模型重心速度矢量 $\boldsymbol{V}$ 在雷体坐标系中的方向用流体动力角：攻角 α、侧滑角 β。

3. 测量原理建模

当 UUV 模型通过传感器连接件与水下回收动力测试装置安装固定后，可将 UUV 模型与传感器连接件一起看作刚体进行受力分析(见图 8-23)。

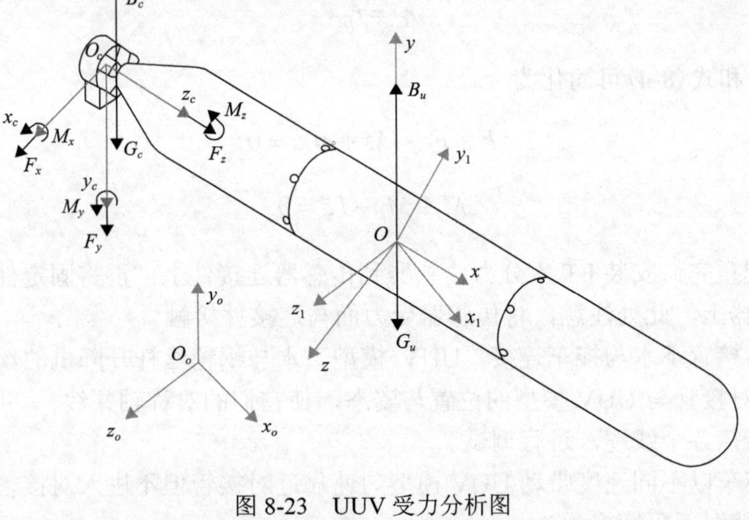

图 8-23　UUV 受力分析图

根据动静法在测量坐标系 $O_c x_c y_c z_c$ 中建立静力平衡方程：

$$F + F_l + B_U + G_U + B_C - (M + m)a = 0 \tag{8-3}$$

$$M + M_l + r_{BU} \times B_U + r_U \times G_U + r_C \times G_C + r_{BC} \times B_C - I\xi = 0 \tag{8-4}$$

式中，F 与 M 分别为 FT 六分力传感器对连接件的反作用力与力矩；F_l 与 M_l 分别为 UUV 模型所受流体动力和力矩；G_U 与 B_U 分别为 UUV 模型（质量为 M）的重力与浮力；$r_U \times G_U$ 与 $r_{BU} \times B_U$ 分别为 UUV 模型的重力矩和浮力矩；G_C、B_C、$r_C \times G_C$ 和 $r_{BC} \times B_C$ 分别为传感器连接件（质量为 m）的重力、浮力及其相应矩；a、I 和 ξ 分别为 UUV 模型在地面坐标系 $O_o x_o y_o z_o$ 的线加速度、角加速度及对测量坐标系 $O_o x_o y_o z_o$ 原点的惯量张量。

8.3.4 实验流程

实验流程如下。

(1) 对 UUV 模型进行配重，配重时传感器连接件安装在 UUV 模型上，使 UUV 模型全浸没时，UUV 与连接件的重力等于它们产生的浮力，UUV 模型对称轴处于水平状态，则有

$$B_U + G_U = 0 \tag{8-5}$$

$$G_C + B_C = 0 \tag{8-6}$$

$$r_{BU} = r_U \tag{8-7}$$

$$r_C = r_{BC} \tag{8-8}$$

则式(8-3)和式(8-4)可简化为

$$F + F_l - (M + m)a = 0 \tag{8-9}$$

$$M + M_l - I\xi = 0 \tag{8-10}$$

(2) 配重完，安装 FT 六分力传感器到传感器连接件上，再将固定件安装到六分力传感器上。此处注意，将传感器受力面与连接件接触。

(3) 对接管下水与拖车连接，UUV 模型下水与蜗轮丝杆升降机的丝杠法兰连接，调整对接管与 UUV 模型的位置与姿态，使它们的对称轴共线。

(4) 连接各个线缆，进行调试。

(5) 拖车以不同速度带动 UUV 模型匀速靠近对接管但不进入对接管，收集数据。这种情况下平衡方程为

$$F + F_l = 0 \tag{8-11}$$

$$M + M_l = 0 \tag{8-12}$$

(6) 拖车再以不同初始速度带动 UUV 模型匀速靠近对接管并进管，收集数据。这种情况下平衡方程为公式(8-11)和公式(8-12)。

(7) 卸载实验装置，妥善保管相关实验设备。

(8) 处理并分析实验数据，得出结论。

(9) 进行误差分析。

参考文献

杜晓旭，潘光，崔航，等. 2018. 一种 AUV 水下回收锁紧机构[P]. CN201810369373.4, 2018-09-25.

杜晓旭，潘光，崔航，等. 2018. 一种应用于水池实验室的 AUV 水下回收流体动力测试实验装置[P]. CN201810369045.4, 2018-09-25.

杜晓旭，郑泽齐，潘光，等. 2018. 一种用于 AUV 回收的滚轮式防撞回收管[P]. CN201810369044.X, 2018-10-12.

杜晓旭，郑泽齐，潘光，等. 2018. 一种用于拖曳水池中回收 AUV 的位置与姿态调整机构[P]. CN201810369010.0, 2018-09-25.

潘光，杜晓旭，宋保维，等. 2013. 鱼雷力学[M]. 西安: 陕西师范大学出版社.

王培. 2011. AUV 水下回收过程中的关键技术[D]. 西安: 西北工业大学.

张正栋. 2018. 极限流域螺旋桨水动力特性数值研究[D]. 西安: 西北工业大学.

郑泽奇. 2019. AUV 动态对接流场特性及动力学分析[D]. 西安: 西北工业大学.

彩　　图

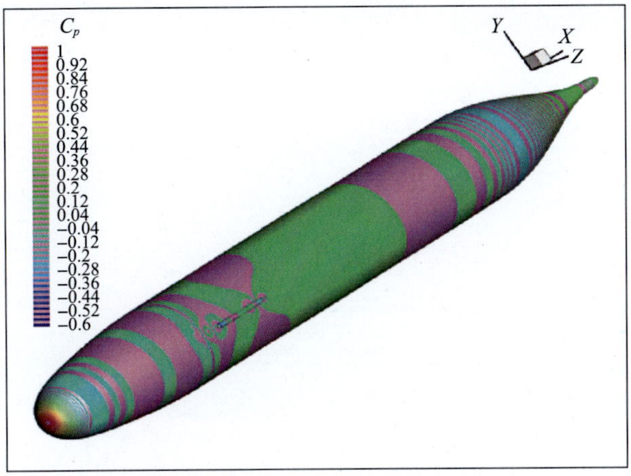

图 2-9　side1-0.5m 时压力系数云图

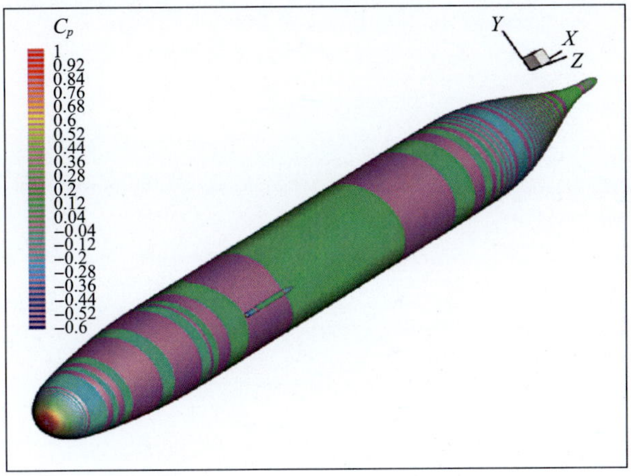

图 2-10　side1-4m 时压力系数云图

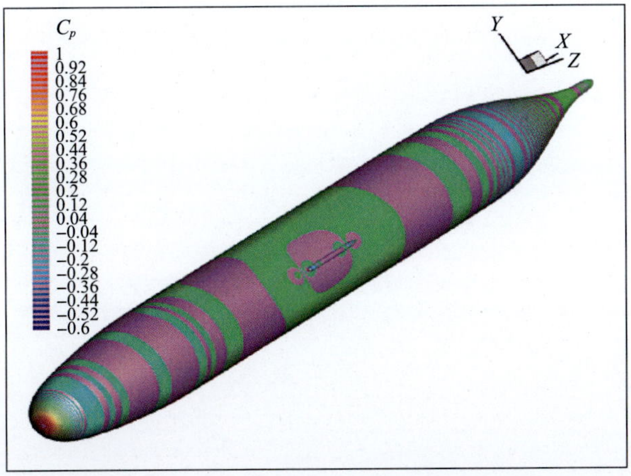

图 2-11　side2-0.5m 时压力系数云图

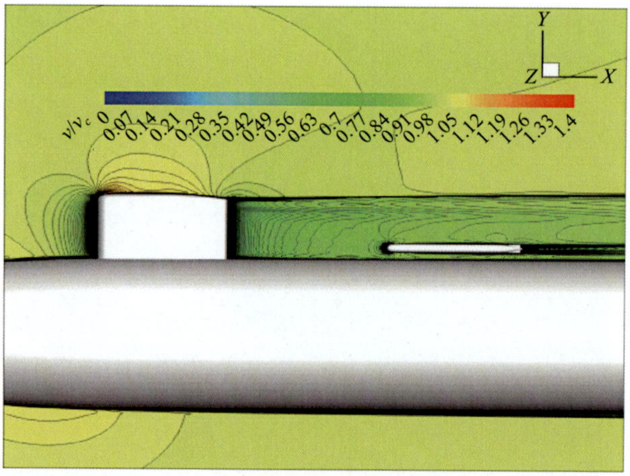

(a) Δs=0.5m

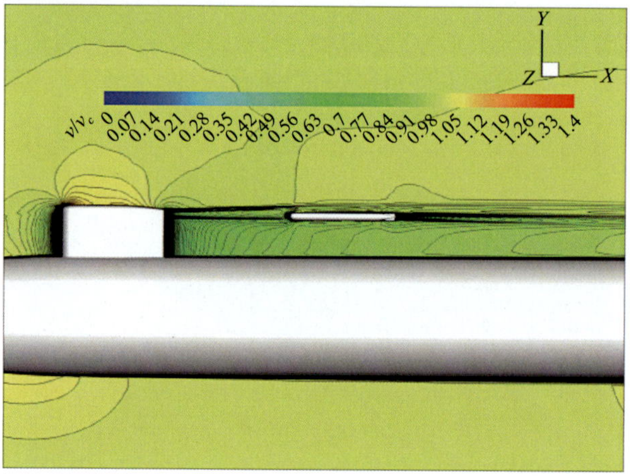

(b) Δs=3m

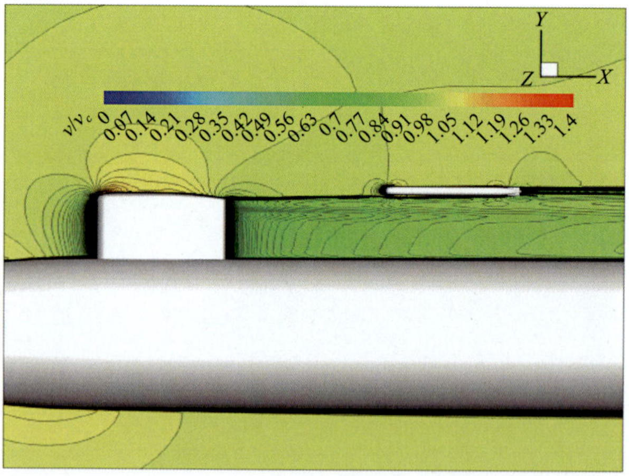

(c) Δs=4m

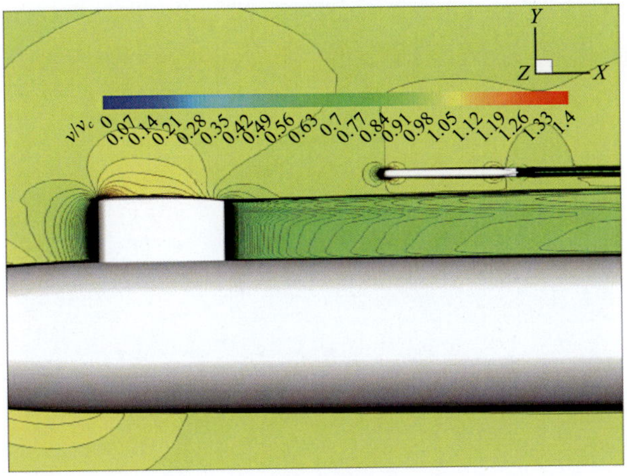

(d) Δs=5m

图 2-30 不同 Δs 对应“up2”特征方位时 xOy 截面的无量纲速度云图

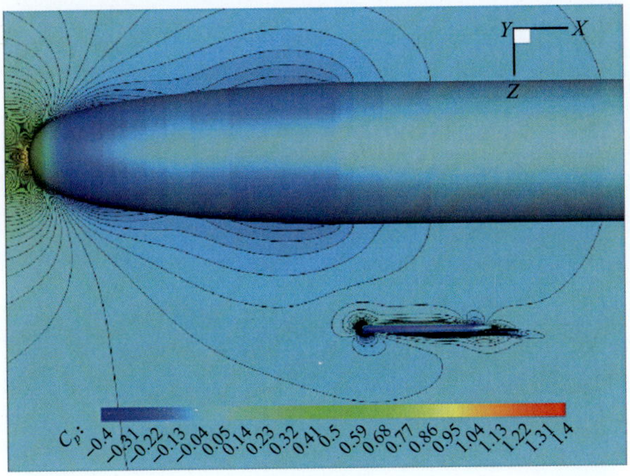

(a) Δs=6.46

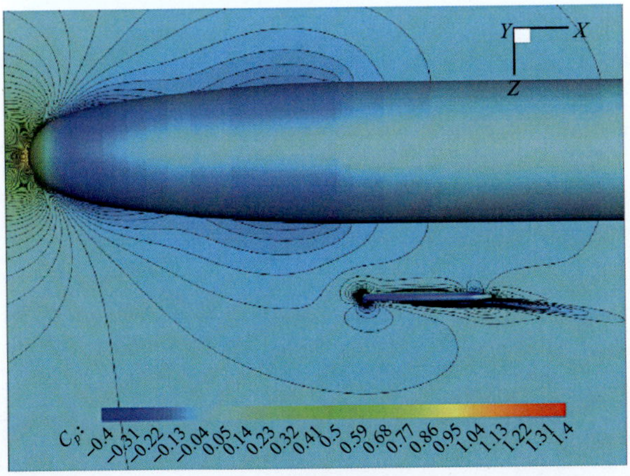

(b) Δs=4.40

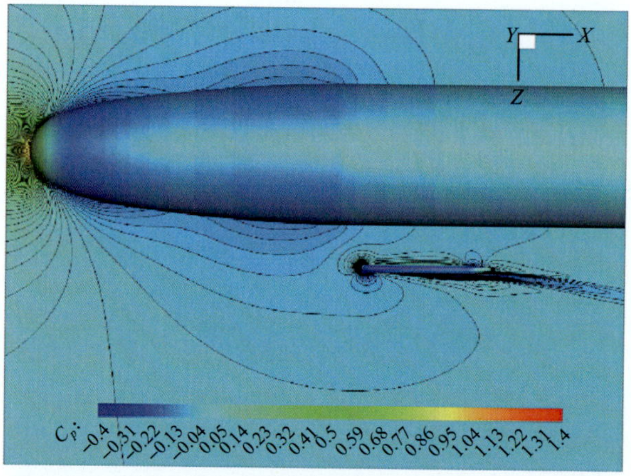

(c) Δ*s*=2.35

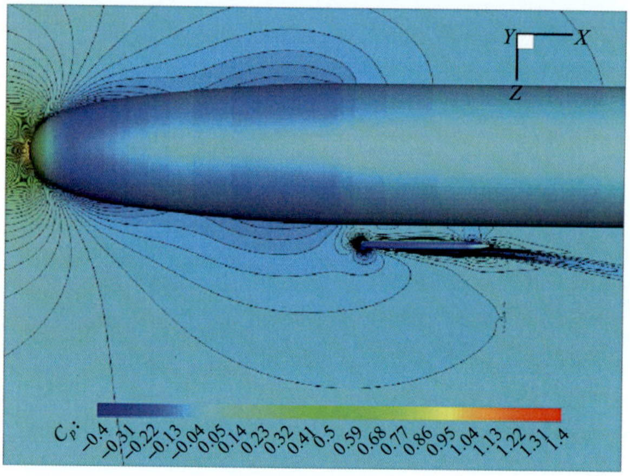

(d) Δ*s*=0.80

图 2-65　UUV-1 以 0.75kn 横向靠近潜艇过程中对应不同 Δ*s* 处的压力系数云图

图 8-22　实验设备图